SIEGFRIED MAGIERA / KARL-PETER SOMMERMANN (Hrsg.)

# Verwaltung in der Europäischen Union

Schriften zum Europäischen Recht

Herausgegeben von

**Siegfried Magiera und Detlef Merten**

Band 76

# Verwaltung in der Europäischen Union

Vorträge und Diskussionsbeiträge auf dem
1. Speyerer Europa-Forum vom 10. bis 12. April 2000
an der Deutschen Hochschule
für Verwaltungswissenschaften Speyer

Herausgegeben von

Siegfried Magiera
Karl-Peter Sommermann

Duncker & Humblot · Berlin

Die Deutsche Bibliothek – CIP-Einheitsaufnahme

**Verwaltung in der Europäischen Union** : Vorträge und Diskussionsbeiträge auf dem 1. Speyerer Europa-Forum vom 10. bis 12. April 2000 an der Deutschen Hochschule für Verwaltungswissenschaften Speyer / Hrsg.: Siegfried Magiera ; Karl-Peter Sommermann. – Berlin : Duncker und Humblot, 2001
(Schriften zum europäischen Recht ; Bd. 76)
ISBN 3-428-10268-1


Fremddatenübernahme: Klaus-Dieter Voigt, Berlin
Druck: Berliner Buchdruckerei Union GmbH, Berlin
Printed in Germany

ISSN 0937-6305
ISBN 3-428-10268-1

Gedruckt auf alterungsbeständigem (säurefreiem) Papier
entsprechend ISO 9706 ♾

## Vorwort der Herausgeber

Das europäische Gemeinschaftsrecht bestimmt zunehmend die Entscheidungspraxis der öffentlichen Verwaltung und der Verwaltungsgerichtsbarkeit. Dies gilt nicht nur für das materielle Verwaltungsrecht, d. h. die inhaltlichen Standards, sondern längst auch für das Verwaltungsverfahrens- und Verwaltungsprozessrecht.

In der Zeit vom 10. bis 12. April 2000 fand unter der Leitung der Herausgeber an der Deutschen Hochschule für Verwaltungswissenschaften Speyer das 1. Europa-Forum statt, welches diesen Phänomenen einer Europäisierung des Verwaltungsrechts gewidmet war. Die neue Veranstaltungsreihe soll Entscheidungsträgern in Verwaltung, Wirtschaft und Gerichtsbarkeit insbesondere die Auswirkungen der Europäisierung auf die Verwaltungspraxis und Verwaltungsgerichtsbarkeit vor Augen führen. Neben der Lage in Deutschland, die im Mittelpunkt der Betrachtungen steht, sollen auch Erfahrungen anderer Mitgliedstaaten der Europäischen Union zu Wort kommen. Ferner soll die Frage der Notwendigkeit und Realisierbarkeit eines gemeinsamen europäischen Verwaltungsrechts erörtert werden. Die Ergebnisse des 1. Europa-Forums sind im vorliegenden Band wiedergegeben.

Die Herausgeber danken den Referenten, dass sie ihre Vorträge zum Zwecke der Veröffentlichung in schriftlicher Form zur Verfügung gestellt haben. Zum Gelingen der Tagung und zur Fertigstellung der vorliegenden Publikation haben im übrigen weitere Personen beigetragen, denen an dieser Stelle herzlich gedankt sei: Herrn Assessor iur. Holger Holzwart und Frau Elisabeth Dichtl vor allem für die kompetente und aufmerksame Unterstützung bei der Vorbereitung der Tagung, Frau Assessorin iur. Marion Weschka für die engagierte redaktionelle Betreuung des Bandes und Frau Gabriele Dennhardt für die zuverlässige und umsichtige Korrektur und Formatierung der Texte.

Speyer, im Februar 2001

*Siegfried Magiera*

*Karl-Peter Sommermann*

# Inhaltsverzeichnis

# Verwaltung in der Europäischen Union

## Einführung in das Europa-Forum Speyer

Von Siegfried Magiera

Meine sehr geehrten Damen und Herren,

zu unserem Europa-Forum Speyer heiße ich Sie alle – zugleich im Namen von Herrn *Sommermann* – herzlich willkommen. Wir freuen uns sehr darüber, dass unsere Einladung, gemeinsam mit Referenten und Teilnehmern aus Wissenschaft und Praxis hier in Speyer einen Gedanken- und Erfahrungsaustausch über die Verwaltung in der Europäischen Union aufzunehmen, auf ein so erfreuliches Interesse gestoßen ist.

Die Zusammensetzung des Kreises unserer Gäste verspricht einen Erkenntnisgewinn, wie wir ihn an unserer Hochschule allgemein im Rahmen unserer Veranstaltungen anstreben, durch die Begegnung von Experten aus verschiedenen beruflichen Bereichen und Disziplinen sowie aus verschiedenen deutschen Ländern und über die deutschen Grenzen hinaus. Bestes Beispiel dafür ist schon der Kreis der Referenten am heutigen Nachmittag, die ich an dieser Stelle besonders herzlich begrüßen möchte, nämlich Herrn Ministerialdirektor Dr. *Schnapauff* vom Bundesministerium des Innern, Herrn Richter am Bundesverwaltungsgericht Dr. *Jannasch*, Herrn Verwaltungsgerichtspräsidenten und Generalsekretär der Rheinschifffahrtskommission Straßburg *Woehrling* sowie – last, but certainly not least – Frau Dott. *Galetta* von der Universität Mailand.

„Verwaltung in der Europäischen Union“ ist ein weites Thema. Wir haben es deshalb bewusst gewählt, weil wir das diesjährige Europa-Forum Speyer als eine Auftaktveranstaltung verstehen möchten, die wir bei entsprechender Resonanz unter diesem Rahmenthema regelmäßig fortführen möchten. Die Einzelthemen sollen sich an den jeweils aktuellen Bedürfnissen ausrichten, aber auch grundsätzlichen Fragen gewidmet sein.

Dementsprechend beginnen wir am heutigen Nachmittag mit der umfassenden und grundlegenden Perspektive, die das Verhältnis von deutscher Verwaltung und europäischer Integration allgemein sowie speziell in der Wechselwirkung zwischen dem nationalen Verwaltungsrecht und dem europäischen Gemeinschaftsrecht in das Blickfeld nimmt. Wir versprechen uns von diesem Ansatz, der neben der deutschen auch die französische und die italienische Rechtsordnung einbezieht, ein besseres Verständnis für die Schwierigkeiten, die der Integrationsprozess für das einzelstaatlich gewachsene Verwaltungsrecht mit sich bringen kann, zugleich aber auch bessere Lösungsmöglichkeiten, die sich aus dem Zusammenwirken der verschiedenen nationalen Rechtsordnungen untereinander und mit der Gemeinschaftsrechtsordnung ergeben können.

Fremde Einflüsse, auch im Bereich des Rechts, mögen bisweilen zunächst befremdlich oder gar bedrohlich erscheinen; bei näherer Analyse können sie sich jedoch durchaus als bedenkenswert und bereichernd erweisen. In hochentwickelten Rechtsordnungen, wie wir sie in den Mitgliedstaaten der Europäischen Union vorfinden, kann daraus unmittelbar zwischen den nationalen Rechtsordnungen oder vermittelt über die Gemeinschaftsrechtsordnung eine gegenseitige Befruchtung und Fortentwicklung zum gemeinsamen Vorteil erwachsen, ohne dass die bewährten Traditionen leiden müssen.

Wenn dadurch nationale oder regionale Besonderheiten zugunsten einer übergeordneten, europa- oder gar weltweiten Rechtsangleichung oder Rechtsvereinheitlichung weichen, so geschieht dies weder einseitig noch zum Nachteil der Rechtsunterworfenen. Vielmehr folgen diese Veränderungen den sich wandelnden Lebensbedingungen und -gewohnheiten der Menschen, die in einer mobileren Welt weiträumiger anwendbare gleichmäßige Regelungen erfordern, und zwar nicht nur im Bereich der Wirtschaft und für Unternehmen, sondern auch für die Einzelnen und in nahezu allen Bereichen, wie denjenigen des Familien- und Erbrechts oder des Strafrechts und nicht zuletzt des Verwaltungsrechts.

Aus der Vielzahl der Einzelthemen, die für die Verwaltung in der Europäischen Union derzeit von besonderem Interesse sind, haben wir nur einige für unser Forum auswählen können.

Transparenz in der Europäischen Union durch Zugang zu den Dokumenten der europäischen Institutionen ist seit langem ein Desiderat für ein besseres Verständnis und eine höhere Akzeptanz der europäischen Integration. Nur am Rande sei bemerkt, dass hierzu die von der Europäischen Kommission in den Mitgliedstaaten, insbesondere an den Hochschulen, eingerichteten Europäischen Dokumentationszentren einen wichtigen Beitrag leisten. Umso bedauerlicher ist es, wenn diesen Zentren seit einigen Jahren nicht mehr die informativen Ausschussdrucksachen des Europäischen Parlaments und seit einigen Wochen nicht einmal mehr das Amtsblatt der Europäischen Gemeinschaften in Papierform zur Verfügung gestellt werden.

Eng verbunden mit der Transparenz sind der Datenaustausch und der Datenschutz in der Europäischen Union, die in bestimmten Konstellationen miteinander in Konflikt geraten können. Gerade hier zeigen sich unterschiedliche Traditionen in den Mitgliedstaaten, die wiederum auf die Gemeinschaftsebene einwirken und von dort aus auf die nationale Ebene zurückwirken können, so dass einvernehmliche Lösungen Schwierigkeiten mit sich bringen und Kompromissbereitschaft erfordern. Wir freuen uns, dass wir mit Herrn Dr. *Wölker* von der Europäischen Kommission und Herrn Prof. Dr. *Hatje* von der Universität Bielefeld zwei Referenten gewonnen haben, die diesen Komplex aus den unterschiedlichen Perspektiven der Praxis und der Wissenschaft näher beleuchten werden.

Ein zweiter Verwaltungsbereich, der seit längerer Zeit – auch politisch – im Mittelpunkt der Aufmerksamkeit und bisweilen heftiger Kontroverse steht, ist das Beihilfenregime der Europäischen Gemeinschaft, und zwar sowohl hinsichtlich der Gemeinschaftsaufsicht über staatliche Beihilfen als auch hinsichtlich der Vergabe gemeinschaftlicher Strukturbeihilfen. Je weiter die europäische Integration voranschreitet, insbesondere der Binnenmarkt seiner endgültigen Vollendung näher rückt, umso stärker können sich staatliche Beihilfen wettbewerbsverzerrend auswirken. Je greifbarer die Erweiterung der Europäischen Union um neue und zumeist ärmere Mitgliedstaaten wird, umso weniger an gemeinschaftlichen Fördermitteln können die relativ ärmeren Regionen der bisherigen Mitgliedstaaten erwarten, wenn die Gesamtfördermittel, wie vorgesehen, stabil gehalten werden sollen.

Eine striktere Begrenzung staatlicher Beihilfen und eine Reduzierung gemeinschaftlicher Fördergebiete zusammengenommen führen zu weniger Handlungsspielraum der Mitgliedstaaten im Bereich der ihnen verbliebenen Wirtschaftspolitik, die zusätzlich eingeengt wird durch die gemeinschaftsrechtlichen Vorgaben im Rahmen der Wirtschafts- und Währungsunion. In Deutschland, wie auch in anderen Mitgliedstaaten, wird deshalb befürchtet, dass traditionelle Formen nationaler und regionaler Daseinsvorsorge, was auch immer im Einzelnen darunter verstanden wird, durch die Einwirkungen des Gemeinschaftsrechts ebenso gefährdet sein könnten wie eigenständige Formen der Regionalförderung.

Inwieweit derartige Sorgen berechtigt sind und wie sich derartige Formen traditioneller Wirtschaftspolitik mit den Anforderungen eines gemeinschaftlichen Binnenmarkts vereinbaren lassen, ist noch weitgehend ungeklärt. Mit Herrn Prof. Dr. *Koenig* von der Universität Bonn und Frau Prof. Dr. *Puttler* von der Universität Bielefeld stehen uns zwei ausgewiesene Referenten zur Verfügung, die uns nicht nur umfassend informieren, sondern auch, wie wir annehmen, zu kontroverser Diskussion anregen werden.

Wechselwirkungen zwischen den Rechtsordnungen der Mitgliedstaaten und der Gemeinschaft bestehen jedoch nicht allein auf dem Gebiet des materiellen Verwaltungsrechts, sondern auch in den Bereichen des Verwaltungs- und des Gerichtsverfahrensrechts. Unterschiedlichkeiten sind u. a. feststellbar bei der Einschätzung des Verwaltungsrechtsschutzes als mehr oder gar ausschließlich subjektive bzw. objektive Rechtsgewährleistung sowie bei den Anforderungen an die gerichtliche Kontrolldichte oder aber bei der Gewährung von einstweiligem Rechtsschutz.

Vielleicht mit Ausnahme der Diskussion um den Vorrang des Gemeinschaftsrechts und seine Grenzen hat wohl kaum ein Rechtsbereich, vor allem nicht des materiellen Rechts, so viel Aufsehen in der Praxis und der Wissenschaft erregt wie derjenige des Verwaltungs- und Gerichtsverfahrens, der lange Zeit gegenüber Einwirkungen des Gemeinschaftsrechts als weitgehend immun betrachtet wurde, durch die Rechtsprechung des Europäischen Gerichtshofs jedoch in den letzten Jahren ebenfalls eine spürbare europäische Dimension erhalten hat. Stichworte, für manche auch Reizworte, sind etwa der einstweilige Rechtsschutz gegenüber Gemeinschaftsrechtsakten, der Vertrauensschutz gegenüber einer Rückforderung gemeinschaftsrechtswidriger staatlicher Beihilfen, die Fortentwicklung der Staatshaftung durch Richterrecht oder die gerichtliche Kontrolldichte bei behaupteten Grundrechtsverletzungen.

Möglicherweise sind in diesen Bereichen die staatlichen Traditionen und Rechtsregeln so festgefügt, dass Einwirkungen des Gemeinschaftsrechts als besonders einschneidend empfunden werden. Möglicherweise geht es auch um mehr, nämlich um Grundfragen der einzelstaatlichen Verfassungsordnungen, handelt es sich bei der Gewährung von Rechtsschutz im Verwaltungs- und im Gerichtsverfahren doch nur zum Teil um einen Ausgleich zwischen Staat und Bürger, zwischen Allgemein- und Individualinteresse. Darüber hinaus geht es auch um das Kompetenz- und Machtgefüge zwischen den Staatsgewalten, um den Standort und die Gewichtung von Legislative, Exekutive und Judikative im Vergleich zueinander sowie im Verhältnis zwischen nationaler und gemeinschaftlicher Ebene.

Wir schätzen uns glücklich, mit dem früheren Richter am Europäischen Gerichtshof, Herrn Prof. Dr. *Zuleeg* von der Universität Frankfurt a.M., und mit Herrn Prof. Dr. *von Danwitz* von der Universität Bochum zwei Referenten unter uns zu wissen, die zu diesem dritten Themenbereich unseres Forums sprechen und sicherlich anregende Impulse für eine lebhafte und praxisorientierte Rechtsdiskussion geben werden.

Meine sehr geehrten Damen und Herren, das hier nur kurz vorgestellte Programm, vor allem aber die hervorragenden Referenten und Teilnehmer, die wir als unsere Gäste begrüßen können, versprechen ein spannendes Forum sowie interessante Gespräche am Rande. Hierzu wünsche ich uns allen einen angenehmen Verlauf der Veranstaltung, neue Erkenntnisse und Einsichten sowie lebhafte Diskussionen.

# Deutsche Verwaltung und Europäische Integration

Von Klaus-Dieter Schnapauff

Den Spielraum, den das Thema „Deutsche Verwaltung und Europäische Integration" eröffnet, möchte ich nutzen, um einige aktuelle Entwicklungslinien nachzuzeichnen, die mir als Praktiker als Einführung in dieses Europa-Forum geeignet erscheinen.

Hierbei werde ich zunächst auf die aktuellen Überlegungen und Beratungen über eine institutionelle Fortentwicklung und Erweiterung der Gemeinschaft vor dem Hintergrund der Entwicklung der letzten Jahre eingehen. Ich wende mich dann einigen grundsätzlichen Überlegungen und Zielsetzungen für die weitere Integration in der Gemeinschaft in der Zukunft zu und werde schließlich speziell für den Bereich der Verwaltung einige derartige grundsätzliche Zielsetzungen beleuchten. Ich werde zu diesen drei größeren Komplexen jeweils Thesen entwickeln und begründen.

## I. Die institutionelle Fortentwicklung und Erweiterung der Gemeinschaft

Ich beginne sogleich mit meiner 1. These:

> Gerade für Deutschland eröffnen sich aus einer weiteren Integration der Gemeinschaft beträchtliche Chancen und Zukunftspotentiale. Nicht Abwehr und ängstliches Bemühen um Bewahrung hergebrachter und lieb gewonnener Strukturen kann die Devise sein. Vielmehr sind aktives Fördern und Vorantreiben der Entwicklung auf allen Feldern angesagt.

Was veranlasst mich zu dieser Aussage? Die durch die Einheitliche Europäische Akte eingeleitete und durch die Verträge von Maastricht und Amsterdam wesentlich vorangebrachte Entwicklung der Gemeinschaft von einer Handels- und Wirtschaftsunion hin zu einer politischen Union hat zwar schon wesentliche Etappenziele erreicht und die Union hat auch begonnen, in der politischen Wirklichkeit tatsächlich durch Aktionen der Gemeinschaft als solcher in Erscheinung zu treten. Dennoch kann nicht übersehen werden, dass auf vielen Feldern Entscheidendes noch aussteht und erst noch zu leisten ist und es dazu noch vieler Anstrengungen, Phantasie, politischer Gestaltungsbereitschaft und Gestaltungswillens bedarf. Dies betrifft das – noch primär auf die ursprüngliche Handels- und Wirtschaftsunion zugeschnittene – institutionelle Gefüge, namentlich die Stellung und das Verhältnis der Gemeinschaftsorgane zueinander – Stichworte: Gewaltenteilung, demokratische Legitimation, Handlungsfähigkeit. Es betrifft ferner das Verhältnis zwischen der Gemeinschaft einerseits und den Mitgliedstaaten andererseits – Stichwort: Kompetenzkatalog. Es geht um die Antwort der Gemeinschaft auf die Herausforderungen der Globalisierung – Stichworte: Außenkompetenz der Gemeinschaft, Effizienz, Abbau schwerfälliger Bürokratien und Dezentralisierung, Subsidiarität. Und es geht nicht zuletzt nach dem Fall des Eisernen Vorhangs und dem Ende der Blockbildung zwischen Ost und West um eine wirkliche politische und wirtschaftliche Einheit unter Wahrung der kulturellen Vielfalt in Europa – Stichwort: Ost-Erweiterung.

Hierbei beschränke ich mich auf einige mir im Hinblick auf die weitere Gestaltung und Entwicklung des Verhältnisses zwischen Deutscher Verwaltung und Europäischer Integration wesentlich erscheinende Aspekte.

Ich beginne mit Überlegungen zu einer notwendigen Überprüfung und Neugestaltung des institutionellen Gefüges der Gemeinschaft. Auf dem Europäischen Rat in Köln wurde beschlossen, Anfang des Jahres 2000 eine Konferenz der Vertreter der Regierungen der Mitgliedstaaten mit einem dahingehenden, allerdings von vornherein thematisch beschränkten Auftrag einzuberufen. Der Europäische Rat Helsinki hat diesen Auftrag bestätigt und konkretisiert. Die Regierungskonferenz wurde am 14. Februar 2000 eröffnet und soll sich vor allem mit folgenden Themen befassen:

- Größe und Zusammensetzung der Kommission,
- Stimmenwägung im Rat,
- Ausweitung der Abstimmungen mit qualifizierter Mehrheit und – hiermit verbunden – durchgängige Geltung des Mitentscheidungsverfahrens nach Art. 251 EGV in denjenigen Bereichen, in denen zu qualifizierter Mehrheit übergegangen wird.

Der Abschluss der Regierungskonferenz und die Vereinbarung der notwendigen Vertragsänderungen sollen bereits Ende 2000 unter französischer Präsidentschaft erfolgen, so dass unschwer zu erkennen ist, dass trotz der thematischen Begrenzung für eine eingehende Beratung der einzelnen Themen nur in begrenztem Umfang Zeit und Raum zur Verfügung stehen.

Bei den genannten drei Themenbereichen handelt es sich um die sog. „left overs“ von Amsterdam, über die also in der langen Nacht am Ende des Europäischen Rates von Amsterdam keine Einigung mehr erzielt werden konnte, für die eine zufrieden stellende Lösung aber als Voraussetzung für die angestrebte Ost-Erweiterung der Gemeinschaft zur Wahrung ihrer Handlungsfähigkeit angesehen wird. Es liegt auf der Hand, dass bei einer auf 20 oder 25 Mitgliedstaaten erweiterten Gemeinschaft schwerlich an dem Prinzip festgehalten werden kann, dass nicht nur jeder Mitgliedstaat mit mindestens einem Kommissar in der Kommission vertreten ist, sondern darüber hinaus die großen Mitgliedstaaten zwei Kommissare für sich beanspruchen können. Ebenso einleuchtend erscheint, dass bei so vielen Mitgliedstaaten das Einstimmigkeitsprinzip im Rat dessen Handlungsfähigkeit entscheidend beeinträchtigt und – vorsichtig ausgedrückt – unsachliche Verquickungen ermöglicht. Insbesondere auch für Verwaltungspraktiker – und der Rat ist das aus den Exekutiven der Mitgliedstaaten zusammengesetzte zentrale Entscheidungsorgan – erscheinen daher sowohl eine Reduzierung der Größe der Kommission als auch der Übergang vom Einstimmigkeitsprinzip zur Abstimmung mit qualifizierter Mehrheit nahe liegend und als Gebot der Stunde.

Aber es gibt noch eine andere Seite dieser Medaille: Mit dem Übergang zur politischen Union und der damit verbundenen Erweiterung der Aufgabenbereiche der Gemeinschaft auf Felder, die klassischerweise zum Kernbereich der Souveränität der (Mitglied-) Staaten gerechnet werden, etwa im Bereich der Wirtschafts- und Währungsunion, der Gemeinsamen Außen- und Sicherheitspolitik (GASP), der Asyl- und Einwanderungspolitik, der polizeilichen Zusammenarbeit, um nur einige Beispiele zu nennen, hat der Rat auch Maßnahmen und Entscheidungen zu treffen sowie Rechtsakte zu erlassen, denen eine neue, zum Teil hochpolitische Qualität zukommt. Bei diesen stellt sich dementsprechend auch in einem neuen und anderen Licht die Frage ihrer demokratischen Legitimation. Das Bundesverfassungsgericht hat dazu in seiner *Maastricht-Entscheidung*[1] festgestellt, dass bei dem durch den Maastricht-Vertrag bewirkten – und insoweit durch den Amsterdamer Vertrag nicht maßgeblich veränderten – Integrationsstand im wesentlichen noch die nationalen Parlamente die erforderliche demokratische Legitimation des Gemeinschaftshandelns vermitteln. Zu fragen ist jedoch, ob dies auch dann noch gilt, wenn Entscheidungen im Rat nicht im Konsens sondern qua Mehrheitsentscheidung getroffen werden können, einzelne Mitgliedstaaten also überstimmt werden können, die Entscheidung des Rates aber gleichwohl für sie verbindlich ist. Hier nähert sich die Annahme, auch in einem solchen Fall werde die erforderliche demokratische Legitimation noch über das betroffene nationale Parlament vermittelt – gestützt auf die Annahme und Ratifikation der Gemeinschaftsverträge auch durch diesen Mitgliedstaat –, doch sehr stark einer Fiktion. Von daher erscheint es nur folgerichtig und logisch, den Übergang zum Mehrheitsprinzip im Rat zu verbinden mit dem gleichzeitigen Übergang zum Mitentscheidungsverfahren nach Art. 251 EGV, mit anderen Worten: das entstehende

---

[1] BVerfGE 89, 155 (Ls. 3a), 184ff.

(oder sich verstärkende) Demokratiedefizit jedenfalls teilweise zu kompensieren durch die stärkere Einbindung des Europäischen Parlaments.

Diesen Gedanken zu Ende gedacht und ausgesprochen, hält man aber sogleich wieder inne und fragt sich, ob denn das Europäische Parlament, so wie es zusammengesetzt ist, wie seine Verfahren ausgestaltet sind, aber auch wie es sich nach seinem Selbstverständnis darstellt und wie es agiert, ohne jeden Vorbehalt als das richtige parlamentarische Organ angesehen werden kann, das eine ansonsten mangelnde demokratische Legitimation für das Gemeinschaftshandeln vermitteln bzw. ersetzen kann. Als Stichworte hierzu will ich nur anführen,

- dass das Europäische Parlament eine Versammlung von Staatenvertretern ist, in der die Bevölkerung der Mitgliedstaaten nur annähernd zu gleichen Anteilen, nicht aber die Unionsbürger dem Gleichheitssatz entsprechend repräsentiert werden;
- dass trotz des bereits durch die Einheitliche Europäische Akte eingeführten Auftrages in Art. 190 Abs. 4 EGV (früher Art. 138 EGV) zur Schaffung eines einheitlichen Wahlverfahrens es ein solches nach wie vor nicht gibt.

Bereits aus diesen Betrachtungen geht hervor, dass die in der Regierungskonferenz behandelten Themen nicht nur für sich genommen jeweils eine Fülle von nicht einfach zu beantwortenden und entscheidenden Fragen aufwerfen, sondern auch in einem größeren und komplexeren, das institutionelle Gefüge der Gemeinschaft insgesamt betreffenden Zusammenhang zu sehen sind.

Dies gilt auch für die Frage der Größe und Zusammensetzung der Kommission, und zwar auch unter einem besonderen, bisher wenig beachteten Gesichtspunkt. Das Gemeinschaftsrecht wird – in seinen traditionellen Bereichen aus gutem Grund – beherrscht vom grundsätzlichen Initiativmonopol der Kommission (vgl. z.B. Art. 250, 251 EGV). Es gibt zwar bereits vereinzelte Ansätze zu einer Lockerung – so etwa die in Art. 208 EGV (früher Art. 152 EGV) vorgesehene Möglichkeit des Rates, die Kommission zur Vorlage von Vorschlägen aufzufordern – oder eine Durchbrechung des Initiativmonopols der Kommission. So sieht etwa Art. 67 EGV für die meisten Angelegenheiten im Bereich Asyl und Einwanderung für einen Übergangszeitraum von fünf Jahren ein Ko-Initiativrecht der Mitgliedstaaten vor. Außerdem gibt es Forderungen nach einem solchen Ko-Initiativrecht der Mitgliedstaaten für die Besoldung und Versorgung der Bediensteten der Gemeinschaft, um die Schere in den Besoldungsstrukturen zwischen Gemeinschaft und Mitgliedstaaten nach Möglichkeit zu schließen. Bis auf weiteres dürfte es aber bei derart vereinzelten Ansätzen und dem Initiativmonopol der Kommission als Regel verbleiben. Damit stellt sich aber die

Frage, ob es vertretbar ist, dass bei klassischerweise zum Kernbereich der Souveränität der Mitgliedstaaten gerechneten und im Einzelfall für einen einzelnen Mitgliedstaat möglicherweise essentiell wichtigen und notwendigen Entscheidungen dieser Mitgliedstaat nicht nur im Rat bei Anwendung des Mehrheitsprinzips überstimmt werden kann, sondern er sogar eine solche Entscheidung noch nicht einmal selbst initiieren kann. Auch hier ist folglich das institutionelle Gefüge der Gemeinschaft im größeren Gesamtzusammenhang zu betrachten.

Damit will ich nicht etwa einer prinzipiellen Skepsis und Abwehrhaltung gegenüber Überlegungen zur Fortentwicklung der Gemeinschaftsstrukturen das Wort reden. Im Gegenteil: Die genannten Aspekte machen meines Erachtens deutlich, dass es dringend sorgfältiger Analysen und Abwägungen und daraus schließlich resultierend politischer Entscheidungen bedarf, um die Gemeinschaft fit zu machen für die anstehende quantitative Erweiterung, das heißt die Aufnahme der Beitrittskandidaten in den mittel- und ost-europäischen Staaten, und für eine qualitative Erweiterung, das heißt für weitere materielle Integrationsschritte. Dabei ist alles andere gefragt als ein ängstliches Bemühen um Bewahrung hergebrachter und vielfach lieb gewonnener, weil vertrauter Strukturen. Gefordert sind vielmehr Kreativität, sachverständige und eingehende Analysen der voraussichtlichen Auswirkungen und Folgen sowie Gestaltungswillen.

## II. Überlegungen und Zielsetzungen für die zukünftige weitere Integration in der Gemeinschaft

Dies führt mich zu meiner 2. These:

Es erscheint mir verfehlt, die gegenwärtigen Überlegungen zu einer Neugestaltung des institutionellen Gefüges der Gemeinschaft im Rahmen der Regierungskonferenz oder zur Schaffung einer Grundrechtscharta der Gemeinschaft zu verbinden mit einer Verfassungsdiskussion, das heißt mit einer Diskussion über die Schaffung einer Verfassung für die Gemeinschaft. Richtig erscheint es mir vielmehr auch weiterhin und bis auf weiteres, Institutionen und Prinzipien der Gemeinschaft so fortzuentwickeln, dass sie sich einfügen können in eine etwaige künftige, als sinnvoll und richtig empfundene, von allen Mitgliedstaaten und Bürgern getragene verfassungsmäßige Ordnung für die Gemeinschaft.

Dies ergibt sich für mich aus folgendem: Einerseits ist es aus den dargelegten Gründen richtig und notwendig, die in der Regierungskonferenz behandelten institutionellen Fragen zu klären und sachgerecht zu regeln. Ebenso wünschenswert erscheint eine Verständigung über eine Grundrechtscharta für die Gemeinschaft, wie sie vom Europäischen Rat in Köln im Juni 1999 initiiert worden ist, auf die ich hier allerdings nicht näher eingehen kann. Es gibt außerdem gute Gründe, eine genauere Kompetenzabgrenzung zwischen der Gemeinschaft einerseits und den Mitgliedstaaten andererseits in einem Kompetenzkatalog für die Gemeinschaft festzulegen. Ich verweise hierzu lediglich auf das dynamische Verständnis der Gemeinschaftskompetenzen sowohl seitens der Kommission als auch insbesondere des Europäischen Gerichtshofs. Rechtsklarheit, Rechtssicherheit und Berechenbarkeit sind damit nicht immer vollständig in Einklang zu bringen. Diese Gesichtspunkte mögen es durchaus, insbesondere für in deutschen Verfassungstraditionen denkende Menschen geboten erscheinen lassen, auf die Schaffung einer europäischen Verfassung hinzuwirken. Möglicherweise könnte diese auch der Europäischen Idee neue Schubkraft verleihen und Bezugspunkt für ein neues europäisches Selbstverständnis werden.

Auf der anderen Seite haben die Mitgliedstaaten der Gemeinschaft als primäre Bezugspunkte für staatliche Identität und Zugehörigkeit in den Augen der Bürger keineswegs ausgedient. Im Gegenteil sind Franzosen, Briten, Italiener, Spanier, Griechen in ihrem Selbstverständnis vermutlich primär ebendies und nicht Unionsbürger. Es kann nicht bezweifelt werden, dass die Gemeinschaft insgesamt noch weit entfernt ist von den Voraussetzungen und Kriterien für das Bestehen eines europäischen Staates. Es gibt weder ein aus den Unionsbürgern bestehendes europäisches Staatsvolk, noch eine Gebietshoheit der Gemeinschaft, noch eine einheitliche europäische Staatsgewalt.

Aus diesem Befund ergeben sich nach meiner Auffassung drei entscheidende Konsequenzen:

Erstens sind für die überschaubare Zukunft Forderungen nach Schaffung einer europäischen Verfassung unrealistisch.

Zweitens gibt es mangels einer staatlichen Struktur der Gemeinschaft eine die Verantwortung der Mitgliedstaaten lediglich überlagernde, diese aber nicht vollständig verdrängende Verantwortung der Gemeinschaft. Die Inanspruchnahme einer durch den Vertrag begründeten Kompetenz durch die Gemeinschaft darf insbesondere nicht dazu führen, dass sich ein Tätigwerden für die Belange eines oder mehrerer Mitgliedstaaten zur Abwendung und Bewältigung einer ernsten Notlage zwar als objektiv notwendig erweist, die institutionellen Bestimmungen des Vertrages wie insbesondere das Initiativmonopol der Kommission, das Mehrheitsprinzip für Entscheidungen des Rates und die Mitentscheidung des Europäischen Parlaments nach Art. 251 EGV in ihrem Zusammenwirken im Ergebnis aber dazu führen, dass ein Tätigwerden sowohl der Gemeinschaft als auch des oder der betroffenen Mitgliedstaaten mangels nicht mehr bestehender Kompetenz unterbleibt. Unter den Bedingungen des gegenwärtigen Integrationsstandes der Gemeinschaft, der dieser noch keine staatliche Struktur und Verantwortung verleiht, sind daher die im Vertrag vorgesehenen Reservatsrechte zugunsten der Mitgliedstaaten zur Wahrung ihrer vitalen Interessen unverzichtbar, wie sie z.B. in Art. 30 und Art. 64 Abs. 1 EGV zur Aufrechterhaltung der öffentlichen Sicherheit und Ordnung vorgesehen sind.

Drittens sind bei weiteren, die politische Integration voranbringenden Schritten und Maßnahmen, insbesondere bei einem immer weiteren Eindringen in herkömmlicherweise dem Kernbereich der Souveränität eines Staates zugerechnete Bereiche, Schranken zu beachten, deren Überschreitung das Bestehen bzw. die Schaffung einer europäischen Verfassung und damit eines europäischen Staates voraussetzen und bedingen würde. Dies wäre etwa augenfällig bei der Begründung einer originären, über die Ergänzungs- bzw. „Vertragsabrundungskompetenz"[2] des Art. 308 EGV (früher Art. 235) hinausgehenden, prinzipiell unbegrenzten, nicht von den Mitgliedstaaten abgeleiteten und durch sie demokratisch legitimierten Kompetenz-Kompetenz der Gemeinschaft. Auch unterhalb einer derart klaren Grenzüberschreitung sind bei der weiteren Integration grundlegende Anforderungen und Maßgaben einzuhalten, die sich aus den unverzichtbaren demokratischen, rechtsstaatlichen, sozialen und föderativen Grundsätzen ergeben. Für die Bundesrepublik Deutschland ergibt sich dies zwingend aus der sog. Struktursicherungsklausel des Art. 23 Abs. 1 Satz 1 GG.

Ich möchte an einem konkreten Beispiel verdeutlichen, was dies nach meiner Auffassung bedeutet. So berechtigt und notwendig das Initiativmonopol der Kommission in der ursprünglichen Europäischen Wirtschaftsgemeinschaft war und ist, es vertrüge sich nicht mit einem weiteren Vordringen der Gemeinschaft in Kernbereiche der nationalen Souveränität wie etwa der Landesverteidigung oder der Wahrung der öffentlichen Sicherheit und Ordnung.

*Jürgen Schwarze* hat in einem Vortrag aus Anlass des 50-jährigen Bestehens des Grundgesetzes im vergangenen Jahr den Zusammenhang zwischen Fortentwicklung des institutionellen Gefüges sowie „innerer Verfassungsreform" der Gemeinschaft auf der einen Seite und Übertragung weiterer Aufgaben auf die Gemeinschaft auf der anderen Seite in Übereinstimmung mit meiner hier dargelegten Auffassung wie folgt beschrieben: „Je klarer und einleuchtender die innere Verfassungsstruktur – wenn auch in gemeinschaftsspezifischer Modifizierung – an Verfassungsgrundsätzen ausgerichtet ist, auf die wir im internen Bereich der Mitgliedstaaten vertrauen, umso leichter wird es uns jedenfalls verfassungspolitisch fallen, der EU Aufgaben von Gewicht zur Erledigung anzuvertrauen"[3].

---

[2] Vgl. BVerfGE 89,155, 210 (Anm. 5).

[3] *Jürgen Schwarze,* Ist das Grundgesetz ein Hindernis auf dem Weg nach Europa?, in: JZ 1999, S. 637ff., 642 unter Bezugnahme auf Außenminister *Fischer* in

## III. Grundsätzliche Zielsetzungen für den Bereich der Verwaltung

Nachdem ich damit einige mir bedeutsam erscheinende grundlegende Perspektiven für eine weitere Integration in der Gemeinschaft aufgezeigt habe, wende ich mich nun im besonderen dem Verhältnis von Verwaltung und Verwaltungsrecht einerseits und europäischer Integration anderseits zu. Hierzu lautet meine 3. These:

> Notwendige Folge der Schaffung eines die Mitgliedstaaten umfassenden einheitlichen Rechtsraumes und der daraus folgenden Berücksichtigung und Rezeption unterschiedlicher Rechtstraditionen ist die jedenfalls teilweise Relativierung und Durchbrechung des nationalen Rechts der Mitgliedstaaten. Speziell für den Bereich des Verwaltungsrechts und des Verwaltungsverfahrensrechts eröffnen sich damit Perspektiven und Chancen, die zu einer Systematisierung und Kodifizierung eines einheitlichen europäischen Verwaltungsrechts genutzt werden sollten.

Im verwaltungsrechtlichen und verwaltungswissenschaftlichen Schrifttum hat es in den vergangenen Jahren und bis in die jüngste Zeit hinein eine Vielzahl von Untersuchungen und Abhandlungen gegeben, die sich mit der sog. Europäisierung des Verwaltungsrechts befassen[4]. Darin entzündet sich die Diskussion immer wieder und beschäftigt sich mit Entscheidungen des Europäischen Gerichtshofs, wobei u. a. der Fall *Alcan*, eine Aluminiumhütte in Ludwigshafen betreffend, eine prominente Rolle spielt[5].

Als Europäisches Verwaltungsrecht kann die Summe aller Normen des primären und sekundären Gemeinschaftsrechts verstanden werden, welche die Verwaltungsorganisation und die Verwaltungstätigkeit, insbesondere das Verfahren der Gemeinschaftsorgane oder der Mitgliedstaaten zum Vollzug des Gemeinschaftsrechts regeln. Demgegenüber bezeichnet die Europäisierung des Verwaltungsrechts den Vorgang, mit dem das nationale Verwaltungsrecht aufgrund der sich ausdehnenden Gemeinschaftsrechtsordnung der Neuinterpretation, Inhaltsänderung, Ergänzung oder Ersetzung durch Gemeinschaftsrecht unterworfen ist[6]. Dabei ist für die Europäische Gemeinschaft kennzeichnend, dass der Schwerpunkt des Vollzugs des Gemein-

---

seiner Rede vor dem EP am 12.1.1999, in Auszügen abgedruckt in: FAZ vom 13.1.1999, S. 6.

[4] Vgl. z. B. *Albert Bleckmann*, Methoden der Bildung europäischen Verwaltungsrechts, in: DÖV 1993, 837 ff.; *Friedrich Schoch*, Die Europäisierung des Allgemeinen Verwaltungsrechts, in: JZ 1995, 109 ff.; *Rupert Scholz*, Zum Verhältnis von europäischem Gemeinschaftsrecht und nationalem Verfassungsrecht, in: DÖV 1998, 261 ff.; *Klaus Stern*, Die Einwirkung des europäischen Gemeinschaftsrechts auf die Verwaltungsgerichtsbarkeit, in: JuS 1998, 769 ff.; *Jürgen Schwarze*, Europäische Rahmenbedingungen für die Verwaltungsgerichtsbarkeit, in: NVwZ 2000, 241 ff.; *Rainer Wahl*, Die zweite Phase des öffentlichen Rechts in Deutschland, in: Der Staat 38 (1999), 435 ff. – jeweils mit umfangr. Nachw.

[5] Entscheidung des EuGH vom 20.3.1997 (Rechtssache C – 24/95), JZ 1997, 722 m. Anm. *Claus Dieter Classen*.

schaftsrechts bei den Mitgliedstaaten liegt, sei es im Wege des unmittelbaren Verwaltungsvollzugs von Gemeinschaftsrecht, sei es es im Wege des mittelbaren Vollzugs, d.h. der Ausführung von nationalem Recht, das zur Umsetzung von Gemeinschaftsrecht ergangen ist. Demgegenüber ist der direkte Verwaltungsvollzug des Gemeinschaftsrechts durch die Gemeinschaft selbst, d.h. durch die Organe der Gemeinschaft die Ausnahme.

Aus dem Umstand, dass der Schwerpunkt des Vollzugs des Gemeinschaftsrechts bei den Mitgliedstaaten liegt, ergibt sich eine Reihe von im Einzelfall zum Teil sehr schwierigen Abgrenzungsfragen, insbesondere was das Verhältnis zwischen Gemeinschaftsrecht und nationalem Recht angeht. Ich habe bereits die dienende Funktion des Verwaltungsrechts hervorgehoben, indem ich darauf hingewiesen habe, dass es, soweit es um den Vollzug des Gemeinschaftsrechts geht, primär Organisation und Verfahren regelt. Eine Regelungskompetenz der Gemeinschaft hierfür folgt – so kann zunächst vermutet werden – regelmäßig als Annex aus der entsprechenden Sachkompetenz. Indessen ist fraglich, inwieweit der Gemeinschaft eine dahingehende Annexkompetenz überhaupt zukommen kann, wie wir sie für die Kompetenzabgrenzung zwischen Bund und Ländern etwa von Art. 84 Abs. 1 GG – Regelung der Behördeneinrichtung und des Verwaltungsverfahrens der Länder bei der Ausführung von Bundesrecht – kennen. Denn bereits in den Schlussfolgerungen des Europäischen Rates in Essen ist ebenso wie in – hierauf Bezug nehmenden – Erklärungen zum Vertrag von Maastricht[7] und zum Amsterdamer Vertrag[8] ausdrücklich „bekräftigt" worden, dass „die administrative Durchführung des Gemeinschaftsrechts grundsätzlich Sache der Mitgliedstaaten gemäß ihren verfassungsrechtlichen Vorschriften bleibt". Dementsprechend wird im Schrifttum angenommen, dass die Verwaltungsautonomie der Mitgliedstaaten die eigenständige Regelung des (allgemeinen) Verwaltungsrechts, des Verwaltungsverfahrensrechts und der Verwaltungsgerichtsbarkeit umfasse[9], während der Gemeinschaft keine Kompetenz zur Regelung etwa des Allgemeinen Verwaltungsrechts zukomme[10].

Bei Lichte betrachtet handelt es sich hierbei indessen mehr um politische Programmerklärungen als Ergebnis von für Europäische Räte typischen

---

[6] Vgl. auch *Karl-Peter Sommermann*, Europäisches Verwaltungsrecht oder Europäisierung des Verwaltungsrechts? – Inkonsistenzen in der Rechtsprechung des Europäischen Gerichtshofes, in: DVBl. 1996, 889 ff., 891.

[7] 19. Erklärung zur Anwendung des Gemeinschaftsrechts zum Vertrag von Maastricht.

[8] 43. Erklärung zum Protokoll über die Anwendung der Grundsätze der Subsidiarität und der Verhältnismäßigkeit.

[9] Vgl. *Jürgen Schwarze* (Fn. 4), S. 244.

[10] *Friedrich Schoch* (Fn. 4), S. 112.

Kompromissen als um verbindliche Rechtssätze. Es handelt sich ja ausdrücklich auch nur um „Erklärungen" zum Vertrag, die nur begrenzt als Auslegungsdirektiven herangezogen werden können, die aber etwa das dynamische Selbstverständnis des Europäischen Gerichtshofs als „Motor der Integration"[11] und seine ausgeprägte Tendenz zu richterlicher Rechtsfortbildung[12] kaum gebremst haben. Einige Beispiele mögen verdeutlichen, inwieweit das Bild von der Verwaltungsautonomie der Mitgliedstaaten bei der Durchführung des Gemeinschaftsrechts gemäß ihren verfassungsrechtlichen Vorschriften der Ergänzung und Korrektur bedarf:

- Nach Auffassung des EuGH ist die Verwaltung verpflichtet, nationales Recht nicht anzuwenden, das nach Einschätzung der Behörde nicht in Einklang steht mit EG-Recht[13]. Die dementsprechende Prüfungs- und gegebenenfalls Verwerfungskompetenz gegenüber dem nationalen Recht bewirkt eine Lockerung der aus Art. 20 Abs. 3 GG folgenden Gesetzesbindung der Verwaltung[14].

- Nach Auffassung des EuGH genügt eine Umsetzung von Richtlinien durch Verwaltungsvorschriften auch in den Fällen nicht den Vorgaben des Gemeinschaftsrechts, in denen nach der Rechtsquellenlehre des deutschen Rechts z. B. norminterpretierende Verwaltungsvorschriften in Betracht kommen und ausreichen[15].

- Heftiger Kritik ausgesetzt ist die vom EuGH aus dem – von ihm kraft richterlicher Rechtsfortbildung selbst entwickelten, auf eine einheitliche und umfassende Durchsetzung des Gemeinschaftsrechts in allen Mitgliedstaaten zielenden – Effektivitätsgebot abgeleitete Einschränkung des Vertrauensschutzes gegenüber der Aufhebung begünstigender Verwaltungsakte. Danach sind Rücknahme und Rückforderung erhaltener Beihilfen auch dann möglich, wenn der Begünstigte bereits gem. § 48 Abs. 2 Satz 2 VwVfG irreversible Vermögensdispositionen getroffen hat und nicht bösgläubig i. S. von § 48 Abs. 2 Satz 3 VwVfG war[16].

---

[11] *Helmut Steinberger*, Der Verfassungsstaat als Glied einer europäischen Gemeinschaft, in: VVDStRL 50 (1991), S. 9, 12; *Michael Schweitzer/Waldemar Hummer*, Euoparecht, 4. Auflage, Neuwied u. a. 1993, S. 104; *Friedrich Schoch* (Fn. 4), S. 113.

[12] Vgl. dazu *Manfred Zuleeg*, Die Rolle der rechtsprechenden Gewalt in der europäischen Integration, in: JZ 1994, 1, 6.

[13] Entscheidung vom 22.6.1989 – Rs 103/88 (Costanzo), Slg. 1989, 1861, 1871 = DVBl. 1990, 689, 690.

[14] Vgl. *Friedrich Schoch* (Fn. 4), S. 111; *Christian Koenig*, Bedürfen die Bundesländer einer institutionalisierten Hilfestellung beim Verwaltungsvollzug von Europäischem Gemeinschaftsrecht?, in: DVBl. 1997, 581, 583.

[15] Nachweise bei *Friedrich Schoch* (Fn. 4), S. 111 Anm. 30.

- Weitere Beispiele sind der vom EuGH entwickelte gemeinschaftsrechtliche Entschädigungsanspruch eines Bürgers gegen einen Mitgliedstaat, der eine Richtlinie nicht oder nicht rechtzeitig umgesetzt hat[17], sowie die erhebliche Verdrängung der aufschiebenden Wirkung eines Rechtsbehelfs durch eine – in § 80 Abs. 2 Satz 1 Nr. 4 VwGO nur als Ausnahme vorgesehene – wiederum aus dem Effektivitätsgebot abgeleitete Ausweitung der Anordnung der sofortigen Vollziehung[18].

Wichtig ist, bei diesen und anderen Beispielen zu berücksichtigen, dass die jedenfalls teilweise Relativierung und Durchbrechung des nationalen Rechts der Mitgliedstaaten notwendige Folge der Schaffung eines die Mitgliedstaaten umfassenden einheitlichen Rechtsraumes und der daraus folgenden Berücksichtigung und Rezeption unterschiedlicher Rechtstraditionen ist.

Ein weiterer Aspekt der Europäisierung des Verwaltungsrechts ergibt sich aus Folgendem:

Für Aufgaben, Zuständigkeiten und Verantwortlichkeiten der Gemeinschaft gilt auf der einen Seite das Prinzip der begrenzten Einzelermächtigung. Danach darf die Gemeinschaft nur tätig werden in den ihr ausdrücklich durch den Vertrag zugewiesenen Tätigkeitsfeldern. Allerdings besteht die Möglichkeit einer begrenzten Ausweitung dieser Tätigkeitsfelder aufgrund der bereits erwähnten sog. Abrundungskompetenz nach Art. 308 EGV (früher: Art. 235).

Auf der anderen Seite weisen einige besonders bedeutsame Aufgabenbereiche der Gemeinschaft eine solche querschnittsartige Weite auf, dass sie zum Einfallstor für eine Ausweitung der Gemeinschaftstätigkeit auf ein weites Umfeld nicht unmittelbar erfasster Regelungsbereiche dienen. Dies gilt etwa für die Regelungen zur Schaffung und Gewährleistung des einheitlichen Binnenmarktes und alles was unter diesem Aspekt – jedenfalls im Verständnis von Kommission und EuGH – als wettbewerbsrelevant angesehen werden kann. Ein neuralgischer Punkt ist in diesem Zusammenhang auch der Begriff der Dienstleistungen. Unter beiden Gesichtspunkten werden in der Praxis der Gemeinschaft Regelungsbereiche, die in den Mitgliedstaaten spezifischen Regimen unterliegen, zumindest tendenziell und im Zusammenwirken der Gemeinschaftsorgane Kommission, Rat, EP und EuGH durchaus plan- und absichtsvoll miterfasst. Aktuelle und problema-

---

16 Vgl. dazu *Friedrich Schoch* (Fn. 4), S. 111 m. Nachw. in Anm. 32–34; EuGH, Urteil v. 20.3.1997 – C-24/95 (Alcan), in: JZ 1997, 722ff.; *Rupert Scholz* (Fn. 4), S. 261 ff.

17 EuGH v. 19.11.1991 – Rs 6/90, Slg. I 1991, 5357, DVBl. 1992, 305.

18 EuGH v. 10.7.1990 – Rs 217/88, Slg. I 1990, 2899, 2906ff.; vgl. auch *Friedrich Schoch* (Fn. 4), S. 111ff.

tische Beispiele sind die Rundfunkfinanzierung in Deutschland, das Infragestellen der Buchpreisbindung und der Gewährträgerhaftung für die Sparkassen.

Es kann keinem Zweifel unterliegen, dass es für Inhalt und Reichweite der auf die Gemeinschaft übertragenen Kompetenzen ausnahmslos auf das Verständnis aus der Sicht der Gemeinschaftsverträge, nicht auf ein davon möglicherweise abweichendes Verständnis nach nationalem Recht ankommt. Das bedeutet allerdings nicht, dass das nationale Recht insoweit vollständig irrelevant wäre. Ausgehend von der Maastricht-Entscheidung des Bundesverfassungsgerichts, nach der die demokratische Legitimation des Gemeinschaftshandelns primär durch die nationalen Parlamente vermittelt wird, und mit Rücksicht darauf, dass jede Ausweitung der Kompetenzen der Gemeinschaft einer ratifikationsbedürftigen Änderung der Gemeinschaftsverträge bedarf, wird vielmehr davon auszugehen sein, dass eine überraschende, nicht auf das gemeinsame Verständnis der Mitgliedstaaten bei der Begründung der in Rede stehenden Gemeinschaftskompetenz zurückgehende Auslegung und Ausweitung der Kompetenz nicht in Betracht kommen kann. Damit will ich nicht etwa einer restriktiven oder gar integrationsfeindlichen Interpretation der Gemeinschaftskompetenzen das Wort reden. Es geht mir vielmehr um eine maßvolle, sich nicht von den Mitgliedstaaten entfernende Auslegung und die Begrenzung einer allzu dynamischen, rechtsfortbildenden Praxis der Gemeinschaftsorgane. Dies gilt insbesondere, wenn und soweit im Zuge der Weiterentwicklung der politischen Union zusätzliche Aufgaben und Zuständigkeiten auf die Gemeinschaft übertragen werden. Diesem Wandel müssen auch Auslegung und Handhabung der Gemeinschaftskompetenzen Rechnung tragen, d.h. die primär markt- und wettbewerbsorientierte Auslegung bedarf ebenfalls einer entsprechenden Fortentwicklung.

Dabei erscheint mir hervorhebenswert, dass es sich hierbei um einen erhebliche Chancen eröffnenden wechselseitigen Prozess handelt. Es bedarf einerseits die primär markt- und wettbewerbsorientierte Perspektive der Überprüfung und Ergänzung. Ebenso müssen sich umgekehrt die neu hinzutretenden Sachpolitiken einfügen in den Rahmen des gemeinsamen Binnenmarktes.

Eine wechselseitige Durchdringung ergibt sich auch zwischen Gemeinschaftsrecht einerseits und Verwaltungsrecht und Verwaltungsverfahrensrecht andererseits. Ich habe bereits hingewiesen auf vielfältige Einwirkungen des Gemeinschaftsrechts auf das Verwaltungsrecht der Mitgliedstaaten als Folge der Berücksichtigung und Rezeption unterschiedlicher Rechtstraditionen durch das Gemeinschaftsrecht. Zur Gewährleistung eines einheitlichen Verwaltungsvollzugs des Gemeinschaftsrechts und zu der dafür erforderlichen Feststellung der maßgebenden Verfahrensgrundsätze bedarf es einer intensiven, ansonsten vielleicht kaum vergleichbare praktische Bedeutung entfaltenden Rechtsvergleichung. Diese eröffnet zugleich die Möglichkeit, das nationale Recht auch unabhängig vom Vollzug von Gemeinschaftsrecht dahingehend auf den Prüfstand zu stellen, ob Änderungen des eigenen Rechts in Betracht kommen oder ob Besonderheiten beibehalten werden sollen[19]. Es spricht vieles dafür, dass dabei wertvolle Anregungen für eine Fortentwicklung des nationalen Rechts, etwa für weitere Überlegungen zur Beschleunigung von Genehmigungsverfahren gewonnen werden könnten.

Ich halte es vor diesem Hintergrund für einen sehr interessanten Gedanken, einen Vorschlag aufzugreifen und weiterzuführen, der in einem Memorandum des niederländischen Außenministeriums aus dem Jahre 1996 enthalten ist. Darin wird die Kodifikation eines einheitlichen europäischen Verwaltungsverfahrensrechts für die Gemeinschaftseinrichtungen gefordert, weil es vorrangig Sache des Europäischen Gesetzgebers sei, eine einzige allgemeine Verwaltungsrechtsordnung zu kodifizieren und systematisieren, um Qualität und Transparenz der Europäischen Verwaltung und Gesetzgebung zu sichern. Die nach diesen Vorstellungen zu kodifizierenden Inhalte sind bereits Bestandteil des Gemeinschafts-Acquis, der Rechtsprechung des EuGH sowie sekundärrechtlicher Spezialvorschriften, wobei es nach diesem Vorschlag nur um den direkten Vollzug des Gemeinschaftsrechts durch die Mitgliedstaaten, nicht auch um den indirekten Vollzug, d.h. bei der Ausführung von nationalem Recht zur Umsetzung von Gemeinschaftsrecht gehen sollte. Dem Memorandum zufolge sollte die Kodifizierung u.a. folgende Elemente umfassen: Begründungspflicht, Entscheidungsfristen, Veröffentlichung von Entscheidungen, Gleichbehandlungsgrundsatz, Verhältnismäßigkeit, Rechtssicherheit, Vertrauensschutz, Anhörungsrecht, Zugang zu entscheidungserheblichen Informationen.

Damit ging es nach diesem Vorschlag weniger um Neuerungen als um eine Systematisierung und Festschreibung bereits bestehender Grundsätze – ähnlich wie es in Deutschland durch den Erlass der Verwaltungsverfahrensgesetze des Bundes und der Länder zur Kodifizierung des bis dahin als ungeschriebenes Recht anerkannten Allgemeinen Verwaltungsrechts in den 70er Jahren geschehen ist. Eine Verwirklichung dieses Vorschlags würde zu erheblich mehr Rechtssicherheit beim Vollzug des Gemeinschaftsrechts, möglicherweise auch zum Abbau von Wettbewerbsverzerrungen beitragen. Im Hinblick auf die vom EuGH angenommene Prüfungs- und gegebenenfalls Verwerfungskompetenz der Verwaltung in Bezug auf das nationale Recht bei Zweifeln hinsichtlich seiner Vereinbarkeit mit Gemeinschaftsrecht würde damit zugleich vorgesorgt, die Verwaltung bei der Anwendung des Gemeinschaftsrechts nicht zu überfordern.

---

[19] *Rainer Wahl* (Fn. 4), S. 495ff., 508.

Meines Erachtens sollte dieser Vorschlag ernsthaft geprüft und weiterverfolgt werden. Ebenso wie das niederländische Memorandum halte ich es für richtig, sich jedenfalls in einem ersten Schritt auf eine Kodifizierung bereits bestehender Grundsätze zu konzentrieren und nur punktuell Korrekturen und Fortschreibungen vorzunehmen, um in dem bewährten, niemanden überfordernden Rahmen für die fortschreitende Integration in der Gemeinschaft zu bleiben. Allerdings sollte von vornherein auch der indirekte Vollzug von Gemeinschaftsrecht dahingehend einbezogen werden, dass die zu kodifizierenden Grundsätze auch dafür bindend sind.

Kein Hinderungsgrund für derartige Überlegungen wäre, dass der Gemeinschaft nach den Verträgen bisher vermutlich keine ausreichende Kompetenz für eine sachgebietsübergreifende Kodifikation des Allgemeinen Verwaltungsrechts und des Verwaltungsverfahrensrechts zukommt. Diese könnte allerdings durch eine entsprechende Änderung bzw. Ergänzung der Verträge geschaffen werden. Es könnte indessen vermutlich ohnehin nicht darum gehen, sofort auf die Schaffung entsprechenden primären und sekundären Gemeinschaftsrechts hinzuwirken. Dafür müsste vielmehr in einem breit angelegten rechtspolitischen Diskussionsprozess zunächst der Boden bereitet werden. Hierfür bietet sich an, in einem mehrstufigen Prozess zunächst auf der Grundlage einer fundierten Bestandsaufnahme Vorschläge für eine mögliche Kodifizierung auszuarbeiten. Diese könnten dann – ähnlich wie es für die vom Europäischen Rat in Köln beschlossenen Ausarbeitung einer Grundrechtscharta für die Gemeinschaft als eine von mehreren Optionen vorgesehen ist – als zunächst nicht rechtlich verbindliche Deklaration verabschiedet werden. Auch eine noch nicht rechtlich verbindliche Deklaration würde bereits als Auslegungsdirektive nicht zu unterschätzende Wirkungen entfalten. Nach einer Phase der Erprobung könnte dann in einem zweiten Schritt an eine Übernahme in den Vertrag und damit an eine verbindliche Rechtsetzung gedacht werden.

Ich bin davon überzeugt, dass damit ein weiterer wichtiger und zukunftsweisender Integrationsschritt verwirklicht würde, und ich kann nur dazu ermuntern, hierzu Sachverstand und Tatkraft einzubringen.

# Wechselwirkung zwischen nationalem Verwaltungsrecht und europäischem Gemeinschaftsrecht – aus deutscher Perspektive

Von Alexander Jannasch

## I. Zur Größenordnung des Einflusses

Die Leitung des Europa-Forums Speyer hat mich gebeten, über das grundsätzliche Thema der Wechselwirkung zwischen nationalem Verwaltungsrecht und europäischem Gemeinschaftsrecht zu sprechen – aber nicht über 30 Minuten. Dies gebietet Beschränkungen, denn es dürfte kaum noch ein Rechtsgebiet geben, das nicht vom Europarecht beeinflusst ist.

Das Verwaltungsgericht Stuttgart veranstaltet vom Februar dieses Jahres bis Ende 2001 ein von der Kommission der Europäischen Gemeinschaft gefördertes Fortbildungsprojekt „Europarecht im deutschen Verwaltungsprozess" mit 20 Vorträgen, von denen 16 Referate den Einfluss des europäischen Gemeinschaftsrechts auf die in der Verwaltungsgerichtsbarkeit zu bearbeitenden Gebiete des besonderen Verwaltungsrechts behandeln werden[1]. Dieses in Deutschland wohl erstmalige Projekt zeigt deutlich die Größenordnungen, mit denen wir es zu tun haben.

Aus Professorensicht ist besonders geklagt worden, dass das europäische Gemeinschaftsrecht nicht etwa nur Einfluss auf Einzelfragen des besonderen Verwaltungsrechts ausübt, sondern gleichsam in das Herz unserer Rechtsgrundsätze vorgestoßen ist und Regeln unseres allgemeinen Verwaltungsrechts zumindest in Frage stellt[2].

Der Einfluss des Europarechts auf das deutsche Recht wird gelegentlich mit 50 oder 60% beziffert, aber eine derartige quantitative Einordnung ist letztlich eher problematisch. Zuweilen ist dem deutschen Verwaltungsrechtler nicht sofort bewusst, dass die von ihm auszulegenden und anzuwendenden Vorschriften des deutschen Rechts in Wahrheit beispielsweise auf Richtlinien der Europäischen Gemeinschaft beruhen und ihrer Umsetzung

---

[1] Die Beiträge werden veröffentlicht in den „Verwaltungsblättern für Baden-Württemberg", vgl. VBlBW 2000, 169; 2000, 297; 2000, 377; 2001, 5.

[2] Vgl. *Friedrich Schoch,* Die Europäisierung des Allgemeinen Verwaltungsrechts, in: JZ 1995, 109 ff.

dienen, gerade wegen ihres europäischen Ursprungs aber zusätzliche und spezifische Probleme aufwerfen.

## II. Beeinflusst auch das deutsche Recht das Europarecht?

Wenn von der Wechselwirkung die Rede ist, impliziert dies, dass auch das Europarecht seinerseits vom nationalen Recht beeinflusst wird. Natürlich ist dies der Fall. Allerdings möchte ich gleich betonen, dass ich nur aus richterlicher Sicht, aus Praktikersicht sprechen kann; eine vollständige Durchdringung des kaum noch zu übersehenden Rechts der Europäischen Gemeinschaft kann ich nicht leisten – hierfür wären wohl mehrere Forschungsprojekte erforderlich.

Von prominenten Vertretern des Europarechts wird immer wieder hervorgehoben, dass die Europäische Gemeinschaft – und ebenso die Europäische Union – eine Rechtsgemeinschaft ist[3]. Ihr Rechtsdenken beruht traditionell in besonderer Weise auf dem französischen und dem deutschen Recht. Gerade auf dem Gebiet des Verwaltungsrechts haben diese beiden Systeme viel mehr gemeinsam, als oft angenommen wird. Dies wird einem besonders deutlich, wenn man beispielsweise einmal eine Zeit lang im englischen Rechtsraum gearbeitet hat.

Zu den deutschen Exportartikeln gehört sicherlich der Grundsatz der Verhältnismäßigkeit, der jetzt auch in Art. 5 Abs. 3 EGV seinen Niederschlag gefunden hat und der zu den grundlegenden Regeln des Europarechts zählt[4].

*Manfred Zuleeg*, zeitweise der deutsche Richter im EuGH, erwähnt ferner ausdrücklich die Grundsätze der Rechtssicherheit und des Vertrauensschutzes, die beide ins Gemeinschaftsrecht gewandert sind[5]. Auf der anderen Seite hat es gerade auf diesem Gebiet besonders viel Kritik am EuGH gegeben, worauf noch zurückzukommen ist.

Wie weit die Suche des EuGH nach gemeinsamen Rechtsgrundsätzen der Mitgliedstaaten gehen kann, sei fast anekdotisch an einem Beispiel verdeutlicht: In seinem Schlussantrag vom 26. Juni 1997 zitiert Generalanwalt *Jacobs*[6] zu Fragen des Vertrauensschutzes ein Urteil des Verwaltungsge-

---

[3] *Günter Hirsch*, Europarechtliche Perspektiven der Verwaltungsgerichtsbarkeit, in: VBlBW 2000, 71.

[4] Vgl. hierzu *Eckhard Pache*, Der Gundsatz der Verhältnismäßigkeit in der Rechtsprechung der Gerichte der Europäischen Gemeinschaften, in: NVwZ 1999, 1033.

[5] *Manfred Zuleeg*, Deutsches und Europäisches Verwaltungsrecht – Wechselseitige Einwirkungen, in: VVDStRL 53 (Tagung 1993), S. 170f.

[6] EuGH, Urt. v. 2.12.1997, Fantask A/S and others v. Ministry of Industry and Trade – Rs. C-188/95 – Slg. I 1997, 6783, 6816, Rdnr. 87.

richtshofs Baden-Württemberg vom 21. Oktober 1992 mit seiner Fundstelle in den Verwaltungsblättern für Baden-Württemberg[7]. Nebenbei zeigt auch dieses Beispiel, dass die von deutschen Lesern oft als etwas knapp empfundenen Entscheidungen des EuGH stets zusammen mit den Ausführungen des Generalanwalts gelesen werden sollten[8]. Übrigens ist es keineswegs so, dass deutsche Gerichte in allen Fällen sehr viel ausführlichere Entscheidungsbegründungen liefern, als der insoweit stark am französischen Stil orientierte EuGH – denken Sie an das Urteil des Bundesverfassungsgerichts zum rheinland-pfälzischen Denkmalschutzgesetz[9].

Auch das Bewusstsein für die Notwendigkeit, fundamentale über der täglichen Rechtsetzung stehende Rechte, also Grundrechte, anzuerkennen, die nicht ohne weiteres zur Disposition im politischen Kompromissgeschäft stehen, geht sicher stark auf deutschen Einfluss zurück. Sie werden wissen, dass jetzt an einer Charta gearbeitet wird, die Grundrechte und Grundprinzipien enthalten soll und deren Rangordnung über den Verträgen von Rom, Maastricht und Amsterdam liegen könnte[10].

Blickt man weit zurück, wird man wohl sagen können, dass die berühmte – oder berüchtigte – Entscheidung des Bundesverfassungsgerichts vom 28. Mai 1974 – Solange I[11] – zu einem Zeitpunkt erging, zu dem der Europäische Gerichtshof den Grundrechten noch eher die kalte Schulter gezeigt hatte – wenngleich einzelne Entscheidungen auch für ein bereits erwachendes Grundrechtsbewusstsein angeführt werden können. Jedenfalls 1986 konnte das Bundesverfassungsgericht die Solange-Formel gleichsam umdrehen und erklären, solange die europäischen Gemeinschaften und insbesondere der EuGH einen wirksamen Schutz der Grundrechte generell – dieses Wort generell wird leider gelegentlich übersehen – gewährleisten, werde das Bundesverfassungsgericht seine Gerichtsbarkeit über die Anwendbarkeit von abgeleitetem Gemeinschaftsrecht nicht mehr ausüben[12]. Zu dieser Schlussfolgerung gelangte es nach einer sehr eingehenden Analyse der Rechtsprechung

---

[7] VGH Baden-Württemberg, 6. Senat, Urteil vom 21.10.1992, Az.: 6 S 1335/92, in: VBlBW 1993, 220.

[8] Zur Stellung des Generalanwalts s. jetzt auch den Beschluss des Gerichtshofs vom 4.2.2000 – Rs. C 17/98.

[9] BVerfG, Beschluss v. 2.3.1999 – 1 BvL 7/91 –, BVerfGE 100, S. 226–248.

[10] Vgl. u. a. *Günter Hirsch*, EG: Kein Staat, aber eine Verfassung, in: NJW 2000, 46; *Albrecht Weber*, Die Europäische Grundrechtscharta – auf dem Weg zu einer europäischen Verfassung, in: NJW 2000, 537; *Christian Walter*, Die Folgen der Globalisierung für die deutsche Verfassungsdiskussion, in: DVBl. 2000, 1; *Bernhard Losch/Wiltrud Christine Radau*, Grundrechtskatalog für die Europäische Union, in: ZRP 2000, 84; *Jürgen Meyer*, Die EU ist auch eine Wertegemeinschaft – die Grundrechtscharta soll die Integration fördern, in: ZRP 2000, 114.

[11] BVerfGE 37, 271.

[12] BVerfGE 73, 339–388.

des EuGH, der in der Zwischenzeit in der Tat deutlich einen wirksamen Grundrechtsstandard entwickelt hatte. Auch das Maastricht-Urteil[13] des Bundesverfassungsgerichts vom 12. Oktober 1993 hat sicherlich das Bewusstsein für die rechtliche Verpflichtung jedes Rechtssubjekts, also auch der Europäischen Gemeinschaft, geschärft, die Grenzen der ihm übertragenen Kompetenzen einzuhalten. Auf die Frage, ob man in dieser Entscheidung wirklich so weit ausholen musste und wer auf welchem Teil der Brücke nun Wache steht, soll hier nicht weiter eingegangen werden.

## III. Anwendungsvorrang des Europarechts

In rechtlicher – also normativer – Hinsicht kann es allerdings nicht verwundern, dass der Einfluss des Europarechts auf das nationale Recht größer ist als der Einfluss in der anderen Richtung, die Wechselwirkung also nicht symmetrisch sein kann. Denn dem Recht der Europäischen Gemeinschaft kommt ein Anwendungsvorrang zu, der ja in Deutschland nie ernsthaft in Frage gestellt worden ist[14], während es bei den verfassungsrechtlichen Fragen zeitweise recht lebhaft war.

## IV. Klagebefugnis

Zu den grundlegenden Fragen unseres Verwaltungsprozessrechts gehört die nach der Klagebefugnis. Wo kein Kläger da auch kein Richter. Dies bestimmt sicherlich auch die Rechtskultur in Bereichen, in denen gerichtliche Überprüfung nur selten stattfindet – auch wenn ich gewiss nicht so justizzentriert denke, dass ich anderen Kontrollmechanismen keine Bedeutung zumessen würde.

Der Gedanke, dass dem materiellen Recht in der Weise zum Durchbruch verholfen wird, dass ein Dritter – wie wir in unserer Rechtssprache so schön formulieren – eine gerichtliche Entscheidung herbeiführt, ist uns nicht unbekannt. Denken Sie nur an den Nachbarn im Baurecht, den Konkurrenten, die Verbandsklage. Für das Europarecht wird immer wieder darauf hingewiesen, dass die Organe der Gemeinschaft nur in einzelnen Gebieten auch für den Vollzug des Europarechts zuständig sind; daher mobilisiert man gerne den Bürger als Kläger und die nationalen Gerichte als Instrumente der effektiven Durchsetzung des objektiven Rechts. Inzwischen beeinflusst dieses Denken zunehmend die Diskussion in Deutschland[15]. Dies gilt ganz besonders für das Umweltrecht[16]. Ich greife ein beliebiges aktuelles Beispiel heraus: *Gertrude Lübbe-Wolff* plädiert in einem vor

---

[13] BVerfGE 89, 155–213.

[14] *Manfred Zuleeg* (Fn. 5), S. 159.

wenigen Wochen erschienenen Aufsatz dafür, die Grenzwerte der 17. BImSchV für krebserzeugende Stoffe als drittschützend anzusehen[17] und beruft sich dabei ausdrücklich auf den Einfluss neuerer europarechtlicher Entwicklungen.

## V. Kontrolldichte

Möglicherweise in einem Zusammenhang damit steht die Frage der Kontrolldichte. Die Frage nach Ermessen, planerischer Gestaltungsfreiheit und Beurteilungsermächtigung und damit nach der Stellung der Verwaltungsgerichtsbarkeit im Rahmen der staatlichen Funktionen[18] wird immer zu den Grundproblemen unserer Gerichtsbarkeit gehören. Der EuGH tendiert hier wohl zu einer zurückhaltenderen Kontrolle als die Gerichte in Deutschland[19]. Dafür wird – so hört man – mehr Wert auf eine Überprüfung des Verfahrens gelegt. Nach langjähriger Praxis in der Normenkontrolle von Bebauungsplänen und der Befassung mit dem Abwägungsgebot im Planfeststellungsrecht bin ich mir nicht so sicher, ob der Unterschied nicht gelegentlich übertrieben dargestellt wird.

## VI. Normkonkretisierende Verwaltungsvorschriften

Nicht immer ist der EuGH großzügig gegenüber der Exekutive. Bei der Umsetzung von Richtlinien genügt der bloße Verweis auf eine bestimmte Verwaltungspraxis im allgemeinen nicht und die vom Bundesverwaltungsgericht in seiner Entscheidung zum Kernkraftwerk Wyhl hochgehaltenen normkonkretisierenden Verwaltungsvorschriften reichten ihm ebenfalls

---

[15] *Jürgen Schwarze,* Europäische Rahmenbedingungen für die Verwaltungsgerichtsbarkeit, in: NVwZ 2000, 241, betont zu Recht, dass die praktischen Auswirkungen jedenfalls in ihrer Bedeutung und Reichweite oft überschätzt werden.

[16] Siehe insbesondere auch die Beiträge von *Friedrich Schoch,* Individualrechtsschutz im deutschen Umweltrecht unter dem Einfluss des Gemeinschaftsrechts, in: NVwZ 1999, S. 457–467, und *Gerd Winter,* Individualrechtsschutz im deutschen Umweltrecht unter dem Einfluss des Gemeinschaftsrechts, in: NVwZ 1999, 467–475.

[17] *Gertrud Lübbe-Wolff,* Sind die Grenzwerte der 17. BimSchV für krebserzeugende Stoffe drittschützend?, in: NuR 2000, 19–24.

[18] Vgl. hierzu *Alexander Jannasch*, Die Stellung der Verwaltungsgerichtsbarkeit im Rahmen der staatlichen Funktionen, in: Walther Fürst/Roman Herzog/Dieter C. Umbach (Hrsg.), Festschrift für Wolfgang Zeidler, Berlin 1987, S. 487 ff.

[19] *Claus Dieter Classen*, Strukturunterschiede zwischen deutschem und europäischem Verwaltungsrecht – Konflikt oder Bereicherung?, in: NJW 1995, 2457, 2460; *Friedrich Schoch*, Die Europäisierung des verwaltungsgerichtlichen Rechtsschutzes, Vortrag vor der Berliner Juristischen Gesellschaft am 5.4.2000, Berlin 2000, S. 39 ff.

nicht[20]. Vielmehr sind die Regelungen beispielsweise zur Luftreinhaltung oder zum Schutz von Trinkwasser und Grundwasser durch Rechtsnormen umzusetzen. Die Gesetzgeber in Bund und Ländern haben mit einer Reihe von Verordnungsermächtigungen reagiert. Man mag zwar in den Verwaltungsvorschriften ein flexibleres[21] und der sachgerechten Aufgabenteilung zwischen Normgeber und Exekutive durchaus angemessenes Instrument sehen. Aber wir müssen zugeben, dass normkonkretisierende Verwaltungsvorschriften in Deutschland – auch nach einigen neueren Judikaten des Bundesverfassungsgerichts zur gerichtlichen Überprüfung im Grundrechtsbereich – ohnehin nicht gerade Hochkonjunktur haben. Resümierend lässt sich sagen: Das Europarecht übt einen deutlichen Einfluss aus, aber der Schaden für das allgemeine Verwaltungsrecht in Deutschland hält sich durchaus in Grenzen.

## VII. Vorläufiger Rechtsschutz

Großen Schaden soll dagegen die Rechtsprechung des EuGH zum vorläufigen Rechtsschutz in Deutschland anrichten. Der eherne deutsche Grundsatz, wonach das Rechtsmittel des Bürgers gegen Maßnahmen des Staates aufschiebende Wirkung hat, wird mit Luxemburger Handwerkszeug zertrümmert.

Ist das wirklich so? Ich beschränke mich auf folgende Thesen[22]:

1. Wenn man bedenkt, dass die Integration Europas und damit das Recht der Europäischen Gemeinschaften bereits jetzt weite und wichtige Bereiche des deutschen Verwaltungsrechts beeinflussen, kann es eigentlich nicht verwundern, dass auch die Instrumente zur Durchsetzung des Rechts immer stärker in den Sog der Rechtsprechung in Luxemburg geraten.
2. An die Bewertung und dogmatische Einordnung der Rechtsprechung des EuGH sollte der eine bestimmte Ordnung und Dogmatik gewohnte deutsche Jurist eher vorsichtig und behutsam herangehen. Daher ist es wich-

[20] EuGH, Urt. v. 30.5.1991, Rs. C-361/88, Slg. I 1991, 2567 = NVwZ 1991, 866; Urt. v. 30.5.1991, Rs. C-59/89, Slg. I 1991, 2607 = NVwZ 1991, 868; Urt. v. 17.10.1991 – 58/89 – NVwZ 1992, 459.

[21] Wobei die TA-Luft gerade kein gutes Beispiel für Flexibilität liefert.

[22] Ausführlicher und mit Nachweisen *Alexander Jannasch*, Einwirkungen des Gemeinschaftsrechts auf den vorläufigen Rechtsschutz, in: NVwZ 1999, 495; vgl. auch *Karl-Peter Sommermann*, Der vorläufige Rechtsschutz zwischen europäischer Anpassung und staatlicher Verschlankung – Zur Zukunft des Grundsatzes der aufschiebenden Wirkung in: Klaus Grupp/Michael Ronellenfitsch (Hrsg.), Planung – Recht – Rechtsschutz, Festschrift für Willi Blümel, Berlin 1999, S. 523–548.

tig, die entschiedenen Fälle vor dem Hintergrund ihres spezifischen Sachverhalts zu betrachten und sie nicht voreilig in ein dogmatisches System einzuordnen, das ihnen in dieser Reichweite möglicherweise überhaupt nicht zugrunde liegt.

3. Mit dem Grundsatz „Ein nationales Gericht, das in einem bei ihm anhängigen, das Gemeinschaftsrecht betreffenden Rechtsstreit zu der Auffassung gelangt, dem Erlass einstweiliger Anordnung stehe nur eine Vorschrift des nationalen Rechts entgegen, darf diese Vorschrift nicht anwenden" hat der EuGH in Großbritannien die Möglichkeit des Erlasses einstweiliger Anordnungen gegen die Krone durchgesetzt (EuGH, Factortame)[23]. Mittelbar ist auch Italien von dieser Rechtsprechung beeinflusst worden. Diese Länder sind weit mehr betroffen als die Bundesrepublik Deutschland.

4. Kann ein europarechtlich vorgegebenes Ziel nur erreicht werden, wenn die Maßnahmen innerhalb einer bestimmten Frist durchgeführt werden, können die nationalen Behörden verpflichtet sein, die sofortige Vollziehung anzuordnen (EuGH, Tafelweindestillation[24]). Bei dieser Entscheidung spielten die Marktsituation und der Zeitfaktor eine besondere Rolle (Tafelwein wird bald ausgetrunken!).

5. Ein nationales Gericht darf die Vollziehung eines auf einer Gemeinschaftsverordnung beruhenden nationalen Verwaltungsakts nur aussetzen,

   - wenn es erhebliche Zweifel an der Gültigkeit der Gemeinschaftsverordnung hat und die Frage dieser Gültigkeit, sofern der EuGH mit ihr noch nicht befasst ist, diesem selbst vorlegt,
   - wenn die Entscheidung dringlich ist und dem Antragsteller ein schwerer und nicht wiedergutzumachender Schaden droht
   - und wenn das Gericht das Interesse der Gemeinschaft angemessen berücksichtigt (EuGH, Zuckerfabrik Süderdithmarschen)[25].

6. Wenn bei einem deutschen Verwaltungsgericht sowohl ein Verfahren der Hauptsache als auch des vorläufigen Rechtsschutzes anhängig sind, sollte nach meiner Auffassung die Vorlage an den Europäischen Gerichtshof im Verfahren der Hauptsache erfolgen. Im Verfahren des vorläufigen Rechtsschutzes ist eine Interessenabwägung vorzunehmen, die die hinsichtlich der maßgeblichen Rechtsfrage verbleibende Unsicherheit zu berücksichtigen hat.

---

[23] EuGH, Rs. C-213/89, Slg. 1990, S. I-2433 – (Factortame).

[24] EuGH, Rs. C-217/88, Slg. 1990, S. I-2879 – (Tafelwein).

[25] EuGH, Verb. Rs. C-143/88 u. C-92/89, Slg. 1991, S. I-415 – (Zuckerfabrik Süderdithmarschen).

7. Ein nationales Gericht darf einstweilige Anordnungen in Bezug auf einen zur Durchführung einer Gemeinschaftsverordnung erlassenen nationalen Verwaltungsakt nur erlassen,
   - wenn es erhebliche Zweifel an der Gültigkeit der Handlung der Gemeinschaft hat
   - und diese Gültigkeitsfrage, sofern der Gerichtshof mit ihr noch nicht befasst ist, diesem selbst vorlegt,
   - wenn die Entscheidung dringlich in dem Sinne ist, dass die einstweilige Anordnung erforderlich ist, um zu vermeiden, dass die sie beantragende Partei einen schweren und nicht wiedergutzumachenden Schaden erleidet,
   - wenn es das Interesse der Gemeinschaft angemessen berücksichtigt
   - und wenn es bei der Prüfung aller dieser Voraussetzungen die Entscheidungen des Gerichtshofs oder des Gerichts erster Instanz über die Rechtmäßigkeit der Verordnung oder einen Beschluss im Verfahren des vorläufigen Rechtsschutzes betreffend gleichartige einstweilige Anordnungen auf Gemeinschaftsebene beachtet (EuGH, Atlanta)[26].
8. Der EG-Vertrag sieht keine Möglichkeit für ein nationales Gericht vor, den Gerichtshof im Wege der Vorlage zu ersuchen, durch Vorabentscheidung die Untätigkeit eines Organs festzustellen; daher sind die nationalen Gerichte nicht befugt, vorläufige Maßnahmen zu erlassen, bis das Organ tätig geworden ist. Die Kontrolle der Untätigkeit fällt in die ausschließliche Zuständigkeit der Gemeinschaftsgerichtsbarkeit (EuGH, Port)[27]. Diese Abgrenzung der Befugnisse der nationalen und der europäischen Gerichte ist im Grundsatz sachgerecht.
9. Oberste Richtschnur der Spruchpraxis des EuGH ist die Durchsetzung des europäischen Rechts, also der Grundsatz der Effektivität, nicht etwa eine Eindämmung des vorläufigen Rechtsschutzes.
10. Solange der Europäische Gerichtshof einen wirksamen Schutz der Grundrechte gegenüber der Hoheitsgewalt der Gemeinschaften generell gewährleistet, braucht das Bundesverfassungsgericht nicht einzugreifen (BVerfG, Solange II)[28]. Ein Verhalten des EuGH, das nicht mehr vom Zustimmungsgesetz zum EWG-Vertrag gedeckt wäre, ist nicht ersichtlich (BVerfG, Maastricht)[29].

---

[26] EuGH, Rs. C-465/93, Slg. 1995, S. I-3761.
[27] EuGH, Rs. C-68/95, Slg. 1996, S. I 6065.
[28] BVerfGE 73, S. 339–388.
[29] BVerfGE 89, S. 155–213.

11. Eine höherrangige Rechtsordnung muss sicherstellen, dass ihre Normen vorrangig angewendet werden, die Akte ihrer Organe durchgesetzt werden können und die Entscheidungen ihrer Gerichtsbarkeit befolgt werden. Allerdings ist die Legitimation des Europarechts strukturell eine andere als die des Verfassungsrechts. In der Verfassung werden (jedenfalls im Grundsatz) Rechtsgüter geschützt, denen auch bei einer Abwägung im Einzelfall besonderes Gewicht zukommt. Das Europarecht regelt dagegen – unter Wahrung des Prinzips der normativen Einzelermächtigung – Belange, denen nicht notwendig allein deswegen, weil sie durch eine höherrangige Rechtsordnung normiert werden, auch im Einzelfall ein besonders hohes Gewicht zukommt.

12. Die Rechtsprechung des EuGH trifft in Deutschland ohnehin auf eine Lage, in der die Gewährung vorläufigen Rechtsschutzes nicht mehr als Regel angesehen werden kann, die nur ausnahmsweise durchbrochen wird. Auch Art. 19 Abs. 4 GG gebietet nicht schlechthin die aufschiebende Wirkung von Rechtsbehelfen als Regelfall. Allerdings muss effektiver Rechtsschutz möglich bleiben. Außerdem sind §§ 80, 80a und 123 VwGO relativ offene Normen, die einer sachgerechten Interessenabwägung zugänglich sind.

## VIII. Vertrauensschutz – Rückforderung von Beihilfen

Grundsätze des deutschen allgemeinen Verwaltungsrechts sind auch betroffen bei den mit der Rücknahme von gemeinschaftsrechtswidrigen Beihilfen aufgeworfenen Fragen. In seinem Urteil vom 20.3.1997 in Sachen „Alcan gegen Rheinland-Pfalz“ hat der EuGH dem Beihilfeempfänger sowohl den Schutz der Jahresfrist versagt als auch die Berufung auf Treu und Glauben oder die – bei in Liquiditätsschwierigkeiten geratenen Unternehmen sicherlich nicht untypische – Entreicherung und damit alle drei Vorlagefragen des Bundesverwaltungsgerichts zu Ungunsten des Beihilfeempfängers beantwortet[30]. Man darf bei diesen Fällen aber nicht aus dem Auge verlieren, dass sich nicht nur Beihilfeempfänger und Verwaltung – hier die Behörde des Landes Rheinland-Pfalz – gegenüberstehen, sondern ein drittes Interesse hinzutritt, nämlich der Schutz der Konkurrenten vor Verfälschungen des Marktes. Darüber wacht die Europäische Kommission. Es handelt sich also um ein mehrseitiges europarechtlich überlagertes Rechtsverhältnis[31]. Die Beschränkung der Sichtweise auf das Verhältnis des Wirtschaftssubjekts zur nationalen Behörde ist unzureichend. Wie mit

---

[30] EuGH, Urt. v. 20.3.1997, Slg. I S. 1591 = NJW 1998, 47; Vgl. nachfolgend das Urteil des BVerwG v. 23.4.1998 – 3 C 15.97 –, BVerwGE 106, 328 = Buchholz 451.90 Nr. 172.

einem Lasso werden nationale Behörde und Kommission zusammengebunden. Nur wenn ihr beider Verhalten Vertrauen rechtfertigt, kann dieses Vertrauen auch geschützt sein.

Die Alcan-Entscheidung ist auf heftige Kritik gestoßen. *Rupert Scholz* sieht sogar einen Fall der Kompetenzüberschreitung[32], denn der EuGH habe die dem Richterrecht gesetzten Grenzen überschritten. Diese Kritik ist weit überzogen. Das Bundesverfassungsgericht ist dem nicht gefolgt, die Verfassungsbeschwerde wurde nicht zur Entscheidung angenommen[33].

Letztlich geht es auch hier um die Frage der effektiven Durchsetzung des Europarechts und der Reichweite dieses Grundsatzes gegenüber nationalem Verwaltungsverfahrensrecht. Übrigens hatte bereits zuvor das Bundesverwaltungsgericht in einem Urteil vom 17.2.1993[34] deutsches Recht ähnlich europafreundlich ausgelegt und Vertrauensschutz verneint.

Zum anderen ist zu erwähnen, dass der EuGH Vertrauensschutz durchaus bejaht hat in Fällen, in denen die Kommission selbst Beihilfen gewährt hat, der Aspekt der Wettbewerbsverzerrung also keine Rolle spielte und der Empfänger über bestimmte Tatsachen – die Eigenschaften des von ihm gehandelten Fleisches – keine Kenntnis hatte[35].

## IX. Vorrang auch vor nationalem Verfassungsrecht – Frauen in der Bundeswehr

Man hätte denken können, dass das Urteil des EuGH zum freiwilligen Dienst von Frauen in der Bundeswehr außerhalb des Sanitäts- und Musikdienstes[36] größere Proteststürme hervorrufen würde. Vermutlich liegt es aber doch im Trend der Zeit. Dabei ist zu erwähnen, dass Generalanwalt *Antonio La Pergola* – früher einmal Präsident des italienischen Verfas-

---

31 *Friedrich Schoch*, Die Europäisierung des verwaltungsgerichtlichen vorläufigen Rechtsschutzes, in: DVBl. 1997, 289, 307; vgl. auch *Günter Hirsch*, Europarechtliche Perspektiven der Verwaltungsgerichtsbarkeit, in: VBlBW 2000, 71, 73.

32 *Rupert Scholz*, Zum Verhältnis von europäischem Gemeinschaftsrecht und nationalem Vewaltungsverfahrensrecht – Zur Rechtsprechung des EuGH im Fall „Alcan", in: DÖV 1998, 261.

33 BVerfG, Beschluss vom 17.2.2000 – 2 BvR 1210/98, in: EuGRZ 2000, 175–177.

34 BVerwGE 92, 81 sowie hierzu *Alexander Jannasch*, Wandel durch Annäherung? – Zum Einfluss der Europäischen Integration und des Gemeinschaftsrechts auf die Praxis der Verwaltungsgerichte, in: VBlBW 1996, 163, 165.

35 Slg. 1998 I 2661 und Slg. 1998 I 4767; s. a. *Frank Montag*, Die Entwicklung des Gemeinschaftsrechts, in: NJW 2000, 32, 39.

36 EuGH, Urt. v. 11.1.2000 – C-285/98 –, in: DVBl 2000, 336.

sungsgerichts – in seinen im Verhältnis zum Urteil wesentlich ausführlicheren Darlegungen auch die Rechtsprechung des Bundesverfassungsgerichts zur Feuerwehrabgabe heranzieht. Dogmatisch ist zu beachten, dass die Entscheidung den Vorrang des Europarechts auch vor dem nationalen *Verfassungsrecht* in Erinnerung bringt. Dabei kommt es hier nicht auf die Besonderheiten an, die für den Grundrechtsbereich gelten.

Für die eher historisch begründeten Erwägungen, wonach Art. 12a GG auch auf die besondere – besonders schreckliche – deutsche Vergangenheit zurückzuführen ist, hatten weder der Gerichtshof noch zuvor der Generalanwalt besonderes Verständnis. Nachdem die Anwendbarkeit der maßgeblichen Richtlinie auch auf den Sicherheitsbereich als solchen bereits in früheren Entscheidungen bejaht worden war, nahm der EuGH dann eine ähnliche Differenzierung vor, wie wir sie auch vom Bundesverfassungsgericht her kennen. Danach bleibt übrig, dass geschlechtsspezifische Differenzierungen sich allenfalls für eng eingegrenzte Bereiche rechtfertigen lassen. So hatte der EuGH zuvor ein Zugangshindernis für Frauen zu einer Spezialtruppe der Royal Marines wegen der besonderen dort bestehenden Situation als mit der Richtlinie vereinbar angesehen[37]. Ähnliches gilt etwa für Aufsichtspersonen in Justizvollzugsanstalten oder für Hebammen.

Es dürfte ja auch kein Zweifel daran bestehen, dass nach den Entscheidungen zur Feuerwehrabgabe die maßgeblichen Vorschriften des Soldatengesetzes isoliert betrachtet nicht mit Art. 3 Abs. 2 unseres Grundgesetzes vereinbar sind und die Gesetzeslage ohne Art. 12a GG auch innerstaatlich verfassungswidrig wäre[38].

Die Bundeswehr hat nicht mit Proteststürmen geantwortet, sondern mit einer Homepage, in der sie das weitere Vorgehen erläutert. Vielleicht ist das die angemessene Antwort des neuen Jahrhunderts.

Übrigens hatte der Generalanwalt hilfsweise angeregt, falls der Gerichtshof seinen Überlegungen nicht folgen sollte – was er dann aber getan hat –, müsse das vorlegende VG die Beschränkungen für Frauen sehr sorgfältig anhand des Grundsatzes der Verhältnismäßigkeit prüfen. Dann hätte sich dieser gerade von uns hochgeschätzte Grundsatz – fast ein deutscher Exportschlager – diesmal gegen die Bundesrepublik Deutschland als Beklagte gewandt.

---

[37] EuGH, Urt. v. 26.10.1999 – C 273/97 –, in: DVBl. 2000, 37 (Verwendung bei den Royal Marines)

[38] Allerdings ist Art. 12a GG keine verfassungswidrige Verfassungsnorm; vgl. BVerwGE 103, 301, 303.

## X. Freizügigkeit und öffentlicher Dienst

Vor diesem Hintergrund kann nicht verwundern, dass auch der öffentliche Dienst kein nationales Reservat bleibt. Beamter kann auch ein Ausländer werden, wenn die Aufgaben es erfordern[39]. Die gerade in Deutschland vom Beamten geforderte Treuepflicht kann auch Staatsangehörigen anderer Mitgliedstaaten abverlangt werden. Wenn wir uns alle auf einheitliche rechtsstaatliche Prinzipien stützen, sollten Loyalitätskonflikte der Vergangenheit angehören. Auch bei der Anrechnung von in anderen Mitgliedstaaten verbrachten Dienstzeiten einschließlich des Militärdienstes ist der Grundsatz der Freizügigkeit zu beachten[40].

## XI. Fehlende oder unzureichende Umsetzung von Richtlinien

Es entspricht inzwischen schlechter deutscher Tradition, Richtlinien der EG, zumal aus dem umweltrechtlichen Bereich, zum Teil fehlerhaft, vor allen Dingen aber deutlich verspätet umzusetzen – so formuliert es leider sehr zutreffend der Leiter der Grundsatzabteilung des Umweltministeriums eines Landes[41].

Erinnert sei nur an die Richtlinien zur Umweltverträglichkeitsprüfung (UVP)[42], zur Integrierten Vermeidung und Verminderung der Umweltverschmutzung (IVU), zur Umweltinformation[43], zur Altölbeseitigung[44], die sogenannte Seveso II-Richtlinie[45] und die Flora-Fauna-Habitat-Richtlinie (FFH-RL).

Vor den Risiken, die sich daraus ergeben, hat auch der Präsident des Bundesverwaltungsgerichts, *Franßen,* wiederholt gewarnt[46].

Zuzugeben ist, dass der EuGH hinsichtlich der Umsetzung von Richtlinien hohe Anforderungen an die Mitgliedstaaten stellt. Der Inhalt der Richtlinien ist häufig nicht sehr eindeutig – was bei ihrem Charakter als staatenübergrei-

---

[39] § 4 Abs. 2 BRRG.

[40] Vgl. hierzu eingehend *Kay Hailbronner*, Öffentlicher Dienst und EG-Freizügigkeit, in: VBlBW 2000, 129.

[41] *Andreas Wasielewski*, Stand der Umsetzung der UVP-Änderungs- und der IVU-Richtlinie, in: NVwZ 2000, 15.

[42] EuGH, C-301/95; vgl. jüngst Pressemitteilung der Europäischen Kommission vom 11.2.2000.

[43] EuGH, Urt. v. 9.9.1999 – C-217/97, in: ZUR 2000, 16.

[44] EuGH, Urt. v. 9.9.1999 – C-102/97, in: NJW 1999, 1214.

[45] Vgl. hierzu *Gerhard Feldhaus*, Einführung in die neue Störfall-Verordnung, in: UPR 2000, 121.

[46] Vgl. z. B. im Pressegespräch vom 16.2.2000 sowie vom 7.2.2001 (vgl. die jeweilige Pressemitteilung vom selben Tag).

fende politische Kompromisse nicht übermäßig verwunderlich ist[47]. Ferner tut sich die Bundesrepublik Deutschland als Bundesstaat mit argwöhnisch auf ihre Kompetenzen achtenden Bundesländern (in deren Regierungen überdies auch die jeweils andere politische Couleur am Ruder ist) besonders schwer.

Ohnehin hätte man als Gliederungspunkt auch die Frage nach der Zukunft des deutschen Föderalismus auflisten können – aber damit hätte ich den mir aufgegebenen inhaltlichen und zeitlichen Rahmen vollends gesprengt.

Schließlich haben Mitgliedstaaten, die bereits über eine nationale Gesetzgebung und vielleicht auch eine mehr oder weniger festgefahrene Dogmatik verfügen, mehr Probleme als andere.

Zu den zuweilen hohen Anforderungen der europäischen Gerichte verweise ich auf ein soeben veröffentlichtes Urteil des EuGH vom 11.11.1999[48]. Danach hat die Bundesrepublik Deutschland gegen ihre Verpflichtungen aus einer Richtlinie vom 4.5.1976[49] verstoßen, die die Verschmutzung infolge der Ableitung bestimmter gefährlicher Stoffe in die Gewässer der Gemeinschaft betrifft. Dabei ist unstreitig, dass die deutsche Regierung für Ableitungen der streitigen Stoffe ein System mit Genehmigungserfordernissen vorgesehen und Emissionsnormen auf der Basis von Grenzwerten festgesetzt hat. Grundlage ist § 7a WHG. Darüber hinaus verlangt die Richtlinie allerdings von den Mitgliedstaaten, dass sie Programme mit Qualitätszielen für die Gewässer aufstellen. Das hat die Bundesrepublik jedoch nicht getan. Vereinfacht dargestellt, meint die Bundesrepublik, sie habe ihre Hausaufgaben mit anderen Mitteln ebenso gut erfüllt, eigentlich sogar übererfüllt. Denn sie habe strengere Maßnahmen vorgesehen, als sie die Richtlinie fordere. Das lässt der EuGH nicht gelten. Es bedürfe der Aufstellung von Programmen mit Qualitätszielen. Diese seien gerade dann erforderlich, wenn der Rat für bestimmte Stoffe – gerade die gefährlicheren – noch keine Emissionsgrenzwerte festgelegt habe. Auch der Einwand der Bundesrepublik, die Kommission habe ihre *eigenen* Verpflichtungen selbst nicht erfüllt, verhilft ihr nicht zum Erfolg.

## XII. FFH-Richtlinie und Fachplanungsrecht

Zu einer besonders bemerkenswerten Wechselwirkung kam es zwischen der Richtlinie 92/43/EWG des Rates vom 21. Mai 1992 zur Erhaltung der natürlichen Lebensräume sowie der wildlebenden Tiere und Pflanzen[50] –

---

[47] Ebenso *Astrid Epiney,* Neuere Rechtsprechung des EuGH zum allgemeinen Verwaltungs- Umwelt und Gleichstellungsrecht, in: NVwZ 2000, 36, 38.

[48] EuGH, C-184/97, in: Slg. I 1999, 7856 = DVBl. 2000, 184.

[49] RL 76/464/EWG, Abl. L 129, S. 23.

der bereits erwähnten Flora-Fauna-Habitat-Richtlinie bzw. abgekürzt FFH-RL – einerseits und dem Rechtsgebiet der straßenrechtlichen Planfeststellungen andererseits. Diese Richtlinie war binnen zwei Jahren, also bis Mitte 1994 in nationales Recht umzusetzen[51]. Auch diese Hausaufgabe hatte der deutsche Gesetzgeber zunächst nicht fristgerecht erfüllt. Der weiteren, sich aus dieser Richtlinie ergebenden Verpflichtung[52], bis Mitte 1995 eine Liste von Gebieten vorzulegen, in der die in diesen Gebieten vorkommenden natürlichen Lebensraumtypen[53] und einheimischen Arten[54] aufgeführt sind, ist die Bundesrepublik Deutschland – wie andere Mitgliedstaaten – ebenfalls nicht nachgekommen. Dadurch konnte auch der in der Richtlinie vorgesehene weitere Prozess der Erstellung einer Liste der Gebiete von gemeinschaftlicher Bedeutung auf EG-Ebene nicht fristgerecht in Gang gesetzt werden. Nach der Rechtsprechung des Europäischen Gerichtshofs kann sich ein Mitgliedsstaat jedoch nicht auf die fehlende Umsetzung einer Richtlinie berufen[55]. Ihn treffen also die Rechtswirkungen einer Richtlinie, auch wenn sie nicht umgesetzt ist. Dieser Gedanke lässt sich allerdings auf mehrpolige Rechtsbeziehungen nicht ohne weiteres übertragen; ein privater Antragsteller muss sich das Fehlverhalten seines Staates nicht entgegenhalten lassen[56]. Selbst vor Ablauf der Umsetzungsfrist können Richtlinien schon eine gewisse Wirkung haben: Die Mitgliedstaaten dürfen in dieser Zeit keine Vorschriften erlassen, die geeignet sind, das in der Richtlinie vorgeschriebene Ziel ernstlich zu gefährden[57].

Im Januar 1998 hatte das Bundesverwaltungsgericht über einen Antrag auf Gewährung vorläufigen Rechtsschutzes gegen den Planfeststellungsbeschluss des Landesamtes für Straßenbau und Straßenverkehr des Landes Schleswig-Holstein für einen Teilabschnitt der Ostseeautobahn (A 20) zu entscheiden, bei dem u. a. die Trave überquert wird[58]. Es gelangte zu dem

---

[50] ABl. EG Nr. L 206 vom 22.7.1992, S. 7.

[51] Art. 23 Abs. 1 der RL.

[52] Nach Art. 4 UA 2 der RL binnen drei Jahren, also bis Juli 1995.

[53] Anhang I der RL.

[54] Anhang II der RL.

[55] Vgl. z. B. EuGH, Urt. v. 11.8.1995 – Rs. C-431-92 – Slg. 1995, I-2189, NuR 1996, 102 (Großkrotzenburg) zur UVP.

[56] Dies hatte praktische Konsequenzen beispielsweise beim Planfeststellungsverfahren zur Fahrrinnenanpassung von Unter- und Außenelbe – vgl. hierzu *Bernd Thyssen*, Europäischer Habitatschutz entsprechend der Flora-Fauna-Habitat-Richtlinie in der Planfeststellung, in: DVBl. 1998, 877.

[57] EuGH Urt. v. 18.12.1997 – Rs. C-129/96, Slg. I S. 7435; vgl. hierzu *Wolfgang Weiß*, Zur Wirkung von Richtlinien vor Ablauf der Umsetzungsfrist, in: DVBl. 1998, 568.

[58] Beschluss v. 21.1.1998 – 4 VR 3.97 (4 A 9.97) –, NVwZ 1998, 616 = DVBl. 1998, 589 = UPR 1998, 225; vgl. hierzu aus der Sicht des Straßenbaus *Wolfgang*

Ergebnis, dass deutsches Naturschutzrecht nicht verletzt sei (der klagende Verband konnte sich nur auf die Verletzung von Naturschutzrecht stützen). Für den planfestgestellten Abschnitt konnte auch eine Verletzung europarechtlicher Vorschriften nicht festgestellt werden. Das Vorbringen des Klägers bezog sich vielmehr nur auf die Überquerung der sich unmittelbar anschließenden Wakenitz-Niederung. Allerdings entspricht es der ständigen Rechtsprechung des Bundesverwaltungsgerichts, auch zu überprüfen, ob eine Planung im nachfolgenden Abschnitt auf unüberwindbare Hindernisse stoßen wird. Ein Planungstorso soll vermieden werden; dies liegt auch im wohlverstandenen Gemeinwohlinteresse. Somit musste sich das Bundesverwaltungsgericht mit der Frage befassen, ob es ein sogenanntes „potentielles" Schutzgebiet im Sinne der FFH-Richtlinie geben kann, wenn der Mitgliedsstaat seiner Verpflichtung, eine Liste nach Art. 4 Abs. 1 UAbs. 2 der Richtlinie der EU-Kommission zuzuleiten, nicht nachgekommen ist und wenn für das Gebiet die sachlichen Kriterien nach Art. 4 Abs. 1 der Richtlinie erfüllt sind und wenn die Aufnahme in ein kohärentes ökologisches Netz in Zusammenhang mit anderen, bereits unter förmlichen Schutz gestellten Gebieten bestimmend sein kann. Allerdings befand sich der Senat – wie erwähnt – im Stadium des vorläufigen Rechtsschutzes, das sich für die endgültige Klärung schwieriger Rechtsfragen nicht sonderlich gut eignet. Letztlich hätte es möglicherweise einer Vorlage an den EuGH nach Art. 234 Abs. 3 EGV bedurft. Das Bundesverwaltungsgericht gelangte jedenfalls zu der Einschätzung, dass wichtige Gesichtspunkte gegen die im Schrifttum geäußerte Auffassung sprächen, es könne keine „potentiellen" FFH-Gebiete geben. Insbesondere entspricht es der Rechtsprechung des Gerichtshofs, dass ein vertragswidriger Verstoß gegen eine Umsetzungspflicht nicht sanktionslos bleibt. Für die früher ergangene Vogelschutzrichtlinie – die im behandelten Fall ebenfalls eine Rolle spielt, hier aber nicht weiter behandelt werden kann – hat er die Möglichkeit „potentieller" (faktischer) Vogelschutzgebiete bejaht. Da auch in tatsächlicher Hinsicht jedenfalls nicht von der Hand zu weisen war, dass es sich um ein derartiges potentielles FFH-Gebiet handelt – insoweit war es zu auffallenden Meinungsänderungen innerhalb der Behörden des Landes Schleswig-Holstein gekommen –, gebot die nunmehr fällige Abwägung der jeweiligen Folgen die Anordnung der aufschiebenden Wirkung. Zugleich hat das Gericht im Tenor seiner Entscheidung vom 21. Januar 1998 den Termin zur mündlichen Verhandlung der Hauptsache auf den 7. Mai 1998 bestimmt.

Am 25. März 1998 stimmte der Bundestag, am 27. März 1988 der Bundesrat dem 2. Änderungsgesetz zum Bundesnaturschutzgesetz zu, nachdem

---

*Zeichner*, FFH und Planung von Verkehrstrassen – Beispiel A 20 (Wakenitzniederung), in: NVwZ 1999, 32.

zuvor zweimal der Vermittlungsausschuss angerufen worden war. Mit ihm wurde u.a. die FFH-Richtlinie umgesetzt[59]. Zweierlei ist anzumerken: Zum einen ist hervorzuheben, dass die Bundesrepublik Deutschland damit immer noch nicht fristgerecht alle ihre Aufgaben erledigt hat, denn die Meldung der in Betracht kommenden Gebiete, die bis 1995 hätte erfolgen müssen, steht noch aus. Zum anderen zeigt sich wieder einmal das Problem, dass bei der Vorbereitung von Gesetzesvorhaben, die der Umsetzung von EG-Recht dienen, zugleich andere innerstaatlich häufig weitaus umstrittenere Fragen mitgeregelt werden sollen.

In der soeben erwähnten mündlichen Verhandlung zur Hauptsache hat das Bundesverwaltungsgericht dann Beweis erhoben und ist zu dem Ergebnis gelangt, dass der erst später betroffene Abschnitt nicht notwendig wird beeinträchtigt werden müssen. Die Klage wurde daher abgewiesen[60].

In einem erst in den letzten Tagen zugestellten Urteil vom 27. Januar 2000[61] hat das Bundesverwaltungsgericht erneut hervorgehoben, dass ein Gebiet, das die Merkmale der FFH-RL erfüllt und dessen Meldung für die Aufnahme in das kohärente Netz „Natura 2000“ sich aufdrängt, vor vollständiger Umsetzung der Richtlinie als potentielles FFH-Gebiet zu behandeln ist. Berührt (beispielsweise) ein Straßenbauvorhaben ein derartiges Gebiet, ist seine Zulässigkeit an den entsprechenden Anforderungen der FFH-RL zu messen.

## XIII. Sind umfassende nationale Kodifizierungen noch sinnvoll möglich? – Die Zukunft eines UGB

Wenn man sich die leidvolle Geschichte der Umsetzung der UVP-Änderungs-Richtlinie und der IVU-Richtlinie sowie das Bemühen, dies mit dem ehrgeizigen Ziel der Schaffung eines Umweltgesetzbuchs zu koordinieren, ansieht[62], kommen einem Zweifel, ob dies der richtige Weg sein kann. Am Ende scheiterte das UGB an Zweifeln an der Kompetenz des Bundes im Verhältnis zu den Ländern. Vielleicht wurde das auch nur vorgeschoben. Der Hang zum Grundsätzlichen und derartiger Föderalismus sind vielleicht doch keine deutschen Exportschlager.

---

[59] §§ 19a ff. BNatSchG, Verkündung 8.5.1998, BGBl. I S. 823; hierzu *Bernd Thyssen* (Fn. 56).

[60] Urteil vom 9.5.1998 – 4 A 9.97 – BVerwGE 107, 1.

[61] 4 C 2.99, in: DVBl. 2000, 814.

[62] Vgl. hierzu z.B. *Andreas Wasielewski* (Fn. 39), S. 15, sowie die Berichte über die Sondertagung der Gesellschaft für Umweltrecht: *Bernhard Stüer/Stefan Rude,* 23. Umweltrechtliche Fachtagung – Europäisches Umweltrecht, Abschied vom UGB und Lärmschutz, in: DVBl. 2000, 250–255; *Wolfgang Köck,* Die Vorhabenzulassung nach der UVP-Änderungs- und der IVU-Richtlinie, Sondertagung der Gesellschaft für Umweltrecht vom 4. November 1999 in Berlin, in: ZUR 2000, 49–51.

## XIV. Eindimensionalität europäischer Regelungen

Dem Europarecht wird immer wieder vorgeworfen, es regele nur einen sektoralen Belang und sei damit eindimensional[63]. Hierfür gibt es in der Tat einige Beispiele. Ich will mich hier auf die Wettbewerbsfreiheit beschränken. Sie steht und stand in Konflikt mit der Ordnung des Rundfunks, der Erhaltung des Buchhandels, und jetzt fürchten die Ministerpräsidenten der deutschen Länder um die Landesbanken und Sparkassen sowie die Landeswohlfahrtsverbände.

Da Europa inzwischen über Kompetenzen auf einer stets zunehmenden Zahl von Gebieten verfügt, wird man weiter beobachten müssen, ob diese Gefahr, jeweils einen Belang – „one issue" – zu stark zu betonen, in Zukunft abnimmt. Insoweit spielen natürlich auch die veränderten internen Abstimmungsverfahren in der Kommission sowie die künftige Arbeitsteilung zwischen Rat, Parlament und Kommission eine große Rolle.

Man sollte übrigens nicht vergessen, dass Verordnungen und Richtlinien der EG letztlich nicht nur auf die Kommission, sondern auch auf den Einfluss der nationalen Ministerialbürokratien zurückgehen. Auch in diesem Zusammenhang kann der hier in Speyer von *Frido Wagener* geprägte Begriff der Fachbruderschaften herangezogen werden. Auch Verbände aller Art – von der Wirtschaft bis zu den Verfechtern der Vogelwelt – verstehen es, ihre im nationalen Rahmen formulierten Interessen und Wünsche in den Entscheidungsprozess der Europäischen Gemeinschaft einzubringen. Auch der bayerische Ministerpräsident versucht, ein Vorhaben der regierenden Koalition auf dem Umweg über Brüssel zu verhindern[64]. Aber zu diesem Thema könnten sicher noch mehrere verwaltungswissenschaftliche und politikwissenschaftliche Dissertationen vergeben werden.

## XV. Wandel durch Annäherung

Abschließend möchte ich weiterhin[65] die Formel vom Wandel durch Annäherung verwenden. Wir können alle etwas voneinander lernen. Dies gilt nicht nur für Deutschland – und damit leite ich über zu den Referaten aus französischer und italienischer Sicht. Diesen beiden Ländern sind wir durch die Vereinigung deutscher, italienischer und französischer Verwaltungsrichterinnen und Verwaltungsrichter besonders verbunden. Vielleicht

---

[63] Vgl. insbesondere *Friedrich Schoch*, Die Europäisierung des allgemeinen Verwaltungsrechts, in: JZ 1995, 109, 117.

[64] „Stoiber bittet Prodi um Rechtsprüfung – Die bayerische Regierung will Ausstieg aus der Kernenergie verhindern", in: FAZ vom 9.2.2000.

[65] Vgl. *Alexander Jannasch*, Einwirkungen des Gemeinschaftsrechts auf den vorläufigen Rechtsschutz, in: NVwZ 1999, 495 Anm. 93; ebenso *Günter Hirsch* (Fn. 3), 75.

können wir aber auch gelegentlich etwas von der weniger dogmatischen und eher pragmatischen Art übernehmen, die für die Arbeitsweise unserer englischen Kollegen typisch ist[66].

[66] Vgl. hierzu auch *Wolfgang Hoffmann-Riem*, Strukturen des europäischen Verwaltungsrechts – Perspektiven der Systembildung, in: Hoffmann-Riem/Schmidt-Aßmann (Hrsg.), Strukturen des europäischen Verwaltungsrechts, Baden-Baden 1999, S. 317, 325.

# Wechselwirkung zwischen nationalem Verwaltungsrecht und europäischem Gemeinschaftsrecht – aus französischer Perspektive

Von Jean-Marie Woehrling

Die Einwirkungen des Gemeinschaftsrechts auf das französische Recht haben eine Flut von Literatur ausgelöst[1], die so vielfältige Aspekte anspricht, dass man glauben könnte, das französische öffentliche Recht sei schon vollständig durch die EG geprägt. Wenn man sich aber auf seine praktischen Erfahrungen als Richter, Anwalt oder Beamter beruft, stellt man fest, dass man immer noch tagelang Rechtsangelegenheiten behandeln kann, ohne auf eine europäische Norm zu stoßen. Wie kann man dann diese Anzahl von Analysen, Kommentaren und Beurteilungen erklären?

In der Tat haben die Beobachter zu Recht das Gefühl, dass eine tiefgreifende Änderung stattfindet, die aber noch sehr diffus bleibt und sich oft nur mittelbar durchsetzt, die aber viel weiter geht als die direkten Auswirkungen des EG-Rechts in verschiedenen materiellen Bereichen. Ich möchte mich in meinem Referat auf einige dieser grundsätzlichen Auswirkungen konzentrieren. Zwei Aspekte scheinen mir in diesem Zusammenhang bezeichnend, hinsichtlich derer es nicht genügt, materielle Anwendungsfelder des Gemeinschaftsrechts aufzulisten, die jedoch verlangen, dass man nach den Hintergründen forscht.

Zuerst möchte ich den Einfluss des Gemeinschaftsrechts auf strukturelle Aspekte des französischen öffentlichen Rechts beleuchten. Dann werde ich versuchen zu zeigen, wie der steigende Einfluss des EG-Rechts aufgenommen worden ist und welche Strategien dieser Einfluss ausgelöst hat.

---

[1] Von den wichtigsten Studien, die über dieses Thema veröffentlicht worden sind, seien hier nur zwei erwähnt: *Jean François Flauss*, Europäische Einflüsse auf das nationale Verwaltungsrecht – Frankreich (in französischer Sprache), in: Jürgen Schwarze (Hrsg.), Das Verwaltungsrecht unter französischem Einfluss, Baden-Baden 1996, S. 31–124; *Gérard Marcou*, Le droit administratif entre l'ordre juridique national et l'integration européenne, in: Gérard Marcou (Hrsg.), Les mutations du droit de l'administration en Europe, Paris 1995, S. 63–100.

## I. Der Einfluss des EG-Rechts auf gewisse strukturelle Aspekte des französischen öffentlichen Rechts

Das französische Verwaltungsrecht hat sich in den letzten 20 Jahren tiefgreifend geändert. Die zwei wichtigsten Aspekte dieser Änderung sind eng mit dem Einfluss des europäischen Rechts verbunden. Zwar sind sie nicht ausschließlich das Ergebnis der Europäisierung des französischen Rechts. Aber es ist unbestritten, dass das Gemeinschaftsrecht entscheidend zu dieser Entwicklung beigetragen hat. Diese Änderungen betreffen einerseits eine neue Hierarchisierung der französischen Rechtsordnung, andererseits eine stärkere Verrechtlichung.

### 1. Entwicklung in Richtung einer neuen Hierarchie der französischen Rechtsordnung

Die klassische Hierarchie innerhalb der französischen Rechtsordnung war lange klar und einfach: Das Gesetz des Parlaments ist die höchste Norm, darunter stehen die Verordnungen und sonstige Akte der Exekutive, die den Gesetzen unterworfen sind. Die Gerichte haben die Funktion, die Souveränität des Gesetzes zu sichern. Zu diesem Zweck üben sie eine Kontrolle der Gesetzmäßigkeit der Akte der Verwaltung aus; dagegen bleibt das Gesetz unanfechtbar. Aus diesem klassischen bipolaren Rechtssystem (Gesetz und Verordnung) ist ein multidimensionales System geworden. Über dem Gesetz haben sich internationales Recht und Verfassungsrecht behauptet. Unterhalb der Staatsebene ruft man nach Subsidiarität.

#### *a) Die neue Rolle des internationalen Rechts*

Die sicherlich wichtigste Auswirkung des EG-Rechts auf die französische Rechtsordnung besteht in der Unterstellung des französischen Rechts unter das internationale Recht und folglich in der Herabstufung der Rolle des Gesetzes.

Die Entwicklung hat sich auf eine beispielhafte Frage zugespitzt, nämlich auf die Beziehung zwischen einer internationalen Norm und einem Gesetz, das nachträglich in Kraft getreten ist.

In dieser Hinsicht muss darauf hingedeutet werden, dass für die französische Rechtsordnung das Gemeinschaftsrecht zum Völkerrecht gehört, ohne wichtige verfassungsrechtliche Besonderheiten gegenüber dem allgemeinen internationalen Recht aufzuweisen. Art. 55 der Verfassung, der die Beziehung des Völkerrechts gegenüber dem internen Recht bestimmt, gilt sowohl für das Gemeinschaftsrecht als auch für das allgemeine Völkerrecht. In der Tat war es aber die Frage der Stellung des Gemeinschaftsrechts gegenüber dem nationalen Recht, die entscheidend war für die neue Rechtsprechung, die sich in diesem Bereich entwickelt hat.

Mit dem Urteil „Nicolo" von 1989[2] hat der Conseil d'Etat/der Staatsrat (das höchste Verwaltungsgericht in Frankreich) den Vorrang des internationalen Rechts gegenüber einem nachträglichen nationalen Gesetz anerkannt. Seitdem kann vor jedem französischen Gericht die direkte Anwendung einer internationalen, sprich auch europäischen Norm geltend gemacht werden, und es ist die Aufgabe des angerufenen Gerichts, die Anwendung der nationalen Norm abzulehnen, wenn sie im Widerspruch mit dieser internationalen Norm steht.

Das ist eine Revolution: Der französische Richter, der sich als Diener des Gesetzes, als Hüter der Souveränität des Parlaments verstand, ist nun der Zensor des Gesetzgebers geworden; er richtet über das Gesetz und über das Parlament. Das Gesetz hat wegen des EG-Rechts seine Unanfechtbarkeit verloren.

Diese Entwicklung ist in Frankreich durch zwei Merkmale gekennzeichnet:

- Die neue Funktion der Richter wird im Bereich des EG-Rechts durch das Vorlageverfahren einigermaßen organisiert und strukturiert. Was das allgemeine Völkerrecht betrifft, bleibt dagegen der nationale Richter, und zwar der allgemeine Richter, nicht der Verfassungsrichter, die letzte Instanz, die darüber entscheidet, ob ein Gesetz mit der internationalen Rechtsordnung konform ist. Diese neue Prüfungsform ist „contrôle de conventionnalité" genannt worden: Konformitätskontrolle der Gesetze mit internationalen Konventionen. Die Konventionalitätskontrolle gehört nicht zur Zuständigkeit des Verfassungsrates, der sich auf die Verfassungsmäßigkeitskontrolle beschränkt, sondern zur Zuständigkeit der allgemeinen Gerichte (ordentliche oder Verwaltungsgerichte).
- Diesen allgemeinen Gerichten bleibt weiter jede Form einer Verfassungsmäßigkeitskontrolle der Gesetze verweigert. Verfassungsmäßigkeit kann nur im Rahmen eines besonderen Verfahrens vor der Verkündung der Gesetze durch Anrufung des Verfassungsrates überprüft werden. Nach Verkündung des Gesetzes kann seine Verfassungswidrigkeit nicht mehr geltend gemacht werden. Diese Lage gibt dem internationalen Recht – insbesondere dem europäischen Recht – eine praktisch bedeutendere Rolle als dem Verfassungsrecht: Wenn ein Kläger z.B. vor einem Verwaltungsgericht die Unvereinbarkeit eines Gesetzes mit verfassungsrecht-

---

[2] Conseil d'Etat, Assemblée, 20. Oktober 1989, Nicolo, Rec. S. 190, concl. Frydman; R.F.D.A. 1989, S. 824, note Genevois; R.T.D.E. 1989, S. 721; R.C.D.I.P. 1990, S. 91, note Boulouis.

lichen Grundrechten geltend macht, wird diese Rüge als unbeachtlich zurückgewiesen. Wenn er dagegen dasselbe Grundrecht aus der EMRK herleitet, wird das Gericht die Nachprüfung durchführen und möglicherweise das Gesetz für unanwendbar erklären. Wenn man in Frankreich den Einfluss des europäischen Rechts auf die französische Rechtsordnung zu bewerten versucht, wird deswegen oft behauptet, dass die EMRK eine wichtigere Auswirkung als das EG-Recht erzeugt habe, weil sie wie eine Art Ersatz eines Grundrechtskatalogs funktioniere.

### *b) Die Aufwertung des Verfassungsrechts*

Auch das Verfassungsrecht hat eine Aufwertung erfahren, die mittelbar durch das EG-Recht hervorgerufen worden ist.

Diese Aufwertung des Verfassungsrechts ist sicher zuerst eine national interne Angelegenheit. Auf diese internen Aspekte möchte ich nicht eingehen, es darf aber kurz darauf hingewiesen werden, dass ungefähr bis Anfang der siebziger Jahre das Verfassungsrecht in Frankreich hauptsächlich die Beziehung zwischen den Verfassungsorganen (Parlament, Regierung) festlegte und sehr wenig materiell-rechtliche Inhalte hatte. Die verfassungsrechtlichen Grundsätze haben in den siebziger und achtziger Jahren immer mehr an Bedeutung als Rechtsquelle gewonnen. In der jüngsten Zeit ist dem Verfassungsrecht auch deswegen eine immer wichtigere Rolle zugeordnet worden, weil es als Gegengewicht zum Gemeinschaftsrecht dienen soll[3]. Diese Tendenz ist besonders in der jüngsten Rechtsprechung des Staatsrates festzustellen. Während der französische Verfassungsrat noch zögert, den Vorrang der Verfassung gegenüber dem Gemeinschaftsrecht zu behaupten, hat der Staatsrat diesen Weg in einer Entscheidung von 1998 „Sarran“[4] eindeutig eingeschlagen. Diese Entscheidung ist im Grunde genommen das Gegenstück der Entscheidung „Nicolo“. Wie diese befasst sich die neue Entscheidung nicht direkt mit EG-Recht; sie ist aber auf das EG-Recht anwendbar: Der Staatsrat hat beschlossen, dass eine internationale Norm sich nicht gegen einen Verfassungsgrundsatz durchsetzen kann. Da der Staatsrat sich selbst auch für zuständig erklärt, um neue Verfas-

---

[3] In diesem Zusammenhang könnten auch die Verfassungsänderung vom 25. Juni 1992 und die Rechtsprechung des Verfassungsrats erwähnt werden. Das Verfassungsgesetz vom 25. Juni 1992 fügt ein neues Kapitel in die Verfassung ein (Titre XIV: Des Communautés européennes et de l'Union européenne), das die Beteiligung des Parlaments und indirekt des Conseil d'Etat in gemeinschaftsrechtlichen Fragen verstärkt. Die Entscheidungen „Maastricht I, II und III“ des Verfassungsrats vom 9. April 1992 und vom 2. und 23. September 1992 klären die Beziehungen zwischen „souveraineté nationale“ und europäischer Integration.

[4] Conseil d'Etat, 30. Oktober 1998, Sarran, Levacher et autres, R.F.D.A 1998, S. 1081, concl. Maugüe; A.J.D.A. 1998, chron. Raynaud et Fombeur, S. 962.

sungsgrundsätze zu erkennen und zu entwickeln, hat er sich im Grunde die Funktion eines Schiedsrichters zwischen dem EG-Recht und dem französischen öffentlichen Recht im Falle eines Konfliktes zwischen diesen beiden Rechtsordnungen zugesprochen.

#### *c) Der Ruf nach Subsidiarität*

Der Begriff der Subsidiarität, der nun seinen Platz in Art. 5 (neue Fassung) des europäischen Vereinigungsvertrags gefunden hat, ist durch die Mitgliedstaaten, vornehmlich durch Frankreich, als ein Instrument verstanden worden, der sie gegen die Zentralisierung von Kompetenzen auf Gemeinschaftsebene schützen soll.

Dieser Begriff hat aber so viel Erfolg gehabt, dass er jetzt auch durch die Gebietskörperschaften innerhalb Frankreichs gegenüber der Staatsebene geltend gemacht wird. Bis jetzt ist die Benutzung dieses Begriffes hauptsächlich eine politische Angelegenheit geblieben und hat noch keine erheblichen rechtlichen Auswirkungen erfahren. Es besteht aber kein Zweifel, dass das Subsidiaritätsprinzip sich allmählich als ein allgemeiner Grundsatz der Staatsorganisation durchsetzt und auch Einfluss auf die Aufgabenverteilung zwischen Zentralstaat und Gebietskörperschaften haben wird. Zum Beispiel konnte man in der Zeitung „Le Monde" vom 6. April 2000 folgenden Satz lesen: „Das Subsidiaritätsprinzip, dessen Legitimität durch niemand mehr bestritten wird, kann in eine föderalistische Organisation der Französischen Republik münden, ohne dass die Grundsätze der Einheit oder der Rechtsstaatlichkeit in Frage gestellt sind."

Es ist also gut möglich, dass die europäische Integration, nachdem sie eine normative Multidimensionalität gefördert hat, auch eine territoriale Multidimensionalität in Frankreich herbeiführen könnte.

### 2. Entwicklung in Richtung einer stärkeren Verrechtlichung

Möglicherweise ist der Begriff „Verrechtlichung" hier nicht ganz treffend gewählt. Ich möchte über eine Tendenz sprechen, die man in Frankreich juridisation nennt. Darunter wird die Tatsache verstanden, dass das Recht und die Gerichte, die innerhalb des sozialen Regulierungssystems in der Vergangenheit in Frankreich eine bedeutend geringere Rolle als in Deutschland gespielt haben, stark an Bedeutung zugenommen haben. Das Gemeinschaftsrecht hat zu dieser Entwicklung maßgeblich beigetragen, obwohl es nicht der einzige Faktor ist. Dies kann insbesondere im Bereich der gerichtlichen Kontrolle gegenüber der Verwaltung festgestellt werden.

### *a) Auswirkungen auf den Rechtsschutz*

Man weiß, dass im Bereich des Rechtsschutzes (in der Theorie) das Prinzip der Autonomie der Mitgliedstaaten gilt, vorausgesetzt, dass die Effektivität der Anwendung des Gemeinschaftsrechts gesichert ist. Nach der Rechtsprechung des EuGH[5] darf diese Autonomie nicht dazu führen, dass Rechte, die auf dem Gemeinschaftsrecht gründen, weniger geschützt sind als solche, die auf dem internen Recht beruhen. Umgekehrt kann es aber die französische Rechtsordnung nur schwerlich erlauben, dass Rechte, die sich vom Gemeinschaftsrecht ableiten, besser geschützt werden als Rechte, die einen nationalen Charakter haben. Es besteht also eine ständige Tendenz, die Rechtsgarantien bei der Umsetzung des Gemeinschaftsrechts und bei rein internen Akten anzugleichen, indem man den höchsten Standard verallgemeinert. Hierzu einige Beispiele:

- Im Bereich der Vergabe von öffentlichen Aufträgen hat man den vorläufigen Rechtsschutz durch die Gründung einer neuen Klageart, den *référé précontractuel,* verbessern müssen, um die Nachprüfungsrichtlinien *(directive recours)* umzusetzen. Kurz danach[6] hat man für die Vergabe von öffentlichen Aufträgen, die nicht unter das Gemeinschaftsrecht fallen, ähnliche Bestimmungen eingeführt (Art. 22 u. 23 der französischen Verwaltungsgerichtsordnung/code des tribunaux administratifs et cours administratives d'appel).

- In der gerichtlichen Nachprüfung von Maßnahmen, die Gemeinschaftsrecht umsetzen oder ausführen, müssen die allgemeinen Grundsätze des Gemeinschaftsrechts eingehalten werden (Verhältnismäßigkeit, Rechtssicherheit, Vertrauensschutz usw.)[7]. Diese Verpflichtung ist in Frankreich anerkannt. Auf diesem Umweg sind diese allgemeinen Grundsätze des EG-Rechts bekannt und durch die französischen Gerichte angewandt worden. Auf Dauer ist aber nicht haltbar, dass solche Prinzipien nur bei

[5] EuGH, Rs. 33/76, Rewe ./. Landwirtschaftskammer für das Saarland, Slg. 1976, S. 1989 ff.; *Derrick Wyatt*, European communities – Legal order of the communities, in: European Law Review 1977, 122–125; EuGH, Rs. 45/76, Comet ./. Produktschap voor Siegerwassen, Slg. 1976, S. 2043.

[6] Das Gesetz Nr. 92-10 vom 4. Januar 1992 hat die Richtlinie vom 21. Dezember 1989 über das Nachprüfungsverfahren im Rahmen der Vergabe öffentlicher Liefer- und Bauaufträge umgesetzt. Das neue Verfahren, das durch dieses Gesetz eingeführt wurde, war zuerst auf die Anwendung des EG-Rechts beschränkt. Aber mit dem Gesetz Nr. 93 -122 vom 29. Januar 1993 ist es auf die Vergabe von anderen Aufträgen, ohne Anwendung des EG-Rechts, ausgedehnt worden (siehe *Ph. Terneyre*, L'apport en droit des marchés publics des lois anti-corruption, R.F.D.A. 1993, S. 959).

[7] Über die Entwicklung dieser Grundsätze siehe die hervorragende Untersuchung von *Jürgen Schwarze*, Europäisches Verwaltungsrecht, 2 Bde., Baden-Baden 1998.

Anwendung des Gemeinschaftsrechts gelten und dass sie in einer rein internen Rechtsangelegenheit verneint werden. In der Tat kann man eine Art „Ansteckungsprozess“ feststellen: Die genannten Prinzipien fließen allmählich in das französische Recht ein und werden mit der Zeit als eigenständige französische Rechtsprinzipien anerkannt. Diese Entwicklung ist schon sehr weit fortgeschritten, was den Verhältnismäßigkeitsgrundsatz betrifft, weil er nicht nur durch den EuGH, sondern auch durch den EGMR angewandt wird. Der Widerstand ist dagegen viel größer für den Grundsatz des Vertrauensschutzes: Verfassungsrat und Staatsrat haben sich bis jetzt geweigert, dieses Prinzip anzuerkennen. Es ist zu bemerken, dass wegen seines Inhalts, der auf Subjektivität und Billigkeit beruht, dieses Prinzip mit dem objektiven und abstrakten Charakter der französischen Rechtsordnung im Widerstreit steht. Es wird deswegen auch Zeit kosten, bis dieser Fremdkörper „verdaut“ und in das französische Recht einverleibt wird.

- Auch was die Kontrolldichte betrifft, hat das EG-Recht einen bedeutenden Einfluss auf die französische Verwaltungsgerichtsbarkeit ausgeübt. In diesem Bereich kann man von einer echten Wechselwirkung sprechen: Am Anfang der EWG ist gemäß dem Wortlaut des Art. 173 Abs. 2 EGV a.F. (Art. 230 Abs. 2 EGV n.F.) der Gegenstand und der Umfang der gerichtlichen Nachprüfung durch den EuGH auf der Grundlage französischer Konzepte und nach der französischen Legalitätstheorie definiert worden. In diesem Artikel steht, dass der EuGH zuständig ist für Klagen „wegen Unzuständigkeit, Verletzung wesentlicher Formvorschriften, Verletzung des Vertrages oder einer Rechtsnorm und Ermessensmissbrauch“. An diesem Text erkennt man deutlich die klassischen „cas d'ouverture“ des französischen *recours pour excès de pouvoir*, abgesehen davon, dass anstelle der Verletzung des Gesetzes die Verletzung des Vertrages erwähnt wird. In diesem Rahmen haben der EuGH und der Conseil d'Etat, um die Kontrolle der Ermessenausübung zu verstärken, mehr oder weniger parallel den Begriff der *erreur manifeste d'appréciation*, d.h. eine offensichtliche Ermessensfehlbeurteilung entwickelt[8]. In dieser Entwicklung stellt man aber einen eindeutigen Vorsprung des EuGH fest. Dieser hat den Begriff *„erreur patente“* schon 1955 im Rahmen des Vertrages über die Kohle- und Stahl-Union entwickelt[9], während ein ähnlicher Begriff erst Ende der sechziger Jahre in Frankreich entwickelt worden ist und sich eigentlich erst in den siebziger Jahren durchgesetzt hat. Die Effektivität

[8] *Lord Mackenzie Stuart*, La Cour de Justice des Communautés européennes et le contrôle du pouvoir discrétionnaire, Revue Internationale de Droit Communautaire 1974, S. 61.

[9] Siehe z.B. EuGH, Rs. 6/54, Regierung des Königreichs der Niederlande ./. Hohe Behörde, Slg. 1954, S. 201.

dieses Kontrollmaßstabes ist in beiden Rechtssystemen ständig gestiegen. Um der Nachfrage nach einem immer stärkeren Rechtsschutz gerecht zu werden, hat der Staatsrat in mehreren Bereichen, die unter dem Einfluss des Gemeinschaftsrechts stehen, eine sogenannte „beschränkte Kontrolle“ (contrôle restreint) aufgegeben zugunsten einer „vollständigen Kontrolle“, was bedeutet, dass er nun in diesen Bereichen einen Ermessensspielraum für die Verwaltung nicht mehr annimmt (zum Beispiel in gewissen Fragen des Ausländerrechts[10] oder des Presserechts[11]), Bereiche, in denen der Einfluss des Gemeinschaftsrechts eindeutig ist[12].

### *b) Verstärkung der Rechtsgarantien*

Die Verstärkung der Rechtsgarantien ist zum Teil das Ergebnis des Zusammenwirkens des Gemeinschaftsrechts mit dem nationalen Recht. Bei diesem Zusammentreffen kumulieren sich die rechtsschützenden Aspekte beider Rechte. Ein Beispiel dafür findet man in der Verbindung der objektiven Natur des französischen Rechts mit dem Grundsatz der direkten Anwendbarkeit des EG-Rechts: Nach der Rechtsprechung des EuGH haben nur diejenigen Richtlinien eine direkte Anwendbarkeit, die Rechte gewähren. Im französischen Recht aber kann man sich auf jede Rechtsregelung berufen, sogar wenn sie keine Schutzfunktion hat. Das hat dazu geführt, dass der französische Staatsrat die direkte Anwendbarkeit einer Richtlinie anerkannt hat, weil sie einen präzisen Inhalt hatte und deswegen eine nach ihm direkte anwendbare Norm enthielt, obwohl der EuGH für dieselbe Richtlinie eine direkte Anwendbarkeit verneint hatte mit dem Grund, dass diese Richtlinie keine Rechte begründet hatte[13].

Ein anderes Beispiel könnte in der Entwicklung des Staatshaftungsrechts gefunden werden: In Frankreich führt (vereinfacht dargestellt) jedes rechts-

---

[10] Conseil d'Etat, 24. Oktober 1990 Ragusi, Rec. Leb. S. 290; A.J.D.A. 1991, S. 322 concl. Abraham.

[11] Conseil d'Etat, Sect, 9. Juli 1997, Association Ekin, Rec. Leb. S. 300; R.F.D.A. 1997, S. 1284, concl. Denis-Linton, note Pacteau.

[12] Es könnten noch einige andere Einwirkungen des EG-Rechts auf das französische Verwaltungsprozessrecht erwähnt werden (siehe *Christian Debouy*, Intégration communautaire et pratique procédurale du juge adminstratif français, J.C.P. – La Semaine Juridique, Ed. G 1992, I [Doctrine]; no. 3616 S. 437). Diese Einflüsse bleiben aber meistens mittelbar oder beschränkt. Bemerkenswert ist, dass die oft erwähnte Factortame-Rechtsprechung des EuGH anscheinend keine Auswirkung auf die Neugestaltung des vorläufigen Rechtsschutzes vor den Verwaltungsgerichten durch das am 30. Juni 2000 verabschiedete Gesetz über den Référe administratif gehabt hat.

[13] Conseil d'Etat, Ass., 11. März 1994, Union des transporteurs en commun des voyageurs des Bouches-du-Rhone (VTCV) et autres, Rec. Leb. S. 116, concl. Bertrand du Marais.

widrige Handeln oder Unterlassen zur Haftung und zum Anspruch auf Schadenersatz. Dieses Prinzip wird auch angewandt, wenn eine Rechtswidrigkeit in der Umsetzung des Gemeinschaftsrechtes stattfindet, sei es eine unregelmäßige Umsetzung oder ein Versäumnis in der Umsetzung[14]. Aber diese Haftung gilt nur gegenüber der Verwaltung: Das rechtswidrige Verwaltungshandeln oder Unterlassen wird durch die französische Verwaltungsgerichtsbarkeit entschädigt, unabhängig davon, ob nationales oder EG-Recht fehlerhaft angewandt worden ist. Dagegen ist eine Haftung des Staates wegen legislativen Unrechts bis jetzt vom Conseil d'Etat nicht anerkannt worden, weil eine solche Haftung eine Kontrolle des Parlaments durch die Gerichte dargestellt hätte. Das herkömmliche französische Staatshaftungsrecht wegen Handlungen oder Unterlassungen des Gesetzgebers gewährt deswegen nur einen sehr beschränkten Schutz, der dem deutschen Institut der Aufopferung ziemlich ähnlich ist und der den Anforderungen der europäischen Rechtsprechung[15] nicht entspricht. Im Rahmen dieser europäischen Rechtsprechung ist eine Haftung des Mitgliedstaates wegen Nichtumsetzung des EG-Rechts durch den Gesetzgeber vorgeschrieben. Aber diese Haftung ist nur gegeben, wenn der Verstoß gegen EG-Recht schwerwiegend ist. Dieser Maßstab geht weiter als das französische Staatshaftungsrecht wegen Untätigkeit des Gesetzgebers, ist aber restriktiver als das allgemeine französische Staatshaftungsrecht, was die Haftung der Verwaltung betrifft. Die Frage ist nun, wie sich die französische Rechtsprechung den Anforderungen des EG-Rechts anpassen wird. Die jüngste Entwicklung scheint zu zeigen, dass im Falle einer Rechtsverletzung durch den Gesetzgeber die Haftung des Staates allgemein anerkannt werden könnte, ohne dass man den Maßstab einer schwerwiegenden Rechtsverletzung verlangen würde[16]: Das Problem liegt eher in der Grundlage der Haftung (Haftung wegen Verschuldens oder schuldlose Haftung) als in den Bedingungen der Haftung. Diese Entwicklung ist aber noch nicht durch den Staatsrat bestätigt worden. Es sieht immerhin so aus, als ob unter dem Einfluss des Gemeinschaftsrechts die Staatshaftung wegen Untätigkeit oder rechtswidrigen Handelns des Gesetzgebers anerkannt wird, aber auch dass unter dem Einfluss des Modells des allgemeinen französischen Staatshaftungsrechts die Haftung nicht durch die Bedingung des schwerwiegenden Verstoßes eingeschränkt wird, die der EuGH vorgeschrieben hat. Wenn sich

---

[14] Conseil d'Etat, Ass., 28. Februar 1992, S.A. Rothmans International France et Société Arizona Tobacco products, Rec. Leb. S. 78.

[15] EuGH, Rs. C-6/90, Francovich, Slg. 1991, S. I-5357; EuGH, Rs. C-46/93, Brasserie du Pêcheur, Slg. 1996, S. I-1029.

[16] Dies scheint die Richtung des Urteils des Pariser Veraltungsgerichtshofs vom 1. Juli 1992, Dangeville (A.J.D.A. 1992, S. 768) gewesen zu sein – dieses Urteil ist aber vom Conseil d'Etat aufgehoben worden (Conseil d'Etat. Ass. 30. Oktober 1996, Min. du Budget ./. SA Jacques Dangeville, A.J.D.A 1996, S. 1045).

diese Entwicklung bestätigt, wird sich auch in diesem Bereich der gegenseitige Einfluss des nationalen und des europäischen Rechts so auswirken, dass sich die den Bürger schützenden Aspekte beider Systeme kumulieren werden.

Dies ist in Verbindung zu setzen mit der Tatsache, dass das französische Verwaltungsrecht sich durch das Gemeinschaftsrecht auf die Probe gestellt fühlt: Soweit das Gemeinschaftsrecht dem Bürger einen besseren Schutz bietet, setzt sich sein Einfluss umso besser durch. Um also konkurrenzfähig zu bleiben, muss das französische Verwaltungsrecht nachweisen, dass es noch großzügiger ist als das Gemeinschaftsrecht und noch immer als ein „Exportmodell“ gelten kann. Mit dieser Bemerkung wird deutlich, dass die Problematik zwischen nationalem und europäischem Verwaltungsrecht auch eine strategische Dimension hat: Wie stellt man sich gegenüber dem Einfluss des Gemeinschaftsrechts? Wie nutzt man ihn aus? Wie kann man den Einfluss seines eigenen nationalen Systems verstärken?

## II. Strategieänderungen in der Behauptung der französischen Rechtstradition gegenüber dem Europarecht

Form und Ausmaß des Einflusses des Europarechts auf das französische Recht sind durch einen wichtigen Aspekt bestimmt: Wie reagieren die Akteure auf nationaler Ebene auf diesen Einfluss? Lange hat eine defensive Strategie gegolten: Man versuchte diesen Einfluss zu ignorieren oder so gering zu halten wie möglich, indem man das Gemeinschaftsrecht restriktiv oder widerwillig angewandt hat. Diese Strategie hat sich nicht gut ausgezahlt. Obwohl sie manchmal noch befürwortet wird, hat man im französischen Verwaltungsrecht überwiegend diese defensive Haltung aufgegeben zugunsten einer positiven, ja sogar einer offensiven Strategie.

### 1. Die defensive Strategie

Für viele Kommentatoren hat sich der steigende Einfluss des EG-Rechts wie eine Erschütterung oder eine Destabilisierung des französischen Verwaltungsrechts dargestellt. Die Logik, manche sprechen sogar von der „Seele“ des Verwaltungsrechts, sei durch das EG-Recht verändert worden: Neue Begriffe dringen in dieses Recht, die nationalen Rechtsquellen verlieren an Bedeutung (insbesondere die Verwaltungsrechtsprechung des Staatsrates), durch die Verrechtlichung wird das Gleichgewicht zwischen Effektivität der Verwaltung und Schutz des Bürgers in Frage gestellt, der Platz der Verwaltung und des Staates innerhalb der Gesellschaft ist nicht mehr derselbe usw. Manche sprechen von einem *espace juridictionnel concurrentiel*:

Der Staatsrat steht in Konkurrenz zum EuGH und zum EGMR. Es wird manchmal sogar von einem Richterkrieg gesprochen.

Einige haben vorgeschlagen, Abwehr in verfassungsrechtlichen Schranken zu suchen. Zum Beispiel ist vorgeschlagen worden, die Grundsätze des französischen Verwaltungsrechts in die Verfassung aufzunehmen, u.a. den Begriff des *service public*. Andere haben die Einführung einer Verfassungsmäßigkeitskontrolle der abgeleiteten europäischen Gesetzgebung (Verordnungen, Richtlinien) vorgeschlagen. Keiner dieser Vorschläge hat sich durchgesetzt. Im Gegenteil ist diese defensive Haltung allmählich abgebröckelt, zumindest was die Rechtsprechung betrifft. Die Abwendung der Rechtsprechung von der negativen Haltung zum Gemeinschaftsrecht kann in vier Beispielen dargestellt werden:

### *a) Die Benutzung des Vorlageverfahrens*

In den siebziger Jahren und Anfang der achtziger Jahre hat sich der Staatsrat so oft wie möglich geweigert, Rechtsfragen beim EuGH vorzulegen. Er nutzte dazu die Theorie des *acte clair* (Theorie der Eindeutigkeit): Um zu vermeiden, dem EuGH das letzte Wort zu lassen, hat der Staatsrat jahrelang eine Vorlage vermieden, indem er die von ihm anzuwendenden europäischen Rechtsnormen als auslegungsklar erklärte[17]. Mit der Zeit hat sich ein Kompromiss zwischen dem Staatsrat und dem EuGH abgezeichnet. Einerseits hat der EuGH in einem gewissen Grad die Theorie der Eindeutigkeit anerkannt[18], auf der anderen Seite hat der Staatsrat in der jüngsten Zeit in immer häufigeren Fällen vorgelegt. Mittlerweile funktioniert das Vorlageverfahren ohne besondere Schwierigkeiten.

### *b) Die Frage der unmittelbaren Anwendbarkeit der Richtlinien*

In einer Grundsatzentscheidung von 1978[19] hat sich der Staatsrat geweigert, die direkte Anwendbarkeit der gemeinschaftsrechtlichen Richtlinien anzuerkennen. Nach dieser Rechtsprechung kann die Nichtumsetzung einer Richtlinie nicht direkt zum Nachweis der Rechtswidrigkeit eines Verwaltungsaktes geltend gemacht werden. Diese Rechtsprechung, nach welcher ein Verwaltungsakt nicht rechtswidrig ist, weil er die Bestimmung einer Richtlinie verkennt, ist nie förmlich aufgegeben worden. Aber sie wurde

---

[17] Siehe zum Beispiel: Conseil d'Etat, Ass., 19. Juni 1964, Société des Pétroles Shell Berre et autres, Rec. S. 344; R.D.P. 1964, concl. Questiaux.

[18] EuGH, Rs. 283/81, CILFIT, Slg. 1982, S. 3415.

[19] Conseil d'Etat, Ass. 22. Dezember 1978, Min. Int. ./. Cohn-Bendit, Rec. 524; D. 1979 S. 155, concl. Genevoix, note Pacteau.

vollständig ausgehöhlt, so dass sie keine Bedeutung mehr hat. Dazu hat man das Instrument der Inzidentkontrolle benutzt: Die Normen (Gesetz oder Verordnung), die mit einer Richtlinie nicht vereinbar sind, gelten als rechtswidrig. Sie können darum nicht mehr als rechtmäßige Grundlage für Verwaltungsakte gelten. Wenn man also nicht direkt die Verkennung einer Richtlinie gegen einen Verwaltungsakt geltend machen kann, kann man dagegen die Rechtswidrigkeit der Norm rügen, auf die der Verwaltungsakt gründet und die wegen ihrer Unvereinbarkeit mit der Richtlinie keine rechtmäßige Grundlage für den Verwaltungsakt darstellen kann. Solch eine Unvereinbarkeit mit der nicht umgesetzten Richtlinie besteht nicht nur im Falle eines direkten Widerspruchs zwischen französischer Norm und europäischer Richtlinie, sondern auch im Fall eines bloßen Fehlens der Bestimmungen, die nötig wären, um die Richtlinie vollständig umzusetzen. Nach dieser Rechtsprechung kann ein bestehendes Gesetz oder eine bestehende Verordnung rechtswidrig werden, wenn es nicht innerhalb der Umsetzungsfrist durch Aufnahme von neuen Bestimmungen oder Aufhebung von bestehenden Bestimmungen geändert wird. Mit dieser sehr weitreichenden Rechtsprechung hat der Staatsrat in der Tat eine unmittelbare Anwendbarkeit der Richtlinien gesichert[20].

### *c) Der Vorrang des Gemeinschaftsrechts gegenüber nachträglichen Gesetzen*

Diese Frage, die lange den Kernpunkt des Widerstandes gegen die Anwendung des Gemeinschaftsrechts im nationalen Recht darstellte, ist, wie schon erwähnt, durch die Entscheidung Nicolo von 1989[21] aufgegeben worden. Seit dieser Zeit kann sich das EG-Recht ohne Einschränkung gegenüber dem nationalen Recht durchsetzen. Eines der eindrucksvollsten Beispiele dafür findet man im Jagdrecht: Ende 1998 hat der französische Gesetzgeber ganz bewusst ein Gesetz verabschiedet, das eine europäische Richtlinie über den Schutz von Zugvögeln außer Acht lässt, um den Anforderungen der französischen Jäger gerecht zu werden. Um eine Klage vor den Verwaltungsgerichten zu vermeiden, hat das Gesetz selbst Anfang und Ende der Jagdperioden festgelegt. Auf Klage von Umweltschutzverbänden haben die französischen Verwaltungsgerichte nicht nur die Rechtswidrigkeit dieses Gesetzes gegenüber dem EG-Recht festgestellt, sondern auch den

---

[20] Conseil d'Etat 1984, Fédération française des Sociétés du Protection de la Nature, Rec. S. 410; R.F.D.A. 1985 S. 303 concl. Dutheill et de Lamothe; 3. Februar 1989 Cie Alitalia, Rec. S. 44; R.F.D.A. 1989, S. 391 concl. Chahid Novari, note *Beaud*; 20. März 1998, Communauté des Communes du Piémont de Barr, R.F.D.A. 1998, S. 609 concl. Savoie.

[21] Siehe Fn. 2.

Verwaltungsbehörden die Anordnung gegeben, neue Jagdperioden festzulegen, die mit dem EG-Recht im Einklang sind[22].

### *d) Staatshaftung wegen Untätigkeit des Gesetzgebers*

Auch diese Frage ist schon angesprochen worden: Während in einer Entscheidung von 1988[23] der Staatsrat die Haftung des Staates wegen Nichtumsetzung des Gemeinschaftsrechts noch restriktiv bestimmt hatte, ist nun eine neue Entwicklung im Gange, gekennzeichnet durch die Entscheidung Dangeville des Verwaltungsgerichtshofes von Paris von 1992[24], der eine Haftung des Staates wegen Rechtswidrigkeit in der Gesetzgebung anerkannt hat.

## 2. Eine positive Strategie

Immer mehr setzt sich in Frankreich die Auffassung durch, dass prägende Einflüsse des Gemeinschaftsrechts auf das französische Verwaltungsrecht nicht nur unvermeidbar sind, sondern auch eine normale Entwicklung darstellen und positive Aspekte haben. Aber es ist auch legitim, dass man diese Einflüsse nicht passiv und unüberlegt in die nationale Rechtsordnung einfließen lässt. Dazu ist aber eine defensive Haltung unangebracht. Nur noch wenige Politiker und Rechtsprofessoren träumen davon, eine Maginot-Linie mit souveränistischen Rechtskonzepten aufzubauen, um sich dahinter vor dem EG-Recht zu verschanzen. In den Kreisen der hohen Verwaltung und des Staatsrates ist man nun eher geneigt, diese Entwicklung positiv anzugehen und eine offensive Strategie zu praktizieren. Unter offensiver Strategie wird Folgendes verstanden: Wenn man in seiner eigenen nationalen Rechtsordnung Rechtsinstitute besitzt, die man schätzt und bewahren will, dann ist es der richtige Weg, diese Rechtsinstitute auf Gemeinschaftsebene zu befördern, um zu erlangen, dass sie durch das EG-Recht aufgenommen werden. Wenn man das erreicht, gibt es keine Gefahr mehr, dass das EG-Recht diese Rechtsinstitute auf nationaler Ebene in Gefahr bringt.

Um solch eine Strategie umzusetzen, darf man sich nicht damit begnügen, den Einfluss des EG-Rechts zu dämpfen; man muss versuchen, einen Einfluss des nationalen Rechts auf das EG-Recht zu gewinnen. Das kann man nur erreichen, wenn man das EG-Recht nicht fürchtet, und es wagt,

---

[22] Conseil d'Etat, 3. Dezember 1999, Association ornithologique et mammologique de Saône et Loire no. 199622, 164789 concl. *Lamy* (im Erscheinen im „Recueil Lebon").

[23] Conseil d'Etat, 20. Januar 1988, Aubin S. 20.

[24] Siehe Fn. 16.

sich mit diesem Recht auseinanderzusetzen und sich dem europäischen Rechtswettbewerb zu stellen. Um einen Einfluss des nationalen Rechts auf das EG-Recht zu gewinnen, muss man sich in Konkurrenz zu anderen nationalen Rechtsordnungen begeben und versuchen, seine Partner zu überzeugen, dass die eigene nationale Rechtsordnung bessere Lösungen anbietet als die anderen.

Solch eine Politik hat der französische Staatsrat schon vor einigen Jahren in seinen Berichten empfohlen[25]. Um sie umzusetzen, muss man die europäische Integration hinnehmen und aktiv an ihr teilnehmen. Der Staatsrat hat zu diesem Zweck empfohlen, die Ausbildung der Beamten und Richter im Gemeinschaftsrecht zu verbessern und eine intensive Personalpolitik in den Gemeinschaftsinstitutionen (Kommission und EuGH) zu betreiben, um auf diese Art einen möglichst großen Einfluss auf die Ausarbeitung des Gemeinschaftsrechts zu gewinnen. Ein grundsätzlicher Aspekt für die Effektivität einer solchen Strategie liegt in der Wahl des frühen Zeitpunkts: Es bringt nicht viel, gegen eine schon abgeschlossene europäische Gesetzgebung zu wettern; man muss vor der Verabschiedung frühzeitig auf die Gestaltung des Europarechts Einfluss nehmen.

Natürlich muss man auch „gute Produkte" anbieten. Das unterstellt, dass man sein eigenes Recht modernisiert und verbessert, um es als Exportmodell auf europäischer Ebene verkaufen zu können. Die Bewahrung der nationalen Rechtsordnung durch die Verbesserung ihres Einflusses auf das europäische Recht kann also nur durch Modernisierung dieses nationalen Rechts sichergestellt werden.

Diese strategische Linie ist nur zum Teil in Frankreich verwirklicht worden. Aber man kann feststellen, dass gewisse Aspekte des EG-Rechts Lösungen übernommen haben, die sehr nahe am französischen Verwaltungsrecht sind und deswegen wenige Umsetzungsschwierigkeiten oder Rechtsverfremdung in Frankreich verursacht haben. Als Beispiel nehme man die Vergabe von öffentlichen Aufträgen oder die Umweltverträglichkeitsprüfung. In der Tat haben sich viele Aspekte des Gemeinschaftsrechts reibungslos in das französische Verwaltungsrecht eingegliedert, weil sie in ihrer Konzeption und ihrem Ursprung durch das französische Verwaltungsrecht beeinflusst waren.

Ein gutes Beispiel für diese Problematik findet man in der Diskussion über den Begriff des *service public*. Man weiß, dass das französische Verwaltungsrecht durch dieses Konzept geprägt ist, das im deutschen Recht, folglich auch in der deutschen Sprache, kein Äquivalent hat. Im Grunde hat dieser Begriff als Funktion die Rolle des Staates in der Gesellschaft zu

---

[25] Rapport annuel du Conseil d'Etat 1981 (Etudes et Documents du Conseil d'Etat 1981-82, S. 223–395).

bestimmen. Darum ist der Streit über die Vereinbarkeit dieses Begriffes mit dem Gemeinschaftsrecht so heftig geworden. Während das Gemeinschaftsrecht grundsätzlich die Rolle des Marktes und des Wettbewerbs unterstreicht, stellt der *service public* die Rechtfertigung einer öffentlichen Ordnung dar, die nicht dem Markt und dem Wettbewerb unterstellt ist. Eine Tätigkeit, die als *service public* anerkannt ist, fällt unter besondere Pflichten und Rechte, die durch das öffentliche Recht bestimmt sind. Der *service public* ist somit zugleich ein Konzept der Rechtstechnik und auch ein ideologischer Begriff, der etwas Grundsätzliches über die Rolle des französischen Staates aussagt. In diesem Zusammenhang ist die Auffassung entstanden, dass das EG-Recht diesem Prinzip feindlich gegenübersteht und es zu zerstören droht. Diese Überzeugung ist insbesondere durch die Wettbewerbspolitik der EG erzeugt worden: Diese Politik betrifft alle Unternehmen, also auch die sogenannten öffentlichen Unternehmen, die oft als service public bezeichnet werden. Der EG-Vertrag sieht vor, dass für diese öffentlichen Unternehmen, die mit Dienstleistungen von allgemeinem wirtschaftlichen Interesse betraut sind, die üblichen Wettbewerbsregeln gelten, soweit diese Vorschriften nicht die Erfüllung der ihnen übertragenen besonderen Aufgaben verhindern.

Manchen französischen Beobachtern erschien die Auslegung dieser Bestimmungen durch den EuGH zu restriktiv. Insbesondere im Rahmen der Entwicklung der gemeinschaftsrechtlichen Verkehrs- und Energiepolitik ist die staatliche Organisation von bedeutenden *services publics* wie EDF und SNCF in Frage gestellt worden. Diese Zustände wurden als ein Angriff des EG-Rechts auf das französische Verwaltungsrecht und die französische Verwaltungsorganisation bewertet. Es wurde behauptet, dass das EG-Recht grundsätzliche Aspekte der französischen Staatsstruktur gefährde. Im Rahmen dieser Polemik wurden aber die Gegensätze karikiert: Die *services publics* wurden staatlichen Monopolen gleichgestellt und die EG-Politik wurde auf Privatisierung und Globalisierung reduziert. Die großen Streiks von Ende 1995 wurden als Widerstand gegen die Aufforderung Europas verstanden, herkömmliche staatliche Organisationen aufzulösen. Aber seit einigen Jahren hat sich die Strategie der Verwaltungseliten grundsätzlich geändert. Von der Defensive ist man zur Offensive übergegangen. Man hat sich davon überzeugt, dass es keinen Gegensatz zwischen den *services publics* und der europäischen Integration gibt. Im Gegenteil, Europa wird als die Ebene angesehen, auf welcher man am besten die Traditionen der französischen Staatskultur und der öffentlich-rechtlichen gemeinnützigen Dienstleistungen gegen die Globalisierung und gegen Ultraliberalismus effektiv verteidigen kann. Freilich muss man dazu herkömmliche Aspekte der staatlichen Organisation aufgeben und auf der europäischen Ebene überzeugende und moderne Konzepte der öffentlichen Kontrolle anbieten. Es geht also darum, den Begriff des *service public* neu zu gestalten, so dass er in das EG-Recht aufgenommen wird und diesem Recht einen positiven Beitrag bringen kann[26].

Die jüngste Entwicklung scheint in diese Richtung zu gehen. Das französische Recht hat die modernen Tendenzen der öffentlichen Regulierung, die vom EG-Recht kommen, übernommen. Monopole und direktes staatliches Eigentum sind zu einem bedeutenden Teil als Regulierungsformen aufgegeben worden. Aber umgekehrt hat man sich auch bemüht, den tieferen Sinn des *service public* durch das Gemeinschaftsrecht aufnehmen zu lassen. In zwei wichtigen Entscheidungen von 1993 und 1994[27] hat der EuGH seine Rechtsprechung dieser Besorgnis weiter geöffnet. Der gemeinschaftsrechtliche Begriff von Universaldienst übernimmt einige der Kriterien des *service public*. Die Kommission hat den Begriff „Universaldienst" und „Dienst von allgemeinem Interesse" aufgegriffen. 1996 hat sie eine Mitteilung veröffentlicht: „Die Dienste von allgemeinem Interesse: Schlüsselbegriff für eine europäisches Gesellschaftsmodell". Schließlich ist dieser Begriff auch im Vertrag von Amsterdam verankert worden (Art. 16): „In Anbetracht des Stellenwertes, den Dienste von allgemeinem wirtschaftlichen Interesse innerhalb der gemeinsamen Werte der Union einnehmen, sowie ihrer Bedeutung bei der Förderung des sozialen und territorialen Zusammenhalts, tragen die Gemeinschaft und die Mitgliedstaaten im Rahmen ihrer jeweiligen Befugnisse dafür Sorge, dass die Grundsätze und die Bedingungen für das Funktionieren dieser Dienste so gestaltet sind, dass sie ihren Aufgaben nachkommen können."

Der Grundsatz, der in dieser Bestimmung festgelegt wird, kann als das bedeutendste Beispiel der Wechselwirkungen zwischen dem französischen öffentlichen Recht und dem EG-Recht betrachtet werden. Das französische Recht hat unter dem Einfluss der EG den Begriff des *service public* neu verstanden, umgekehrt hat die Union diesen Begriff übernommen. Somit ist auch der positive Charakter dieser Wechselwirkungen bewiesen.

Die nationalen Rechtsordnungen und das EG-Recht sind keine entgegengesetzten Realitäten. Sie haben dieselben Adressaten, nämlich die nationalen Behörden der Mitgliedstaaten. Für die letzteren spielen die Wechselwirkungen zwischen diesen beiden Ebenen eine positive Rolle, weil sie dazu führen, neue Impulse in die nationalen Rechtsordnungen zu bringen und die gemeinschaftsrechtliche Ordnung durch die „kompetitivsten" Aspekte der jeweiligen nationalen Rechtsordnungen gestalten zu lassen. Diesen Eindruck erhält man jedenfalls, wenn man die Wechselwirkung zwischen fran-

---

[26] *Eric Delacour*, Service Public et construction européenne: La „Guerre des droits" n'aura pas lieu, Les petites affiches, 22. Sept. 1997, no. 114, S. 4.

[27] EuGH, Rs. C 320/91, Corbeau, Slg. 1993, S. I-2533; EuGH, Rs. 393/92, Almelo, Slg. 1994, S. I-1477.

zösischem und europäischem Recht betrachtet. Alles in allem hat das Gemeinschaftsrecht bedeutend dazu beigetragen, das französische Verwaltungsrecht zu erneuern und ihm Impulse gegeben, die sich auf dieses Recht günstig ausgewirkt haben, indem sie es gezwungen haben, aus den festgefahrenen Bahnen herauszutreten.

# Wechselwirkung zwischen nationalem Verwaltungsrecht und europäischem Gemeinschaftsrecht – aus italienischer Perspektive

Von Diana-Urania Galetta

## I. Einführung in die Problematik

Das Verwaltungsrecht ist grundsätzlich eine traditionell sehr stark national geprägte Rechtsmaterie. Demgegenüber hat es im Verfassungsrecht schon immer eine gegenseitige Beeinflussung zwischen den verschiedenen Rechtsordnungen gegeben[1]. Das Verwaltungsrecht ist jedoch ein Gebiet „in dem die nationale Eigenart eines Volkes und Staates sich am stärksten ausprägt"[2]. Trotzdem musste sich der EuGH schon zu Beginn seiner Rechtsprechung in der Rechtssache *Algera* auf dem Gebiet des Beamtenrechts 1957 mit einer verwaltungsrechtlichen Frage befassen, für deren Beantwortung dem Vertrag keine Vorschriften zu entnehmen waren, mit der aber die Rechtsprechung und die Lehre aller Mitgliedstaaten wohl vertraut waren: dem Widerruf eines Verwaltungsaktes. Zur Lösung dieses Falles hat der EuGH ausgeführt, er sei verpflichtet, „... diese Frage von sich aus unter Berücksichtigung der in Gesetzgebung, Lehre und Rechtsprechung der Mitgliedstaaten anerkannten Regeln zu entscheiden"[3]. Auf diese Weise ist der Weg beschrieben worden, den man auch in anderen ähnlichen Fällen wird beschreiten müssen; ein Weg, der zu der Anerkennung einer ständig wachsenden Zahl von aus den Rechtsordnungen der Mitgliedstaaten gezogenen allgemeinen Verwaltungsgrundsätzen und Verwaltungsinstituten geführt hat.

Heutzutage hat diese Bemerkung noch an Bedeutung gewonnen: Die Verbindungsmechanismen zwischen EG und Mitgliedstaaten erfolgen immer häufiger direkt zwischen EG-Organen und innerstaatlichen Verwaltungsorganen, obwohl die traditionelle Lehre in Italien noch immer der Meinung

---

[1] Wenn man z.B. die deutsche und die italienische Verfassung miteinander vergleicht, bemerkt man ohne weiteres große Ähnlichkeiten und kaum Unterschiede.

[2] So wörtlich *Ulrich Scheuner*, Der Einfluss des französischen Verwaltungsrechts auf die deutsche Rechtsentwicklung, in: DÖV 1963, 712ff.

[3] EuGH, Urteil vom 12.07.1957, Rs. 7/56 und 3-7/57, in: Slg. 1957, S. 85ff.

ist, diese Verbindung würde meistens nur die normativen Kompetenzen und nicht die Verwaltungstätigkeit beeinflussen[4].

Tatsache ist aber, dass es kaum Perspektiven für ein Wachsen des gemeinsamen europäischen Rechts geben kann, die von der Vereinheitlichung des Verwaltungsrechts in Europa absehen können[5]. Eigentlich ist ein einheitliches Gemeinschaftsrecht im gesamten Gebiet der Gemeinschaft kaum vorstellbar, ohne dass es einheitliche Maßstäbe für den Vollzug in den verschiedenen Rechtsordnungen mit einheitlichen verwaltungsrechtlichen Instrumenten gibt. Dabei handelt es sich nicht nur um eine rechtliche, sondern auch um eine praktische Notwendigkeit.

In der nachfolgenden Darstellung werde ich deshalb versuchen, wenn auch nur sehr allgemein, die Einflüsse des Gemeinschaftsrechts auf das italienische Verwaltungsrecht darzustellen, mit dem Bewusstsein, dass es sich nur um weitere Schritte einer Entwicklung handelt, die – nach herrschender Auffassung[6] – zu der endlichen Schaffung eines einheitlichen Systems des Verwaltungsrechts führen wird, worin das nationale und das gemeinschaftliche Verwaltungsrecht zwei verschiedene Ebenen innerhalb derselben Rechtsordnung verkörpern werden.

## II. Die Quellen des EG-Rechts und ihre Rangordnung im italienischen Verwaltungsrecht: Die Rechtsprechung des italienischen Verfassungsgerichts zwischen Trennung und Integration der beiden Rechtsordnungen (allgemeine Hinweise)

Der Vorrang des Gemeinschaftsrechtes vor dem nationalen Recht ist ein Prinzip, das für den EuGH schon seit dem berühmten *Costa*-Urteil von 1964[7] als selbstverständlich betrachtet wird. Trotzdem war das italienische Verfassungsgericht für eine lange Zeit anderer Meinung.

Kurz zusammengefasst hat die Rechtsprechung des italienischen Verfassungsgerichts verschiedene Phasen durchlaufen.

In einer ersten Phase – wo nur von einer Trennung zwischen EG- und italienischen Rechtsquellen die Rede war – hat sich das italienische Verfas-

---

4 Vgl. z.B. *Marzona,* Struttura giuridica dell'amministrazione nel confronto fra diritto comunitario e diritto interno, in: *Angiolini/Marzona,* Diritto comunitario e diritto interno: effetti costituzionali e amministrativi, Padova 1990, S. 66ff., S. 70ff.

5 Vgl. dazu schon *Rivero,* Vers un droit commun européen: nouvelles perspectives en droit administratif, in: New perspectives for a Common Law of Europe, Florenz 1978, S. 389ff.

6 *Chiti,* Diritto amministrativo europeo, Mailand 1999, S. XIII.

7 EuGH, Urteil vom 15-07-1964, Rs. 6/64, in: Slg. 1964, S. 253ff.

sungsgericht für die Weitergeltung der normalen Regelung des Vorrangs der neuen vor den alten Normen ausgesprochen, und zwar unabhängig davon, ob es sich um Rechtsakte des innerstaatlichen oder des EG-Rechts handelte[8]. Wobei – nach Auffassung des Verfassungsgerichtshofes – für eventuelle Konflikte das Prinzip der verschiedenen Kompetenzbereiche zwischen EG und Mitgliedstaaten die entscheidende Rolle hätte spielen sollen[9].

In einer zweiten Phase hat dann das italienische Verfassungsgericht doch zugeben müssen, dass Kompetenzstreitigkeiten häufig vorliegen, und trotzdem hat es keinen automatischen Vorrang des EG-Rechts vor dem italienischen Recht anerkennen wollen, indem es entschieden hat, dass nationale Rechtsakte, die im Widerspruch zum EG-Recht stehen, eine Verletzung des Artikels 11 der italienischen Verfassung darstellen, worüber allein mit einer Verfassungsbeschwerde vor dem italienischen Verfassungsgericht zu entscheiden sei[10].

Mit dem berühmten Urteil 170/1984[11] entfernt sich endlich auch das italienische Verfassungsgericht von der alten Auffassung der Trennung zwischen EG-Recht und nationalem Recht: Nationale und EG-Rechtsordnung seien eher so eng miteinander integriert, dass trotz der bleibenden Trennung zwischen innerstaatlichen und EG-Rechtsquellen sowohl die Pflicht als auch das Recht für die Richter[12] bestehe, jenes nationale Recht nicht anzuwenden, das die Vorschriften des EG-Rechts verletzen würde.

Seit diesem Urteil gab es natürlich noch weitere Entwicklungen in der Rechtsprechung des italienischen Verfassungsgerichts, das zu einer immer genaueren Präzisierung seiner eigenen Rolle beigetragen hat[13].

---

[8] Vgl. Urteil des it. Verfassungsgerichts vom 07.03.1964, Nr. 14, in: Giur. Cost. 1964 und in *Chiti,* Casi e materiali di diritto pubblico comunitario, Turin 1994, S. 190ff.

[9] Vgl. aber auch Urteile des italienischen Verfassungsgerichts vom 27.12.1973, Nr. 183, in: Giur. Cost. 1973, S. 2401ff.; 30.10.1975, Nr. 232, in: Giur. Cost. 1975, S. 2211ff. S. ferner auch Urteile 1976/205, in: Giur. Cost. 1976, S. 1292ff. und 1977/163, in: Giur. Cost. 1977.

[10] Urteil vom 27.12.1973, Nr. 183, in: Giur. Cost. 1973, S. 2401ff.

[11] Corte Costituzionale, Urteil vom 08.06.1984, Nr. 170, in: Foro it. 1984, I, S. 2062ff. S. dazu jüngst Consiglio di Stato, IV. Kammer, Urteil vom 18.01.1996, Nr. 54, in: Riv. it. dir. pubbl. com. 1997, S. 177ff.

[12] Später hat das Verfassungsgericht diese Verpflichtung bzw. Berechtigung auch für die Beamten der öffentlichen Verwaltung ausdrücklich anerkannt: vgl. Urteil vom 11.07.1989, Nr. 389, in: Riv. it. dir. pubbl. com. 1989, S. 1065ff. Dazu *S. Ferrari,* Cittadinanza italiana e cottadinanza europea tra disapplicazione e causa di invalidità e non applicazione per il principio di specialità, in: Riv. it. dir. pubbl. com. 1991, S. 1075ff.; vgl. auch die vielen Hinweise in *Chiti,* Casi e materiali (Fn. 8), S. 175ff.

[13] Vgl. dazu *Chiti,* Diritto amministrativo europeo (Fn. 6), S. 97f.

## III. Die Veränderungen in der italienischen Verwaltung als Folge der Zusammenarbeit zwischen EG-Verwaltung und nationaler Verwaltung

### 1. Die Europäische Verwaltung als indirekte Verwaltung? Allgemeine Hinweise

Nach der ursprünglichen Vorstellung von *Jean Monnet* hätte die europäische Verwaltungstätigkeit notwendigerweise durch die Verwaltungen der Mitgliedstaaten ausgeübt werden müssen[14]. Und noch heute – obwohl dieser Gedanke von der Lehre nicht mehr als so ganz selbstverständlich betrachtet wird[15] – ist der Verwaltungsvollzug des Gemeinschaftsrechts meistens ein indirekter Vollzug. Tatsächlich hat die Europäische Gemeinschaft nur in wenigen Bereichen den Vollzug administrativer Aufgaben selbst übernommen[16], und der größte Teil des Gemeinschaftsrechts wird nach wie vor von nationalen Behörden vollzogen[17].

Die Methode des indirekten Vollzugs von Gemeinschaftsrecht ist jüngst auch durch den Amsterdamer Vertrag bestätigt worden[18].

Trotzdem – und auch abgesehen von der von der Lehre geäußerten Kritik bezüglich der nur noch theoretischen Wirkung dieses Prinzips des indirekten Vollzugs[19] –, bleibt von diesem sogenannten indirekten Vollzug meiner Meinung nach in der Praxis meistens nur noch das organisatorische System

---

14 *Monnet,* Mémoires, Paris 1976, Band I, II; siehe auch *Franchini,* La Commissione delle comunità europee e le amministrazioni nazionali: dalla ausiliarietà alla coamministrazione, in: Riv. it. dir. pubbl. com. 1993, S. 669.

15 Vgl. beispielsweise *Franchini,* La commissione delle comunità europee (Fn. 14), S. 678; *Chiti,* Implicazioni amministrative della integrazione europea, in: Riv. it. dir. pubbl. com. 1992, S. 1175 ff.; s. auch *Tizzano*, Lo sviluppo delle competenze materiali delle Comunità europee, in: Riv. dir. eur. 1982, S. 139 ff.

16 Obwohl es für die EG – nach h.M. – keine Gewaltenteilung gibt, in dem Sinne wie man sie in den nationalen Rechtsordnungen kennt. Vgl. für alle *Cassese,* Le basi del diritto amministrativo, Turin 1991, S. 318 ff.

17 Beim indirekten Vollzug unterscheidet man weiter zwischen mittelbarer und unmittelbarer Vollziehung von Gemeinschaftsrecht. Im allgemeinen gilt beim indirekten Vollzug noch immer der Grundsatz der institutionellen und verfahrensmäßigen Autonomie der Mitgliedstaaten, dem aber durch die Notwendigkeit der Gewährleistung von Einheitlichkeit und Vorrang des Gemeinschaftsrechts Grenzen gesetzt werden. Vgl. u. a. EuGH, Urteil vom 11.02.1971, Rs. 39/70, Fleischkontor, in: Slg. 1971, S. 49 ff.; EuGH, Urteil vom 05.03.1980, Rs. 265/78, Ferweda, in: Slg. 1980, S. 617 ff.; EuGH, Urteil vom 21.09.1983, Rs. 205–215/82, Deutsche Milchkontor, in: Slg. 1983, S. 2633 ff.; EuGH, Urteil vom 05.10.1988, Rs. 210/87, Pardovoni, in: Slg. 1988, S. 6177 ff.

18 Vgl. die Erklärung Nr. 43 zu dem Amsterdamer Vertrag.

19 Siehe zuletzt *Franchini,* Nuovi modelli di azione comunitaria e tutela giurisdizionale, demnächst in: Riv. it. dir. pubbl. com. 2000.

der Vollziehung des Gemeinschaftsrechts übrig. Normalerweise sind es zwar die schon bestehenden Organe der nationalen Verwaltung, die das Gemeinschaftsrecht vollziehen. Dessen Inhalt beeinflusst aber die Art und Weise des Handelns dieser Organe, wenn auch nicht ausschließlich, so doch sehr stark[20]. Es ist zwar meistens tatsächlich nur die nationale Verwaltung, die handelt. Bei dieser Vollzugstätigkeit sind nicht mehr lediglich die Normen des nationalen Verwaltungsrechtes zu beachten. Inzwischen sind eigene autonome Regeln entwickelt worden[21], die dem ordnungsgemäßen Vollzug des Gemeinschaftsrechts durch die nationalen Verwaltungen dienen und die dann einen starken und weitergehenden Einfluss auch auf die rein interne Verwaltungstätigkeit der nationalen Verwaltungsorgane ausüben[22].

### 2. Die Veränderungen bezüglich der Rolle der Verwaltung

Neben den vielen organisatorischen Veränderungen in Rahmen der italienischen Verwaltung – wovon demnächst die Rede sein soll – hat nach Meinung der italienischen Lehre[23] die Zuständigkeitsübertragung auf die Europäischen Gemeinschaft auch zu einer Veränderung in der Rolle der Verwaltung beigetragen. Und zwar hat die italienische Verwaltung im Rahmen der Materien, die in die Kompetenz der Europäischen Gemeinschaft übertragen worden sind, ihre traditionelle Rolle endgültig verloren, indem sie jetzt meistens reine Durchführungskompetenzen besitzt und keine Entscheidungskompetenzen mehr ausüben darf[24]. So findet jetzt das theoretische Paradigma der Verwaltung als reines „Durchführungsinstrument" des Willens der Legislative, das bis jetzt stets unbewiesen geblieben war[25], auch für unsere Rechtsordnung Entsprechung in der Praxis, indem es jetzt alleine die dafür zuständigen Organe der Gemeinschaft sind, die die Vorschriften für die Verwaltungstätigkeit bestimmen, zu deren Erfüllung dann die italienische Verwaltung als bloßes Durchführungsinstrument tätig wird[26].

---

[20] Vgl. etwa *Chiti,* Diritto amministrativo europeo (Fn. 6), S. 108f.

[21] Zu diesem Thema s. ausführlich im folgenden Kapitel IV.

[22] Beweise dafür in *Galetta,* Principio di proporzionalità e sindacato giurisdizionale nel diritto amministrativo, in: AA.VV., Potere discrezionale e controllo giudiziario, hrsg. von *V. Parisio,* Mailand 1998, S. 219ff.

[23] Siehe vor allem *Franchini,* Amministrazione italiana e amministrazione comunitaria, Padua 1993, S. 21ff., 140ff.

[24] Vgl. *Franchini,* Amministrazione italiana (Fn. 23), S. 21f.

[25] Siehe dazu *Giannini,* Diritto amministrativo, Milano 1988, vol I, S. 75ff.

[26] So *Franchini,* Amministrazione italiana (Fn. 23), S. 23.

### 3. Die Veränderungen im Rahmen der Verwaltungsorganisation

#### *a) Neue Kompetenzen und neue Organe*

Abgesehen von diesem ersten Phänomen – das als „gemeinschaftsrechtliche Funktionalisierung der nationalen Verwaltung" erklärt wird[27] –, hat das Gemeinschaftsrecht auch weitere, konkretere Einflüsse auf die italienische Verwaltung gehabt: erstens bezüglich der Schaffung neuer Organe, sowohl auf staatlicher als auch auf regionaler Ebene; zweitens bezüglich der Entstehung von Formen der sog. Mischverwaltung.

Was die Schaffung neuer Organe angeht, kann die EG-Kommission zwar keinen Einfluss auf die interne Machtverteilung zwischen den Organen ausüben. Diese Frage wird allein dem nationalen Recht überlassen. Sie besitzt aber die Zuständigkeit zu überprüfen, ob die nationalen Verfahren für die Beaufsichtigung und Inspektion des ordnungsgemäßen Vollzuges des Gemeinschaftsrechts ausreichen, um die Erfüllung der vom Gemeinschaftsrecht vorgesehenen Pflichten zu sichern[28].

So übt das Gemeinschaftsrecht einen direkten oder indirekten Einfluss auch auf die Schaffung neuer Verwaltungsorgane aus, je nachdem, ob es um eine positive Regelung des Gemeinschaftsrechts geht, die die Schaffung neuer Organe direkt vorsieht, oder ob es die Mitgliedstaaten sind, die sich eigenständig dafür entscheiden, neue Verwaltungsorgane zu schaffen, um die bestmögliche Vollziehung des Gemeinschaftsrechts zu sichern[29].

In Italien – so wie in anderen Mitgliedstaaten[30] – wird das Gemeinschaftsrecht normalerweise durch viele verschiedene schon bestehende Verwaltungssubjekte durchgeführt. Die Kompetenzen sind aber schon auf staatlicher Ebene zwischen den verschiedenen Ministerien so weit verteilt, dass man von einer fehlenden Homogenität in der organisatorischen Lösung spricht, die einen negativen Einfluss auf die gesamte Durchführung der „Gemeinschaftspflichten" ausübe[31].

Nur einige Ministerien verfügen über eine speziell eingerichtete Stabsstelle für Europaangelegenheiten, die als Bezugspunkt für das gesamte Ministerium dient[32]. In den meisten Ministerien sind jedoch viele verschie-

---

[27] *Chiti,* Diritto amministrativo europeo (Fn. 6), *S.* 109. So auch *Franchini,* Nuovi modelli di azione comunitaria (Fn. 19).

[28] Vgl. EuGH, Urteil vom 12.06.1990, Rs. C-8/88, in Slg. 1990, S. I-2321 ff.

[29] *Chiti,* Diritto amministrativo europeo (Fn. 6), S. 246. Dazu s. auch EuGH, Urteil vom 09.08.1994, Rs. C-359/92, in Slg. 1994, S. I-3681 ff.

[30] Für eine allgemeine Darstellung der von anderen Mitgliedstaaten gefundenen Lösungen s. *Chiti,* Diritto amministrativo europeo (Fn. 6), S. 251 ff.

[31] So *Franchini,* Amministrazione italiana (Fn. 23), S. 32 ff.; 70.

dene Dienststellen für Gemeinschaftsangelegenheiten zuständig[33]. Wobei es in diesem zweiten Fall manchmal sehr problematisch ist, die jeweils zuständigen Stellen zu identifizieren[34].

Um die negativen Effekte dieser Zersplitterung der Kompetenzen zu mildern, ist ein neues Verwaltungsorgan geschaffen worden, die sog. „Verwaltung für die Koordinierung der Gemeinschaftspolitiken" (Amministrazione per il coordinamento delle politiche comunitarie)[35], die die größte Rolle im Rahmen der Koordinierung zwischen den verschiedenen Verwaltungseinheiten spielt, die Kompetenzen im Rahmen des Gemeinschaftsrechts besitzen.

Obwohl eine organisatorische Struktur mit ähnlichen Kompetenzen schon früher während der Präsidentenschaft im Ministerrat tätig war, ist sie als Verwaltungsorgan erst mit dem Gesetz vom 16. April 1987 offiziell zustande gekommen und seitdem auch schon mehrmals reformiert worden[36]. Trotzdem ist nach allgemeiner Meinung[37] eine optimale Ausgestaltung dieses Organs noch nicht zustande gekommen.

### *b) Die neuen Wege der Zusammenarbeit zwischen den Verwaltungen: Die sogenannte „Mischverwaltung" (coamministrazione)*

Eine weitere Konsequenz des Gemeinschaftsrechts für die Art und Weise des Handelns der italienischen Verwaltung hat die herrschende Meinung als „Phänomen der Mischverwaltung" (fenomeno della coamministrazione) beschrieben[38].

Normalerweise besitzt zwar die EG-Kommission die Entscheidungsbefugnisse im Rahmen der Materien, die in der Zuständigkeit der Europäischen

---

32 Siehe dazu *Franchini,* Amministrazione italiana (Fn. 23), S. 33, Anm. 3.

33 Vgl. nochmals *Franchini,* Amministrazione italiana (Fn. 23), S. 34.

34 *Predieri,* La Pubblica Amministrazione nella dimensione del 1992, in: AA.VV., Pubblica Amministrazione ed Europa '92. Quale Amministrazione per gli impegni dell'Atto Unico?, Roma, 1990, S. 101 ff. Für weitere Hinweise zu diesem komplexen Thema s. auch *Franchini,* Amministrazione italiana (Fn. 23), S. 32 ff.

35 Zu diesem Thema s. *Chiti,* Diritto amministrativo europeo (Fn. 6), S. 248 ff.

36 Gesetz vom 16.04.1987, Nr. 183. Dazu s. ausführlich *Chiti,* Il coordinamento delle politiche comunitarie e la riforma degli apparati di governo, in: Associazione per gli Studi e le Ricerche Parlamentari, Heft Nr. 1, Seminarveranstaltungen von 1989 und 1990, Mailand 1991, S. 235 ff.; *ders.,* L'amministrazione per il coordinamento delle politiche comunitarie nelle recenti riforme, in: Riv. it. dir. pubbl. com. 1991, S. 11 ff.; *Franchini,* Amministrazione italiana (Fn. 23), S. 42 ff.

37 Siehe insbesondere *Chiti,* Diritto amministrativo europeo (Fn. 6), S. 248 ff.

38 Diese Definition stammt aus *Franchini,* Amministrazione italiana (Fn. 23); s. auch *Franchini,* La Commissione delle comunità europee (Fn. 14), S. 669 ff.; *ders.,* Le relazioni fra le agenzie europee e le autorità amministrative nazionali, in: Riv. it. dir. pubbl. com 1997, S. 15 ff.; *ders.,* Nuovi modelli di azione comunitaria (Fn. 19).

Gemeinschaft liegen. Die Verwaltungen der Mitgliedstaaten sind dabei auf reine Durchführungszuständigkeiten beschränkt[39]. Dies ist das Grundmodell der Verteilung von Kompetenzen zwischen EG und innerstaatlicher Ebene[40] für den indirekten Vollzug des Gemeinschaftsrechts. In jüngster Zeit hat sich aber auch ein neues Modell etabliert, aus dem sich die Beziehungen zwischen mitgliedstaatlicher und EG-Verwaltung anders als aus den traditionellen Schemen der Zusammenarbeit und der Hilfsverwaltung entwickeln.

Das neue Modell sieht eine Art Kompetenzmitinhaberschaft (contitolarità delle competenze) zwischen EG und Mitgliedstaaten vor, wobei Kommission und Verwaltung der Mitgliedstaaten während der verschiedenen Phasen des Verfahrens abwechselnd eintreten, aber gleichzeitig die Zuständigkeit für das ganze Verfahren behalten[41]. Es heißt, dass die Zuständigkeit für eine gewisse Verwaltungsangelegenheit einheitlich bleibt, das subjektive Element und der Personalbestand sich aber in Verbindung mit den Kompetenzen verdoppeln[42].

## IV. Die Veränderungen im Rahmen des italienischen Verwaltungsverfahrens

### 1. Die Entwicklung allgemeiner Grundsätze des Verwaltungsverfahrens durch die Rechtsprechung des EuGH

Die Einflüsse des Gemeinschaftsrechts auf das italienischen Verwaltungsrecht zeigen sich natürlich auch im Rahmen des Verwaltungsverfahrens[43], und zwar sowohl bezüglich der sog. allgemeinen Grundsätze des Verwaltungsverfahrens[44] als auch hinsichtlich der Struktur des Verfahrens.

Zu den allgemeinen Grundsätzen des Verwaltungsverfahrens, die sich durch die Rechtsprechung des EuGH entwickelt haben[45], haben sich in Italien in den letzten zehn Jahren eine umfangreiche Literatur[46] und verschie-

---

[39] Vgl. *Franchini,* La commissione delle comunità europee (Fn. 14), S. 670 ff.

[40] Dazu s. auch *D'Agnolo,* La sussidiarietà nell'Unione europea, Venedig 1997, S. 117 ff.

[41] Siehe weiter *Franchini,* Amministrazione italiana (Fn. 23), insbes. S. 206 ff.

[42] *Franchini,* Amministrazione italiana (Fn. 23), S. 215 ff. S. Zuletzt auch *Franchini,* Nuovi modelli di azione comunitaria (Fn. 19).

[43] Im allgemeinen über das sog. Europäische Verwaltungsverfahren s. *Della Cananea,* I procedimenti amministrativi della Comunità europea, in: AA.VV., Trattato di diritto amministrativo europeo, hrsg. von *Chiti/Greco,* Mailand 1997, allgem. Teil, S. 225 ff.; s. auch *Weber,* Il diritto amministrativo procedimentale nell'ordinamento della Comunità europea, in: Riv. it. dir. pubbl. com. 1996, S. 797 ff.

[44] Siehe für ein wichtiges Beispiel dazu das nächste Kapitel V.

dene Auffassungen hinsichtlich der zukünftigen Entwicklung dieser Grundsätze und ihrer eventuellen Kodifizierung[47] entwickelt.

Bei den sog. allgemeinen Grundsätzen des Verwaltungsverfahrens handelt es sich um formellrechliche sowie materiellrechtliche Verfahrensgrundsätze[48].

Zu den formellrechlichen zählt man die Begründungspflicht, den Grundsatz der Bekanntgabe/Veröffentlichung von Rechtsakten und des Zugangs zu Dokumenten, den Grundsatz des rechtlichen Gehörs (Anhörungsrecht) sowie den Amtsermittlungsgrundsatz. Zu den materiellrechtlichen Grundsätzen zählt man den Grundsatz der Rechtmäßigkeit der Verwaltung, den Grundsatz der Rechtssicherheit, den Grundsatz des Vertrauensschutzes, den Grundsatz der Gleichbehandlung (Diskriminierungsverbot), den Verhältnismäßigkeitsgrundsatz, den Grundsatz ordnungsgemäßer Verwaltung sowie das Verbot der Doppelbestrafung.

Diese vom EuGH zum Verwaltungsverfahrensrecht entwickelten Grundsätze spielen für die italienische Rechtspraxis eine stets wachsende Rolle und werden immer öfter in der Rechtsprechung der nationalen Verwaltungsgerichte sowie in den Verwaltungsrechtslehrbüchern in ihrer „gemeinschaftlichen Fassung" angewandt[49].

---

45 Für eine allgemeine Zusammenfassung der Rechtsprechung des EuGH zu den Grundsätzen des Verwaltungsverfahrens s. zuletzt *Haibach*, Die Rechtsprechung des EuGH zu den Grundsätzen des Verwaltungsverfahrens, in: NVwZ 1998, 456ff.

46 Siehe z.B. *Adinolfi*, I principi generali nella giurisprudenza comunitaria e la loro influenza sugli ordinamenti degli Stati membri, in: Riv. it. dir. pubbl. com. 1994, S. 521ff.; *Massera*, I principi generali, in: AA.VV., Trattato di diritto amministrativo europeo, hrsg. von *Chiti/Greco*, Mailand 1997, allgem. Teil, S. 431ff.; *Picozza*, Il regime giuridico del procedimento amministrativo comunitario, in: Riv. it. dir. pubbl. com. 1994, S. 321ff.; *ders.*, Alcune riflessioni circa la rilevanza del diritto comunitario sui principi del diritto amministrativo italiano, in: Riv. it. dir. pubbl. com. 1992, S. 1209ff.; vgl. auch *Weber*, Il diritto amministrativo procedimentale (Fn. 43).

47 Zu dieser Debatte vgl. insbes. *Chiti*, Italian Report, in: Schwarze, Das Verwaltungsrecht unter europäischem Einfluss, Baden-Baden 1996; *ders.*, Diritto amministrativo europeo (Fn. 6), S. 333ff.; s. auch *Schwarze*, Konvergenz im Verwaltungsrecht der EU-Mitgliedstaaten, in: DVBl. 1996, S. 881ff., 887ff.

48 Zu diesen Grundsätzen s. zuletzt, für die deutsche Lehre *Haibach* (Fn. 45); für die italienische Lehre *Massera*, I principi generali (Fn. 46).

49 Vgl. beispielsweise *Morbidelli*, Il procedimento amministrativo, in: AA.VV., Diritto amministrativo, Band II, Bologna 1998, S. 1187ff., S. 1227ff., in der Ausgabe 1998 des Lehrbuchs für Verwaltungsrecht von *Mazzarolli, Pericu* u.a.

### 2. Die Einrichtung neuer Verfahrensabschnitte: Das Beispiel der Umweltverträglichkeitsprüfung in Bezug auf die italienischen und die deutschen Durchführungsvorschriften – Ein Vergleich zwischen den zwei von der UVP-Richtlinie vorgesehenen Verfahrensalternativen

Was die strukturellen Änderungen im Rahmen des Verwaltungsverfahrens angeht, so zeigen sich diese Änderungen mindestens auf zwei verschiedene Weisen. Einerseits durch die Einrichtung neuer Verfahrensabschnitte oder eines parallelen Verfahrens im Rahmen der schon bestehenden Verwaltungsverfahren; andererseits durch die Entwicklung der – in Zusammenhang mit dem schon erwähnten Phänomen der Mischverwaltung[50] – sog. „verknüpften Verwaltungsverfahren“ (procedimenti di coamministrazione)[51] zwischen nationalem Recht und Gemeinschaftsrecht.

Das erste Phänomen der Einrichtung neuer Verfahrensabschnitte oder eines parallelen Verfahrens zeigt sich beispielsweise im Fall der Umweltverträglichkeitsprüfung.

Die in den Artikeln 235 und 100 des EG-Vertrages (Art. 308 und 94 EGV n. F.) enthaltenen Vorschriften stellten ursprünglich die wichtigsten Grundlagen einer europäischen Umweltpolitik dar. Mit der Einheitlichen Europäischen Akte von 1986 wurden die zwei wichtigsten Grundsätze der EG-Umweltpolitik implementiert: das Prinzip des geeignetsten Interventionsniveaus und das Vorsorgeprinzip.

In diesem Zusammenhang steht die Richtlinie des EG-Rates Nr. 85/337 über die Umweltverträglichkeitsprüfung bei bestimmten öffentlichen und privaten Projekten[52], die jüngst durch die EG-Richtlinie 97/11[53] geändert worden ist.

Abgesehen von dem konkreten Inhalt dieser Richtlinie, ist für das hier zu behandelnde Thema wichtig, wie sich diese Umweltverträglichkeitsprüfung einordnen lässt. Art. 2 Abs. 2 dieser Richtlinie lautet: „Die Umweltverträglichkeitsprüfung kann in den Mitgliedstaaten im Rahmen der bestehenden Verfahren zur Genehmigung der Projekte durchgeführt werden oder, falls solche nicht bestehen, im Rahmen anderer Verfahren oder der Verfahren, die einzuführen sind, um den Zielen dieser Richtlinie zu entsprechen“. Das bedeutet, dass die Umweltverträglichkeitsprüfung entweder in ein bereits bestehendes Genehmigungsverfahren integriert oder aber als selbständiges

---

[50] Siehe oben, Kapitel III, 3b).

[51] Siehe nächsten Abs. 3.

[52] Richtlinie des Rates Nr. 85/337/EWG vom 27. Juni 1985, in ABl. EG, L 175 vom 05.07.1985, S. 43 ff.

[53] Richtlinie des Rates Nr. 97/11/EG vom 4. März 1997, in ABl. EG, L 073 vom 14.03.1997, S. 5 ff.

Parallelverfahren ausgestaltet werden kann, mit dem Ziel, diejenigen Projekte einer Genehmigungspflicht zu unterwerfen, bei denen „... unter anderem aufgrund ihrer Art, ihrer Größe oder ihres Standortes mit erheblichen Auswirkungen auf die Umwelt zu rechnen ist" (Art. 2 Abs. 1 n.F.).

Im italienischen Recht ist die zweite Möglichkeit bevorzugt worden. Und zwar ist die Anwendung der EG-Richtlinie durch das Gesetz Nr. 349 vom 8. Juli 1986 erfolgt, das zunächst durch die Errichtung eines Umweltministeriums die Kompetenzen im Bereich des Umweltrechtes gebündelt und daneben auch eine erste vorläufige Umsetzung der UVP-Richtlinie dargestellt hat[54]. Dazu ist die Verordnung Nr. 377/88[55] des Ministerpräsidenten erlassen worden, womit die einer Umweltverträglichkeitsprüfung zu unterziehenden Projekte bestimmt worden sind, nämlich die in Anhang II der Richtlinie aufgezählten Klassen von Projekten[56]. Obwohl es schon 1986 klar war, dass ein spezifisches Gesetz zur Umsetzung der UVP-Richtlinie hätte erlassen werden sollen[57], hat sich danach die gesetzliche Lage in der italienischen Rechtsordnung kaum geändert. Im Jahr 1994, mit dem sog. „Gemeinschaftsgesetz" (legge comunitaria) Nr. 146/94[58], wurde zwar auf ein demnächst zu erlassendes Gesetz über die Umweltverträglichkeitsprüfung hingewiesen[59], aber seitdem ist nur eine Verordnung des Präsidenten der Republik erlassen worden[60], die als allgemeine Richtlinie und Koordinierungsakt zu verstehen ist[61]. Ansonsten sind nur zahlreiche Ministerialrunderlasse[62] erlassen worden[63], obwohl es verschiedene Gesetzentwürfe

---

54 Siehe Art. 6 des Gesetzes 349/86.

55 Verordnung des Ministerpräsidenten vom 10. August 1988, Nr. 377.

56 Siehe dazu zuletzt *C. Martelli/W. Martelli/G. Tonelli,* La normativa italiana articolata per progetti, in: Gazetta ambiente, Sonderheft 1997/1, S. 11 ff.

57 Siehe meine 1992 zu der „vorübergehenden" gesetzlichen Umsetzung der UVP-Richtlinie geäußerte Kritik in *Galetta,* La valutazione d'impatto ambientale alla luce dell'esperienza tedesca: confronti e proposte, in: Riv. it. dir. pubbl. com. 1992, S. 827 ff., insbes. S. 849 ff.

58 Vorschriften über die Erfüllung der mit der Zugehörigkeit Italiens zu den Europäischen Gemeinschaften verbundenen Pflichten – Gemeinschaftsgesetz 1993 – Gesetz vom 22. Februar 1994, Nr. 146, in Gazzetta Ufficiale della Repubblica Italiana (GURI) vom 04.03.1994, Nr. 52.

59 Vgl. Art. 40 Abs. 2 des Gesetzes Nr. 94/146.

60 Verordnung des Präsidenten der Republik vom 12. April 1996.

61 Wörtlich: „Atto di indirizzo e coordinamento per l'attuazione dell'art. 40, comma 1, della legge 22 febbraio 1994, n. 146, concernente disposizioni in materia di valutazione di impatto ambientale".

62 Eine Liste davon ist in „Gazzetta Ambiente" zu finden, Sonderheft 1997/1, S. 95 ff.

63 Ministerialrunderlasse können aber – nach ständiger Rechtsprechung des EuGH – „... nicht als eine wirksame Erfüllung der Verpflichtungen aus dem EG-Vertrag angesehen werden". Vgl. zuletzt Urteil vom 11.11.1999, Rs. C-315/98, Kommission g. Italien, insbes. Rdnrn. 9 ff. der Urteilsbegründung, wo der EuGH

gibt[64], die sich schon in einem fortgeschrittenen Stadium des Annahmeverfahrens befinden[65].

Zurück zu unserem Hauptthema. Alle – wenn auch bisher nur vorläufigen – Umsetzungsvorschriften der UVP-Richtlinie im italienischen Recht sehen die Umweltverträglichkeitsprüfung als ein autonomes Verfahren vor, das sich parallel zu den über das Projekt entscheidenden Hauptverfahren entwickelt[66]. Das führt natürlich zu einer weiteren Verlängerung und Komplikation des Hauptverfahrens zur Genehmigung eines Projektes und zu erheblichen Koordinierungsproblemen zwischen den vielen dafür zuständigen Behörden[67].

Dagegen hat man sich im deutschen Recht – soweit es mir bekannt ist[68] – für die Einbeziehung des UVP-Verfahrens als unselbständigen Bestandteil der verwaltungsbehördlichen Verfahren entschieden[69].

Die im Sinne des Gemeinschaftsrechts ausgeübte Funktion der Umweltverträglichkeitsprüfung – als Mittel zur Sammlung von Daten bezüglich eines zu genehmigenden, sich „auf die Umwelt erheblich auswirkenden Projekts“[70] – verwirklicht sich jedenfalls in beiden Rechtsordnungen im Rahmen des schon bestehenden Genehmigungsverfahrens: in Italien mit der Einrichtung eines dazu parallelen Verfahrens und in Deutschland mit der Einrichtung eines unselbständigen Teils des Genehmigungsverfahrens. Von dem hier vertretenen Standpunkt aus besteht daher die Bedeutung der EG-Umweltverträglichkeitsprüfung darin, dass sie jedenfalls eine Veränderung schon bestehender Verwaltungsverfahren des innerstaatlichen Rechts bewirkt.

---

seine ständige Rechtsprechung bestätigt, wonach „... bloße Verwaltungspraktiken, die die Verwaltung ihrem Wesen nach beliebig ändern kann und die nur unzureichend bekannt gemacht sind, können nicht als eine wirksame Erfüllung der Verpflichtungen aus dem EG-Vertrag angesehen werden“. Vgl. dazu auch Urteil vom 16. Dezember 1997, Rs. C-316/96, Kommission g. Italien, in Sammlung 1997, S. I-7231 ff, Rdnr. 16.

64 Wie es von *Martelli,* Proposte di legge in tema di V.I.A. jüngst berichtet wird. Siehe auch die Bemerkung von *Grassi,* Il quadro europeo sulla V.I.A., in: Gazzetta ambiente, Sonderheft 1997/1, S. 3.

65 Auch die Tatsache, dass ein Gesetzentwurf sich schon in einem fortgeschrittenen Stadium des Annahmeverfahrens befindet, reicht aber dem EuGH leider nicht! Vgl. dazu das in voriger Fußnote zitierte Urteil, Rdnr. 9 der Urteilsbegründung.

66 Siehe zuletzt *Grassi* (Fn. 64), S. 20ff., S. 23ff.

67 Vgl. dazu *Galetta,* La valutazione d'impatto ambientale (Fn. 57), S. 843ff.

68 *Galetta,* La valutazione d'impatto ambientale (Fn. 57).

69 Laut § 2 UVP-Gesetz.

70 Laut der schon erwähnten neuen Fassung des Art. 2 Abs. 1 UVP-Richtlinie.

### 3. Die Entstehung von sogenannten „Mischverwaltungsverfahren" (coprocedimenti)

Wenn die Umweltverträglichkeitsprüfung eine wichtige Veränderung schon bestehender Verwaltungsverfahren des innerstaatlichen Rechts darstellt, hat sich jüngst eine weitere, noch tiefergehende Einwirkung des Gemeinschaftsrechts auf das innerstaatliche Verwaltungsverfahren gezeigt. Und zwar spricht man neuerdings in der italienischen Lehre im Zusammenhang mit dem Phänomen der Mischverwaltung, wovon schon früher die Rede war[71], von verknüpften Verwaltungsverfahren oder – wörtlich übersetzt – von „Mitverwaltungsverfahren" (procedimenti di coamministrazione)[72]. Mit diesem Ausdruck wird auf die Mechanik der Verknüpfung von Verwaltungsverfahren des nationalen und europäischen Rechts hingewiesen, und zwar auf das Phänomen der Entwicklung von Verwaltungsverfahren, die teilweise auf innerstaatlicher und teilweise auf europäischer Ebene durchgeführt werden, weil die Kompetenzen bezüglich der verschiedenen Phasen eines bestimmten Verfahrens zwischen Mitgliedstaaten und Europäischer Gemeinschaft aufgeteilt sind[73].

Die wichtigsten Beispiele dafür findet man im Rahmen der Organisation der Landwirtschafts- und der Strukturpolitik[74], wie es von zwei vor kurzer Zeit erlassenen Verordnungen bewiesen wird, den Verordnungen des Rates Nr. 1254/1999[75] und Nr. 1260/1999[76].

---

[71] Siehe oben Kapitel III, 3 b).

[72] Siehe nochmals *Franchini,* Amministrazione italiana (Fn. 23); *ders.*, La commissione delle comunità europee (Fn. 14), S. 669ff.; *ders.,* Le relazioni (Fn. 38), S. 15ff.; *ders.*, Nuovi modelli di azione comunitaria (Fn. 19); s. auch *Caranta,* Sull'impugnabilità degli atti endoprocedimentali adottati dalle autorità nazionali nelle ipotesi di coamministrazione, in: Foro amm. 1994, S. 752ff.

[73] Zu diesem Thema s. *Greco,* Incidenza del diritto comunitario sugli atti amministrativi italiani, in: AA.VV., Trattato di diritto amministrativo europeo, allgem. Teil, hrsg. von *Chiti/Greco*, Mailand 1997, S. 555ff., S. 592ff.; *Picozza*, Il regime giuridico (Fn. 46).

[74] Siehe dazu *Franchini,* Amministrazione italiana (Fn. 23), S. 178ff. Für Beispiele in anderen Bereichen der Gemeinschaftskompetenzen s. z.B. *Cagli*, La politica industriale italiana tra sovranità nazionale e vincoli comunitari, in AA.VV., L'amministrazione dell'industria e del commercio estero, Bologna 1990, S. 145ff.; *Stefani,* La politica regionale nella CEE e i fondi strutturali, in: Dir. com. sc. internaz. 1989, S. 255ff.; s. auch *Della Cananea,* I procedimenti amministrativi (Fn. 43), S. 235ff., der verschiedene interessante Beispiele von „Mischverfahren" darstellt.

[75] Verordnung (EG) Nr. 1254/1999 des Rates vom. 17. Mai 1999 über die gemeinsame Marktorganisation für Rindfleisch, ABl. EG 1999, L 160/21, ber. ABl. EG 1999 L 282/16 u. ABl. EG 2000, L 87/34.

[76] Verordnung (EG) Nr. 1260/1999 des Rates vom 21. Juni 1999 mit allgemeinen Bestimmungen über die Strukturfonds, ABl. EG 1999, L 161/1.

Beide Verordnungen sind interessant[77], weil sie Verfahren vorsehen, die sich jeweils in innerstaatlichen und gemeinschaftlichen Phasen artikulieren, was vom organisatorischen Gesichtspunkt aus als gemeinsame Inhaberschaft (oder besser „Mitinhaberschaft" – contitolarità) der Kompetenzen zwischen EG und Mitgliedstaaten beschrieben werden kann, aber vom Gesichtspunkt des Verfahrens als ständiger Wechsel der Kompetenzen zu verstehen ist. Dies bedeutet praktisch, dass die Zuständigkeit der EG beziehungsweise der Mitgliedstaaten je nach den verschiedenen Verfahrensabschnitten bestimmt wird, so dass das verfolgte Ziel möglicherweise am besten erreicht werden kann.

Diese Entwicklung – die sich bisher vorrangig in den Bereichen der Landwirtschaft und der Struktur- sowie Wettbewerbspolitik gezeigt hat – wird sich bestimmt auch auf weitere Bereiche ausdehnen, insbesondere im Rahmen der neuen gemeinschaftlichen Kompetenzen nach dem Amsterdamer Vertrag.

## 4. Mischverwaltungsverfahren und Schutz der Rechte der Interessenten: Die *Oleificio Borrelli*-Rechtsprechung des EuGH

Im Rahmen der sog. Mischverwaltung sind aber die Probleme nicht nur organisatorischer Art, sondern auch verwaltungsprozessualer Art[78]: Angesichts dessen, dass im Rahmen eines Verwaltungsverfahrens von der EG-Kommission bzw. von der Verwaltung der Mitgliedstaaten Verfahrensakte erlassen werden, müssen natürlich auch für die Verwaltungsgerichtsbarkeit Koordinierungsmaßnahmen gefunden werden.

Für die italienische Verwaltungsgerichtsbarkeit[79] liegt nämlich das Problem darin, dass normalerweise nur der das Verfahren beendende Verwaltungsakt anfechtbar ist, weil eine Verwaltungsklage erst dann erhoben werden kann, wenn die Verletzung der Rechtsinteressen der Kläger direkt und aktuell ist[80]. Deswegen sind normalerweise die Akte, die im Rahmen eines Verwaltungsverfahrens stattfinden, nicht selbständig, sondern erst in Verbindung mit dem Endverwaltungsakt anfechtbar[81].

[77] Siehe dazu *Franchini,* Nuovi modelli di azione comunitaria (Fn. 19).

[78] Siehe dazu *Franchini,* Nuovi modelli di azione comunitaria (Fn. 19); *Chiti,* Diritto amministrativo europeo (Fn. 6), S. 332f.

[79] Dazu s. für alle *Sandulli,* Manuale di Diritto amministrativo, Band II, Neapel 1989, S. 1185ff., 1343ff.; zu den neueren Entwicklungen in der Normierung und in der Lehre s. *Casetta,* Manuale di diritto amministrativo, Mailand 1999, S. 623ff., 679ff.

[80] Siehe dazu zuletzt *Domenichelli,* Il processo amministrativo, in: AA.VV., Diritto amministrativo, Band II, Bologna 1998, S. 1819ff., S. 1862f.; s. auch Consiglio di Stato, V. Kammer, Urteil vom 26.02.1992, Nr. 158, in Cons. Stato 1992, I, S. 257ff.

In dem berühmten Fall *Oleificio Borrelli*[82] wurde deshalb von einer italienischen Firma, der Oleificio Borrelli S.p.A, eine Nichtigkeitsklage im Sinne des Art. 173 des EG-Vertrages (jetzt: Art. 230 EGV n.F.) vor dem EuGH erhoben, bei deren Behandlung der EuGH sich mit der Frage beschäftigen musste, welche Akte vor welchem Gericht angefochten werden können, wenn es sich um die Anfechtung von Akten im Rahmen eines Verwaltungsverfahrens handelt, das teilweise der Kompetenz der Gemeinschaftsorgane und teilweise der Kompetenz der Organe der mitgliedstaatlichen Verwaltung unterliegt.

Kurz zusammengefasst ging es in dem erwähnten Fall *Oleificio Borrelli* um ein Verfahren für die Anerkennung von Beihilfen im Rahmen des Europäischen Ausrichtungs- und Garantiefonds für die Landwirtschaft (EAGFL). Bei einem solchen Verfahren unterliegt die erste Phase der Zuständigkeit der Mitgliedstaaten, die bezüglich der Anfrage Stellung nehmen, die – falls negativ – eine bindende Wirkung für die Kommission ausübt: Der Antrag auf Genehmigung der Beihilfen durch den EAGFL wird zwar der EG-Kommission von den Mitgliedstaaten weitergeleitet, jedoch erst nachdem die dazu zuständigen Organe der innerstaatlichen Verwaltungen sich darüber mit einer Stellungnahme geäußert haben[83].

In dem Fall *Oleificio Borrelli* hatte der zuständige Regionalrat von Ligurien eine ablehnende Stellungnahme abgegeben, weil er die von der Firma Borrelli mit den Erzeugern geschlossenen Lieferverträge als fehlerhaft beurteilt hatte. Aufgrund dieser negativen Stellungnahme wurde der Antrag auf Beihilfe von der Kommission automatisch abgelehnt. Gegen die ablehnende Kommissionsentscheidung erhob die Firma Borrelli Klage vor dem EuGH, weil sie meinte, diese Entscheidung der Kommission sei rechtswidrig, da die ablehnende Stellungnahme der Region Ligurien – auf deren Grundlage diese Entscheidung getroffen worden sei – rechtswidrig sei.

Im Rahmen des daraus entstehenden Verfahrens hat sich der EuGH hinsichtlich der Zuständigkeitsfrage bezüglich eines sog. „Mischverwaltungsverfahrens“ wie folgt geäußert: „Im Rahmen einer gemäß Artikel 173 EWG-Vertrag (Art. 230 EGV n.F.) erhobenen Klage ist der Gerichtshof nicht für die Entscheidung über die Rechtmäßigkeit einer von einer nationalen Behörde vorgenommenen Handlung zuständig. Das gilt auch dann, wenn diese Handlung Teil eines gemeinschaftlichen Entscheidungsprozesses in dem Sinne ist, dass sich aus der in diesem Bereich geltenden Zustän-

---

[81] Vgl. *Verbari,* Principi di diritto processuale amministrativo, Mailand 1992, S. 223f.

[82] EuGH, Urteil vom 03.12.1992, Rs. C-97/91, in Foro amm., 1994, S. 745ff.

[83] Vgl. Verordnung (EG) Nr. 355/77 des Rates vom 15. Februar 1977, in ABL. EG 1977, L 51/1, S. 1ff., insbes. Art. 13.

digkeitsverteilung zwischen den nationalen Behörden und den Gemeinschaftsorganen eindeutig ergibt, dass die Handlung der nationalen Behörde die gemeinschaftliche Beschlussinstanz bindet und demzufolge den Inhalt der zu treffenden Gemeinschaftsentscheidung bestimmt"[84]. Nach Meinung des EuGH ist die Entscheidung über die Handlung der nationalen Behörde im Rahmen eines Verfahrens der Mischverwaltung Sache der nationalen Gerichte[85], und da diese Handlung „.... Teil eines Verfahrens ist, das zum Erlass einer Gemeinschaftsentscheidung führt, hat dieser Mitgliedstaat für die Möglichkeit der gerichtlichen Kontrolle Sorge zu tragen"[86]. Eine entsprechende Klagemöglichkeit muss deshalb im Rahmen der innerstaatlichen Verwaltungsgerichtsbarkeit vorgesehen werden und – wie der EuGH ausdrücklich entschieden hat – „... eine entsprechende Klage ist somit zulässig, selbst wenn die innerstaatlichen Verfahrensvorschriften dies in einem solchen Fall nicht vorsehen"[87].

Das Urteil *Oleificio Borrelli* ist für das italienische System der Verwaltungsgerichtsbarkeit von großer Bedeutung, weil der EuGH damit eine substantielle Hilfe zugunsten derjenigen Lehre und Rechtsprechung geleistet hat, die sich schon früher für die unmittelbare Anfechtbarkeit der Stellungnahme von Behörden im Rahmen eines komplexen Verwaltungsverfahrens ausgesprochen hat, und allgemein für die unmittelbare Anfechtbarkeit der Akte eines Verwaltungsverfahrens eingetreten ist, die die rechtlich geschützten Interessen der Bürger unmittelbar verletzten[88]. Dies führt zu dem vom EuGH schon mehrmals erwähnten Prinzip der Möglichkeit der gerichtlichen Kontrolle aller Entscheidungen einer nationalen Behörde. Dieses Prinzip stellt „... einen allgemeinen Grundsatz des Gemeinschaftsrechts dar, der

---

[84] Rdnrn. 9f. der Urteilsbegründung.

[85] „... Gegebenenfalls im Anschluss an eine Vorlage an den Gerichtshof über die Rechtmäßigkeit der in Frage stehenden nationalen Handlung ...". Rdnr. 13 der Urteilsbegründung.

[86] Vgl. Rdnr. 15 der Urteilsbegründung.

[87] Rdnr. 13 der Urteilsbegründung.

[88] Vgl. *Bertoli,* Principi generali di diritto comunitario, sistemi amministrativi nazionali e giustiziabilità degli atti interni non definitivi, in: Dir. com. sc. internaz. 1993, S. 538ff; *Caranta,* Sull'impugnabilità degli atti endoprocedimentali (Fn. 72), S. 752ff. In der Rechtsprechung s. unter den neueren Urteilen, TAR Lazio, I. Kammer, 02.11.1993, Nr. 412, in Riv. it. dir. pubbl. com. 1993, S. 1257ff., mit Anmerkung von *Antonioli,* La legge „antitrust" dinanzi al giudice amministrativo: gli atti impugnabili, le azioni esperibili e la tutela della concorrenza e del mercato fra diritto interno e diritto comunitario, in: Riv. it. dir. pubbl. com. 1993, S. 1260ff.; Consiglio di Stato, V. Kammer, 16.01.1992, Nr. 47, in Cons. Stato 1992, S. 66ff.; Consiglio di Stato, V. Kammer, 23.04.1991, Nr. 654, in Foro amm. 1991, S. 1151; TAR Lazio, Latina, 02.08.1990, Nr. 695, in *TAR*, 1990, I, S. 3001ff.; TAR Veneto, II. Kammer, 31.12.1988, Nr. 1075, in *TAR* 1988, S. 3112. Vgl. aber neulich TAR Lazio, I. Kammer, 10.06.1998, Nr. 1904; TAR Lazio, II. Kammer, 13.05.1994, Nr. 1112.

sich aus den gemeinsamen Verfassungstraditionen der Mitgliedstaaten ergibt und in den Artikeln 6 und 13 der Europäischen Menschenrechtskonvention verankert ist"[89].

Bei dieser Rechtsprechung zeigt sich mit Klarheit eine Tendenz, die oft in der Lehre als „Europäisierung der Verwaltungsgerichtsbarkeit" beschrieben wird[90]. Durch die Rechtsprechung des EuGH werden neue Grundsätze entwickelt, deren Wirkung sich auch auf Gebiete wie die Gerichtsbarkeit ausdehnt, die theoretisch ausschließlich der Kompetenz der Mitgliedstaaten überlassen worden sind.

## V. Der Grundsatz der Verhältnismäßigkeit als Beispiel für die Übertragung von Rechtsinstituten aus dem Gemeinschaftsrecht in das italienische Verwaltungsrecht

Der Grundsatz der Verhältnismäßigkeit mit seiner „dreistufigen Prüfung" ist – wie bekannt – eine Erfindung des deutschen öffentlichen Rechts[91].

Kurz zusammengefasst setzt der Verhältnismäßigkeitsgrundsatz als verwaltungsrechtlicher Grundsatz die zu treffende Maßnahme zu dem erstrebten Erfolg in Beziehung und verlangt ein vernünftiges Verhältnis zwischen den beiden. Eine Maßnahme, die mehr verlangt, als die Herbeiführung des Erfolges erfordert, ist unverhältnismäßig[92].

---

[89] Punkt 14 f. der Urteilsbegründung *Borellis.* Wie der Gerichtshof nämlich insbesondere in den Urteilen vom 15. Mai 1986 (Rs. 222/84, Johnston, in Slg. 1986, S. 1651 ff., Rdnr. 18) und vom 15. Oktober 1987 (Rs. 222/86, Heylens, in Slg. 1987, S. 4097 ff., Rdnr. 14) ausgeführt hat.

[90] Zu diesem Thema s. weiter in Kapitel VI. S. auch *Galetta,* L'atteggiamento dei tribunali amministrativi italiani nei confronti della Corte di giustizia europea, in: Riv. it. dir. pubbl. com. 1999, S. 1003 ff.

[91] Im deutschen Recht wurde der Begriff Verhältnismäßigkeit als juristischer terminus technicus erstmalig 1802 verwandt. Vgl. dazu *von Berg,* Handbuch des teutschen Policeyrechts, Bd. 1, Hannover 1802, der als erster unter Benutzung des Wortes „Verhältnismäßigkeit" von der Einschränkung der Staatsmacht gesprochen hat, die sich aus der Relation zwischen dem Zweck des Eingriffes und seinem Ausmaß ergebe. Nur etwa ein Jahrhundert später haben sich diese Erwägungen im Bereich des Polizeirechts im wesentlichen durchgesetzt, und in der Rechtsprechung des preußischen Oberverwaltungsgerichts weiter ausgeprägt. In dem bekannten *Kreuzberg-Urteil* (PrOVG vom 14.06.1882, in: PrOVG 9, S. 353 ff.) fand die rechtliche Umsetzung desjenigen Gedankens statt, der danach zur ständigen Rechtsprechung wurde. Mit der Zeit ist der sogenannte Verhältnismäßigkeitsgrundsatz zuerst zu einem im deutschen Polizeirecht allgemein anerkannten Rechtsinstitut und danach Bestandteil des gesamten Verwaltungsrechts und des deutschen öffentlichen Rechts im allgemeinen geworden. S. für alle *Fleiner,* Institutionen des Deutschen Verwaltungsrechts, Tübingen 1928, S. 131 ff.

In der italienischen Lehre sind nur allgemeine Hinweise zu diesem Grundsatz zu finden, die auf keinen Fall mit der raffinierten Bearbeitung der deutschen Lehre verglichen werden können[93]. Was die Rechtsprechung betrifft, hat sie die sogenannten „symptomatischen Elemente der Ermessensüberschreitung" entwickelt. Darunter sind solche Eigenschaften des erlassenen Verwaltungsaktes zu verstehen, die in der Regel mit einer Überschreitung des Verwaltungsermessens verbunden sind, wie z. B. fehlende oder ungenügende Begründung, fehlerhaftes Ermittlungsverfahren oder Widerspruch zwischen Begründung und Tenor.

Eine eventuelle Verknüpfung zwischen Elementen der Ermessensüberschreitung im Sinne des italienischen Verwaltungsrechts und den drei Elementen der deutschen Verhältnismäßigkeitsprüfung[94] scheint mir jedenfalls kaum hinnehmbar, da die italienische Rechtsprechung diesbezüglich zu unterschiedlich und teilweise sogar völlig unberechenbar ist[95]. Außerdem widersprechen sich die verschiedenen Urteile der italienischen Verwaltungsgerichte oft, so dass es kaum möglich ist, allgemeine Ergebnisse und Folgen daraus abzuleiten[96].

Der Verhältnismäßigkeitsgrundsatz – wie ich anderswo zu beweisen versucht habe – ist seit geraumer Zeit vom deutschen Recht ins EG-Recht „geflohen" und dort von der EuGH-Rechtsprechung teilweise neu interpretiert worden[97].

---

92 Siehe dazu die zahlreiche Literatur, die ich in meinem 1998 erschienen Buch (*Galetta,* Principio di proporzionalità e sindacato giurisdizionale nel diritto amministrativo, in: AA.VV., Potere discrezionale e controllo giudiziario, hrsg. von *V. Parisio*, Mailand 1998) zitiert habe.

93 Nur die Lehre von *Massimo Severo Giannini* könnte eventuell so verstanden werden, dass sie dann auch genaue Elemente des deutschen Verhältnismäßigkeitsgrundsatzes zeigt. S. dazu *Galetta,* Principio di proporzionalità e sindacato giurisdizionale nel diritto amministrativo (Fn. 92), S. 147 ff., 166 ff.

94 Im einzelnen könnte man eventuell eine Verknüpfung zwischen Geeignetheit und Ermessensüberschreitung wegen Unvernunft (irragionevolezza), zwischen Erforderlichkeit und Ermessensüberschreitung wegen fehlenden Ermittlungsverfahrens und zwischen Verhältnismäßigkeit im engeren Sinne und Ermessensüberschreitung wegen offensichtlicher Ungerechtigkeit herausarbeiten. Diese Verknüpfungen zeigen sich aber in der Tat nur zufälligerweise in der italienischen Rechtsprechung, wie ich an anderer Stelle dargestellt habe. S. dazu *Galetta*, Principio di proporzionalità e sindacato giurisdizionale nel diritto amministrativo (Fn. 92), S. 205 ff.

95 Es ist zwar bis jetzt immer der einzelne Richter gewesen, der hierbei zu entscheiden hat, inwieweit er die Legimität der Verwaltungsaktätigkeit wirklich überprüfen will.

96 Siehe dazu *Galetta,* Principio di proporzionalità e sindacato giurisdizionale nel diritto amministrativo (Fn. 92), S. 205 ff.

97 Siehe Galetta, Principio di proporzionalità e sindacato giurisdizionale nel diritto amministrativo (Fn. 92), insbes. S. 73 ff.

Das Anwendungsgebiet des gemeinschaftsrechtlichen Verhältnismäßigkeitsgrundsatzes ist nicht nur auf die zur EG-Kompetenz gehörenden Materien begrenzt, sondern er beansprucht darüber hinaus eine allgemeine Anwendung in den Rechtsordnungen der Mitgliedstaaten. Dies ergibt sich einerseits daraus, dass es viele Materien gibt, die nur teilweise durch EG-Vorschriften geregelt sind (z. B. im Rahmen der öffentlich-rechtlichen Verträge) und andererseits daraus, dass es sich um einen allgemeinen Rechtsgrundsatz handelt, dessen Wirkungsbereich innerhalb der Rechtsordnung der Mitgliedstaaten kaum begrenzt werden kann. Wie die neuere Rechtsprechung der italienischen Verwaltungsgerichte zeigt[98], ist deswegen eine Implementierung des Grundsatzes auch im italienischen Recht nicht zu vermeiden, obwohl dieser Grundsatz eine Menge offener Fragen aufwirft, die meistens um die neuen Grenzen des Verwaltungsermessens gehen, die jetzt durch den Verhältnismäßigkeitsgrundsatz scheinbar neu gezogen werden müssten[99].

---

[98] Consiglio di Stato, V. Kammer, Urteil vom 03.04.1990, n. 332, in Riv. giur. ed. 1990, I, S. 544ff.; Consiglio di Stato, V. Kammer, 18.02.1992, n. 132, in Cons. Stato, 1992, S. 467ff.; TAR Lombardia, III. Kammer, Beschluss vom 13.03.1997, n. 877, Ecolservice Italia Srl g. Azienda USSL 40; TAR Lombardia, III. Kammer, Urteil vom 02.04.1997, n. 354, Costruzioni Perregrini Srl g. Ministero del Lavori Pubblici; TAR Lombardia, III. Kammer, Beschluss vom 10.04.1997, n. 1181, IGM SpA g. Comune di Monza – bestätigt vom Consiglio di Stato, V. Kammer, Beschluss vom 29.04.1997, n. 823; TAR Lombardia, III. Kammer, Beschluss vom 11.04.1997, n. 1220, TTR Tecno Trattamento rifiuti Srl g. Comune di Monticelli Pavese; TAR Lombardia, III. Kammer, Beschluss vom 16.05.1997, n. 1576, Telecom Italia SpA g. Università degli Studi di Milano; TAR Lombardia, III. Kammer, Beschluss vom 27.06.1997, n. 2260, Autogrill SpA g. Comune di Milano; TAR Lombardia, III. Kammer, Beschluss vom 21.08.1997, n. 2815, Istituto G.L. Bernini Srl g. Autorità Garante della Concorrenza e del Mercato; TAR Lombardia, III. Kammer, Beschluss vom 17.10.1997, n. 3530, DLF EURAMA Srl g. Ferrovie dello Stato SpA; TAR Lombardia, III. Kammer, Beschluss vom 28.11.1997, n. 4066, Srl Marina g. Ministero dell'Interno; TAR Lombardia, III. Kammer, Urteil vom 17.02.1998, Impresa Pezzotti Pietro g. AEM; TAR Lombardia, III. Kammer, Beschluss vom 09.04.1998, n. 1121, MEPA Impianti Srl g. Comune di Nova Milanese; TAR Lombardia, III. Kammer, Urteil vom 16.04.1998, n. 752, SOGEAL Srl g. Comune di Porlezza. S. dazu *Galetta,* Principio di proporzionalità e sindacato giurisdizionale nel diritto amministrativo (Fn. 92), S. 231ff.

[99] Vgl. dazu *Galetta,* Principio di proporzionalità e sindacato giurisdizionale nel diritto amministrativo (Fn. 92), S. 223ff., 236f.

## VI. Die Veränderungen hinsichtlich des Rechtsschutzes vor den italienischen Verwaltungsgerichten: einige Beispiele

### 1. Klagefrist, System der Präklusionen und Initiative des Richters von Amts wegen

Nach ständiger Rechtsprechung des EuGH sind es die nationalen Gerichte, die aufgrund ihrer Mitwirkungspflicht aus Artikel 5 des Vertrages (Art. 10 EGV n.F.) den Rechtsschutz zu gewährleisten haben, der sich für die einzelnen aus der unmittelbaren Wirkung des Gemeinschaftsrechts ergibt[100]. Deshalb sind die Bestimmung der zuständigen Gerichte und die Ausgestaltung von Verfahren, die den Schutz der dem Bürger aus der unmittelbaren Wirkung des Gemeinschaftsrechts erwachsenden Rechte gewährleisten sollen, mangels einer gemeinschaftsrechtlichen Regelung auf diesem Gebiet Sache der innerstaatlichen Rechtsordnung der einzelnen Mitgliedstaaten. Der EuGH hat aber immer wieder bestätigt, dass diese Verfahren jedenfalls nicht ungünstiger gestaltet werden dürfen als bei entsprechenden Klagen, die nur innerstaatliches Recht betreffen, und sie dürfen die Ausübung der durch die Gemeinschaftsrechtsordnung verliehenen Rechte nicht praktisch unmöglich machen oder übermäßig erschweren[101].

Zu diesem Thema und bezüglich des vom innerstaatlichen Recht vorgesehenen Systems der Präklusionen hat der EuGH entschieden – in dem berühmten Urteil *Emott* vom Juli 1991[102] –, dass sich der säumige Mitgliedstaat bis zum Zeitpunkt der ordnungsgemäßen Umsetzung einer Richtlinie nicht auf die Verspätung einer Klage berufen kann, die ein einzelner zur Wahrung der ihm durch die Bestimmungen einer Richtlinie verliehenen

---

[100] In der it. Lehre vgl. *Protto,* L'effettività della tutela giurisdizionale, Mailand 1997, S. 6ff.; *Caranta,* Tutela giurisdizionale (italiana, sotto l'influenza comunitaria), in: AA.VV., Trattato di diritto amministrativo europeo, allgem. Teil, hrsg. von Chiti/Greco, Mailand 1997, S. 653f., 384ff. Vgl. auch *Chiti,* L'effettività della tutela giurisdizionale tra riforme nazionali e influenza del diritto comunitario, in: Dir. proc. Amm. 1998, S. 499ff., S. 503ff. Zu den daraus entstehenden Risiken s. *Daniele,* L'effettività della giustizia amministrativa nell'applicazione del diritto comunitario europeo, in: Riv. it. dir. pubbl. com. 1996, S. 1385ff.

[101] Siehe u.a. die Urteile vom 16.12.1976, Rs. 33/76, Rewe, in Slg. 1976, S. 1989ff., Rdnr. 5; vom 16.12.1976, Rs. 45/76, Comet, in Slg. 1976, S. 2043ff., Rdnr. 12 bis 16; vom 27. 02.1980, Rs. 68/79, Just, 1980, in Slg. 1980, S. 501ff., Rdnr. 25; vom 09.11.1983, Rs. 199/82, San Giorgio, in Slg. 1983, S. 3595ff., Rdnr. 14; vom 25.02.1988, Rs. 331/85, 376/85 und 378/85, Bianco, in Slg. 1988, S. 1099ff., Rdnr. 12; vom 24.03.1988, Rs. 104/86, Kommission g. Italien, in Slg. 1988, S. 1799ff., Rdnr. 7; vom 14. Juli 1988, Rs. 123/87 und 330/87, Jeunehomme, in Slg. 1988, S. 4517ff., Rdnr. 17; vom 19.01.1991, Rs. C-6/90 und C-9/90, Francovich, in Slg. 1991, S. I-5357ff., Rdnr. 43; vom 09.06.1992, Rs. C-96/91, Kommission g. Spanien, in Slg. 1992, S. I-3789ff., Rdnr. 12.

[102] EuGH, Urteil vom 25.07.1991, Rs. 208/90, in Giur. it. 1993, I, 1, S. 1597ff.

Rechte gegen ihn erhoben hat, und dass eine Klagefrist des nationalen Rechts erst von diesem Zeitpunkt an läuft[103].

Zum Effektivitätsgrundsatz[104] hat dann der EuGH selbst präzisiert, dass die Festsetzung angemessener Ausschlussfristen[105] für die Rechtsverfolgung im Interesse der Rechtssicherheit mit dem Gemeinschaftsrecht vereinbar ist, wenn solche Fristen nicht geeignet sind, die Ausübung der durch die Gemeinschaftsrechtsordnung verliehenen Rechte praktisch unmöglich zu machen oder übermäßig zu erschweren[106]. Jedenfalls hat der EuGH auch immer wieder bestätigt, dass die Anwendung von Vorschriften des innerstaatlichen Rechts, die den Zeitraum für die Erhebung einer Klage auf eine bestimmte Zeit vor der Einleitung des Verfahrens beschränken, auch dann dem Gemeinschaftsrecht entgegensteht, wenn ein anderer Rechtsbehelf zur Verfügung steht, für den aber weniger günstige Verfahrensmodalitäten oder andere Voraussetzungen gelten als für vergleichbare Klagen, die das innerstaatliche Recht betreffen[107].

Was die Verfahrensmodalitäten für den Schutz der aus dem Gemeinschaftsrecht entstehenden Rechte angeht, hat der EuGH in der wichtigen Entscheidung im Fall *Peterbroeck*[108] entschieden, dass die Frage, ob eine nationale Verfahrensvorschrift die Anwendung des Gemeinschaftsrechts unmöglich macht oder übermäßig erschwert, „... unter Berücksichtigung der Stellung dieser Vorschrift im gesamten Verfahren, des Verfahrensablaufs und der Besonderheiten des Verfahrens vor den verschiedenen nationalen Stellen zu prüfen ist und dass dabei gegebenenfalls die Grundsätze zu

---

[103] Rdnr. 23 der Urteilsbegründung.

[104] Siehe dazu insbes. *Protto,* L'effettività della tutela giurisdizionale (Fn. 100), S. 8ff. und weiter die dort angegebenen Hinweise.

[105] Vgl. *Barbieri,* Diritto comunitario e istituti generali del diritto amministrativo nazionale, in: Riv. it. dir. pubbl. com. 1994, S. 3ff., S. 13.

[106] Vgl. die Urteile vom 10.07.1997, Rs. C-261/95, Palmisani, in Slg. 1997, S. I-4025ff., Rdnr. 28 und vom 17.07.1997, Rs. C-90/94, Haahr Petroleum, in Slg. 1997, S. I-4085ff., Rdnr. 48. S. dann zuletzt das Urteil 17.11.1998, Aprile, in Slg. 1998, in dem der EuGH bestätigt „ .... dass die Entscheidung in der Rechtssache Emmott durch die besonderen Umstände jenes Falles gerechtfertigt war, in dem der Klägerin des Ausgangsverfahrens durch den Ablauf der Klagefrist jede Möglichkeit genommen war, ihren auf die Richtlinie gestützten Anspruch auf Gleichbehandlung geltend zu machen". Vgl. auch EuGH, Urteil vom 17.07.1997, Rs. C-114/95 und C-115/95, Texaco, in Slg. 1997, S. I-4263ff., Rdnr. 48.

[107] Wobei es dann konkret das nationale Gericht zu beurteilen hat, ob dies der Fall ist. Vgl. zuletzt Urteil 01.12.1998, Rs. C-326/96, Levez, in Slg. 1998, Rdnr. 53.

[108] EuGH, Urteil vom 14.12.1995, Rs. C-312/93, Peterbroek, in Riv. it. dir. pubbl. com. 1996, S. 688ff., mit Anmerkung von *Barbieri,* Poteri del giudice amministrativo e diritto comunitario, in: Riv. it. dir. pubbl. com. 1996, S. 692ff., und *Russo,* E'sempre più „diffuso" il controllo di conformità al diritto comunitario ad opera del giudice nazionale?, in: Riv. it. dir. pubbl. com. 1996, S. 701ff.

berücksichtigen sind, die dem nationalen Rechtsschutzsystem zugrunde liegen, wie z. B. der Schutz der Verteidigungsrechte, der Grundsatz der Rechtssicherheit und der ordnungsgemäße Ablauf des Verfahrens"[109].

Der EuGH ist jedenfalls im Fall *Peterbroeck* noch weiter gegangen[110] und hat auf die Frage der Cour d'appel Brüssel geantwortet, „... dass das Gemeinschaftsrecht der Anwendung einer nationalen Verfahrensvorschrift entgegensteht, die es einem im Rahmen seiner Zuständigkeit angerufenen nationalen Gericht [...] verbietet, von Amts wegen die Vereinbarkeit eines innerstaatlichen Rechtsakts mit einer Vorschrift des Gemeinschaftsrechts zu prüfen, wenn sich kein Verfahrensbeteiligter innerhalb einer bestimmten Frist auf die letztgenannte Vorschrift berufen hat"[111].

Mit dieser wichtigen Rechtsprechung ist eine Bresche in das italienische System der Verwaltungsgerichtbarkeit geschlagen worden, die – nach Meinung der italienischen Lehre[112] – kaum noch mit dem Prinzip übereinstimmt, wonach es in der Verantwortung des Mitgliedstaats liege, für die Möglichkeit der gerichtlichen Kontrolle Sorge zu tragen[113].

Ähnlich wie im belgischen Recht und im Unterschied zum deutschen Recht können im italienischen System der Verwaltungsgerichtsbarkeit in der Tat rechtliche Argumente, die nicht innerhalb der vorgesehenen Ausschlussfrist vorgetragen worden sind, weder in der Beschwerde vorgebracht werden noch vom Gericht von Amts wegen geprüft werden, weil sie für das italienische Recht eine neue Rüge darstellen würden.

Jedenfalls hat sich – soweit es mir bekannt ist – trotz des Erneuerungsschwungs dieser Rechtsprechung des EuGH und ihrer zweifellosen Sprengkraft[114] bis jetzt das so sehr gefürchtete Erdbeben im italienischen System des Verwaltungsrechtsschutzes noch nicht verwirklicht[115]. Es gibt zwar

---

[109] Rdnr. 14. Vgl. dazu auch die oben zitierte Rechtsprechung in Fn. 102.

[110] Siehe dazu auch die Fälle *Verholen* und *van Schijndel*, Urteile vom 11.07.1991, Rs. C-87-89/90, Verholen, in: Giur. it. 1993, I, 1, S. 1361 ff. und 14.12.1995, Rs. C-430-431/93, van Schijndel, in Slg. 1995, S. I-4705 ff., mit Anmerkung von *Caranta,* Impulso di parte e iniziativa del giudice nell'applicazione del diritto comunitario, in: Giur. It. 1996, I, 1, S. 1289 ff.

[111] Rdnr. 21. Diese Rechtsprechung ist in der it. Lehre von *Barbieri,* Poteri del giudice amministrativo (Fn. 108), S. 695 ff., stark kritisiert worden. Dazu s. insbes. Urteil vom TAR Lombardia, Milano, II. Kammer, vom 15.04.1999, Nr. 1190.

[112] *Protto,* L'effettività della tutela giurisdizionale (Fn. 100), S. 6 ff.; *Caranta,* Tutela giurisdizionale italiana (Fn. 100), S. 653, der sich sehr kritisch dazu äußert (S. 384 ff.). Vgl. auch *Chiti,* L'effettività della tutela giurisdizionale (Fn. 100), S. 503 ff.

[113] Vgl. dazu beispielsw. EuGH, Urteil vom 16.12.1976, Rs. 45/76, Comet, in Slg. 1976, S. 2043 ff.; 16.12.1976, Rs. 33/76, Rewe, in Slg. 1976, S. 1989 ff. S. auch die Schlussanträge des Generalanwaltes in dem Fall *Factortame*, Rs. 213/89.

[114] So *Barbieri,* Poteri del giudice amministrativo (Fn. 108).

einige Urteile der italienischen Verwaltungsgerichte zu rein innerstaatlichen Sachverhalten, die sich auf diese EuGH-Rechtsprechung berufen[116], sie stellen aber eher die Ausnahme als die Regel dar[117] und sind von der Lehre laut kritisiert worden[118].

### 2. Der vorläufige Rechtsschutz und das System der Mittel zur Beweiserhebung

Die stärksten Einwirkungen der EuGH-Rechtsprechung auf das italienische System der Verwaltungsgerichtsbarkeit sind – meiner Meinung nach – eher im Rahmen des vorläufigen Rechtsschutzes und des Systems der Beweiserhebung mit bestimmten Beweismitteln zu erkennen.

Die EuGH-Rechtsprechung hat im Rahmen des vorläufigen Rechtsschutzes die höchste Anpassung der innerstaatlichen Rechtssysteme verlangt, so dass sich jetzt auch im italienischen System der Verwaltungsgerichtbarkeit die Tendenz zeigt, der Zeit des Rechtsschutzes vorzugreifen[119].

Zuerst mit der berühmten Entscheidung *Factortame*[120] und danach in den Entscheidungen *Zuckerfabrik Süderdithmarschen*[121] und *Atlanta*[122] hat der EuGH zuerst die Pflicht vorgesehen und dann die Voraussetzungen bestimmt, unter denen dem Einzelnen, der sich auf das Gemeinschaftsrecht beruft, vor den nationalen Gerichten vorläufiger Rechtsschutz zu gewähren

---

115 Siehe z.B. *Barbieri,* Diritto comunitario e istituti generali (Fn. 105).

116 Siehe z.B. TAR Lombardia, I. Kammer, Urteil vom 02.04.1993, Nr. 260 und Beschluss vom 14.07.1993, Nr. 532, beide in Riv. it. dir. pubbl. com. 1996, S. 781 ff. und S. 784 ff. S. auch Cons. Stato, IV. Kammer, Urteil vom 18.01.1996, Nr. 54, in Riv. it. dir. pubbl. com. 1997, S. 177 ff.; TAR Lombardia, I. Kammer, Urteil vom 20.12.1996, Nr. 1843, in Riv. it. dir. pubbl. com. 1997, S. 191 ff., mit Anmerkung von *Antonioli;* TAR Lombardia, Brescia, Urteil vom 21.10.1997, Nr. 912, in: TAR 1997, I, S. 4357 ff.

117 Vgl. z.B. contra: TAR Lombardia, Milano, II. Kammer, Urteil vom 15.04.1999, Nr. 1190.

118 Siehe für alle *Cocco,* L'insostenibile leggerezza del diritto italiano, in: Riv. it. dir. pubbl. com. 1996, S. 629 ff. Vgl. auch *Russo* (Fn. 108), S. 709. Im allgemeinen zu diesem Thema s. neulich auch *Chiti,* L'effettività della tutela giurisdizionale (Fn. 100), S. 517 ff.

119 So *Caranta,* Sull'impugnabilità degli atti endoprocedimentali (Fn. 72), S. 763.

120 Corte di giustizia, sentenza 19 giugno 1990, in causa 213/89, Factortame, in: Riv. it. dir. pubbl. com. 1991, S. 1042 ff.

121 Corte di giustizia, sentenza 21 febbraio 1991, in cause riun. C-143/88 und C-92/89, in: Riv. it. dir. pubbl. com. 1992, S. 125 ff.

122 Corte di giustizia, sentenza 09.11.1995, in causa C-465/93, in: Riv. it. dir. pubbl. com. 1996, S. 986 ff., mit Anmerkung von *Limberti,* Principio di effettività della tutela giurisdizionale e diritto comunitario: a proposito del potere del giudice nazionale di concedere provvedimenti cautelari „positivi", in: Riv. it. dir. pubbl. com. 1996, S. 991 ff.

ist[123]. Diese Rechtsprechung hat für die italienische Rechtsordnung – sagen wir als Nebenfolge – die Notwendigkeit einer Erweiterung des von den nationalen Verwaltungsgerichten gewährten vorläufigen Rechtsschutzes zur Folge[124], die bald zu dem Erlass neuer einstweiliger Maßnahmen auch im Rahmen des innerstaatlichen Verwaltungsrechtsschutzes geführt hat[125].

Diesbezüglich sind die in der kürzlich erlassenen gesetzesvertretenden Verordnung 80/1998[126] enthaltenen Vorschriften von großer Bedeutung. Die Artikel 33 bis 35 dieser Verordnung sehen für die Verwaltungsrichter die Möglichkeit vor, im Rahmen der zur ausschließlichen Gerichtsbarkeit der

---

[123] Zu diesen Voraussetzungen s. zuletzt Urteil vom 08.02.2000, Rs. C-17/98, *Emesa.*

[124] Es reicht zwar jetzt nicht mehr, einstweilige Maßnahmen zu verfügen, die zur bloßen Aussetzung der Vollziehung des Verwaltungsaktes führen. S. insbes. *Caranta,* Tutela giurisdizionale italiana (Fn. 100), S. 658f. Zu diesem Thema vgl. u.a., *Baccarini,* Esperienze e prospettive del giudizio cautelare amministrativo, in: Dir. proc. amm. 1998, S. 865ff.; *Chiti,* L'effettività della tutela giurisdizionale (Fn. 100), S. 508ff.; *Monaciliuni,* I limiti della tutela cautelare nel processo amministrativo, in: Giustizia amministrativa, Juristische Zeitschrift online, hrsg. von G. Virga – http://www.giust.it. *Perfetti,* Tutela cautelare inaudita altera partem nel processo amministrativo, in: Riv. it. dir. pubbl. com. 1999, S. 93, *Sandulli M.A.,* La giustizia cautelare sugli interessi legittimi „apre" all'art. 700 c.S.c.?, in: Giust. civ. 1998, II, S. 235ff., *Travi,* La tutela cautelare nei confronti dei dinieghi di provvedimenti e delle omissioni della pubblica amministrazione, in: Dir. proc. amm. 1990, S. 329ff., siehe auch die Überlegungen von *Torchia,* Diritto amministrativo nazionale e diritto comunitario: sviluppi recenti del processo di ibridazione, in: Riv. it. dir. pubbl. com. 1997, S. 845ff., insbes. S. 853f.

[125] Vgl. dazu die von *Perfetti,* (Fn. 124) zitierte neueste Rechtsprechung vom TAR Lombardia, Milano, III. Kammer. S. auch TAR Lombardia, Milano, III. Kammer, Beschluss vom 01.04.1992. Nr. 29; TAR Lazio, I. Kammer, Beschluss vom 10.12.1998 Nr. 3444; TAR Campania, Napoli, Beschluss 18.02.1999, Nr. 445; TAR Calabria, Beschluss vom 24.03.1999, Nr. 184; TAR Campania, Napoli, Beschluss vom 09.06.1999, Nr. 2513; TAR Sicilia, Palermo, Beschluss vom 09.06.1999, Nr. 1120. Zu dieser Rechtsprechung s. *Baccarini,* (Fn. 124), S. 872; *De Michele,* La giustizia amministrativa nella prospettiva comunitaria, in: Riv. it. dir. pubbl. com. 1995, S. 87ff., S. 97ff. Contra TAR Lombardia, Brescia, Beschluss vom 27.11.1992, Nr. 793, in Giur. it. 1993, III, 1, S. 416; sowie insbes. TAR Lazio, I. Kammer, Beschluss vom 08.03.1995, Nr. 500, in Riv. it. dir. pubbl. com. 1995, S. 1355ff. und Cons. Stato, VI. Kammer, Beschluss vom 16.06.1995, Nr. 675, in Riv. it. dir. pubbl. com. 1995, S. 1356ff., beide mit Anmerkung von *Antonioli,* L'esclusione della tutela della concorrenza e del mercato nelle public utilities: il settore delle telecomunicazioni e la fornitura di servizi di telefonica vocale, in: Riv. it. dir. pubbl. com. 1996, S. 1355ff. In der Lehre s. zuletzt *Bertonazzi,* Brevi riflessioni sulla tutela cautelare nei confronti dei provvedimenti negativi e dei comportamenti omissivi della pubblica amministrazione, in: Dir. proc. amm. 1999, S. 1209ff., *Caranta,* L'ampliamento degli strumenti di tutela cautelare e la progressiva „comunitarizzazione" delle regole processuali nazionali, in: Foro amm. 1996, S. 2543ff., *Limberti* (Fn. 122), *Perfetti,* (Fn. 124).

[126] D. l.vo 31.3.1998, Nr. 80, in ABl. EG, 08.04.1998, Nr. 82, Beiheft Nr. 65.

Verwaltungsgerichte gehörenden Materien die im Zivilgesetzbuch vorgesehenen einstweiligen Maßnahmen zu verfügen[127].

Mit diesem Thema ist auch die Frage verbunden, welche Befugnisse den Verwaltungsrichtern im Rahmen des Verwaltungsprozesses zustehen[128]. Auch diesbezüglich hat die EuGH-Rechtsprechung – wenn auch nur indirekt – eine Rolle gespielt[129], und auch die Rechtsprechung der nationalen Verwaltungsrichter hat sich in den letzten Jahren schon mehrmals dazu geäußert; zunächst bezüglich der Beweismittel, auf die der Verwaltungsrichter im Rahmen der Beweiserhebung zurückgreifen kann[130]. Insbesondere hat sich diesbezüglich die Frage gestellt, ob der Verwaltungsrichter die für die Zivilrichter im Zivilgesetzbuch vorgesehenen Beweismittel benutzen darf[131]. Dann ist hinsichtlich des Klagesystems die Frage gestellt worden, welche Klagen vor den italienischen Verwaltungsgerichten erhoben werden können. Dazu haben die italienischen Verwaltungsrichter versucht, an die Seite der traditionellen Nichtigkeitsklagen andere Klagen zu stellen[132], wie z. B. die in der deutschen Rechtsordnung[133] schon lange bestehenden Feststellungs-[134] und Verpflichtungsklagen[135].

---

[127] Siehe dazu *Chiti*, Diritto amministrativo europeo (Fn. 6), insbes. S. 444ff.

[128] Zu den Befugnissen des Verwaltungsrichters im Rahmen der Beweismittelerhebung vgl. die Bemerkungen von *Greco*, L'effettività della giustizia amministrativa italiana nel quadro del diritto europeo, in: Riv. it. dir. pubbl. com. 1996, S. 797ff., S. 806f. S. auch *Picozza*, Alcune riflessioni circa la rilevanza del diritto comunitario sui principi del diritto amministrativo italiano, in: Riv. it. dir. pubbl. com 1992, S. 1209ff., insbes. S. 1238ff.

[129] Siehe dazu *Caranta*, Tutela giurisdizionale italiana (Fn. 100), S. 662ff. und die vom ihm zitierte Rechtsprechung.

[130] Siehe z. B. TAR Lombardia, III. Kammer, Urteil vom 11.04.1996, Nr. 463, Musi; TAR Lombardia, III. Kammer, Urteil vom 20.08.1996, Nr. 1319, Stilo. Zu diesem Thema s. insbes. *Galetta*, Principio di proporzionalità e sindacato giurisdizionale nel diritto amministrativo (Fn. 92), S. 224ff.

[131] Zu diesem Thema s. insbes. zwei Beschlüsse vom TAR Lombardia, im Fall „Comitato di coordinamento per la difesa della cava“ g. Regione Lombardia: TAR Lombardia, I. Kammer, vom 29.10.1991, Nr. 54 und vom 01.04.1992, Nr. 29, beide in Riv. it. dir. pubbl. com. 1993, S. 220ff. S. dazu *De Michele* (Fn. 125), S. 97ff. Zu diesem Thema s. auch neulich TAR Emilia Romagna, Bologna, I. Kammer, Urteil vom 02.02.2000, Nr. 86, mit Anmerkung von *Saporito, Marconi,* Un consulente tecnico d'ufficio per il processo amministrativo, in: Giustizia amministrativa, Juristische Zeitschrift online, hrsg. von G. Virga – http://www.giust.it, Februar 2000.

[132] Siehe dazu u. a. *Corso*, Per una giustizia amministrativa più celere, in: Giustizia amministrativa, Juristische Zeitschrift online, hrsg. von G. Virga – http://www.giust.it.

[133] Für eine allgemeine Darstellung der verwaltungsgerichtlichen Klagen in Deutschland s. *Stern*, Verwaltungsprozessuale Probleme in der öffentlich-rechtlichen Arbeit, München 1995, S. 62ff.

[134] Siehe dazu TAR Lazio, I. Kammer, Urteil vom 02.11.1993, Nr. 412, in: Riv. it. dir. pubbl. com. 1993, S. 1257ff., mit Anmerkung von *Antonioli*, La legge „an-

Diese Rechtsprechung der italienischen Verwaltungsgerichte stützt sich auf die Voraussetzung, dass – nach ständiger Rechtsprechung des EuGH – die Bestimmung der zuständigen Gerichte und die Ausgestaltung von gerichtlichen Verfahren, die den Schutz der dem Bürger aus dem Gemeinschaftsrecht erwachsenden Rechte gewährleisten sollen, mangels einer gemeinschaftsrechtlichen Regelung dieses Bereiches Sache der innerstaatlichen Rechtsordnung der einzelnen Mitgliedstaaten sind; diese Verfahren dürfen jedoch nicht ungünstiger gestaltet sein als bei entsprechenden Klagen, die das innerstaatliche Recht betreffen (Grundsatz der Gleichwertigkeit)[136], und sie dürfen die Ausübung der durch die Gemeinschaftsrechtsordnung verliehenen Rechte nicht praktisch unmöglich machen oder übermäßig erschweren (Grundsatz der Effektivität)[137]. Deswegen – und soweit die europäische Rechtsordnung die italienische Unterscheidung zwischen subjektiven Rechten und legitimen Interessen nicht kennt[138] – darf der gerichtliche Schutz für Rechtspositionen, die in der europäischen Rechtsordnung als subjektive Rechte ausgestaltet sind, nicht ungünstiger als derjenige sein, der für vergleichbare Klagen nach innerstaatlichem Recht gilt. Das gilt auch dann, wenn diese Rechtspositionen für das italienische System der Verwaltungsgerichtbarkeit rein legitime Interessen und keine subjektiven Rechte darstellen[139].

---

titrust“ dinanzi al giudice amministrativo: gli atti impugnabili, le azioni esperibili e la tutela della concorrenza e del mercato fra diritto interno e diritto comunitario, in: Riv. it. dir. pubbl. com. 1993, S. 1260ff., insbes. S. 1266ff., der sich eigentlich sehr kritisch dazu äußert. Contra s. neulich TAR Lombardia, Milano, II. Kammer, Urteil vom 15.04.1999, Nr. 1190. Zu diesem Thema s. insbes. *Greco,* L'effettività della giustizia amministrativa italiana (Fn. 128), S. 807f.

135 Siehe dazu die zahlreichen Beschlüsse vom TAR Lombardia: vom 28.07.1997, Nr. 752, Italtubi; vom 27.07.1997, Nr. 734, Mazzoleni; vom 28.02.1997, Nr. 760, Team Service; vom 28.02.1997, Nr. 757, M.B.; vom 27.02.1997, Nr. 730, Edilmediolanum; vom 27.02.1997, Nr. 729, Criosalento, vom 30.01.1997, Nr. 460, Becton, vom 29.03.1996, Nr. 851, Bertoli. In der Lehre s. für alle *Greco,* L'accertamento autonomo del rapporto nel giudizio amministrativo, Mailand 1981; *ders.,* Argomenti di diritto amministrativo, Mailand 1990, S. 101ff.

136 Siehe dazu jüngst *Caranta*, La „comunitarizzazione“ del diritto amministrativo: il caso della tutela dell'affidamento, in: Riv. it. dir. pubbl. com. 1996, S. 439ff., insbes. S. 450ff.

137 Vgl. in diesem Sinne die Urteile vom 16.12.1976, Rs. 33/76, Rewe, in Slg. 1976, S. 1989ff., Rdnr. 5; vom 16.12.1976, Rs. 45/76, Comet, in Slg. 1976, S. 2043ff., Rdnrn. 13 und 16; vom 14.12.1995, Rs. C-430/93 und C-431/93, Van Schijndel, in Slg. 1995, S. I-4705ff., Rdnr. 17; vom 10.07.1997, Rs. C-261/95, Palmisani, in Slg. 1997, S. I-4025ff., Rdnr. 27; vom 11. Dezember 1997, Rs. C-246/96, Magorrian, in Slg. 1997, S. I-7153ff., Rdnr. 37; vom 15.09.1998, Rs. C-279/96 bis C-281/96, Ansaldo, in Slg. 1998, Rdnr. 16; vom 01.12.1998, Rs. C-326/96, Levez, in Slg. 1998, Rdnr. 53.

138 Zu diesem Thema s. weiter im nächsten Kapitel VII.

139 So *De Michele* (Fn. 125), S. 96.

## VII. Die Veränderungen im Rahmen der sogenannten „superabstrakten“ Fragen des italienischen Verwaltungsrechts: Die Qualifizierung der subjektiven Rechtslagen und die Frage des Schadensersatzes bei der Verletzung von „legitimen Interessen“

Die gemeinschaftsrechtliche Natur des *res in judicium deducta* übt weder auf die Regeln der Kompetenzaufteilung zwischen nationalen Richtern noch auf die Qualifizierung der im Spiel stehenden Rechtspositionen Einfluss aus[140]. In der Tat hat der EuGH schon vor langer Zeit seine Meinung in dem Sinne geäußert, dass die Entscheidung über die Qualifizierung der zu schützenden Rechtsposition Sache der nationalen Gerichte sei, im Rahmen ihrer Zuständigkeit den Schutz der dem Bürger aus dem Gemeinschaftsrecht erwachsenden Rechte zu gewährleisten[141].

Diese Orientierung hat der EuGH auch später immer wieder in seiner Rechtsprechung bestätigt[142], und der italienische Kassationshof hat sich hieran angepasst und mehrmals entschieden, dass die Frage der zuständigen Gerichtsbarkeit (jeweils Zivilgericht oder Verwaltungsgericht) erst nachdem die Rechtsposition nach den nationalen Parametern qualifiziert wurde, zu entscheiden sei[143].

Das italienische Verwaltungsrecht kennt – ähnlich wie das spanische – neben den traditionellen subjektiven Rechten auch sog. legitime Interessen, die erst dann entstehen, wenn rechtlich geschützte subjektive Positionen durch eine Ermessenshandlung der öffentlichen Verwaltung beeinflusst werden. In diesem Fall verfügt der Bürger über keine subjektiven Rechte, sondern lediglich über bloße legitime Interessen, deren gerichtlicher Schutz nicht notwendigerweise umfassend und absolut wie bei den subjektiven Rechten ausgestaltet ist.

Das Gemeinschaftsrecht sollte im Prinzip keine Rolle im Rahmen der italienischen Unterscheidung zwischen subjektiven Rechten und legitimen Interessen spielen. Trotzdem hat – wohl auch aufgrund einiger Beiträge der

140 *Caranta,* Giustizia amministrativa e diritto comunitario, Neapel 1992, S. 378.

141 Urteil vom 19.12.1968, Rs. 13/68. s. dazu *Picozza,* Le situazioni giuridiche soggettive, in: AA.VV., Trattato di diritto amministrativo europeo, allgem. Teil, hrsg. von Chiti/Greco, Mailand 1997, S. 499ff. und die dort angegebenen Hinweise, insbes. S. 552. Vgl. auch *Barbieri,* Poteri del giudice amministrativo (Fn. 108).

142 Siehe dazu *Caranta,* Giustizia amministrativa (Fn. 140), S. 378ff., mit Hinweisen zu der EuGH-Rechtsprechung.

143 Vgl. insbes. Cassazione, Vereinigte Senate, Urteil vom 16.06.1984, Nr. 3611, in: Giust. civ. 1984, I, S. 2766ff., sowie auch Cassazione, Vereinigte Senate, Urteil vom 18.06.1981, Nr. 3976 und vom 14.03.1977, Nr. 1099. Zu diesem Thema s. aber auch TAR Lombardia, I. Kammer, Beschluss vom 04.02.1997, Nr. 62, in: Riv. it. dir. pubbl. com. mit Redaktionsanmerkung von *Faro.* S. dazu auch *De Michele* (Fn. 125), S. 90ff.

Lehre[144] – das Gemeinschaftsrecht mittlerweile auch auf diesen traditionell stark national ausgeprägten Bereich Einfluss ausgeübt, wie sich erst kürzlich in Bezug auf die Frage des Schadensersatzes bei der Verletzung von legitimen Interessen[145] gezeigt hat. In der Tat hat sich der italienische Kassationshof unter Berücksichtigung des erwähnten abgekürzten Schutzes der legitimen Interessen durch die italienischen Verwaltungsgerichte jahrelang geweigert, einen Schadensersatz bei der Verletzung von legitimen Interessen anzuerkennen[146]. Nunmehr, mit dem inzwischen schon berühmten Urteil Nr. 500/99[147], hat er kürzlich seine Rechtsprechung grundsätzlich

---

[144] Vgl. dazu die allgemeinen Hinweise zu dieser Lehre von *Caranta,* Giustizia amministrativa (Fn. 140), S. 382ff., insbes. S. 387.

[145] Zu diesem Thema s. u.a. *Abbamonte,* Sulla risarcibilità dei danni da azione di interessi legittimi: diritto interno e fonti comunitarie, in: Studi in memoria di F. Piga, Mailand 1992. *Caranta,* Giustizia amministrativa (Fn. 140), S. 475ff.; *Casetta,* Le trasformazioni del processo amministrativo, in: Riv. it. dir. pubbl. com. 1999, S. 689ff., S. 694ff.; *De Michele* (Fn. 125), S. 91ff.; *Follieri,* Lo Stato dell'arte della tutela risarcitoria degli interessi legittimi. Possibili profili ricostruttivi, in: Dir. proc. amm. 1998, S. 253ff., *Greco,* Argomenti (Fn. 135), S. 87ff., 101ff.; *Giacchetti,* L'interesse legittimo alle soglie del 2000, in: Giustizia amministrativa, Juristische Zeitschrift online, hrsg. von G.Virga – http://www.giust.it, *Puliatti,* Regole autonome di risarcibilità degli interessi legittimi?, in: Giustizia amministrativa, Juristische Zeitschrift online, hrsg. von G. Virga – http://www.giust.it.

[146] Vgl. Cassazione, Vereinigte Senate, Urteil vom 05.03.1993, Nr. 2667, in Resp. civ. e prev. 1994, S. 89ff.; Cassazione, Vereinigte Senate, Urteil vom 20.04.1994, Nr. 3732, in Corr. giur. 1994, S. 577ff.; Cassazione, Vereinigte Senate, Urteil vom 16.12.1994, Nr. 10800, in Corr. giur. 1995, S. 483ff.; Cassazione, Arbeitsrechtskammer, Urteil vom 18.10.1995, Nr. 10617, in Resp. civ. e prev. 1996, S. 312ff., mit Anmerkung von *Caranta,* In materia di conseguenze della mancata trasposizione di una direttiva comunitaria nell'ordinamento italiano, in: Resp. Civ. e prev. 1996, S. 313ff. Zu diesen Urteilen s. u.a. *Carbone,* La risarcibilità della lesione di interessi legittimi, in: Dir. proc. amm. 1996, S. 502ff.; *Moscarini,* Risarcibilità del danno da lesione di interessi legittimi e nuovo riparto di giurisdizione, in: Dir. proc. amm. 1998, S. 803ff.

[147] Corte di Cassazione, Vereinigte Senate, Urteil vom 22.07.1999, Nr. 500, in: http://www.giust.it. Zu diesem Urteil s. u.a. *Caringella/Garolfi,* Riparto di giurisdizione e prova del danno dopo la sentenza 500/1999, in: Giustizia amministrativa – http://www.giust.it, *Eccettuato,* Sulla risarcibilità del danno derivante da lesione di interessi legittimi, in: Giustizia amministrativa – http://www.giust.it, *Morea,* Riflessioni sulla nuova frontiera della risarcibilità degli interessi legittimi, in: Giustizia amministrativa – http://www.giust.it; *Passanisi,* Sul risarcimento del danno in caso di lesione di interesse legittimo dopo la sentenza n. 500/99 della Corte di Cassazione, in: Diritto & Diritti, juristische Zeitschrift online, hrsg. von F. Brugaletta – http://www.diritto.it; *Protto,* E'crollato il muro della irrisarcibilità delle lesioni di interessi legittimi: una svolta epocale, in: Giustizia amministrativa – http://www.giust.it; *Veneziano,* Il sistema della giustizia amministrativa dopo il D.leg.vo n. 80/98 e la sentenza delle SS.UU. della Corte di Cassazione n. 500/99, in: Diritto & Diritti – http://www.diritto.it; *Virga G.,* Il giudice dormiente e la risarcibilità del danno derivante da lesione di interessi legittimi, in: Giustizia amministrativa – http://www.giust.it.

geändert und auf Schadensersatzansprüche bei einer solchen Verletzung erkannt[148].

Diese Entwicklung im innerstaatlichen Recht muss man zwar unter anderem auch in Verbindung mit der berühmten *Francovich*-Rechtsprechung des EuGH setzen, wonach die Mitgliedstaaten verpflichtet sind, solche Schäden zu ersetzen, die dem Bürger durch dem Staat zuzurechnende Verstöße gegen das Gemeinschaftsrecht entstehen[149]. Aus der zitierten Rechtsprechung geht in der Tat hervor, dass ein Mitgliedstaat derartige Schäden unter drei Voraussetzungen zu ersetzen hat, nämlich wenn die Rechtsnorm, gegen die verstoßen worden ist, bezweckt, dem Bürger Rechte zu verleihen; wenn der Verstoß hinreichend qualifiziert ist und wenn zwischen dem Verstoß und dem entstandenen Schaden ein unmittelbarer Kausalzusammenhang besteht[150]. Schließlich hat der Staat – nach ständiger Rechtsprechung seit dem Urteil *Francovich*[151] – die Folgen des entstandenen Schadens im Rahmen des nationalen Haftungsrechts zu beheben, wobei die im Schadensersatzrecht der einzelnen Mitgliedstaaten festgelegten materiellen und formellen Voraussetzungen nicht ungünstiger sein dürfen als bei ähnlichen Klagen, die nur nationales Recht betreffen, und nicht so ausgestaltet sein dürfen, dass sie es praktisch unmöglich machen oder übermäßig erschweren, diese Entschädigung zu erlangen[152].

In Verbindung mit dieser Rechtsprechung zeigt deshalb die jüngste Rechtsprechung des italienischen Kassationshofs einen wichtigen Schritt in

---

[148] Wenn auch mit Unterschieden je nach dem konkreten Fall: s. insbes. Rdnr. 9 des Urteils 1999/500. Zu den möglichen Kriterien s. die Urteile vom TAR Lombardia, Milano, I. Kammer, vom 23.12.1999, Nr. 5049; TAR Sicilia, Catania, I. Kammer, vom 18.01.2000, Nr. 38; TAR Lombardia, Brescia, vom 14.01.2000; TAR Molise, vom 07.02.2000, Nr. 22, alle in http://www.giust.it.

[149] Siehe Urteile vom 19.01.1991, Rs. C-6/90 und C-9/90, Francovich, in Slg. 1991, S. I-5357 ff., Rdnr. 35; vom 5.03.1996, Rs. C-46/93 und 48/93, Brasserie du pêcheur und Factortame, in Slg. 1996, S. I-1029 ff., Rdnr. 31; vom 26.03.1996, Rs. C-392/93, British Telecommunications, in Slg. 1996, S. I-1631 ff., Rdnr. 38; vom 23.05.1996, Rs. C-5/94, Lomas, in Slg. 1996, S. I-2553 ff., Rdnr. 24; vom 8.10.1996, Rs. C-178/94, C-179/94, C-188/94, C-189/94 und C-190/94, Dillenkofer, in Slg. 1996, S. I-4845 ff., Rdnr. 20. Zu diesem Thema s. für alle *Chiti,* Diritto amministrativo europeo (Fn. 6), S. 397 ff.

[150] Vgl. Urteile Brasserie du pêcheur und Factortame (Fn. 149), Rdnr. 51, British Telecommunications (Fn. 149), Rdnr. 39, Hedley Lomas (Fn. 149), Rdnr. 25, und Dillenkofer u.a. (Fn. 149), Rdnr. 21. Die Beurteilung dieser Voraussetzungen erfolgt je nach Fallgestaltung (Urteil Dillenkofer u.a., Rdnr. 24).

[151] Rdnrn. 41 bis 43.

[152] Zu den Anpassungsschwierigkeiten für unsere Rechtsordnung vgl. zuletzt *Chiti,* Diritto amministrativo europeo (Fn. 6), S. 408 ff. Dazu s. auch Cassazione, Urteil 1995/10617, in: Foro it. 1996, I, S. 503 ff. und Urteile des EuGH vom 07.10.1997, Rs. C-373/9, Maso, in Slg. 1997, S. I-4051 ff., Rdnrn. 34 ff. und Rs. C-261/95, Palmisani, in Slg. 1997, S. I-4025 ff., Rdnrn. 24 ff.

die Richtung einer Zurückführung der für die Haftung der öffentlichen Verwaltung geltenden Regeln zu den gemeinschaftsrechtlichen Regeln der außervertraglichen Haftung[153].

## VIII. Schlussbemerkungen

Das Phänomen eines „Europäischen Verwaltungsrechts im Werden“[154] hat in den letzten zehn Jahren wachsendes Interesse auch in der italienischen Lehre erregt[155], die sich inzwischen mit den wichtigsten daraus entstehenden Problemen beschäftigt hat[156].

---

153 So *Cassese,* Verso la piena giurisdizione del giudice amministrativo: il nuovo corso della giustizia amministrativa italiana, in: Giorn. dir. amm. 1999, S. 1221 ff., S. 1224.

154 Nach dem berühmten Werk von *Schwarze,* Europäisches Verwaltungsrecht im Werden, Baden-Baden 1982.

155 Vgl. in der it. Lehre insbes. den von Greco 1990 herausgegebenen Band, Argomenti di diritto pubblico italo-comunitario, Mailand 1990, sowie das kürzlich erschienene von Chiti und Greco herausgegebene dreibändige Werk, Trattato di diritto amministrativo europeo. S. dazu auch die vielen in der Rivista italiana di diritto pubblico comunitario seit 1991 erschienenen Aufsätze: insbes. *Cassese,* I lineamenti essenziali del diritto amministrativo comunitario, in: Riv. it. dir. pubbl. com. 1991, S. 3 ff.; *ders.,* Il problema della convergenza dei diritti amministrativi: verso un modello amministrativo europeo?, in: Riv. it. dir. pubbl. com. 1992, S. 23 ff.; *ders.,* L'influenza del diritto amministrativo comunitario sui diritti amministrativi nazionali, Riv. it. dir. pubbl. com 1993, S. 329 ff.; *Falcon,* Dal diritto amministrativo nazionale al diritto amministrativo comunitario, in: Riv. it. dir. pubbl. com. 1991, S. 351 ff.; *Chiti,* Implicazioni amministrative della integrazione europea, in: Riv. it. dir. pubbl. com. 1992, S. 1175 ff., insbes. S. 353 ff., 391 ff.; *ders.,* The Role of the European Court of Justice in the Development of General Principles and their possible Codification, in: Riv. it. dir. pubbl. com. 1995, S. 661 ff.; *Greco,* Fonti comunitarie e atti amministrativi italiani, in: Riv. it. dir. pubbl. com. 1991, S. 33 ff.; *ders.,* Sentenze della Corte e comunicazioni della Commissione: un'ulteriore fonte (combinata) di obblighi e di poteri amministrativi per gli Stati membri?, in: Riv. it. dir. pubbl. com. 1992, S. 1315 ff.; *Picozza,* Alcune riflessioni (Fn. 128); *Adinolfi,* I principi generali nella giurisprudenza comunitaria e la loro influenza sugli ordinamenti degli Stati membri, in: Riv. it. dir. pubbl. com. 1994, S. 521 ff.; *Caranta,* La „comunitarizzazione“ del diritto amministrativo: il caso della tutela dell'affidamento, in: Riv. it. dir. pubbl. com. 1996, S. 439 ff.; *Torchia* (Fn. 124). S. weiter *Airoldi,* Lineamenti di diritto amministrativo comunitario, Mailand 1990; *Chiti,* Casi e materiali di diritto pubblico comunitario, Turin 1994; *Cassese,* Il diritto amministrativo comunitario e la sua influenza sulle amministrazioni pubbliche nazionali, in: AA.VV., Diritto amministrativo comunitario, Rimini 1994, S. 17 ff.; *ders.,* Diritto amministrativo comunitario e diritti amministrativi nazionali, in: AA.VV., Trattato di diritto amministrativo europeo, allgem. Teil, hrsg. von *Chiti/Greco,* Mailand 1997, S. 3 ff.; *Falcon,* Alcune osservazioni sullo sviluppo del diritto amministrativo comunitario, in: Riv. trim. dir. pubbl. 1993, S. 74 ff.

156 Wie es sich im Rahmen dieses wohl nur generellen Aufsatzes gezeigt hat.

Auch die italienische Rechtsprechung scheint sich immer bewusster darüber zu werden, wie wichtig die Probleme sind, die sich mit diesem Phänomen verbinden und wie viele und wichtige Konsequenzen daraus auch im Rahmen des rein innerstaatlichen Verwaltungsrechts entstehen. Das hat sich zuletzt insbesondere bezüglich der Frage des Schadensersatzes bei der Verletzung von sog. „legitimen Interessen" gezeigt.

Der italienische Gesetzgeber scheint sich aber dieser Entwicklungen weniger bewusst zu sein. Dies zeigt sich am Gesetzentwurf über eine Reform der Verwaltungsgerichtsbarkeit[157], der sich mit vielen der hier erwähnten wichtigen Fragen leider gar nicht beschäftigt[158].

---

[157] Gesetzentwurf mit dem Titel „Disposizioni in materia di giustizia amministrativa", vom italienischen Senat (Nr. 2394) am 22.04.1999 aber von der Abgeordnetenkammer (Nr. 5956) noch nicht endgültig verabschiedet. Den Text des z.Z. vor dem Justizausschuss beratenen Gesetzesentwurfes kann man online in http://www.parlamento.it lesen, zusammen mit dem Einführungsbericht. Dazu s. u.a. *Greco,* L'effettività della giustizia amministrativa italiana nel quadro del diritto europeo, in: Riv. it. dir. pubbl. com. 1996, S. 797ff.; *Cassese*, Verso la piena giurisdizione del giudice amministrativo: il nuovo corso della giustizia amministrativa italiana, in: Giorn. dir. amm. 1999, S. 1221ff.

[158] Siehe dazu weitere Hinweise in *Galetta,* L'atteggiamento dei tribunali amministrativi italiani nei confronti della Corte di giustizia europea, in: Riv. it. dir. pubbl. com. 1999, S. 1003ff., S. 1028f.

# Bericht über die Diskussion im Anschluss an die Beiträge von Klaus-Dieter Schnapauff, Alexander Jannasch, Jean-Marie Woehrling und Diana-Urania Galetta

## Leitung: Karl-Peter Sommermann

Von Alexandra Unkelbach

In der Diskussion unter Leitung von Professor Dr. *Karl-Peter Sommermann* wies dieser zunächst auf die zu erörternde Frage der Notwendigkeit einer europäischen Verfassung hin. Sodann griff er die Ausführungen von Ministerialdirektor Dr. *Klaus-Dieter Schnapauff* zu dem Vorhaben einer Kodifizierung eines europäischen Verwaltungsverfahrensrechts auf, welches nur schrittweise zu verwirklichen sei. Die Ausarbeitung eines unverbindlichen Kodex mit Empfehlungscharakter könne durchaus zu einer Konvergenz der mitgliedstaatlichen Rechtsordnungen beitragen. Den nationalen Gesetzgebern werde so ein Leitbild gemeinsamer Standards vermittelt.

Im Hinblick auf die Frage nach einer europäischen Verfassung führte der Vorsitzende Richter am Verwaltungsgericht a. D. *Hans-Hermann Dieckvoß* aus, dass bei dieser Diskussion zunächst zwischen dem institutionellen Teil und dem Grundrechtsteil unterschieden werden müsse. Da zu letzterem eine umfangreiche Rechtsprechung des Europäischen Gerichtshofes (EuGH) existiere, stelle sich die Frage, ob man zentrale Wertentscheidungen letztlich dem EuGH überlassen solle.

*Schnapauff* wies darauf hin, dass er in seinen Darlegungen versucht habe, klar zu machen, dass er es für ganz wesentlich halte, insbesondere auch der deutschen Verfassungstradition entsprechend, die wesentlichen Grundentscheidungen durch den europäischen Gesetzgeber voranzubringen. Unverkennbar gebe es hier unterschiedliche Rechtstraditionen, aber insbesondere der Gedanke des Individualinteresses, des Rechtsschutzes des Bürgers und auch der Rechtssicherheit sprächen ganz entscheidend dafür, wichtige Entscheidungen nicht dem EuGH zu überlassen. Er zögere allerdings, dieses auch jetzt schon für einen verbindlichen Grundrechtskatalog anzunehmen, weil sich hier das angesprochene Problem, dass ein solcher Grundrechtskatalog auf einen nur begrenzten Kompetenzbereich der Gemeinschaft treffe, potenzieren werde. Er wolle damit allerdings in keiner Weise in Frage stellen, dass es sinnvoll und nützlich sei, an einer Grundrechtscharta der

Gemeinschaft zu arbeiten. Man müsse sich aber die Frage vor Augen halten, wer hier in welcher Weise gebunden werden könne, ohne dass der Kompetenzbereich der Gemeinschaft überschritten werde. Aus diesem Grunde sei es sehr wichtig und auch richtig, so vorzugehen, wie man es sich vorgenommen habe. Zunächst einmal solle nur eine Deklaration der Grundrechte erarbeitet werden und nicht ein rechtsverbindlicher Text, der bereits in die Gemeinschaftsverträge eingestellt werde.

Auf die Frage von Ministerialrat *Michael Maisch,* Ministerium für Umwelt und Verkehr Baden-Württemberg, nach dem Stand der Arbeiten an einer europäischen Grundrechtscharta antwortend, wies *Schnapauff* darauf hin, dass es derzeit zwar Arbeiten an einem Entwurf einer Grundrechtscharta, jedoch keine (amtlichen) offiziellen Arbeiten, Verhandlungen oder ähnliches über eine europäische Vollverfassung gebe. Neben den genannten Entwurfsarbeiten gebe es lediglich eine Vielzahl von Überlegungen. Es würden derzeit die Fragen diskutiert, wie man zu einer Verfassung gelangen könne und wie die nächsten Schritte der Vertragsergänzung bzw. der Vertragserweiterung zu gestalten seien. Er habe versucht darzulegen, dass man bei all diesen Schritten so verfahren sollte, dass sich das, was man jetzt regelt, in eine spätere als vernünftig und richtig betrachtete europäische Verfassung einfüge. Festzuhalten bleibe, dass es derzeit keine Arbeiten an einer solchen Vollverfassung gebe.

Im Anschluss hieran gab Professor Dr. *Manfred Zuleeg* eine Stellungnahme zu dem Vorschlag ab, das Verwaltungsverfahren ohne verbindliche Wirkung zu kodifizieren. Grundsätzlich halte er dies für sehr nützlich. Auf die Ausführungen von *Schnapauff* eingehend, dass man auf die Vorschläge des niederländischen Außenministeriums zurückgreife und daraus resultierend Grundsätze wie Verhältnismäßigkeit, Vertrauensschutz und dergleichen diskutiert würden, merkte er an, dass diese Grundsätze ja bereits teilweise im Primärrecht der Europäischen Union enthalten seien. Der Verhältnismäßigkeitsgrundsatz sei im Gegensatz zum Grundgesetz ausdrücklich im Vertrag verankert und viele andere Grundsätze seien ebenfalls schon enthalten. Obendrein sei die Frage aufzuwerfen, ob solche Grundsätze nicht grundsätzlich ihren Platz in der Verfassung, also auf Vertragsebene finden sollten.

Da der EuGH sowohl bei den Grundrechten als auch bei den Verwaltungsregeln immer wieder auf deutsche Regelungen zurückgegriffen habe, liege es doch nahe, sich auf europäischer Ebene an das bundesdeutsche Verwaltungsverfahrensgesetz anzulehnen. Hier seien eine ganze Reihe von Vorschriften von Grundsätzen enthalten, die man ohne weiteres auf der Ebene der Gemeinschaft anwenden könne. Regelungen, die nicht am Verfassungshimmel angesiedelt, sondern auf der Erde für die Verwaltung und für diese zugeschnitten seien. Aufhebung, Nichtigkeitsgründe und dergleichen mehr müssten in eine solche Zusammenstellung hinein wandern und natürlich könne man auch eine ganze Reihe von Bausteinen einfügen, die der EuGH bisher in seiner Rechtsprechung entwickelt habe. *Zuleeg* zog eine Parallele zur Entstehung der deutschen Verwaltungsverfahrensgesetze. Dort habe man das, was das Bundesverwaltungsgericht entschieden habe, weitgehend in die Kodifikation eingearbeitet. Er schlage daher eine gewisse Verschiebung der Gewichtung vor, hin zu einem echten Verfahrensrecht für die Verwaltung.

Ein wesentlicher Punkt bei der Verfassungsdebatte sei die Frage, wie die Aussichten der Durchsetzbarkeit seien, wenn man eine verbindliche Verfassung erarbeiten wolle, denn eine solche müsste entweder durch die Völker abgestimmt oder durch die Staaten ratifiziert werden. Dabei sei zu bedenken, dass es eine Reihe von Staaten gebe, Deutschland eingeschlossen, bei denen es fraglich wäre, ob eine solche Verfassung auf Akzeptanz stoße. Er hob das Beispiel Großbritanniens hervor, wo es keine geschriebene Verfassung gebe. Seines Erachtens wäre es ein Wunder, wenn Großbritannien eine europäische Verfassung annähme. *Zuleeg* skizzierte das Szenario einer Ablehnung seitens auch nur eines Staates der Gemeinschaft. Zunächst werde ein großer Aufwand zur Erarbeitung einer europäischen Verfassung betrieben, welcher suggeriere, dass es eine solche bisher nicht gegeben habe. Im Falle einer Ablehnung wären dann nicht nur alle Vorarbeiten umsonst gewesen, die großen Grundsätze wären obendrein nach unten gezogen. Er plädiere daher für eine behutsame Vorgehensweise. Man solle es bei der jetzigen Verfassung belassen und sich auf die von *Schnapauff* erwähnte Entwicklung der Institutionen und auf die Erweiterung nach Osten konzentrieren. Verfassungsgebung und Erweiterung gleichzeitig betreiben zu wollen, sei ein aussichtsloses Unterfangen. Außerdem sei bei der Verfassungsgebung suggeriert, dass die gegenwärtige Verfassung Defizite habe, was so pauschal nicht stimme. Die Grundrechte seien zwar nicht kodifiziert, sie würden aber dennoch angewandt. Außerdem seien in den Verträgen, anders als im Grundgesetz, Aufgaben definiert, was einen großen Vorzug z. B. gegenüber dem Grundgesetz darstelle.

Hieran anschließend griff auch Professor Dr. *Siegfried Magiera* das Thema eines allgemeinen europäischen Verwaltungs- oder Verwaltungsverfahrensrechts auf. Er mahnte zur Zurückhaltung bezüglich einer Gesamtkodifikation eines gemeinsamen europäischen Verwaltungsrechts. Dieses Vorhaben solle zwar nicht aus den Augen verloren werden, seines Erachtens sei der Integrationsprozess für eine solche Kodifikation aber noch nicht weit genug fortgeschritten, insbesondere fehle es an der Klärung vieler wichtiger Fragen durch den EuGH. Man solle vorläufig den bisherigen Weg weiter gehen und das Verwaltungsrecht in einzelnen wichtigen Sachbereichen kodifizieren, in denen bereits ein besonders hoher Integrationsgrad erreicht sei. So sei es etwa im Bereich des Beihilferechts auf der

Grundlage einer ausdifferenzierten Rechtsprechung der europäischen Gerichte zur Schaffung einer das Beihilfeverfahren regelnden Verordnung gekommen.

Sodann ging *Magiera* auf das von *Schnapauff* angesprochene Initiativmonopol der Kommission ein. Das Wort Initiativmonopol, welches sich eingebürgert habe, drücke nicht das aus, was in der Praxis wirklich geschehe. Um ihre Vorschläge durchsetzen zu können, müsse die Kommission bereits im Vorfeld alle Akteure einbinden, um die nötigen Mehrheiten zu bekommen. Insofern habe sie kein echtes Monopol in dem Sinne, dass sie völlig frei in der Gestaltung ihrer Vorschläge sei. Die Kommission bündele vielmehr verschiedene Interessen, die für sie im Entwurfsstadium erkennbar seien. Die Kommissionsvorschläge seien dann aus Kompromissen geboren. Dementsprechend schwierig und kompliziert seien die Vorschläge denn auch ausgestaltet.

Im übrigen seien dort, wo die Kommission nicht über das sogenannte Initiativmonopol verfüge, insbesondere in der Dritten Säule, die Erfahrungen mit Initiativen von Seiten der Mitgliedstaaten nicht sehr ermutigend gewesen. Die zahlreichen Initiativen der Mitgliedstaaten in diesem Bereich seien weder für den Bürger noch für die Wissenschaft transparent geworden, da sie weder im Amtsblatt der Europäischen Gemeinschaften noch in einem anderen allgemein zugänglichen Publikationsorgan veröffentlicht würden. Die Veröffentlichungspraxis zu ändern, sei zwar relativ einfach, das eigentliche Problem wäre damit aber nicht behoben. Denn es könne nicht erstrebenswert sein, wenn jeder der möglicherweise künftig 27 Mitgliedstaaten seinen eigenen Gesetzentwurf einbringen könne. Selbst in Deutschland sei man nicht geneigt, jedem Bundesland eine eigene Gesetzesinitiative zuzubilligen, sondern verlagere dies auf den Bundesrat. Auf den Rat der Europäischen Union übertragen, dränge sich die Frage auf, welche Mehrheit für die Einleitung einer Gesetzgebungsinitiative erforderlich sein solle. Wenn schon für die Einbringung der Initiative eine qualifizierte Mehrheit notwendig wäre, wäre das nachfolgende Gesetzgebungsverfahren in seinen wesentlichen Grundzügen bereits determiniert, es sei denn, das Parlament verweigerte sich dem Vorschlag völlig. Für sich selbst habe er in diesem Zusammenhang viele weitergehende Fragen entdeckt, die vertiefter zu behandeln wären. Letztlich sei das Initiativmonopol der Kommission zum jetzigen Zeitpunkt wohl doch die beste, an den Besonderheiten der Europäischen Union orientierte Lösung

*Schnapauff* betonte, dass auch er hier, wie *Magiera*, viele Fragezeichen sehe. Wenn er das Initiativmonopol der Kommission problematisiere, so habe er dabei primär neue Tätigkeitsfelder der Gemeinschaft im Blick. In den neuen Feldern, insbesondere Justiz und Inneres, habe die Kommission bisher sehr wenig getan. Hierfür gebe es verschiedene Gründe, wie die

Schwierigkeit, das notwendige Personal hierfür zu gewinnen, und das Problem, dass es sich um neuartige, unbekannte Aufgabenfelder handele. Er habe den Blick auf die Problematik lenken wollen, dass es schwierig sei, einerseits der Gemeinschaft und damit der Kommission Aufgaben aus dem klassischen Souveränitätsbereich der Staaten zu übertragen und auf ein selbständiges Tätigwerden der Mitgliedstaaten zu verzichten, wenn andererseits anschließend auf Gemeinschaftsebene nichts geschehe. Im Bereich Inneres und Justiz sei ein Fünf-Jahres-Zeitraum festgelegt worden, innerhalb dessen das ansonsten im EGV ausschließliche Initiativrecht der Kommission durch das Koinitiativrecht der Mitgliedstaaten begleitet werde. Dem habe die Annahme zugrunde gelegen, dass diese fünf Jahre ausreichend seien, um ganz wesentliche und als notwendig erachtete Regelungen im Sekundärrecht zu schaffen. Bisher sei aber – vorsichtig ausgedrückt – fast nichts davon geregelt worden. Es gehe also darum, sich zu überlegen, wie man bezüglich neuer Aufgabenbereiche der Gemeinschaft verfahre.

Unter Bezugnahme auf die Vorträge der Referenten *Jannasch, Woehrling* und *Galetta* hob *Sommermann* hervor, dass gerade im Bereich des Rechtsschutzes wesentliche Einwirkungen des Gemeinschaftsrechts auf die nationalen Rechtsordnungen erkennbar seien. Sodann ging er auf die von *Galetta* erwähnte „Zweispurigkeit“ des Rechtsschutzes gegen Verwaltungsmaßnahmen in Italien ein, welcher einerseits aus subjektiven Rechten erwachse, andererseits auch dem Schutz legitimer Interessen diene. Er frage sich, ob es sich hierbei um ein vermittelndes Modell handele oder ob sich vielmehr die Schwierigkeit zeige, diese beiden Konzepte zu verbinden. *Sommermann* bat die Referenten, zu diesem Punkt kurz Stellung zu nehmen.

*Galetta* führte aus, dass es sich bei der Trennung zwischen subjektiven Rechten und legitimen Interessen um ein ewiges Problem des italienischen Verwaltungsrechts handele. Ihres Erachtens sei aber eine Tendenz in Richtung der Abschaffung dieser Unterscheidung zu erkennen. Grund hierfür sei u. a., dass die Unterscheidung zwischen aus rein innerstaatlichem Recht erwachsenden Rechtspositionen und solchen, die aus EG-Recht erwachsen, zunehmend schwerer werde. Die neuere Entwicklung im italienischen Verwaltungsrecht deute an, dass es in Zukunft zur Aufgabe der strikten Trennung kommen werde. Um einen Mittelweg handele es sich bei der jetzigen Lösung sicher nicht. Das italienische Konzept sei nur so lange vertretbar gewesen, solange man sich nur mit innerstaatlichem Recht habe beschäftigen müssen.

Zum Prinzip des objektiven Rechtsschutzes im französischen Recht führte *Woehrling* aus, dass man das Problem nicht von der Seite der Klagebefugnis her angehen solle. Er skizzierte noch einmal kurz die beiden in den europäischen Staaten geltenden Prinzipien. Entweder gehe es darum, bestimmte Personen, die ein Recht inne haben, zu schützen (Individualrechtsschutz), oder der Rechtsschutz sei dafür gedacht, objektiv die Rechtmäßigkeit des Verwaltungshandelns zu sichern. Es handele sich hierbei um zwei Betrachtungsweisen des gleichen Problems. Während das deutsche und italienische Recht eher vom subjektiven Rechtsschutz ausgingen, beruhe das französische System auf der Grundlage des „recours pour excès de pouvoir", also auf dem objektiven Rechtsschutz. Bestehe ein subjektives Recht des Bürgers, so seien das deutsche und italienische System effizienter, sei ein solches hingegen nicht gegeben, liege eine größere Effizienz im französischen System. Die Frage müsse lauten: Kann man die beiden Prinzipien zusammenführen, um einen optimalen Rechtsschutz zu gewährleisten, und ist dies wünschenswert? Einerseits halte er die Idee einer Synthese für reizvoll. Vielleicht werde der EuGH diesen Weg auch beschreiten, indem er ein Stück des einen und ein Stück des anderen Systems adaptiere. Andererseits könne man die Befürchtung hegen, dass durch eine Verknüpfung beider Systeme der Rechtsschutz zu effizient werde, mit der Folge, der Handlungsunfähigkeit der Verwaltung.

Abschließend wies *Jannasch* bezüglich der deutschen Situation darauf hin, dass nicht übersehen werden dürfe, dass der Gesetzgeber in Deutschland grundsätzlich frei sei, subjektive Rechte stärker oder weniger stark auszudehnen und damit zu definieren. Dies sei etwa für den baurechtlichen Nachbarschutz von erheblicher Bedeutung. Es verwies auf die Landesbauordnungen, in denen z.T. ausdrücklich von dieser Kodifizierungsmöglichkeit Gebrauch gemacht worden sei. Das Dilemma sei aber, das der Gesetzgeber eine solche Kodifikation gerade im Umweltrecht nicht vornehme und nun Praxis und Wissenschaft darum bemüht seien, die Abgrenzung zu finden. Zu diesem gemeinsamen Bemühen führte er aus, dass bei der Gesellschaft für Umweltrecht im vergangen Jahr insbesondere *Schoch* und *Winter* sich in sehr ausführlicher Weise mit dieser Problematik im Hinblick auf die Einflüsse des Europarechts auf das deutsche Umweltrecht auseinandergesetzt und versucht hätten, für das Umweltrecht Maßstäbe zu entwickeln. Hierbei sei eine Tendenz zur Lockerung der strengen deutschen subjektivrechtlichen Maßstäbe zu erkennen. Einer der „crucial points" sei die Frage des Nachbarschutzes beim sogenannten Vorsorgegebot. Hier sei man in Deutschland nicht sehr konsequent. Im Bereich des Atomrechts z.B. sei das Vorsorgeprinzip nachbarschützend, während dies im Immissionsschutz seines Wissens nicht der Fall sei. Er habe in seinen Ausführungen mit dem Verweis auf die 17. BImSchV ein Beispiel genannt, im Bereich dessen die Debatte gerade im Fluss sei.

Im Übrigen zeige eine nähere Betrachtung der deutschen Rechtsordnung, dass es auch hier bestimmte Mischformen gäbe. Man denke an das Recht auf eine fehlerfreie Abwägung. Dieses sei weit entfernt von dem klassischen – zivilrechtlich gegründeten – Prinzip des subjektiven Rechtsschutzes. Ähnlich sei der Fall beim Recht auf fehlerfreie Ermessensentscheidung gelagert. Hier spielten gerade auch verfahrensrechtliche Aspekte mit hinein, u. a. das Recht darauf, dass der Sachverhalt von der Behörde ordnungsgemäß ermittelt werde. Dies habe durchaus praktische Konsequenzen für mehrere Rechtsgebiete sowie u. a. für das Recht der Antragsbefugnis im Rahmen der Normenkontrolle. Die Beispiele hätten gezeigt, dass man sich in Deutschland doch bereits ein ganzes Stück von dem ursprünglichen, zivilrechtlich geprägten Denken des rein subjektiven Rechtsschutzes entfernt habe.

# Transparenz in der Europäischen Union

## Zugang zu Dokumenten der europäischen Institutionen

Von Ulrich Wölker

1. Transparenz ist fast zu einem Modewort geworden; in Rechtsakten findet sich der Begriff jedoch nicht. Im Vertrag über die Europäische Union ist allerdings seit *Amsterdam* in Art. 1 Abs. 2 das *Prinzip der Offenheit* niedergelegt. Es ist dort die Rede davon, dass Entscheidungen in der Europäischen Union „möglichst offen" getroffen werden sollen. Diese Offenheit oder auch Transparenz hat sehr viele Aspekte, die aber ganz überwiegend von eher politischem als juristischem Interesse sind. Dazu gehören beispielsweise die Informationspolitik der Organe und – besonders wichtig für den Ministerrat – die Frage der Öffentlichkeit der Debatten. Zur Transparenz gehört auch die Veröffentlichung von Dokumenten, denn die Organe veröffentlichen immer mehr Unterlagen aus eigener Initiative, seit einigen Jahren auch im Internet. Aber das Thema, über das ich sprechen möchte, ist das, was meiner Ansicht nach unter den vielen Aspekten der Transparenz juristisch am interessantesten ist, nämlich die Frage des Zugangs der Öffentlichkeit zu unveröffentlichten Dokumenten: juristisch deshalb am interessantesten, weil wir dort Rechtsregeln und schon eine ganz beachtliche Anzahl von Urteilen haben, vor allen Dingen des Gerichts erster Instanz, aber zunehmend auch des Gerichtshofs.

2. Die Kommission hat am 26. Januar 2000 einen *Verordnungsvorschlag* verabschiedet[1], der dem Gesetzgebungsauftrag aus Art. 255 Abs. 2 EGV in der Fassung des Amsterdamer Vertrags nachkommt. Dieser Verordnungsvorschlag hat aber nicht erst jetzt die Politik des Zugangs zu Dokumenten erfunden. Diese Politik begann in ihrer „verrechtlichten Form" 1993 mit dem sog. *Verhaltenskodex,* auf den sich damals Rat und Kommission geeinigt hatten[2]. Er wurde 1993 vom *Rat*[3] und 1994 von der *Kommis-*

---

[1] Vorschlag für eine Verordnung des Europäischen Parlaments und des Rates über den Zugang der Öffentlichkeit zu Dokumenten des Europäischen Parlaments, des Rates und der Kommission; KOM(2000) 30 endgültig/2, vom 21.2.2000.

[2] Verhaltenskodex für den Zugang der Öffentlichkeit zu Rats- und Kommissionsdokumenten; ABl. 1993 L 340, S. 41.

[3] Beschluss 93/731/EG des Rates vom 20.12.1993 über den Zugang der Öffentlichkeit zu Ratsdokumenten; ABl. 1993 L 340, S. 43. Geändert durch Beschluss 96/

*sion*[4] juristisch umgesetzt. Interessanterweise kam das *Europäische Parlament* mit seinen weitestgehend gleichlautenden Regeln erst 1997 hinzu[5]. Inzwischen haben, bis auf den Gerichtshof, alle Organe und Einrichtungen der Gemeinschaft, auch vor allen Dingen die zahlreichen Ämter und Agenturen mit eigener Rechtspersönlichkeit, die im Lauf der Zeit geschaffen wurden, ihre eigenen Zugangsregeln, nicht zuletzt auf politischen Druck des Europäischen Bürgerbeauftragten[6]. Ich möchte mich hier auf die Texte von Rat, Kommission und Parlament beschränken.

3. Juristisch interessant ist zunächst einmal die *Rechtsgrundlage* der bisherigen Regeln. Vor dem Amsterdamer Vertrag – also vor dem Art. 255 – gab es auf Vertragsebene keine Vorschrift über Transparenz oder Zugang zu Dokumenten. Man hatte damals die Wahl zwischen zwei Möglichkeiten: entweder die Lückenfüllungsklausel des Art. 235 EGV (a. F.; jetzt Art. 308 EGV n. F.) zu wählen oder – diesen Weg hat man beschritten – die Artikel, nach denen die Organe sich jeweils eine *Geschäftsordnung* geben[7]. Es handelt sich also bei den jetzt noch bestehenden Regeln um Maßnahmen im Rahmen der internen Organisationsgewalt. Aber dennoch ist es zweifelsfrei, dass hiermit ein subjektives Recht auf Zugang zu bestimmten Dokumenten geschaffen wurde. Das ergibt sich ganz klar aus dem Willen der Autoren des Verhaltenskodexes und der ihn umsetzenden Beschlüsse sowie des Beschlusses des Parlaments, nicht zuletzt deshalb, weil dort Rechtsschutzmöglichkeiten vorgesehen sind.

Diese Schaffung *subjektiver Rechte* ist auch in dem ersten Verfahren in diesem Zusammenhang vor dem Gerichtshof von diesem bestätigt worden[8]. Die Niederlande hatten damals gegen den Beschluss des Rates geklagt, nicht etwa, weil sie gegen Transparenz waren, ganz im Gegenteil. Sie

---

705/Euratom, EGKS, EG vom 6.12.1996; ABl. 1996 L 325, S. 19. Inzwischen erneut geändert durch Beschluss 2000/527/EG vom 14.8.2000; ABl. 2000 L 212, S. 9; durch diese Änderung nimmt der Rat bestimmte Dokumente betreffend die Sicherheit und die Verteidigung aus dem Anwendungsbereich des Beschlusses heraus.

[4] Beschluss 94/90/EGKS, EG, Euratom der Kommission vom 8.2.1994 über den Zugang der Öffentlichkeit zu den der Kommission vorliegenden Dokumenten; ABl. 1994 L 46, S. 58. Geändert durch Beschluss 96/567/Euratom, EGKS, EG vom 19.9.1996; ABl. 1996 L 247, S. 45.

[5] Beschluss 97/632/EGKS, EG, Euratom des Europäischen Parlaments vom 10.7.1997 über den Zugang der Öffentlichkeit zu den Dokumenten des Europäischen Parlaments; ABl. 1997 L 263, S. 27.

[6] Sonderbericht (PDF 22 KB) des Europäischen Bürgerbeauftragten an das Europäische Parlament im Anschluss an die Initiativuntersuchung betreffend den Zugang der Öffentlichkeit zu Dokumenten (616/PUBAC/F/IJH) vom 15.12.1997.

[7] Parlament: Art. 142 EGV (a. F.; jetzt Art. 199 EGV n. F.). Rat : Art. 151 Abs. 3 EGV (a. F.; jetzt Art. 207 Abs. 3 EGV n. F.). Kommission: Art. 162 Abs. 2 EGV (a. F.; jetzt Art. 218 Abs. 2 EGV n. F.).

[8] EuGH, Urteil vom 30.4.1996 – Niederlande/Rat, C-58/94 – Slg. 1996, I-2169.

trugen aber vor, dass die Rechtsgrundlage wegen der Außenwirkungen des Rechtsakts unzureichend sei. Der Gerichtshof hat die Klage abgewiesen und gleichzeitig klargestellt, dass auch eine interne Maßnahme Rechtswirkungen gegenüber Dritten entfalten kann.

4. Da stellt sich sehr schnell die Frage, die auch damals im ersten Verfahren schon eine gewisse Rolle spielte, ob es vielleicht auch vor dem Amsterdamer Vertrag und vor der Einführung des heutigen Art. 255 oder vielleicht sogar diesem irgendwo übergeordnet schon einen *allgemeinen Rechtsgrundsatz* auf Zugang zu bestimmten internen Schriftstücken gibt. Diese Frage ist heute weitgehend[9] – wegen der Existenz des Art. 255 – theoretisch geworden. Ich meine, es ergibt sich aus den Formulierungen in der Rechtsprechung sowohl des Gerichtshofs als auch des Gerichts erster Instanz eindeutig, dass es einen solchen allgemeinen Rechtsgrundsatz bisher nicht gibt. Es mag zwar schon vor der Schaffung des Art. 255 einen allgemeinen Grundsatz gegeben haben, aber den kann man meiner Ansicht nach nur als politisches Prinzip bezeichnen. Mit anderen Worten: Aus rein juristischer Sicht hätte man vor Inkrafttreten des Amsterdamer Vertrags beschließen können, die gesamte Politik des Zugangs zu unveröffentlichten Dokumenten und die dazugehörenden Rechtsregeln von heute auf morgen wieder abzuschaffen. Das wäre meiner Ansicht nach juristisch möglich, wenn auch politisch undenkbar gewesen.

5. Es fragt sich, was passiert, wenn Art. 255 nicht rechtzeitig umgesetzt wird. Art. 255 beauftragt die drei politisch wichtigsten Gemeinschaftsinstitutionen, Parlament, Rat und Kommission, sich im Mitentscheidungsverfahren auf Vorschlag der Kommission Zugangsregeln zu geben. Dabei müssen sich also Parlament und Rat über den Text vor dem 1. Mai 2001 einigen: Art. 255 Abs. 2 setzt eine Frist von zwei Jahren nach Inkrafttreten des Vertrags von Amsterdam. Was passiert, wenn man diese Frist nicht einhält? Könnte man da vielleicht an irgendwelche *direkten Wirkungen* dieses Art. 255 denken? Ich meine nein, weil diese Vorschrift ganz klar sagt, dass der Gemeinschaftsgesetzgeber die Grundsätze und Bedingungen festsetzen muss, d.h. gleichzeitig auch die Schranken des Zugangs. Eine irgendwie geartete Direktwirkung des Art. 255 würde meiner Ansicht nach an der Tatsache scheitern, dass man die Einschränkungen nicht so einfach aus dem Vertrag herauslesen kann. Aber solange die jetzt vorgeschlagene neue Verordnung nicht in Kraft ist, gelten die heute bestehenden Regeln natürlich weiter fort.

6. Art. 255 führt eindeutig ein Recht auf Zugang zu Dokumenten auf der Vertragsebene ein, und zwar völlig unabhängig von der eben angedeuteten Diskussion über die Frage, ob es vielleicht schon einen ungeschriebenen

[9] Siehe aber unten im Zusammenhang mit der sog. Urheberregel.

allgemeinen Rechtsgrundsatz gibt. Das *Sekundärrecht* setzt dieses Recht um, indem es die Grundsätze, Bedingungen und Einschränkungen regelt. Hinzukommen müssen dann noch nach Art. 255 Abs. 3, in Ergänzung der Verordnung, interne Regeln, die wiederum in der Geschäftsordnung der einzelnen Organe stehen; aber anders als nach der jetzigen Rechtslage würden sich diese Geschäftsordnungsartikel wirklich nur noch auf interne, relativ technische Aspekte beschränken.

7. Nun einige Worte zum *Anwendungsbereich* der jetzigen und der zukünftigen Regeln. Da gibt es zum Teil leichte Abweichungen. Art. 255 bestimmt ausdrücklich, dass sich das Recht, das diese Vorschrift gewährt, im Fall von *Nichtunionsbürgern* auf diejenigen beschränkt, die einen Wohnsitz oder, im Fall von juristischen Personen oder Unternehmen, einen Sitz in der Union haben. Das ist geringfügig restriktiver als die bisherigen Regelungen, die ganz allgemein von der „Öffentlichkeit" sprechen und somit keinerlei (Wohn-)Sitzerfordernis aufstellen. Ich meine jedoch, dass das in der Praxis keinen großen Unterschied macht. Mir sind zum einen nur sehr wenige Zugangsanträge bekannt, die von einer Kategorie von Personen kamen, die in Zukunft in diese Lücke fallen würden. Zum anderen ist es auch praktisch so, dass Nichtunionsbürger – es wird sich dabei in erster Linie um Unternehmen handeln – sich natürlich leicht irgend jemanden vor Ort etwa in Brüssel suchen können, der für sie einen Antrag stellt. Denn des Nachweises irgendeines Interesses bedarf es nicht.

8. Was die *erfassten Organe* betrifft, ist die Frage des Anwendungsbereichs schon wichtiger. Art. 255 erwähnt nur die drei – Parlament, Rat und Kommission –, die ich eben schon als die drei wichtigsten politischen Organe bezeichnet habe. Eventuell könnte man daran denken – das ist aber in dem Vorschlag der Kommission nicht geschehen – die zahlreichen Ämter und *Agenturen* mit einzubeziehen. Denn der Rat hat in den letzten Jahren, gestützt auf Art. 235 EGV a.F. (Art. 308 EGV n.F.), zunehmend Spezialeinrichtungen geschaffen für bestimmte Bereiche, z.B. für die Zulassung von Medikamenten. Der vielleicht bekannteste Fall ist das Markenamt in Alicante. Diese Agenturen haben eigene Rechtspersönlichkeit, sind also ganz eindeutig weder Rat noch Kommission, aber von ihrer Funktion her liegen sie so dicht beim Rat und bei der Kommission, sozusagen dazwischen, dass man es durchaus vertreten könnte, sie entgegen dem Wortlaut von Art. 255 als erfasst anzusehen; wenn es diese Ämter nicht gäbe, würden ihre Aufgaben nämlich von der Kommission oder, im Ausnahmefall, vom Rat ausgeübt. Aber im Moment denkt noch niemand ernsthaft daran, sie mit einzubeziehen. Man könnte meinen, das würde sowieso praktisch keinen sehr großen Unterschied machen, weil sie ja alle schon ihre eigenen Zugangsregeln haben. Aber wenn die zukünftige Gesetzgebung auch für sie gälte, wären sie automatisch in die Rechtsschutz- und

Beschwerdemöglichkeiten mit einbezogen, also die Klage vor dem Gericht erster Instanz und eventuell Rechtsmittel vor dem Gerichtshof sowie die Beschwerde gegenüber dem Bürgerbeauftragten. Das ist bisher von den Agenturen beim Zugang zu Dokumenten nicht immer vorgesehen. Einige sagen nichts, andere erwähnen nur die Beschwerde beim Ombudsmann, wiederum andere fügen das Gericht hinzu.

9. Die Dokumente aller drei Säulen der Maastrichter Architektur sind erfasst, sowohl der ersten Säule – der drei ursprünglichen Gemeinschaftsverträge – als auch der zweiten – Außen- und Sicherheitspolitik – und der dritten – Polizei und Justiz. Das ist nach der gegenwärtigen Rechtslage, auch aufgrund der Rechtsprechung[10], klar und einfach, weil es sich um dieselben Organe handelt, die in diesen drei Säulen tätig werden[11], und weil es in den Zugangsregeln keine Einschränkung gibt. Für die Zukunft hat der Unionsvertrag nun auch ausdrücklich Klarheit geschaffen; es gibt besondere Artikel in der zweiten und dritten Säule, die den Art. 255 dort für anwendbar erklären[12].

10. Juristisch etwas komplizierter ist es innerhalb der ersten Säule zwischen den *drei Verträgen:* Europäische Gemeinschaft, EGKS und Euratom. Augenblicklich ist es völlig klar, dass die Dokumente aus allen drei Bereichen erfasst sind, denn die Rechtsgrundlagen, die Geschäftsordnungsartikel, finden sich in allen drei Verträgen[13], und es gibt keinerlei Einschränkungen bezüglich des einen oder anderen Vertrags in diesen Zugangsregeln. Dies wird auch deutlich, wenn Sie sich die Nummer etwa des Beschlusses der Kommission ansehen, die die Kürzel aller drei Verträge verwendet[14]. Bei der Rechtsgrundlage hat man merkwürdigerweise nur den Geschäftsordnungsartikel aus dem EG-Vertrag zitiert, aber man hätte, wenn man es ganz korrekt gemacht hätte, auch die entsprechenden Artikel aus dem Euratom- und dem EGKS-Vertrag zitieren sollen[15].

---

[10] EuGEI, Urteil vom 17.6.1998 – Svenska Journalistförbundet/Rat, T-174/95 – Slg. 1998, II-2289 (Rn. 81 ff.); Urteil vom 19.7.1999 – Hautala/Rat, T-14/98 – Slg. 1999, II-2489 (Rn. 41 f.).

[11] Siehe Art. 5 EUV. Vgl. auch die Neufassung des Beschlusses des Rates vom 14.8.2000 (Fn. 3).

[12] Art. 28 Abs. 1 und Art. 41 Abs. 1 EUV.

[13] Parlament: Art. 25 EGKSV, Art. 111 EAGV. Rat: Art. 30 Abs. 3 EGKSV, Art. 121 Abs. 3 EAGV. Kommission: Art. 16 Abs. 2 EGKSV, Art. 131 Abs. 2 EAGV. Zu den entsprechenden Vorschriften des EGV s. o. Fn. 7.

[14] So auch das Parlament, nicht aber der Rat in seinem ursprünglichen Beschluss von 1993 (richtig jedoch der Änderungsbeschluss von 1996).

[15] Wie die Kommission auch der Rat in seinem Beschluss von 1993; richtig jedoch auch in diesem Punkt der Änderungsbeschluss von 1996. Anders das Parlament, das seinen Beschluss zwar pauschal auf alle 3 Gründungsverträge stützt, aber „insbesondere" nur Art. 142 EGV erwähnt.

Merkwürdigerweise ist die Rechtslage bezüglich dieser drei Verträge in Zukunft etwas weniger klar, denn eine Vorschrift wie den Art. 255 gibt es nur im EG-Vertrag. Es existiert allerdings eine Erklärung (Nr. 41), die der Schlussakte von Amsterdam beigefügt wurde, wonach man bei EGKS- und Euratom-Dokumenten von den Zugangsregeln aus dem EG-Vertrag „sich leiten lassen" möge. Das ist natürlich nicht sehr hilfreich; „Sich-leiten-Lassen", was heißt das schon, und wenn das auch noch in einer Erklärung steht, die kein juristischer Text ist, sondern eine politische Äußerung, so ist das alles andere als deutlich. Aber meines Erachtens ist es zweifelsfrei, dass man auch in Zukunft den Status quo beibehalten kann, da es in dem Euratom- und dem EGKS-Vertrag keine entgegenstehenden Regeln gibt. Nach der Rechtsprechung des Gerichtshofs reicht das aus, um Vorschriften, die aufgrund des EG-Vertrags erlassen wurden, auch im Rahmen von EGKS und Euratom anzuwenden[16].

11. Sehr viel heikler, was den Anwendungsbereich angeht, und auch praktisch sehr bedeutend ist die Frage, welche *Dokumente* erfasst sind, insbesondere, ob alle Dokumente, die sich im *Besitz* der Organe befinden, unter die Regelung fallen oder nur diejenigen, die von dem jeweiligen Organ *erstellt* wurden. Für letztere, d.h. also die Dokumente, deren Urheber die Organe oder ihre Dienststellen sind, ist die Rechtslage zweifelsfrei. Umstritten ist die sehr große und wichtige Kategorie der Dokumente, die von den Organen nur gehalten werden, die aber von außen kommen, sei es etwa von einzelnen Bürgern, von Unternehmen oder von Mitgliedstaaten. Die augenblickliche Rechtslage ist zwar nach überwiegender Ansicht klar, aber man hätte sicher 1993 den Wortlaut etwas deutlicher abfassen können. Denn im Verhaltenskodex ist einerseits von einem „möglichst umfassenden Zugang" zu den Dokumenten die Rede, die sich „im Besitz des Rates oder der Kommission" befinden, was zunächst dafür spricht, dass man wirklich alle erfassen wollte. Aber kurz danach findet sich das, was man häufig inzwischen als *„Urheberregel"* bezeichnet: Wenn es um ein Dokument geht, dessen Urheber nicht das betreffende Organ ist, „ist der Antrag direkt an den Urheber des Dokuments zu richten". Daraus haben die Organe immer abgeleitet – inzwischen ist das auch vom Gericht in Luxemburg bestätigt worden[17] –, dass die Dokumente, die sich allein im Besitz der Organe befinden, deren Urheber sie aber nicht sind, praktisch aus dem Anwendungsbereich der Zugangsregeln herausfallen[18]. Die Frage ist nun allerdings wieder offen, da

---

[16] Vgl. EuGH, Urteil vom 15.12.1987 – Deutsche Babcock/Hauptzollamt Lübeck-Ost, 328/85 – Slg. 1987, 5119 (Rn. 10): zu Art. 305 Abs. 1 EGV (n.F.; Art. 232 Abs. 1 EGV a.F.), d.h. zum EGKSV; zu dessen Abs. 2 (EAGV) kann nichts anderes gelten.

[17] EuGEI, Urteil vom 7.12.1999 – Interporc (II)/Kommission, T-92/98 – Slg. 1999, II-3521 (Rn. 65ff.).

gegen das erwähnte Urteil der ersten Instanz ein Rechtsmittel eingelegt wurde, das vor dem Gerichtshof anhängig ist[19]. Eine entscheidende Rolle spielt natürlich in diesem Zusammenhang die eingangs erwähnte Frage, ob es vor Amsterdam und außerhalb des Vertrags irgendeinen ungeschriebenen Rechtsgrundsatz der Transparenz gibt. Aber wie immer dieser Rechtsstreit auch ausgeht, das Ergebnis wird von geringer praktischer Bedeutung sein, weil ich mir nicht vorstellen kann, dass man in Zukunft nicht auch alle Dokumente erfasst, die sich im Besitz der Organe befinden, also insofern eindeutig weiter geht als die heutige Regelung. Der Kommissionsvorschlag hat jedenfalls diesen Schritt bereits getan. Dieser Punkt ist meines Erachtens der einzige nennenswerte praktische Unterschied zwischen der bestehenden Regelung und der zukünftigen Gesetzgebung.

12. Wenn man sich nämlich den *Ausnahmenkatalog* ansieht, dürfte sich, trotz eines anderen Eindrucks, den man vielleicht auf den ersten Blick bekommen könnte, nicht sehr viel ändern. Aber die Ausnahmen sind natürlich besonders wichtig, da es einen unbeschränkten und ausnahmslosen Zugang auf sämtliche unveröffentlichte Dokumente einfach nicht geben kann und auch in keiner Rechtsordnung gibt.

Die noch geltenden Regeln enthalten zwei Kategorien von Ausnahmen, die auch das Gericht erster Instanz in ständiger Rechtsprechung so charakterisiert[20]. Es gibt einmal eine Liste von *zwingenden oder obligatorischen Ausnahmen,* bei denen es heißt „die Organe verweigern den Zugang". Danach müssen die Organe den Zugang verweigern, wenn bestimmte Voraussetzungen erfüllt sind, d.h. wenn die „Verbreitung eine Beeinträchtigung ergeben könnte in Bezug auf den Schutz" bestimmter Rechtsgüter: öffentliches Interesse, Schutz des Einzelnen und der Privatsphäre, Schutz der Geschäfts- und Industriegeheimnisse, Schutz der finanziellen Interessen der Gemeinschaft und Wahrung der Vertraulichkeit, wenn dies von demjenigen verlangt wurde, der die Information zur Verfügung gestellt hat. Daneben findet sich eine *fakultative Ausnahme,* nach der die Organe den Zugang verweigern „können", um den Schutz des Interesses an der Geheimhaltung der Beratungen zu wahren. Das ist natürlich ein sehr weiter Begriff. Nach herkömmlichen deutschen verwaltungsrechtlichen Kategorien würde man wohl von einer Kombination aus Ermessen und unbestimmten Rechtsbegriffen mit Beurteilungsspielraum sprechen (in Luxemburg sieht das etwas

---

[18] Der Beschluss des Parlaments erfasst ausdrücklich nur die von diesem „erstellte[n] Schriftstück[e]".

[19] C-41/00 P.

[20] Seit dem ersten Urteil, das den Verhaltenskodex betrifft: EuGEI, Urteil vom 19.10.1995 – Carvel und Guardian Newspapers/Rat, T-194/94 – Slg. 1995, II-2765 (Rn. 64).

anders aus, weil der Gerichtshof diese typisch deutsche Unterscheidung so nicht vollzieht).

13. Aus dem Ermessen hat das Gericht abgeleitet – und dadurch ist die Anwendung dieser Ausnahme nicht einfacher geworden –, dass eine *Interessenabwägung* vorgenommen werden muss[21]. Dagegen spricht natürlich auf den ersten Blick nichts. Es drängt sich eigentlich sogar auf, dass man, wenn man Ermessen hat, die verschiedenen Interessen abwägt. Sicher ist es das Interesse des Organs, gewisse Beratungen geheim zu halten. Auf der anderen Seite soll nach der Rechtsprechung das Interesse des Antragstellers an dem beantragten Dokument in die Waagschale gelegt werden. Aber hier tut sich folgende Schwierigkeit auf: Es ist zweifelsfrei nach der Rechtsprechung desselben Gerichts[22], dass niemand auch nur das geringste Interesse dartun muss, um einen Antrag auf Zugang zu Dokumenten zu stellen. Das heißt also, dass man das, was man in die zweite Waagschale legen soll, entweder gar nicht kennt, vielleicht auch gar nicht kennen sollte, aber zumindest nicht erfragen darf. Wenn man es zufällig kennt, weil der Antragsteller es deutlich gemacht hat, ist fraglich, ob man es benutzen darf, während bei einem anderen Antragsteller, der selbst nicht so offen war und das Interesse geheim gehalten hat, dies nicht möglich ist. Diese Schwierigkeiten haben in der Praxis dazu geführt, dass man es möglichst vermeidet, diese Ausnahme anzuwenden. Die Kommission tut sich da etwas leichter als der Rat, einfach wegen der Art der betroffenen Dokumente. Der Vorschlag der Kommission versucht nun, von dieser fakultativen Ausnahme ganz wegzukommen und sie einfach abzuschaffen. Aber man hat es trotzdem politisch für unverzichtbar gehalten, sozusagen zum Ausgleich, die „ordnungsgemäße Arbeitsweise der Organe“ in die Liste der Beispiele für den Schutz des öffentlichen Interesses aufzunehmen – sicher einer der Punkte, von dem man nicht vorhersagen kann, wie sein Schicksal im weiteren Gesetzgebungsverfahren sein wird, ob er erhalten bleibt, ersatzlos verschwindet oder wieder seinen Weg in eine fakultative Ausnahme findet.

14. Die *Liste der Ausnahmen* ist zwar im Kommissionsvorschlag sehr viel länger als im Verhaltenskodex, was der Kommission sehr häufig in den letzten Wochen den Vorwurf eingebracht hat, sie habe die Ausnahmen gegenüber der geltenden Regelung enorm ausgedehnt. Ich meine, das ist ein etwas oberflächlicher, rein quantitativer Ansatz, denn die Liste ist zwar länger, aber die Absicht, die dahinter steckt, ist folgende: Man wollte *transparenter* sein und *deutlicher* machen, was mit öffentlichem Interesse – auch wieder ein unbestimmter Rechtsbegriff par excellence – gemeint ist. Denn

---

[21] Urteil Carvel, ebd., Rn. 65 (seitdem ständige Rechtsprechung).

[22] EuGEI, Urteil vom 6.2.1998 – Interporc (I)/Kommission, T-124/96 – Slg. 1998, II-231 (Rn. 48); Urteil Svenska Journalistförbundet (Fn. 10), Rn. 65.

nach der bisherigen Regelung finden Sie unter „öffentlichem Interesse" nur folgende Begriffe: „öffentliche Sicherheit, internationale Beziehungen, Währungsstabilität, Rechtspflege, Inspektionstätigkeiten". Diese Liste sieht zwar aus wie eine abschließende Liste, aber es gibt einen Beschluss des Gerichts erster Instanz im Rahmen des einstweiligen Rechtsschutzes[23], der diese Liste trotz des Anscheins, den sie erweckt, als nicht abschließend, sondern nur als beispielhafte Aufzählung ansieht. Der Kommissionsvorschlag zieht also nur die Konsequenz aus diesem Beschluss und macht deutlich, dass es sich nicht um eine abschließende Aufzählung handelt, und vervollständigt die Beispiele. Man kann für jedes dieser neuen Beispiele zeigen, dass sie entweder im Weg der Auslegung in den bestehenden Begriffen ohnehin schon mehr oder weniger enthalten waren[24] oder dass die Rechtsprechung sie als bisher ungeschriebenen Teil des öffentlichen Interesses angesehen hat[25].

15. Darüber hinaus gibt es schon jetzt das, was man als den sog. Beeinträchtigungstest oder *„harm test"* bezeichnet, den wohl die Skandinavier erfunden haben. Gerade die Schweden haben ja eine besonders lange Transparenz-Tradition von über zweihundert Jahren. Danach ist es nicht einfach ausreichend zu zeigen, dass ein Dokument sich auf einen dieser Ausnahmetatbestände bezieht, sondern man muss darlegen, dass eines dieser Schutzgüter durch die Veröffentlichung beeinträchtigt sein könnte. Der Vorschlag

---

[23] Beschluss des Präsidenten des EuGEI vom 3.3.1998 – Carlsen u.a./Rat, T-610/97 R – Slg. 1998, II-485 (Rn. 48).

[24] „Verteidigung" und „internationale Beziehungen", „Beziehungen zwischen bzw. mit den Mitgliedstaaten oder den Gemeinschaftsorganen und Einrichtungen bzw. Nicht-Gemeinschaftsorganen und -Einrichtungen": alles entweder ohnehin bereits Teil der „internationale[n] Beziehungen" oder, soweit es um innergemeinschaftliche Beziehungen geht, Ausfluss der Gemeinschaftstreue nach Art. 10 EGV (n.F.; Art. 5 EGV a.F.); siehe nunmehr auch die Neufassung des Beschlusses des Rates vom 14.8.2000 (Fn. 3):
- wirtschaftliche Interessen: eng mit den „finanziellen Interessen" verwandt. Der Wegfall der Beschränkung auf derartige Interessen „der Gemeinschaft" dürfte auf der Überlegung beruhen, dass es nicht einzusehen ist, warum die Organe nicht auch die entsprechenden Interessen der Mitgliedstaaten schützen sollten, insbesondere da nun auch Dokumente aus den Mitgliedstaaten erfasst sein sollen;
- Untersuchungs- und Audittätigkeiten: Klarstellung des Begriffs „Inspektionstätigkeiten" (der Beschluss des Rates, s.o. Fn. 3, verwendete schon immer den Begriff „Inspektions- und Untersuchungstätigkeiten");
- „Ablauf der Vertragsverletzungsverfahren, einschließlich der vorbereitenden Arbeiten": Teil der „Inspektionstätigkeiten"; EuGEI, Urteil vom 5.3.1997 – WWF UK/Kommission, T-105/95 – Slg. 1997, II-313; Urteil vom 14.10.1999 – Bavarian Lager/Kommission, T-309/97 – Slg. 1999, II-3217.

[25] „Stabilität der Rechtsordnung oder Gemeinschaft" und „ordnungsgemäße Arbeitsweise der Organe": Teil des öffentlichen Interesses laut Beschluss Carlsen (Fn. 23), Rn. 46.

der Kommission engt das noch etwas ein, da hiernach eine *„erhebliche" Beeinträchtigung* zu befürchten sein muss. Das ist zwar wiederum ein unbestimmter Rechtsbegriff, aber ich meine, dass man dahinter die Absicht sehen kann, die Anwendung der Ausnahmen noch mehr einzuschränken, obwohl auch heute schon gilt, gerade nach der transparenzfreundlichen Rechtsprechung des Gerichts, dass eine irgendwie geartete, nur ganz leichte Beeinträchtigung sicher nicht ausreicht, um die Verweigerung des Zugangs zu begründen. Man kann insgesamt also auf keinen Fall sagen, dass die vorgeschlagenen Regelungen mehr Ausnahmen enthielten als die bestehenden.

16. Ein wichtiger, sehr streitiger Punkt ist die Frage der rein internen Dokumente, der sog. *working documents.* Diese Kategorie der Arbeitspapiere findet sich auch im schwedischen Recht wieder. (Eine eher politische Bemerkung am Rande: Wenn man eine Transparenzregelung durchsetzen will, hilft es sehr, nachweisen zu können, dass man sich an dem schwedischen Modell orientiert hat. Viele Probleme, denen die Kommission wegen ihres Vorschlags ausgesetzt ist, beruhen darauf, dass – jedenfalls auf dem Papier – die bestehende Regelung von 1993 päpstlicher zu sein scheint als der Papst oder – anders ausgedrückt – transparenter als die Schweden, was zu einigen zum Teil auch praktischen Problemen geführt hat. Man hat sich meiner Ansicht nach 1993 fälschlich zu wenig an dem schwedischen Modell orientiert, und jetzt – selbst wenn man dies heute nachholen will – ist das, auch wenn es allein an der Oberfläche wie ein Rückschritt aussieht, politisch schwer durchsetzbar.) In diese politisch schwierige Kategorie fallen sicher interne Arbeitspapiere. Sie sind eindeutig vom Anwendungsbereich der geltenden Zugangsregeln erfasst. Wenn man keinen Zugang gewähren will, weil man zu Recht meint, auch eine Verwaltung habe ein gewisses Recht auf ungestörtes Nachdenken[26], dann stehen bisher nur die eben erwähnte fakultative Ausnahme zur Verfügung mit den Schwierigkeiten, die ich gerade dargestellt habe, oder das ungeschriebene „reibungslose Funktionieren der Organe" mit dem Erfordernis, im Einzelfall eine Beeinträchtigung darlegen zu müssen. Nunmehr dem schwedischen Vorbild folgend, hat jetzt der Kommissionsvorschlag den Versuch unternommen, diese rein internen Arbeitspapiere im Rahmen der Definition in Art. 3 Buchst. a) schon aus dem Anwendungsbereich der Zugangsregeln herauszunehmen: „mit Ausnahme der Dokumente zum internen Gebrauch, bei denen es sich um Arbeits- und Diskussionsdokumente sowie um Stellungnahmen der Dienststellen handelt". Trotz manchmal schwieriger Begründung im Einzelfall hat es bisher schon, soweit überhaupt Interesse an diesen Schriftstücken in der Öffentlichkeit bestand, praktisch keinen Zugang zu ihnen gegeben.

---

[26] Siehe den zweiten Bericht des unabhängigen Sachverständigenausschusses; zitiert in der Begründung des Kommissionsvorschlags (Fn. 1), S. 4.

Es handelt sich also auch hier letztlich nur um eine *Klarstellung* der bestehenden Rechtslage.

Gerade für Juristen ist der vorhin erwähnte Beschluss des Präsidenten des Gerichts erster Instanz[27] bezüglich der Stellungnahmen des juristischen Dienstes interessant. Danach fallen unter den Schutz des öffentlichen Interesses – wegen der „Beständigkeit der Gemeinschaftsrechtsordnung" und des „ordnungsgemäßen Funktionierens der Organe" – die *Stellungnahmen der juristischen Dienste,* da sonst die Organe das Interesse verlieren könnten, unabhängige interne juristische Stellungnahmen einzuholen, weil man eben einfach manchmal nicht mehr wagen würde, etwas zu Papier zu bringen, wenn man befürchten müsste, dass es öffentlich wird. Damit haben wir jetzt schon eine Rechtsprechung, die die Vertraulichkeit dieser besonderen Kategorie von „working documents" absichert.

17. Gleichzeitig – das ist aber auch nur eine Klarstellung, um große praktische Schwierigkeiten im Einzelfall zu vermeiden – nimmt der Kommissionsvorschlag die *informellen Mitteilungen* aus dem Anwendungsbereich heraus. Darunter sind nicht nur irgendwelche Begleitzettel zu verstehen, mit denen wirklich interessante oder wichtige Schriftstücke (die natürlich weiter unter die Zugangsregeln fallen) herumgeschickt werden (denn nach der augenblicklichen weiten Definition handelt es sich auch bei ihnen um Dokumente), sondern vor allen Dingen *elektronische Nachrichten.* Diese haben in der Praxis einige Probleme bereitet und man hat, meiner Ansicht nach zu Recht, die informellen (und nur sie) E-Mails, die man häufig anstelle eines Telefongesprächs verschickt, aus dem Anwendungsbereich herausgenommen, weil sicher auch niemand auf die Idee kommt, dass die Öffentlichkeit Zugang zu eventuell mitgeschnittenen Telefongesprächen haben müsste.

18. Das Verfahren, so wie es bisher schon festgelegt ist und wie es auch in Zukunft, jedenfalls nach dem Vorschlag der Kommission, beibehalten werden soll, läuft folgendermaßen ab. Ein Antrag auf Zugang zu einem Dokument geht zunächst zu der Dienststelle, die für das Dokument zuständig ist. Sie ist auch dafür verantwortlich, diesen Antrag in Anwendung der bestehenden Regeln zu bearbeiten und eine Antwort zu geben, sei es positiv oder negativ, also ein eindeutig *dezentralisiertes* Verfahren. Wenn das Dokument herausgegeben wird, ist alles in Ordnung – es sei denn, man gäbe ein Dokument heraus, dessen Veröffentlichung Rechte Dritter verletzt, der eventuell Schadenersatz verlangen könnte, aber der Fall hat sich bisher noch nicht gestellt. Wenn die betreffende Dienststelle – und das ist eben der häufigere Fall, der dann zu Problemen führen könnte – meint, das Dokument sei nicht herausgabefähig, dann muss sie das dem Antragsteller

---

[27] Beschluss Carlsen (Fn. 23).

in einem Schreiben mitteilen. Dieses *Schreiben* ist noch keine Entscheidung oder – um mit deutschen Begriffen zu sprechen – kein Verwaltungsakt; es ist nur ein notwendiges Zwischenstadium, um dem Antragsteller den Zugang zur nächsten Stufe zu erlauben, nämlich einen *Zweitantrag* zu stellen.

Eine *Entscheidung* trifft erst, im Namen der Kommission, der Generalsekretär, als Antwort auf den Zweitantrag. Wenn diese Entscheidung wiederum den Zugang verweigert, kann sich der Antragsteller entweder beim Bürgerbeauftragten beschweren oder eine Nichtigkeitsklage beim Gericht erster Instanz erheben.

19. Was passiert nun, wenn die Verwaltung nichts tut? Ein Erstantrag muss innerhalb eines Monats bearbeitet werden. Danach wird eine Ablehnung fingiert mit der Folge, dass dann diese *konkludente* Ablehnung wiederum den Weg frei macht zum Zweitantrag. Wenn der Generalsekretär auch untätig bleibt, wird wiederum nach einem Monat eine negative Entscheidung fingiert mit den entsprechenden Folgen, d.h. Rechtsschutz vor dem Gericht erster Instanz. Es stellt sich dann die interessante Frage, die aber nie praktisch geworden ist, ob diese implizite Entscheidung nicht schon allein deshalb aufgehoben werden muss, weil sie natürlich keine Begründung hat, die aber nach den gemeinschaftsrechtlichen Regeln ein Rechtmäßigkeitserfordernis ist. Aber in der Praxis wird die Kommission und sicher jedes andere Organ sofort einen ausdrücklichen Verwaltungsakt nachreichen, der dann wiederum anfechtbar ist und der natürlich die erste Klage sich in der Hauptsache erledigen lässt.

20. Dieses zweistufige Verfahren soll nach den Vorstellungen der Kommission auch beibehalten werden. Es hat sich im wesentlichen nur ein einziges Wort gegenüber den heutigen Regeln geändert, und zwar auf der zweiten Stufe. Wenn der Generalsekretär untätig bleibt und nach Ablauf der Frist eine Ablehnung fingiert wird, handelt es sich in Zukunft nach dem Vorschlag der Kommission um die *Fiktion einer positiven Entscheidung;* das stelle, so die Begründung[28], eine „Stärkung der Rechte des Bürgers" dar. Sowohl eine positive als auch eine negative Fiktion sind sicher juristisch vertretbar. Aber ich frage mich doch, ob man damit nicht einen falschen Eindruck erweckt, denn was bedeutet die Fiktion einer positiven Entscheidung praktisch? Heißt das wirklich, dass der Antragsteller ohne weiteres Nachdenken von Seiten des betreffenden Organs automatisch Zugang zu dem beantragten Dokument haben müsste? Ich habe die größten Zweifel. Stellen Sie sich vor, jemand verlangt die medizinischen Unterlagen eines Bediensteten oder ein Dokument aus dem Bereich des Wettbewerbs, ein Schriftstück, das von vorne bis hinten voller Betriebsgeheimnisse eines

[28] Siehe oben Fn. 1, S. 5.

Unternehmens steckt. Sollte die Kommission dann wirklich gezwungen sein, sehenden Auges diese Interessen Dritter zu verletzen und sich Schadenersatzansprüchen auszusetzen? Es gibt sicher einige Interessen Dritter, die gar nicht zur Disposition des Gemeinschaftsgesetzgebers oder der Verwaltung stehen. Meiner Ansicht nach wäre die Rechtsfolge in einem solchen Fall, dass die Kommission trotz der Fiktion der positiven Entscheidung dann doch überprüfen müsste, ob sie dieses Schriftstück wirklich herausgeben darf. Wenn sie zu dem Ergebnis kommt, dass irgendwelche zwingenden Interessen Dritter betroffen sind, müsste sie wohl – was auf gemeinschaftsrechtlicher Ebene mangels geschriebener Regeln größere Schwierigkeiten machen dürfte als etwa im deutschen Verwaltungsverfahrensrecht – zu einer Rücknahmeregelung kommen und die implizite positive Entscheidung, die ja materiell in dem von mir gewählten Beispiel rechtswidrig wäre, doch wieder aus der Welt schaffen und durch eine ausdrückliche negative Entscheidung ersetzen. Ob das dann wirklich für den Antragsteller günstiger als die augenblickliche Rechtslage ist, möchte ich bezweifeln.

21. Ganz zum Schluss noch eine Frage, die sich auch in der Praxis sehr häufig gestellt hat: Unterstellt, der Verordnungsvorschlag würde so Gesetz, welche Auswirkungen hätte er auf die Zugangsregelungen in den *Mitgliedstaaten?* Diese Frage ist vor allen Dingen deshalb akut geworden, weil gerade die skandinavischen Staaten meinen, sie hätten großzügigere Regelungen. Sie haben die Befürchtung, dass diese nationalen Regelungen vielleicht angepasst werden müssen, denn eine Verordnung „gilt unmittelbar in jedem Mitgliedstaat". Die unmittelbare Geltung einer Verordnung ist unbestreitbar, ebenso auch der Vorrang des Gemeinschaftsrechts. Aber heißt das wirklich, dass diese Verordnung den innerstaatlichen Zugangsregeln vorgeht? Ich glaube nicht, denn die eben erwähnten Grundsätze gehen ja nur so weit, wie wirklich diese Verordnung reicht. Diese Verordnung regelt aber, nicht mehr und nicht weniger, das Verhältnis der Öffentlichkeit zu den drei Gemeinschaftsorganen in Bezug auf Zugang zu bestimmten Dokumenten. Sie betrifft nicht das Verhältnis der Öffentlichkeit zu den nationalen Verwaltungen. Das heißt also, die Mitgliedstaaten brauchen ihre eigenen Regeln *nicht anzupassen.* All das findet sich im Erwägungsgrund 12 kurz zusammengefasst. Aber es steht dort auch ein Hinweis auf Art. 10 EGV (n.F.). Diese Vorschrift wird zwar nicht ausdrücklich erwähnt, aber sie verbirgt sich hinter dem *Loyalitätsgedanken.* Die Mitgliedstaaten dürfen sich nicht so verhalten, dass die Zugangspolitik der Organe „beeinträchtigt" wird. Das heißt etwa, die Herausgabe von vertraulichen Unterlagen eines Organs durch einen Mitgliedstaat, in dessen Besitz sie sich befinden – ein wichtiges Beispiel sind vertrauliche Dokumente der Kommission im Rahmen von Vertragsverletzungsverfahren –, könnte zu einem Punkt führen, wo dieser Mitgliedstaat zwar nicht die Verordnung verletzen würde,

aber seine Pflichten aus dem Prinzip der Gemeinschaftstreue nach Art. 10 des Vertrags. In der Praxis scheint es hier aber keine Probleme zu geben, da die Mitgliedstaaten offenbar vor Herausgabe eines derartigen Schriftstücks das Organ konsultieren, von dem es stammt, und sich im Rahmen des nach ihren eigenen Vorschriften gewährleisteten Schutzes „internationaler Beziehungen“ einer negativen Stellungnahme im allgemeinen fügen.

# Bericht über die Diskussion im Anschluss an das Referat von Ulrich Wölker

## Leitung: Matthias Niedobitek

Von Sabine Frenzel

Privatdozent Dr. *Matthias Niedobitek* leitete die Diskussion mit der Feststellung ein, dass die Europäische Kommission eine rechtsvergleichende Untersuchung angestellt und im Verordnungsvorschlag das bewertende Verfahren der nordischen Länder berücksichtigt habe.

Daraufhin stellt Regierungsdirektorin *Fritzen-Welskop,* Landesamt für Ernährungswirtschaft und Jagd Nordrhein-Westfalen, die Situation des Landes Nordrhein-Westfalen dar, wonach Fragen an die Kommission, wie Nordrhein-Westfalen im Vergleich zu anderen Bundesländern stünde, nicht beantwortet würden. Insoweit sei es interessant zu erfahren, welche Möglichkeiten es gebe, um derartige Auskünfte zu erlangen, ohne dass sich der Ombudsmann damit befassen müsse.

Dem entgegnete Dr. *Ulrich Wölker*, Juristischer Dienst der Europäischen Komission, dass er nicht der Ansicht sei, dass solche Papiere unter die Kategorie der internen Arbeitspapiere fallen. Diese Kategorie beziehe sich auf interne Papiere, die sich auf den Prozess des Nachdenkens bezögen. Unterlagen, die wirtschaftliche Situationen oder Statistiken darstellten, seien nicht darauf bezogen, es sei auch nicht erkennbar, unter welche Ausnahmeregelung diese Papiere fallen würden. Des weiteren nahm *Wölker* auf die bestehenden und zukünftigen Regelungen Bezug. Damit sei das Verhältnis der Öffentlichkeit zu den Organen geregelt, es werde aber nicht das Verhältnis der verschiedenen Gemeinschaftsorgane zueinander oder das Verhältnis der Gemeinschaftsinstitutionen zu den Mitgliedstaaten auf zentraler Ebene geregelt. Hinsichtlich der Bundesländer oder lokaler Verwaltungen gebe es eine Grauzone. So weit man diese den Mitgliedstaaten zurechne, würden sie nicht der Öffentlichkeit zuzurechnen sein. Dann gebe es keine geschriebenen Regeln. Allerdings dürften die dann anzuwendenden Regeln nicht ungünstiger ausfallen als bei der Öffentlichkeit. Selbst wenn die Regelungen bezüglich der Öffentlichkeit anwendbar seien, dürfte der Zugang zu den Dokumenten nicht verweigert werden, da sie unter keine Ausnahme fallen dürften. Wenn der Zugang trotzdem verweigert würde, müsste der Rechtsweg beschritten werden.

Regierungsdirektor *Heinrich Schachinger,* Regierung von Mittelfranken, interessierte sich für das Zugangsrecht bei nicht abgeschlossenen Verfahren. Hierzu führte *Wölker* aus, dass der Zugang zu Unterlagen, wobei jedes Dokument einzeln untersucht werden müsse, im laufenden Verfahren schwieriger sein könne, da man sich auf das Beratungsgeheimnis berufen könne. Generell gebe es aber keinen Grund, Einschätzungen zur wirtschaftlichen Situation oder Statistiken zu verweigern.

Professor Dr. *Siegfried Magiera* kam auf die Formulierung „interner Gebrauch" zurück und bemerkte dazu, dass der Begriff sehr weit zu gehen scheine. Ein Organ habe wohl dann ein Recht auf Vertrauen, wenn es um die Art und Weise der internen Willensbildung gehe, es dürfe aber nicht dazu kommen, dass der Inhalt mit einbezogen werde. Das müsse deutlicher zum Ausdruck kommen. Sonst sei die Einschränkung so stark, dass man alles darunter ziehen könne. Die Unterscheidung zwischen abgeschlossenen und nicht abgeschlossenen Verfahren sei nicht praktikabel.

Weiter führte er aus, dass der Begriff des „Dritten" in Art. 4 lit.d des Verordnungsvorschlages des Europäischen Parlaments und des Rates auch sehr weit gehe. Dritte seien ja auch die Mitgliedstaaten und diese könnten dann verlangen, dass Dokumente vertraulich behandelt würden. Andererseits gehe die Ausnahme des Art. 4 lit.b zu weit, wenn Personalakten und Stellungnahmen zu Personen betroffen sind und es ausreichen soll, dass die Beeinträchtigung des privaten Interesses im Ermessen der Kommission stünde.

*Wölker* stimmte dem insoweit zu, als dass viele der Formulierungen in heiklen Bereichen nicht ideal seien, auch gebe es innerhalb der Kommission große Interessenunterschiede. Manche Formulierungen seien daher Kompromisse. Bezüglich Art. 4 lit.d hätten sich die Mitgliedstaaten durch politische Erklärungen in der Schlussakte zu Amsterdam das Recht vorbehalten, beim Zugang zu Dokumenten der Mitgliedstaaten, die sich in den Händen der Kommission befinden, das letzte Wort zu haben. Diese Erklärung sei zwar nicht juristisch, aber politisch verbindlich. Art. 4 lit.d sei die Umsetzung der Erklärung. Es stellte sich nur die Frage, ob es vertretbar sei, dass nur die Mitgliedstaaten diese Vertraulichkeit beantragen können und nicht andere Gemeinschaftsorgane, Unternehmen und Privatleute. Das habe man dann nicht für politisch opportun gehalten und die Gleichbehandlung aller beschlossen.

Frau Dr. *Monika Paulus,* Ministerialrätin in der Hessischen Staatskanzlei, kam auf das Problem zu sprechen, dass viele Bürger nicht die Kenntnis hätten, welches Dokument sie genau suchen. Insoweit wäre ein Ermittlungsrecht notwendig. In der Praxis sei dies bisher sehr restriktiv gehandhabt worden. Zu letzterem entgegnete *Wölker,* dass selbst nach der Rechtsprechung des transparenzfreundlichen Gerichts erster Instanz Dokumente, die den Dialog zwischen der Kommission und den Mitgliedstaaten in Bezug auf eventuelle Vertragsverletzungen darstellten, unter die Ausnahme der Inspektionstätigkeiten fielen. Das sei selbst dann der Fall, wenn ein Verfahren formell nie eröffnet oder eingestellt wurde. Hinsichtlich des Antrages auf Zugang sei es nicht erforderlich, genau das Dokument zu bezeichnen. Insoweit könne mittels Nachfragen klargestellt werden, welches Dokument gemeint sei. Zukünftig soll durch ein Register der Zugang erleichtert werden, da selbst vertrauliche Unterlagen darin aufgenommen werden sollen.

Oberregierungsrat *Lothar Eichhorn,* Niedersächsisches Landesamt für Statistik, kam auf den Begriff des Dokuments zurück. Im Bereich der Statistik gebe es bei Eurostat die Kategorie „Arbeitspapiere“. Dies seien keine öffentlichen Dokumente, sondern beispielsweise Stellungnahmen zur Leistungsfähigkeit eines Mitgliedstaates. Eine Einschränkung des Zugangs auf diese working papers wäre aber verheerend. Dem antwortete *Wölker*, dass der Begriff des working papers in Rechtstexten nicht wieder zu finden sei, so dass es möglich sei, dass mit demselben Begriff unterschiedliche Sachen bezeichnet werden. Es sei aber nicht ein Rückschritt der bestehenden Praxis beabsichtigt. Selbst wenn eine Dokumentenkategorie in der Vorlage nicht erfasst sei, dann bedeute dies nur, dass es kein subjektives Recht der Öffentlichkeit gebe. Der Verwaltung bleibe es aber unbenommen, vorbehaltlich zwingender Interessen Dritter, diese Papiere zu veröffentlichen.

Bezogen auf die Tätigkeit eines Rechtsanwaltes, der einen EU-Bürger oder ein EU-Unternehmen zu beraten habe, interessierte sich Dr. Alexander *Jannasch*, Richter am Bundesverwaltungsgericht, für die Chancen, beim Gericht erster Instanz Rechtsschutz und einstweiligen Rechtsschutz zu bekommen, wenn man an bestimmten Dokumenten interessiert sei. *Wölker* führte dazu aus, dass das Gericht erster Instanz sehr transparenzfreundlich sei, allerdings die Voraussetzungen zum einstweiligen Rechtsschutz sehr streng seien. Ausgeschlossen sei es aber nicht, einstweiligen Rechtsschutz zu erlangen. Theoretisch sei es aber eher wahrscheinlich, dass ein Unternehmen die Herausgabe von Dokumenten mittels einstweiligem Rechtsschutz verhindern möchte, wenn es z. B. um Geschäftsgeheimnisse geht.

Regierungsdirektor *Rainer Szwerinski,* Ministerium für Umwelt, Natur und Forsten des Landes Schleswig-Holstein, kam auf die Frage einer möglichen Selbstbindung der Organe zu sprechen. Auf der einen Seite gebe es die Umweltinformationsrichtlinie, die Aarhus-Konvention, die die Mitgliedstaaten verpflichte, auf der anderen Seite stehe die Frage, ob sich die Organe selbst diesen Pflichten stellen wollen. Insoweit müsste es einen Maßstab geben.

*Wölker* sah darin kein Rechtsproblem, eher ein politisches Problem. Es verletze keinen Rechtsgrundsatz, z. B. das Diskriminierungsverbot, wenn man unterschiedliche Regeln in unterschiedlichen Situationen aufstelle. Hinsichtlich der Aarhus-Konvention sei es noch nicht klar, wie sich die Gemeinschaft politisch verhalte. Juristisch gebe es die Möglichkeiten, dass die Gemeinschaft einen Vorbehalt abgebe, was bedeute, dass die Konvention für die Organe nur insoweit gelte, wie sie mit den Gemeinschaftsregelungen übereinstimme. Eine weitere Möglichkeit sei die volle Unterwerfung unter die Konvention. Soweit man feststelle, dass die Konvention weitergehe als die Gemeinschaftsregelungen, z. B. seien die Ausnahmen der Konvention alle nur fakultativ, würden nach dem Grundsatz der Spezialität die Gemeinschaftsregelungen vorgehen.

Prof. Dr. *Karl-Peter Sommermann* knüpfte an die Systemgerechtigkeit an. Man dürfe auf den Gerichtshof vertrauen, dass dieser sich nicht restriktiv verhalten werde, wenn es um die Auslegung des Aktenzugangsrechts gehe. In Bezug auf die Mitgliedstaaten habe die Gemeinschaft doch einen wichtigen Impuls auf die Bundesrepublik gegeben, was das Prinzip der beschränkten Aktenöffentlichkeit angehe. Insoweit gebe es eine Reformdiskussion. Andere Staaten, wie die skandinavischen Länder, Frankreich oder Italien, seien schon viel weiter. In Deutschland sei das Aktenzugangsrecht mit Ausnahme im Umweltrecht noch sehr dünn. Brandenburg habe als erstes auf Landesebene ein solches Gesetz erlassen. Es stelle sich die Frage, ob die Diskussion noch offen sei.

*Wölker* bestätigte, dass die Diskussion noch völlig offen sei. Der Rat habe in der Arbeitsgruppe mit der Diskussion gerade erst begonnen. Es seien dabei große Interessengegensätze deutlich geworden. Im Parlament habe bisher noch keine inhaltliche Diskussion statt gefunden.

Dr. Diana-*Urania Galetta,* Universität Mailand, kam auf italienische Erfahrungen zu sprechen, wonach auch dort die negative Fiktion einer Entscheidung bekannt sei. Dies stelle die Frage, ob damit nicht der Rechtsschutz abgekürzt werde. Es müsste Klage erhoben werden, nur um zu erfahren, dass man kein Zugangsrecht habe.

Dem entgegnete *Wölker*, dass überhaupt keine Fiktion für den Bürger noch ungünstiger wäre. Das angesprochene Argument würde auch von den Befürwortern einer positiven Fiktion benutzt werden, da die negative Fiktion den Bürgern nur den Rechtsschutz eröffne. Aber auch bei einer positiven Fiktion sei der Bürger gezwungen, Rechtsschutz zu suchen, wenn die Verwaltung weiter untätig bleibe. Wenn die Verwaltung dann tätig würde, müsste sie die zwingenden Interessen Dritter untersuchen und eventuell den materiell rechtswidrigen fingierten Verwaltungsakt durch einen expliziten Verwaltungsakt ersetzen, der wiederum nur negativ wäre und dann nur „Rechtsschutz eröffnet". Ohne Hilfe des Gerichts würde in einem solchen Fall der Bürger nie auskommen.

# Verwaltungsrechtsschutz zwischen subjektiver und objektiver Rechtsgewährleistung

Von Thomas von Danwitz

Obgleich das Thema „Verwaltungsrechtsschutz zwischen subjektiver und objektiver Rechtsgewährleistung" zunächst technisch und trocken anmutet, hat es viel Staub aufgewirbelt[1]. Dafür sind zwei Gründe erkennbar: Der Individualrechtsschutz – vermittelt durch das sogenannte subjektiv-öffentliche Recht – verfügt in Deutschland über eine lange Tradition. Trotz einer ständig gleichförmigen Rechtsprechung, namentlich des Bundesverwaltungsgerichts, ist die Diskussion um das subjektiv-öffentliche Recht und seine Kontur in der Literatur nicht zur Ruhe gekommen[2]. Die Frage, ob das subjektiv-öffentliche Recht noch seine Daseinsberechtigung hat, ist schon vor nahezu dreißig Jahren gestellt worden[3] und beschäftigt die Forscher bis

---

[1] Siehe zur Diskussion im Schrifttum vor allem *Friedrich Schoch*, Die Europäisierung des verwaltungsgerichtlichen Rechtsschutzes, Berlin 2000, passim; *Günter Hirsch*, Europarechtliche Perspektiven der Verwaltungsgerichtsbarkeit, in: VBlBW 2000, 71 ff.; *Thomas von Danwitz*, Zur Grundlegung einer Theorie der subjektiv-öffentlichen Gemeinschaftsrechte, in: DÖV 1996, 481 ff.; *ders.*, Verwaltungsrechtliches System und Europäische Integration, Tübingen 1996, passim; *ders.*, Die Eigenverantwortung der Mitgliedstaaten für die Durchführung von Gemeinschaftsrecht, in: DVBl. 1998, 421 ff.; *Stefan Kadelbach*, Allgemeines Verwaltungsrecht unter Europäischem Einfluss, Tübingen 1999, S. 368 ff.; *Johannes Masing*, Die Mobilisierung des Bürgers für die Durchsetzung des Rechts – Europäische Impulse für eine Revision der Lehre vom subjektiv-öffentlichen Recht, Berlin 1997, passim; *Dimitris Triantafyllou*, Zur Europäisierung des subjektiven öffentlichen Rechts, in: DÖV 1997, 192 ff.; *Josef Ruthig*, Transformiertes Gemeinschaftsrecht und die Klagebefugnis des § 42 Abs. 2 VwGO, in: BayVBl. 1997, 289 ff.; *Claus-Dieter Classen*, Der einzelne als Instrument zur Durchsetzung des Gemeinschaftsrechts?, in: VerwArch. 88 (1997), 645 ff.; *Matthias Ruffert*, Dogmatik und Praxis des subjektiv-öffentlichen Rechts unter dem Einfluss des Gemeinschaftsrechts, in: DVBl. 1998, 69 ff.; *Dieter Dörr* in: Helge Sodan/Jan Ziekow, VwGO (Stand: November 1999), Europäischer Verwaltungsrechtsschutz (EVR) Rn. 409; *Ralf Halfmann*, Entwicklungen des Verwaltungsrechtsschutzes in Deutschland, Frankreich und Europa, in: VerwArch. 91 (2000), 74 (86 ff.).

[2] Siehe *Fritz Ossenbühl*, Eigentumsgarantie und Klagebefugnis, in: ders. (Hrsg.), Eigentumsgarantie und Umweltschutz, Heidelberg 1990, S. 35 ff.

[3] Siehe *Manfred Zuleeg*, Hat das subjektive öffentliche Recht noch seine Daseinsberechtigung?, in: DVBl. 1976, 509 ff. Aus rechtshistorischer Sicht *Hartmut Bauer*, Geschichtliche Grundlagen der Lehre vom subjektiv-öffentlichen Recht, Ber-

heute[4]. Das ist bei aller Bedeutung dieser Überlegungen aber sicherlich nicht der Hauptgrund für die der Frage gewidmeten Aufmerksamkeit, wie das Europarecht den Individualrechtsschutz modifiziert. Vor allem ist es die praktische Relevanz des subjektiv-öffentlichen Rechts als Prüfungsmaßstab für die Verwaltungsgerichtsbarkeit und seine Bedeutung für Art und Umfang des Verwaltungsrechtsschutzes. Im Folgenden soll zunächst der gemeinschaftsrechtliche Ausgangsbefund erörtert werden. Danach wandert der Blick vergleichend zum nationalrechtlichen Grundtatbestand. Anschließend wird die in der Literatur sehr unterschiedlich bewertete dynamische Entwicklung des Gemeinschaftsrechts in den letzten Jahren dargestellt.

## I. Der gemeinschaftsrechtliche Ausgangsbefund

Der normative Befund im Gemeinschaftsrecht offenbart eine Divergenz zweier Rechtsentwicklungen. Auf der einen Seite ist im europäischen Recht für bestimmte Materien des besonderen Verwaltungsrechts eine bereits weit gediehene und weiter fortschreitende europäische Rechtsetzung zu verzeichnen. Das gesamte Wirtschaftsverwaltungsrecht in einem weiteren Sinne wird zunehmend durch europäische Rechtsetzungsakte bestimmt oder zumindest angeregt[5]. Anzuführen sind aus diesem Bereich vor allem die vielfältigen Vergaberichtlinien[6]. Aus dem Umweltbereich sind die Richtlinie

---

lin 1986; umfassend schon *Wilhelm Henke*, Das subjektiv-öffentliche Recht, Tübingen 1968; aus rechtsvergleichender Sicht *Michel Fromont*, Rechtsschutz gegenüber der Verwaltung in Deutschland, Frankreich und den Europäischen Gemeinschaften, Köln 1967, S. 202ff.; *ders.*, République fédérale d'Allemagne – État de droit, in: RDP 100 (1984), 1203 (1220f.).

[4] *Thomas von Danwitz*, Verwaltungsrechtliches System und Europäische Integration (Fn. 1), S. 75ff.; *ders.*: DÖV 1996 (Fn. 1), 487ff.; *Stefan Kadelbach*, Allgemeines Verwaltungsrecht (Fn. 1), S. 387ff.; *Johannes Masing*, Mobilisierung des Bürgers (Fn. 1), S. 175ff.; *Dimitris Triantafyllou*: DÖV 1997 (Fn. 1), 193ff.; *Josef Ruthig*: BayVBl. 1998 (Fn. 1), 292ff.; *Claus-Dieter Classen*: VerwArch 88 (1997 [Fn. 1]), 645ff.; *Matthias Ruffert*: DVBl. 1998 (Fn. 1), 74f.; *Ralf Halfmann*: VerwArch 91 (2000 [Fn. 1]), 83ff.

[5] Zum Kompetenzzuwachs der EG im Wirtschaftsrecht eingehend *Michael Brenner*, Der Gestaltungsauftrag der Verwaltung in der Europäischen Union, Tübingen 1996, S. 77ff.

[6] Zur Vergabe öffentlicher Dienstleistungs-, Liefer- und Bauaufträge siehe die Richtlinie 92/50/EWG des Rates vom 18.06.1992 über die Koordinierung der Verfahren zur Vergabe öffentlicher Dienstleistungsaufträge, ABl. EG Nr. L 209/1, die Richtlinie 93/36/EWG des Rates vom 14.06.1993 über die Koordinierung der Verfahren zur Vergabe öffentlicher Lieferaufträge, ABl. EG Nr. L 199/1, sowie die Richtlinie 93/37/EWG des Rates vom 14.06.1993 über die Koordinierung der Verfahren zur Vergabe öffentlicher Bauaufträge, ABl. EG Nr. L 199/54. Sämtliche Richtlinien wurden geändert durch die Beitrittsakte von 1994 und die Richtlinie 97/52/EG des Europäischen Parlaments und des Rates vom 13.10.1997, ABl. EG Nr. L

über die Umweltverträglichkeitsprüfung[7] und die Richtlinie über die Umweltinformationen[8] zu nennen. Demgegenüber ist auf der anderen Seite eine relativ bescheidene, gleichsam „ausbleibende" Rechtsetzung auf dem Gebiet des sonstigen Verwaltungsrechts, namentlich des allgemeinen Verwaltungs- und Verwaltungsverfahrensrechts, sowie des Gerichtsverfahrensrechts zu konstatieren. Für diese Materien ist der Befund einer dem besonderen Verwaltungsrecht vergleichbaren gemeinschaftsrechtlichen Entwicklung gerade nicht zu verzeichnen.

An diese erste Feststellung anknüpfend ist zu erklären, auf welchen Gründen das Auseinanderfallen in der Rechtsentwicklung beruht. Die erste, besonders weittragende Erklärung liegt in der Kompetenzzuweisung an die Gemeinschaft[9]. Der Vollzug des Gemeinschaftsrechts ist im Grundsatz Aufgabe der Mitgliedstaaten. Die *autonomie institutionnelle et procédurale* der Mitgliedstaaten zur administrativen Durchführung des Gemeinschaftsrechts stellt ein primärrechtlich geschütztes Element der vertikalen Gewaltenteilung zwischen der Gemeinschaft und den Mitgliedstaaten dar[10]. Ausnahms-

---

328/1. Zur Auftragsvergabe im Bereich der Wasser-, Energie- und Verkehrsversorgung sowie im Telekommunikationssektor siehe die Richtlinie 93/38/EWG des Rates vom 14.06.1993, ABl. EG Nr. L 199/84. Zur Koordinierung der Rechts- und Verwaltungsvorschriften für die Anwendung der Nachprüfungsverfahren im Rahmen der Vergabe öffentlicher Liefer- und Bauaufträge siehe die Richtlinie 89/665/EWG des Rates vom 21.12.1989, ABl. 395/33, geändert durch Art. 41 der Richtlinie 92/50/EWG des Rates vom 18.06.1992, ABl. EG Nr. L 209/15f., und die entsprechende Richtlinie 92/13/EWG vom 25.02.1992 über die Nachprüfungsverfahren in Bezug auf die sogenannten ausgenommenen Sektoren.

7 Richtlinie 85/337/EWG des Rates vom 27.06.1985 über die Umweltverträglichkeitsprüfung bei bestimmten öffentlichen und privaten Projekten, ABl. EG 1985 Nr. L 175/40. Die UVP-Richtlinie wurde durch die UVP-Änderungsrichtlinie 97/11/EG des Rates vom 03.03.1997 novelliert, ABl. EG Nr. L 73/5.

8 Richtlinie 90/313/EWG des Rates vom 07.06.1990 über den freien Zugang zu Informationen über die Umwelt, ABl. EG Nr. L 158/56.

9 Zum primärrechtlichen Befund bereits *Thomas von Danwitz*: DVBl. 1998 (Fn. 1), 430, im Hinblick auf die Kompetenzzuweisung zur Regelung des verwaltungsgerichtlichen Verfahrens siehe *Friedrich Schoch*, Europäisierung des verwaltungsgerichtlichen Rechtsschutzes (Fn. 1), S. 14ff.

10 Bereits *Thomas von Danwitz*: DVBl. 1998 (Fn. 1), 429ff., 431. Siehe die Erklärung Nr. 19 zum Vertrag über die Europäische Union, die Erklärung Nr. 43 zum Vertrag von Amsterdam sowie die Schlussfolgerungen des Europäischen Rates der Staats- und Regierungschefs in Essen am 9./10.12.1994, in: Internationale Politik 1995, 83 (84). Zur Bestimmung der zuständigen Gerichte und der Ausgestaltung der gerichtlichen Verfahren vgl. EuGH, Slg. 1998, I-7141 (7173 Rn. 18) – Aprile; Slg. 1999, I-223 (251 Rn. 32) – Upjohn; Slg. 1999, I-579 (611 Rn. 25) – Dilexport. Eingehend zur Verfahrensautonomie der Mitgliedstaaten *Friedrich Schoch*, Europäisierung des verwaltungsgerichtlichen Rechtsschutzes (Fn. 1), S. 23f.; *Gil Carlos Rodríguez Iglesias*, Zu den Grenzen der verfahrensrechtlichen Autonomie der Mitgliedstaaten bei der Anwendung des Gemeinschaftsrechts, in: EuGRZ 1997, 28; *Stefan Kadelbach*,

weise bestehen vereinzelte und überdies eingeschränkte Vollzugsbefugnisse der Gemeinschaft beispielsweise im Kartellrecht gemäß Art. 86 Abs. 3 EGV, für die Beihilfeaufsicht gemäß Art. 88 EGV und die Handelspolitik gemäß Art. 134 EGV. Im Übrigen sind für praktisch besonders bedeutsame Bereiche des unmittelbaren Gemeinschaftsvollzugs allein sekundärrechtlich begründete Verwaltungsbefugnisse der Gemeinschaft vorhanden[11]. Wie stark dieser gemeinschaftliche Vollzug gegenwärtig Änderungen unterworfen ist, ist für den klassischen Fall des Kartellrechts an der Diskussion um die Reform der Kartellverordnung Nr. 17 festzumachen[12].

Dieser Ausgangsbefund lässt sich durch Gegenüberstellung der Verwaltungstypen anschaulich darstellen[13]. Für den Bereich der gemeinschaftsunmittelbaren Verwaltung durch die EG-Behörden ist die Regelung des Organisations- und des Verfahrensrechts durch primäres und sekundäres Gemeinschaftsrecht selbstverständlich. Demgegenüber ist das Organisationsrecht des unmittelbaren und mittelbaren mitgliedstaatlichen Vollzuges nationalrechtlich geregelt. Dies gilt grundsätzlich auch für das Verwaltungsverfahrens- und Gerichtsverfahrensrecht. Die Verwaltungsorganisation im mitgliedstaatlichen Vollzug unterliegt allerdings dem Einfluss des sekundären Gemeinschaftsrechts sowie materiell-rechtlicher Vorgaben des Gemeinschaftsrechts. Die Abgrenzung der Verwaltungstypen des Gemeinschaftsrechts ist demnach von besonderer dogmatischer Bedeutung für die Ausgestaltung der Verwaltungsorganisation und des -verfahrensrechts.

Diese schematisierende Darstellung der Verwaltungstypen und die daraus folgende – vereinfachte – Einschätzung des Gemeinschaftsvollzugs entspricht allerdings nicht mehr dem näheren Befund der gegenwärtigen Rechtsprechung und namentlich dem Stand der Rechtsprechung des Gerichtshofes der Europäischen Gemeinschaft. Noch zu Beginn der achtziger Jahre kennzeichnete Generalanwalt *Jean-Pierre Warner* in den Schlussanträgen der Rechtssache Rewe die Bedeutung des nationalen Rechts für den Vollzug des Gemeinschaftsrechts mit folgender Bemerkung: „Wie ich die Dinge sehe, greifen hier das Gemeinschaftsrecht und das innerstaatliche Recht ineinander. Das Letztere kommt zum Tragen, wenn das Erstere keine Regelungen bereithält und hilft, es durchzusetzen[14].“ Diese Aussage poin-

---

Allgemeines Verwaltungsrecht (Fn. 1), S. 110ff.; *Michael Potacs*, Die Europäische Union und die Gerichtsbarkeit öffentlichen Rechts, 14. ÖJT, Bd. I/1, 2000, S. 13ff.

[11] Siehe *Reimer von Borries*, Verwaltungskompetenzen der Europäischen Union, in: Ole Due/Marcus Lutter/Jürgen Schwarze (Hrsg.), Festschrift für Ulrich Everling, Baden-Baden 1995, S. 127 (133ff.).

[12] Siehe *Wernhard Möschel*, Systemwechsel im Europäischen Wettbewerbsrecht?, in: JZ 2000, 61ff.

[13] Siehe das Schaubild zum Verwaltungsvollzug in den Europäischen Gemeinschaften von *Rudolf Streinz*, Europarecht, 4. Aufl., Heidelberg 1999, Rn. 493.

tiert die Vollzugsfunktion des mitgliedstaatlichen Rechts in deutlichen Worten. Vor dem Hintergrund der deutschen bundesstaatlichen Erfahrung ließe sich eine Parallele zur Bedeutung der Landeseigenverwaltung für den Vollzug von Bundesgesetzen nach Art. 83 und 84 GG ziehen[15]. Aus diesem Befund seines Kollegen hat Generalanwalt *Gerhard Reischl* gefolgert: „Dass damit der rechtliche Status der Einzelnen in den verschiedenen Mitgliedstaaten unterschiedlich sein kann, ist lediglich eine Folge des Vollzugs des Gemeinschaftsrechts durch die Mitgliedstaaten, die von der Gemeinschaftsrechtsordnung in Kauf genommen wird[16]." Generalanwalt *Reischl* hat auf der einen Seite die einheitlichen materiell-rechtlichen Regelungen im Gemeinschaftsrecht und auf der anderen Seite die unterschiedlichen mitgliedstaatlichen Regelungen des Verwaltungs-, Verwaltungsverfahrens- und Gerichtsverfahrensrechts addiert, um die überzeugende Schlussfolgerung zu ziehen, daraus entständen nicht oder allenfalls zufällig identische Summen für den Rechtsstatus des Einzelnen. Diese Divergenz zwischen gemeinschaftlicher- und mitgliedstaatlicher Rechtsgewährleistung hat die Gemeinschaftsrechtsordnung hinzunehmen.

So viel zum gemeinschaftsrechtlichen Ausgangsbefund, den es auf eine weitere Argumentationsstufe zu heben gilt. Der Grundtatbestand ist aus der Sicht des Gemeinschaftsrechts schon in den siebziger Jahren nicht akzeptabel gewesen, weil sich nicht alle Konstellationen mit einem unmodifizierten Verständnis der Vollzugsfunktion des nationalen Rechts sachgerecht lösen lassen. Zu diesem Zweck hat die Rechtsprechung des Europäischen Gerichtshofes die sogenannte Doppelschranke des Diskriminierungs- und Vereitelungsverbotes oder des Gleichwertigkeits- und Effektivitätsgrundsatzes entwickelt[17]. Ausgangsposition des Gerichtshofes ist zunächst der kompetenziell-normative Ansatz: Soweit das Gemeinschaftsrecht einschließlich

---

[14] Generalanwalt *Jean-Pierre Warner* in den Schlussanträgen zur Rs. 33/76, Slg. 1976, 2000 (2004) – Rewe.

[15] Weitergehend unter Verweis auf *Pierre Pescatore*, Das Zusammenwirken der Gemeinschaftsrechtsordnung mit den nationalen Rechtsordnungen, in: EuR 1970, 307 (317), sogar *Hans Peter Ipsen*, Europäisches Gemeinschaftsrecht, Tübingen 1972, S. 9/26: „Soweit die Mitgliedstaaten das Gemeinschaftsrecht durch ihre Exekutive vollziehen, sind sie zwar gebunden, stehen sie deshalb zur Gemeinschaft aber nicht in ‚hierarchischer Unterordnung', als ‚untergeordnete Mechanismen', als nachgeordnete Dienststellen. Allenfalls kann – in Anlehnung an die staats- und kommunalrechtliche Terminologie – von ‚Auftragsverwaltung' gesprochen werden."

[16] Generalanwalt *Gerhard Reischl* in den Schlussanträgen zur Rs. 61/79, Slg. 1980, 1230 (1233) – Denkavit Italiana.

[17] Die Termini Äquivalenzgrundsatz und Effektivitätsgrundsatz ersetzen in der neueren Rechtsprechung das Diskriminierungsverbot und Vereitelungsverbot, EuGH, Slg. 1998, I-7141 (7173 Rn. 18) – Aprile; Slg. 1999, I-223 (251 Rn. 32) – Upjohn; Slg. 1999, I-579 (611 Rn. 25) – Dilexport. – jeweils m. w. M. auf die Rspr. des Gerichtshofes.

der allgemeinen gemeinschaftsrechtlichen Grundsätze keine gemeinsamen Bestimmungen enthält, gehen die nationalen Behörden bei der Durchführung der Gemeinschaftsregelungen nach den formellen und materiellen Bestimmungen des nationalen Rechts vor. Die Voraussetzungen, nach denen die nationalen Behörden zu verfahren haben, dürfen allerdings nicht ungünstiger sein als bei ähnlichen Klagen, die nur innerstaatliches Recht betreffen, und nicht so ausgestaltet sein, dass sie die Ausübung der durch die Gemeinschaftsrechtsordnung eingeräumten Rechte praktisch unmöglich machen oder erheblich erschweren[18].

Nach der ersten Prämisse darf die auf das materielle Gemeinschaftsrecht angewandte mitgliedstaatliche Rechtsordnung nicht diskriminierend wirken. Der Kläger, der ein Gemeinschaftsrecht einklagt, darf folglich nicht schlechter gestellt werden als derjenige, der ein mitgliedstaatlich gewährtes Recht geltend macht. Diese Forderung ist zwar selbstverständlich, aus Sicht der Gemeinschaft gleichwohl essentiell. Das Diskriminierungsverbot als Gewährleistungsgehalt des Gemeinschaftsrechts ist als eherner *acquis communautaire* anerkannt, der zu Streit keinerlei Anlass mehr bietet[19].

Demgegenüber erscheint der zweite Gesichtspunkt weitaus interessanter: Die Ausübung dieser Rechte darf durch die Anwendung des nationalen Vollzugsrechts nicht unmöglich gemacht oder wesentlich erschwert werden. Auf den ersten Blick scheint es sich erneut um eine selbstverständliche Prämisse zu handeln. Gleichwohl lässt sich ein gewisses Konkurrenzverhältnis zwischen dem Diskriminierungs- und dem Vereitelungsverbot nicht verkennen. Dieser Wettstreit wurde in der Rechtsprechung des Gerichtshofes zunächst zu Gunsten des Ersteren aufgelöst. Der Gerichtshof entschied im Jahre 1981 für die Zulässigkeitsvoraussetzungen gerichtlicher Klagen, dass zur Durchsetzung des unmittelbar geltenden Gemeinschaftsrechts die Möglichkeit gewährleistet sein muss, von jeder „im nationalen Recht vorgesehenen Klagemöglichkeit unter *denselben* Zulässigkeits- und Verfahrensvoraussetzungen Gebrauch zu machen, wie wenn es sich um die Gewährleistung der Beachtung des nationalen Rechts handelte[20]." Die durch die Umschreibung „denselben" gekennzeichneten Anforderungen sind eindeutig und nicht weiter auslegungsfähig oder -bedürftig. Das sogenannte Vereite-

18 EuGH, Slg. 1982, 1449 (1463 Rn. 6) – Fromme; Slg. 1983, 3595 (3612 Rn. 12) – San Giorgio; Slg. 1988, 355 (376 Rn. 18) – Barra; Slg. 1995, I-1883 (1919 Rn. 41) – BP Soupergaz – jeweils m.w.M. auf die std. Rspr. des Gerichtshofes.

19 Vgl. *Christine Langenfeld*, Die dezentrale Kontrolle der Anwendung des Gemeinschaftsrechts im innerstaatlichen Rechtsraum – dargestellt am Beispiel der Richtlinien, in: Heinrich Siedentopf (Hrsg.), Europäische Integration und nationalstaatliche Verwaltung, Stuttgart 1991, S. 173 (184f.).

20 EuGH, Slg. 1981, 1805 (1838 Rn. 44) – Butterschiffe, Hervorhebung im Original d. Verf.

lungsverbot oder der Effektivitätsgrundsatz war folglich nach der anfänglichen Rechtsprechung des Gerichtshofes auf eine *Reservefunktion* beschränkt, für die (noch) kein konkreter Anwendungsfall vorgesehen zu sein schien[21].

Die wesentliche Frage ist, welche Anforderungen sich aus dem sogenannten Vereitelungsverbot bzw. dem Effektivitätsgrundsatz entfalten lassen, nicht zuletzt im Hinblick auf die seitens des Gerichtshofes in einer großen prätorischen Leistung seit Beginn der sechziger Jahre entwickelten allgemeinen Verwaltungsrechtsgrundsätze, namentlich den Grundsatz des Vertrauensschutzes[22] und des effektiven Rechtsschutzes[23]. Welche Maßgaben hat der Gerichtshof für den Rechtsschutz der europäischen Ebene auf der einen und der mitgliedstaatlichen Ebene auf der anderen Seite aufgestellt? In dieser Hinsicht sind vielfältige Entwicklungen zu verzeichnen.

---

[21] In diesem Sinne hat die Regierungskonferenz von Maastricht zum Vertrag über die Europäische Union in der Erklärung Nr. 19 das Diskriminierungsverbot gegenüber dem Vereitelungsverbot besonders hervorgehoben. Demzufolge ist „es ... für die reibungslose Arbeit der Gemeinschaft von wesentlicher Bedeutung [...], dass die in den einzelnen Mitgliedstaaten getroffenen Maßnahmen dazu führen, dass das Gemeinschaftsrecht dort mit gleicher Strenge Anwendung findet, wie dies bei der Durchführung einzelstaatlicher Rechtsvorschriften der Fall ist".

[22] EuGH, Slg. 1961, 109 (172f.) – SNUPAT; Slg. 1982, 749 (764 Rn. 10) – Alpha Steel; Slg. 1983, 2633 (2665 Rn. 17) – Deutsche Milchkontor. Im Einzelnen zu den verschiedenen Konstellationen des europäischen Vertrauensschutzes *Thomas von Danwitz*, Verwaltungsrechtliches System und Europäische Integration (Fn. 1), S. 283ff.

[23] Auf der normativen Grundlage von Art. 6 und Art. 13 EMRK hat der EuGH die klassischen Beteiligungsrechte des Verwaltungsverfahrensrechts sehr weitgehend auch dem Gemeinschaftsrecht eingefügt. Zur Verpflichtung zur sorgfältigen und unparteiischen Prüfung aller relevanten Gesichtspunkte des Einzelfalls EuGH, Slg. 1991, 5469 (5500f. Rn. 22–25) – TU München; zum Recht auf Verteidigung, insbesondere auf Anhörung EuGH, Slg. 1979, 461 (512f. Rn. 11–15) – Hoffmann-La Roche; zur eingeschränkt gewährten Akteneinsicht EuGH, Slg. 1980, 3125 (3236f. Rn. 36–40) – Van Landewyck, sowie Slg. 1991, 3187 (3241f. Rn. 15–18) – Al-Jubail Fertilizer; zur Geltung besonderer Beweisverwertungsverbote EuGH, Slg. 1981, 3211 (3245 Rn. 16) – Ludwigshafener Walzmühle Erling; Slg. 1983, 1825 (1885 Rn. 29f.) – Musique Diffusion Française; Slg. 1989, 3283 (3550f. Rn. 30–34) – Orkem. Im Einzelnen siehe *Thomas von Danwitz*, Verwaltungsrechtliches System und Europäische Integration (Fn. 1), S. 165f. Allerdings hat der EuGH den verbindlichen Grundsatz des effektiven Rechtsschutzes nicht auf den defizitär ausgestalteten Rechtsschutz nach Art. 230 UAbs. 4 EGV angewandt, siehe *dens.*, Die Garantie effektiven Rechtsschutzes im Recht der Europäischen Gemeinschaft, in: NJW 1993, 1108 (1111f., 1114f.).

## II. Die Konzeption des Individualrechtsschutzes im nationalen Verwaltungsprozessrecht

Der Akzent soll zunächst auf die mitgliedstaatliche Situation des Individualrechtsschutzes gelegt werden. Der Systemunterschied zwischen objektiver Rechtskontrolle und subjektivem Rechtsschutz hat im deutschen Verwaltungsrecht erheblichen Einfluss auf die Entwicklung der modernen Verwaltungsgerichtsbarkeit genommen. Katalysefaktoren waren die objektive Verwaltungsrechtspflege nach preußischem und französischem Muster einerseits und der subjektive Verwaltungsrechtsschutz nach süddeutschem Modell andererseits[24]. Die Einwirkungslinien des objektiv-rechtlichen Vorstellungsbildes lässt die VwGO heute allenfalls rudimentär wiedererkennen. Selbst das Normenkontrollverfahren hat nunmehr in § 47 Abs. 2 S. 1 VwGO eine subjektiv-rechtliche Prägung erfahren. Dennoch ist die objektive Rechts- und Verwaltungskontrolle durchaus virulent geblieben und hat namentlich durch die Einführung der Verbandsklage im Umweltrecht auch eine wesentlich praktische Bedeutung erlangt[25]. Unbestreitbar ist schließlich die mittelbar objektiv-rechtliche Dimension der verwaltungsgerichtlichen Kontrolle, wenngleich diese zunehmend auf die Einhaltung subjektiv-rechtlicher Gewährleistung beschränkt wird.

Die Aufgabenzuweisung an die Exekutive und Judikative lässt sich folgendermaßen qualifizieren: Die handelnde Verwaltung nimmt einen objektiven Gestaltungsauftrag wahr, während die richterliche Rechtskontrolle angeleitet und zugleich durch das individuelle Rechtsschutzbegehren begrenzt wird[26]. Die systematische Bedeutung der Lehre vom subjektivenöffentlichen Recht bestand schon für *Ottmar Bühler* in der Konzentration der verwaltungsgerichtlichen Kontrolle auf den Individualrechtsschutz und damit zugleich in einer funktionalen Ablösung ihrer Kontrollaufgabe gegenüber dem Gestaltungsauftrag der handelnden Verwaltung[27]. Diese Systemfunktion des subjektiv-öffentlichen Rechts hat sich im Prinzip bis heute

---

[24] Eingehend *Thomas von Danwitz*, Verwaltungsrechtliches System und Europäische Integration (Fn. 1), S. 76ff.

[25] Siehe § 39 b NatSchGBln., § 65 BbgNatSchG, § 44 BremNatSchG, § 41 Hmb-NatSchG, § 36 HeNatSchG, § 60 c NatSchG Nds, § 33 SNG, § 58 Sächs-NatSchG, § 52 NatSchG LSA, § 46 VorlThürNatSchG.

[26] Im Einzelnen *Thomas von Danwitz*, Verwaltungsrechtliches System und Europäische Integration (Fn. 1), S. 77ff.

[27] *Ottmar Bühler*, Die subjektiven öffentlichen Rechte und ihr Schutz in der deutschen Verwaltungsrechtsprechung, Berlin, Stuttgart, Leipzig 1914, S. 522f.; *ders.*, Altes und Neues über Begriff und Bedeutung der subjektiven öffentlichen Rechte, in: Otto Bachof (Hrsg.), Gedächtnisschrift für Walter Jellinek, München 1955, S. 269 (283ff.). Im Einzelnen *Thomas von Danwitz*, Verwaltungsrechtliches System und Europäische Integration (Fn. 1), S. 75ff.

nicht verändert. Nach der überkommenen Definition der 1914 von *Ottmar Bühler* ersonnenen Schutznorm-Lehre sind Rechtsvorschriften subjektiv-öffentliche Rechte zu entnehmen, soweit es sich

- um einen zwingenden Rechtssatz handelt,
- der auch den Interessen Einzelner zu dienen bestimmt ist und
- dem Einzelnen die Rechtsmacht zur Normdurchsetzung verleiht[28].

Die genannten drei Kriterien bilden das Raster der Schutznorm-Theorie. Unter den Rahmenbedingungen des deutschen Verwaltungsrechts ist namentlich der Frage große Beachtung geschenkt worden, inwieweit eine Vorschrift drittschützenden Charakter entfaltet. Die insoweit in der Rechtsprechung des Bundesverwaltungsgerichts verwandten Prüfraster differieren unwesentlich und beruhen im Kern auf gefestigter Rechtserkenntnis. Drittschützender Charakter kommt einer Vorschrift zu, wenn sie nicht nur öffentlichen Interessen, sondern auch Individualinteressen zu dienen bestimmt ist und sich aus den Tatbestandsmerkmalen der anzuwendenden Norm ein Personenkreis bestimmen lässt, der sich von der Allgemeinheit unterscheidet[29]. Dies hängt vom Inhalt der jeweiligen Norm sowie davon ab, ob der Drittbetroffene in den mit der behördlichen Entscheidung gestalteten Interessenausgleich eine eigene schutzfähige Rechtsposition einbringen kann[30]. Drittschutz vermitteln also nur solche Vorschriften, die nach dem in ihnen enthaltenen, durch Auslegung zu ermittelnden Entscheidungsprogramm für die Behörde auch der Rücksichtnahme auf Interessen eines individualisierbaren, d.h. sich von der Allgemeinheit unterscheidenden Personenkreises dienen[31].

Im Sinne dieser Schutznormlehre des deutschen Verwaltungsrechts können die objektiven Vorschriften des Gemeinschaftsrechts ohne weiteres als zwingende Rechtsvorschriften angesehen werden, denen das Konzept der unmittelbaren Wirkung in der Terminologie der Schutznormtheorie die Rechtsmacht zur Normdurchsetzung verleiht[32]. Insoweit ist festzustellen,

---

28 *Ottmar Bühler,* Die subjektiven öffentlichen Rechte (Fn. 27), S. 21, 224. Zur verwaltungsgerichtlichen Rechtsprechung siehe *BVerwGE* 82, 246 (251f.); 81, 329 (334); 65, 313 (320); 65, 167 (171). Allgemein zur systemprägenden Bedeutung der Schutznormtheorie für das deutsche Verwaltungsrecht *Eberhard Schmidt-Aßmann*, in: Theodor Maunz/Günter Dürig (Hrsg.), Grundgesetz Kommentar (Stand: August 2000), Art. 19 Abs. 4 Rn. 127ff.

29 BVerwGE 101, 157 (163).

30 BVerwGE 81, 329 (334).

31 BVerwGE 81, 329 (334).

32 Angesichts der stark eingeschränkten Bedeutung, die diese beiden Kriterien für die praktische Anwendung der Schutznormtheorie heute noch entfalten, dazu eingehend *Hartmut Bauer*, Altes und Neues zur Schutznormtheorie, in: AöR 113 (1988), 582ff., sowie *Arno Scherzberg*, Unterverfassungsrechtliche Rechtssätze als Grundla-

dass das Gemeinschaftsrecht und das deutsche Verwaltungsrecht in ihren rechtlichen Aussagen übereinstimmen. Den rechtlichen Kern des Konflikts zwischen dem Gemeinschaftsrecht und dem deutschen Verwaltungsrecht bildet demgegenüber die Frage, unter welchen Voraussetzungen eine Norm auch dem Schutz individueller Interessen und damit einem sich von der Allgemeinheit zu unterscheidenden Personenkreis zu dienen bestimmt ist. Der Rechtsprechungspraxis des Gerichtshofes ist in dieser Hinsicht zu entnehmen, dass Belange wie der Schutz der menschlichen Gesundheit[33] und das Funktionieren des Gemeinsamen Marktes[34] als individualschützend angesehen werden und damit die Einklagbarkeit der entsprechenden Bestimmungen des sekundären Gemeinschaftsrechts zu begründen vermögen[35].

## III. Die unmodifizierte Anwendung des nationalen Konzepts der Schutznormtheorie als Verstoß gegen das Effektivitätsprinzip

Auf dieser Grundlage stellt sich für das Gemeinschaftsrecht namentlich die Frage, ob die Beschränkung der Klagebefugnis oder – für die Praxis ungleich wichtiger – die Beschränkung des richterlichen Prüfungsmaßstabes

ge subjektiv-öffentlicher Rechte, in: Jura 1988, 455 (457f.), darf die scheinbare Kompatibilität beider Konzepte nicht überbewertet werden, siehe bereits *Thomas von Danwitz*: DÖV 1996 (Fn. 1), 484.

33 Siehe EuGH, Slg. 1991, I-2567 (2601 Rn. 16) zu Art. 2 und dem dritten Erwägungsgrund der Richtlinie 80/779/EWG über Grenzwerte und Leitwerte der Luftqualität für Schwefeldioxid und Schwebestaub, ABl. EG 1980, Nr. L 229/30f., und EuGH, Slg. 1991, I-2607 (2631 Rn. 19) zu Art. 1 Abs. 1 sowie dem vierten und siebten Erwägungsgrund der Richtlinie 82/884/EWG betreffend einen Grenzwert für den Bleigehalt in der Luft, ABl. EG 1982, Nr. L 378/5f.

34 Siehe zur Möglichkeit ungleicher Wettbewerbsbedingungen infolge unterschiedlicher Emissionswerte die Schlussanträge von Generalanwalt *Jean Mischo*, Slg. 1991, I-2585 (2590 Ziff. 21-23), ebenso der Vertreter der Kommission in diesem Verfahren, Slg. 1991, I-2567 (2576ff.); *Ingolf Pernice*, Gestaltung und Vollzug des Umweltrechts im europäischen Binnenmarkt – Europäische Impulse und Zwänge für das deutsche Umweltrecht, in: NVwZ 1990, 414 (425f.). Für Generalanwalt *Guiseppe Tesauro* stellt die gemeinschaftsrechtlich gewährte Befugnis, auf der Grundlage rechtswidriger Ausschreibungsverfahren für die Verletzung von Positionen Schadensersatz zu erlangen, die herkömmlicherweise der Kategorie der berechtigten Interessen zugerechnet werden, eine *Kulturrevolution* für die italienische Rechtsordnung dar, Schlussanträge in den verb. Rs. C-46 und C-48/93 – Brasserie du Pêcheur & Factortame, Slg. 1996, 1066 (1094 Ziff. 46 in Fn. 56), Hervorhebung im Original.

35 *Thomas von Danwitz*: DÖV 1996 (Fn. 1), 483, *ders.*: DVBl. 1998 (Fn. 1), 426. Auf diese Weise bewirkt das Gemeinschaftsrecht eine Ausweitung einklagbarer individueller Rechte in sachlicher und persönlicher Hinsicht, *Friedrich Schoch*, Individualrechtsschutz im deutschen Umweltrecht unter dem Einfluss des Gemeinschaftsrechts, in: NVwZ 1999, 457 (464); *Friedrich Schoch*, Europäisierung des verwaltungsgerichtlichen Rechtsschutzes (Fn. 1), S. 35.

nach § 113 Abs. 1 Satz 1 VwGO unter das Vereitelungsverbot des Gemeinschaftsrechts fällt, indem die Geltendmachung gemeinschaftsrechtlich gewährleisteter Rechte vielleicht nicht unmöglich gemacht, aber erheblich erschwert wird. Die Bedeutung dieser Frage erschließt sich erst vollends, wenn man die Ansätze der Rechtsprechung des Europäischen Gerichtshofes und der Europäischen Institutionen präzise herausarbeitet.

Der Gerichtshof hat den individualrechtlichen Ansatz für das Gemeinschaftsrecht bereits im Jahre 1963 in seiner bahnbrechenden Entscheidung „van Gend & Loos" geschaffen. In den Entscheidungsgründen führt der Gerichtshof aus, dass die Anwendung der Vorschriften über das Vertragsverletzungsverfahren gemäß Art. 226 und 227 EGV wirkungslos wäre, wenn sie nach dem Vollzug einer in Verkennung der Vertragsvorschriften ergangenen staatlichen Entscheidung erfolgte[36]. Der erweiterte Erklärungsansatz durch den Gerichtshof lautet im Einzelnen: „Die Wachsamkeit der an der Wahrung ihrer Rechte interessierten Einzelnen stellt eine wirksame Kontrolle dar, welche die durch die Kommission und die Mitgliedstaaten ... ausgeübte Kontrolle ergänzt[37]." Diese Erläuterung des Gerichtshofes ist als klares Bekenntnis für eine Ergänzungsfunktion des Individualrechtsschutzes zur zentralen Kontrolle des Gemeinschaftsrechts durch die Mitgliedstaaten und die Europäische Kommission zu werten. Dass dem Einzelnen bei der Gewährleistung der Einhaltung des Gemeinschaftsrechts eine besondere Bedeutung zukommt, hat schließlich die Europäische Kommission in den neunziger Jahren explizit bekräftigt: „In der Rechtsprechung hat der Gerichtshof ... die Position von Einzelpersonen beträchtlich gestärkt, die den nationalen Rechtsweg beschreiten, um unter Berufung auf Gemeinschaftsvorschriften gegenüber ihrer nationalen Verwaltung Rechtsschutz zu erlangen[38]."

Die Anforderungen an eine effiziente dezentrale Kontrolle erläutert eingehend *Claus Dieter Ehlermann*, der seinerzeitige Generaldirektor des Juristischen Dienstes der Kommission, in einer dem ehemaligen Richter am Europäischen Gerichtshof *Pierre Pescatore* gewidmeten Festschrift[39]. In

---

[36] EuGH, Slg. 1963, 1 (26) – van Gend & Loos. Die Umwidmung mitgliedstaatlicher Verpflichtungen und allgemeiner Rechtsgrundsätze zu subjektiven Rechten des Einzelnen wurde bestätigt durch BVerfGE 75, 223 (244) – Kloppenburg.

[37] EuGH, Slg. 1963, 1 (26) – van Gend & Loos.

[38] Zehnter Jahresbericht an das Europäische Parlament über die Kontrolle der Anwendung des Gemeinschaftsrechts – 1992 –, ABl. EG 1993 Nr. C 233/1 (8).

[39] *Claus-Dieter Ehlermann*, Ein Plädoyer für die dezentrale Kontrolle der Anwendung des Gemeinschaftsrechts durch die Mitgliedstaaten, in: Francesco Capotorti/ders. (Hrsg.), Du droit international au droit de l'intégration, Liber amicorum Pierre Pescatore, Baden-Baden 1987, S. 205 (220). Die Ausführungen geben ausschließlich die persönliche Auffassung des Autors wieder. Zur dezentralen Kontrolle der Anwendung des Gemeinschaftsrechts siehe auch *Christine Langenfeld*, Die de-

seinem „Plädoyer für die dezentrale Kontrolle der Anwendung des Gemeinschaftsrechts durch die Mitgliedstaaten“ heißt es: „Im Gegensatz zur zentralen Kontrolle, die zu den institutionellen Pflichten der Kommission gehört, erfordert die dezentrale Kontrolle Anreize. Sie ist vermutlich um so effizienter, je besser die Aussichten sind, für die Mühen, Kosten und Risiken eines Prozesses entschädigt, ja ‚belohnt‘ zu werden. Die Gemeinschaftsorgane haben sich nicht nur darum zu kümmern, ob und in welchem Umfang in den Mitgliedstaaten der Rechtsweg offen steht. Sie haben auch dafür Sorge zu tragen, dass ausreichende Anreize vorhanden sind, den Rechtsweg tatsächlich zu beschreiten. Dazu gehört, dass in Eilfällen einstweilige Anordnungen zur Verfügung stehen, dass zu Unrecht erhobene Abgaben zurückgefordert werden können, dass zu Unrecht zugefügter Schaden zu ersetzen ist[40].“

Neben der Zielsetzung einer effizienten dezentralen Kontrolle der Anwendung des Gemeinschaftsrechts durch die Mitgliedstaaten ist ferner an das Konzept der Direktwirkung[41] anzuknüpfen. Namentlich ist die *Sanktionskategorie*[42] der unmittelbaren Richtlinienwirkung in Erwägung zu ziehen: Unbedingte und hinreichend bestimmte Richtlinienbestimmungen wirken nach Ablauf der Umsetzungsfrist unmittelbar in den Mitgliedstaaten[43]. *Fernand Grévisse*, der frühere französische Richter am Europäischen Gerichtshof, hat in der Gedächtnisschrift für den Richterkollegen *Fernand Schockweiler* an herausragender Stelle die Position der europäischen Gerichtsbarkeit im Rahmen der einfachen Feststellung umschrieben, dass der Gerichtshof in seiner Rechtsprechung die Direktwirkung von Richtlinien anerkannt habe[44]. Die eigentliche Botschaft schließt sich an die

---

zentrale Kontrolle der Anwendung des Gemeinschaftsrechts (Fn. 19), S. 173 ff., *Thomas von Danwitz*: DÖV 1996 (Fn. 1), 482 ff.

[40] *Claus-Dieter Ehlermann*, Plädoyer für die dezentrale Kontrolle der Anwendung des Gemeinschaftsrechts (Fn. 39), S. 220.

[41] EuGH, Slg. 1963, 1 (25) – van Gend & Loos; Slg. 1978, 629 (644 Rn. 17 ff.) – Simmenthal II.

[42] BVerfGE 75, 223 (242) – Kloppenburg. Siehe auch die ausdrückliche Anerkennung durch Generalanwalt *Carl Otto Lenz*, Slg. 1989, 1851 (1855 Rn. 23) – Costanzo. Im Einzelnen *Thomas von Danwitz*, Verwaltungsrechtliches System und Europäische Integration (Fn. 1), S. 141.

[43] EuGH, Slg. 1982, 53 (71 Rn. 25) – Becker, Slg. 1990, 495 (525 Rn. 22) – Busseni. Zusammengefasst wurde die Rspr. durch EuGH, Slg. 1994, 3325 (3355 f. Rn. 20–24) – Faccini Dori. Im Einzelnen siehe die Auswertung von *Claus-Dieter Classen*, Zur Bedeutung von EWG-Richtlinien für Privatpersonen, in: EuZW 1993, S. 83 ff.

[44] *Fernand Grévisse*, L'invocabilité des directives et le droit national, in: Gil Carlos Rodríguez Iglesias u. a. (Hrsg.), Mélanges en hommage à Fernand Schockweiler, Baden-Baden 1999, S. 151: „Il arrive que les États ne transposent pas une directive ou, plus souvent, ne la transposent pas entièrement dans le délai qui leur

Worte „...La Cour de justice a...reconnu ‚l'effet direct vertical'..." mit der offenbar vor allem an die französischen Leser gerichteten Erklärung an: „...ou, selon une autre formule, *l'invocabilité* par les justiciables devant les juridictions nationales des dispositions des directives aussi longtemps, qu'après le terme prévu pour leur transposition elles ne sont pas insérées dans le droit national[45]." Das Konzept der unmittelbaren Richtlinienwirkung wird von Richter *Grévisse* also mit dem Konzept der gerichtlichen Einklagbarkeit[46] gemeinschaftsrechtlich gewährter Rechte gleichgesetzt. Damit stellt sich die Frage, wie der ursprüngliche Ansatz des Gerichtshofes mit dem Konzept der Indienstnahme des Gemeinschaftsbürgers zur Durchsetzung des Gemeinschaftsrechtes zu vereinbaren ist[47].

Es geht namentlich darum, wie das Spannungsverhältnis zwischen der Verfahrensautonomie der Mitgliedstaaten und dem gemeinschaftsrechtlichen Effektivitätsgrundsatz aufzulösen ist. Um es konkret an einem einfachen Beispiel darzustellen: Wenn die UVP-Richtlinie[48] von der Verwaltungsbehörde im Rahmen der Durchführung eines Planfeststellungsverfahrens nicht beachtet wird und die Kläger im verwaltungsgerichtlichen Verfahren die Nichtdurchführung der Umweltverträglichkeitsprüfung rügen, die sich unmittelbar aus den Anforderungen der Richtlinie ergab, zum damaligen Zeitpunkt allerdings noch nicht im Gesetz über die Umweltverträglichkeitsprüfung umge-

---

est imparti. Pour pallier ou, du moins, atténuer les conséquences de ces défaillances, la Cour de justice a, non sans réserves de certaines juridictions constitutionnelles ou suprêmes des États membres, reconnu „l'effet direct vertical"...".

[45] *Fernand Grévisse,* L'invocabilité des directives et le droit national (Fn. 44), S. 151, Hervorhebung im Original d. Verf. Der Gerichtshof habe die unmittelbare Anwendbarkeit oder gemäß einer anderen Formel, die Einklagbarkeit der Richtlinienbestimmungen durch die Rechtsunterworfenen vor den nationalen Gerichten, erkannt, soweit diese nach Ablauf der Umsetzungsfrist nicht in das nationale Recht umgesetzt worden seien.

[46] Zur Terminologie des Europäischen Gerichtshofes siehe EuGH, Slg. 1989, 1839 (1870 Rn. 29) – Costanzo; Slg. 1982, 53 (71 Rn. 25) – Becker. Kritisch zur spezifischen Voraussetzungslosigkeit einer individualrechtlichen Durchsetzbarkeit objektiver Normen des Europarechts *Thomas von Danwitz*: DÖV 1996 (Fn. 1), 482f. Zur dogmatischen Einordnung der gemeinschaftsrechtlichen *invocabilité* in das System subjektiv-öffentlicher Rechte des deutschen Verwaltungsrechts *ders.*, 484ff.

[47] Zur Funktionalisierung des Einzelnen als „roter Faden" in der Rechtsprechung des EuGH bereits *Ulrich Everling*, Durchführung und Umsetzung des Europäischen Gemeinschaftsrechts im Bereich des Umweltschutzes unter Berücksichtigung der Rechtsprechung des *EuGH*, in: NVwZ 1993, 209 (215), *Thomas von Danwitz*: DÖV 1996 (Fn. 1), 484, *Friedrich Schoch*, Europäisierung des verwaltungsgerichtlichen Rechtsschutzes (Fn. 1), S. 22; *Johannes Masing*, Die Mobilisierung des Bürgers für die Durchsetzung des Rechts (Fn. 1), S. 42ff., 50ff.

[48] Richtlinie 85/337/EWG des Rates vom 27.06.1985 über die Umweltverträglichkeitsprüfung bei bestimmten öffentlichen und privaten Projekten, ABl. EG 1985 Nr. L 175/40. Die UVP-Richtlinie wurde durch die UVP-Änderungsrichtlinie 97/11/EG des Rates vom 03.03.1997 novelliert, ABl. EG Nr. L 73/5.

setzt war, steht die Effizienz des Schutzes der im EG-Recht begründeten Rechte der Autonomie des Gerichtsverfahrensrechts der Mitgliedstaaten unversöhnlich gegenüber. In dieser Konstellation kommen als klassische Entscheidungsalternativen in Betracht: Entweder die Nichtberücksichtigung der Umweltverträglichkeitsprüfung ist für die Judikative individualrechtlich als irrelevant anzusehen und daher vom Verwaltungsgericht nicht zu überprüfen, weil insoweit die Verfahrensautonomie der Mitgliedstaaten greift, oder der Durchsetzung des Gemeinschaftsrechts ist gegenüber der Verfahrensautonomie Vorrang einzuräumen. Die Auswertung der deutschen Verwaltungsrechtsprechung führt eindeutig in die erste Richtung. Der bayerische Verwaltungsgerichtshof formuliert bereits als Leitsatz seiner entsprechenden Entscheidung, alleine die Behauptung, bei einer straßenrechtlichen Planfeststellung sei die gebotene Umweltverträglichkeitsprüfung nicht durchgeführt worden, begründe keine Klagebefugnis[49]. Der baden-württembergische Verwaltungsgerichtshof hat demgegenüber die unmittelbare Anwendbarkeit der Richtlinie objektiv-rechtlich dahingestellt sein lassen, weil sich die Kläger jedenfalls mangels Vermittlung eines Individualrechtsschutzes nicht mit Erfolg auf deren Bestimmungen berufen könnten: Ebenso wenig wie den Bürgern ein Anspruch auf Durchführung eines Planfeststellungsverfahrens eingeräumt sei, stände ihnen ein Anspruch auf Durchführung eines Teilverfahrens zu, wie es die Umweltverträglichkeitsprüfung im Rahmen des Planfeststellungsverfahrens darstellt[50].

Beide Verwaltungsgerichtshöfe haben sich in ihrer Rechtsprechung implizit dafür entschieden, das mitgliedstaatliche Konzept der Schutznormtheorie unmodifiziert auf das Gemeinschaftsrecht zur Anwendung zu bringen, und den Klägern in der Konsequenz die Befugnis zur Geltendmachung der von der UVP-Richtlinie verfolgten Zielsetzungen versagt. Um diesen eindeutigen sachlichen Befund gemeinschaftsrechtlich bewerten zu können, ist zunächst zu untersuchen, ob das Gemeinschaftsrecht in den zitierten Urteilen der Obergerichte korrekt angewandt oder eventuell verkannt worden ist. Als Grundlage ist auf die Rechtsprechung des Europäischen Gerichtshofes zum Vereitelungsverbot zurückzugreifen. Es sei in diesem Kontext durchaus zugestan-

---

[49] In den Entscheidungsgründen wird die Einräumung eines subjektiv-öffentlichen Rechts mit den Argumenten verneint, dass sich weder in der Präambel noch in der Richtlinie selbst Anhaltspunkte für ein solches finden ließen, sondern der Zweck der Umweltverträglichkeitsprüfung als Informationsbeschaffung im Vordergrund stände, der Rechtsschutz gegen die im Zulassungsverfahren getroffenen Entscheidungen sich nach dem nationalen Recht richteten, und ein Klagerecht für vorgelagerte Verfahrensstufen mit dem Konzept der Richtlinie nicht zu vereinbaren wäre, BayVGH, UPR 1993, 274 (275).

[50] Anders als der BayVGH stellt der VGH Bad.-Württ. in seiner Argumentation darauf ab, dass das *nationale Recht* dem Einzelnen keinen Anspruch auf Durchführung eines Teilverfahrens verleihe: DÖV 1994, 527 (528).

den, dass eine derartige Rechtsprechungsentwicklung nicht in einem linearen Prozess vor sich geht. Für den Bereich des einstweiligen Rechtsschutzes[51] und die Reichweite des Vertrauensschutzes im Beihilfeaufsichtsverfahren[52] sind in der Rechtsprechung des Gerichtshofes Entscheidungen zu verzeichnen, die den Effektivitätsgrundsatz sehr stark betont haben. In anderen Bereichen mag man darüber streiten, ob eine solche effektivitätsbetonte Sichtweise die richtige Rechtsanwendung seitens der Mitgliedstaaten anleitet. Geht man allerdings von einem Vollzugsdefizit im gemeinschaftlichen Umweltrecht aus, ist dem Aspekt der Effektivität für die Frage einer modifizierten Auslegung und Anwendung des nationalen Verfahrensrechts besondere Bedeutung zuzumessen. Dass die Anforderungen des Effektivitätsgrundsatzes an die Anwendung des nationalen Rechts ein unmodifiziertes Durchgreifen der Schutznormtheorie ausschließen, scheint dagegen sowohl der bayerische als auch der baden-württembergische Verwaltungsgerichtshof zu verkennen. Richtigerweise verlangt der Effektivitätsgrundsatz des Gemeinschaftsrechts gerade, die Bestimmungen über die Umweltverträglichkeitsprüfung individualrechtlich rügen und im Verwaltungsgerichtsprozess geltend machen zu dürfen. Diese Entwicklung ist nicht allein von den allgemeinen Sanktions- und Überwachungsgesichtspunkten getragen, welche der Rechtsprechung des Gerichtshofes zu entnehmen sind[53], sondern zeigt sich vor allem an der Zielsetzung dieser spezifischen Sachmaterie des Umweltschutzrechts, einerseits auf unterschiedliche Rechtsvorschriften in den einzelnen Mitgliedstaaten beruhende Wettbewerbsdisparitäten zu vermindern und andererseits die Umwelt zu schützen, um eine bestimmte Lebensqualität zu verwirklichen[54]. In einer Herabzonung der *invocabilité* gegenüber der Funktion des subjektiv-öffentlichen

---

[51] EuGH, Slg. 1990, 2433 (2474 Rn. 21f.) – Factortame I. Zu den Hintergründen *Dawn Oliver*, Fishing on the Incoming Tide, in: The Modern Law Review 54 (1991), 442ff. Im Einzelnen *Thomas von Danwitz*, Verwaltungsrechtliches System und Europäische Integration (Fn. 1), S. 299f.

[52] EuGH, Slg. 1989, 175 (192 Rn. 12) – Präaluminium, und Slg. 1990, 959 (1019 Rn. 61) – Tubemeuse, verweisen auf die für national verwaltete Subventionen der Gemeinschaften entwickelten Grundsätze, EuGH, Slg. 1983, 2633 (2667ff. Rn. 27–33) – Deutsche Milchkontor. Im Einzelnen *Thomas von Danwitz*, Verwaltungsrechtliches System und Europäische Integration (Fn. 1), S. 290ff.

[53] Vergl. im Einzelnen *Thomas von Danwitz*, Verwaltungsrechtliches System und Europäische Integration (Fn. 1), S. 140ff., 389ff.

[54] Siehe die Absätze 2 und 11 der Erwägungsgründe der Richtlinie 85/337/EWG des Rates vom 27.06.1985 über die Umweltverträglichkeitsprüfung bei bestimmten öffentlichen und privaten Projekten, ABl. EG 1985 Nr. L 175/40. Nicht zuletzt hat der Gerichthof in den Entscheidungen zur Umsetzung der Umweltrichtlinien durch klassische Außenrechtssätze diese Notwendigkeit gerade mit der Möglichkeit der Rechtsunterworfenen begründet, gemeinschaftlich gewährte Rechte einklagen zu können, EuGH, Slg. 1991, I-825 (867 Rn. 7) – Grundwasser, Slg. 1991, I-2567 (2600f. Rn. 15) – Luftverschmutzung; Slg. 1991, I-2607 (2631 Rn. 18f.) – Luftverschmutzung – Blei, Slg. 1991, I- 4983 (5023 Rn. 14) – Trinkwasser.

Rechts dürfte dagegen eine vereitelnde Anwendung des Verwaltungsrechts liegen, zumal das deutsche Verwaltungsrecht für eine derartige Differenzierung gar keine praktikable Konstruktion vorsieht[55], um gleichwohl eine gerichtliche Berücksichtigung der objektiven Normen des Gemeinschaftsrechts in der vom Gerichtshof geforderten Weise gewährleisten zu können[56]. Der vom Europäischen Gerichtshof mit der Rechtsfigur der *invocabilité* begründete Normvollziehungsanspruch für die betroffenen Unionsbürger führt auf diese Weise zu einer veritablen Systemveränderung für das gesamte deutsche Verwaltungs- und Verwaltungsprozessrecht[57]. Vermittelnde Ansichten sind zwar vorstellbar, mit dem normativen Grundgerüst in § 113 Abs. 1 VwGO und im gemeinschaftsrechtlichen Effektivitätsgebot aber zumindest konzeptionell nicht vereinbar.

Zuletzt soll auf die Verknüpfung dieser Rechtsentwicklung mit strategischen Aspekten hingewiesen werden. Die Sanktions- und Überwachungsperspektive des Gerichtshofes stellt sich als besonders nahe liegende Strategie zur Unterbindung von Umsetzungsversäumnissen des nationalen Gesetzgebers dar. Ein mit dieser Rechtslage konfrontierter Umweltschutzverband wird selbstverständlich eine auf die Effektivität des Gemeinschaftsrechts zielende Auslegung des nationalen Verfahrensrechts vertreten. Demgegenüber wird eine Verwaltungsbehörde regelmäßig interessiert sein, ein einmal initiiertes Projekt zu Ende zu führen, mag es auch fehlerhaft veranlagt worden sein. Zweckfrei wird die Argumentation in diesen Konstellationen wohl von keiner Seite geführt. Letztlich finden sich die unterschiedlichen Positionen auch als Basis der verschiedenen Ansichten im Schrifttum wieder.

Im Ergebnis dürfte die Diskussion letztlich nicht primär durch dogmatische Überlegungen angeleitet, sondern zugleich von strategischen Erwägungen geprägt werden. In der Rechtspraxis mag dies legitim oder jedenfalls unvermeidlich erscheinen. Die einem systematischen Verwaltungsrecht verpflichtete Wissenschaft sollte jedoch ihren Beitrag am Ziel dogmatischer Klarheit und Stringenz orientieren.

---

[55] So *Josef Pietzcker*, Änderungen des Rechtsschutzes bei der Auftragsvergabe, in: Rechtsstaat zwischen Sozialgestaltung und Rechtsschutz, Festschrift für Konrad Redeker, München 1993, S. 500 (504).

[56] Vergleich bereits *Thomas von Danwitz*: DÖV 1996 (Fn. 1), 488.

[57] Vgl. bereits *Thomas von Danwitz*, Verwaltungsrechtliches System und Europäische Integration (Fn. 1), S. 242ff., 364ff., sowie *dens.*: DÖV 1996 (Fn. 1), 489.

# Bericht über die Diskussion im Anschluss an das Referat von Thomas von Danwitz

## Leitung: Karl-Peter Sommermann

Von Holger Holzwart

Prof. Dr. *Karl-Peter Sommermann* eröffnete die Diskussion mit der Feststellung, dass Prof. Dr. *Thomas von Danwitz* in seinem Vortrag gezeigt habe, welche entscheidende Bedeutung der dezentralen Kontrolle durch die nationalen Gerichte für die Durchsetzung des Gemeinschaftsrechts zukomme. Dies führe zu einem zentralen Problem der Ausgestaltung der nationalen Verwaltungsprozessrechtsordnungen in den Mitgliedstaaten. Für eine einheitliche Anwendung und Durchsetzung des Gemeinschaftsrechts erscheine es auf Dauer wenig sinnvoll und effizient, dass in den verschiedenen Mitgliedstaaten bei Verwaltungsrechtsstreitigkeiten mit gemeinschaftsrechtlichem Bezug sowohl der Zugang zum Rechtsschutz als auch die Intensität richterlicher Kontrolle sehr unterschiedlich ausgestaltet seien. Damit stehe auch das deutsche Konzept des subjektiven Rechtsschutzes, das die Gewährung von gerichtlichem Rechtsschutz regelmäßig von der restriktiven Voraussetzung der Geltendmachung eines subjektiven Rechts abhängig mache, auf dem Prüfstand. Es stelle sich die Frage, ob die Schaffung eines vollkommen neuen Verwaltungsprozessrechts notwendig, oder aber – im Sinne von *von Danwitz* – eine eher behutsame Modifikation der bestehenden Verwaltungsgerichtsordnung ausreichend sei. Daran anschließend müsse man auch darüber diskutieren, in welcher Breite und Tiefe man künftig verwaltungsgerichtlichen Rechtsschutz gewähren wolle. Dieses Problem stelle sich vor allem dann, wenn man sich dafür entschiede, die Hürden für den Zugang zu verwaltungsgerichtlichem Rechtsschutz erheblich abzusenken, indem man etwa eine Klagebefugnis – ähnlich wie im französischen oder italienischen Verwaltungsprozessrecht – bereits beim Vorliegen legitimer Interessen eröffne. Man müsse angesichts der bei einer solchen Ausdehnung der Klagemöglichkeiten zu erwartenden erheblichen Zunahme verwaltungsgerichtlicher Verfahren überlegen, ob dann noch die Einzelfallprüfung durch die Verwaltungsgerichte mit der bisher gewohnten Tiefe und Intensität beibehalten werden könne, ohne das hergebrachte System vollkommen zu überfordern.

Hierzu merkte *von Danwitz* an, dass die Beantwortung dieser Frage letztendlich von der Position zu der Grundfrage nach den Zielen und der Tiefe des europäischen Integrationsprozesses abhänge. Gäbe man sich mit der etwa vom Generalanwalt am Europäischen Gerichtshof *Raischl* bereits vor 20 Jahren vertretenen Auffassung zufrieden, dass das Gemeinschaftsrecht zwar einheitliche Beachtung in allen Mitgliedstaaten fordere, der rechtliche Status des Einzelnen in den verschiedenen Mitgliedstaaten aber unterschiedlich bzw. allenfalls zufällig gleich sei, dann bestehe auch kein aktueller Handlungsbedarf. Allerdings stelle sich dann das weitere Problem, ob dies den Ansprüchen genüge, die auf Dauer an die europäische Integration zu richten wären. Diesbezüglich sei er eher skeptisch. Fraglich sei allerdings, wer im Sachbereich Verwaltungsrecht für die Umsetzung dieses weitergehenden Integrationsanspruches zuständig sei. Es stehe in einem gewissen Widerspruch zum Grundsatz der Gewaltenteilung, wenn die Grundzüge eines gemeinsamen europäischen allgemeinen Verwaltungs- und Verwaltungsprozessrechts hauptsächlich durch die Rechtsprechung entwickelt würden. Allerdings seien auch weder die deutsche Verwaltungsgerichtsordnung noch die Verwaltungsverfahrengesetze gleichsam „vom Himmel“ gefallen. Neben der genannten Grundfrage seien noch zwei weitere Punkte wichtig. So sei in Deutschland der Einfluss des angelsächsischen Rechtsdenkens auf die Methode der Rechtsfindung und -entwicklung in der Europäischen Gemeinschaft bisher eher gering geachtet bzw. geradezu verkannt worden. Das Verwaltungsrecht sei wohl insgesamt bereits weit stärker als dies kontinentalem Rechtsdenken entspräche von einem System des „case-law“, d.h. der Entwicklung von Recht durch nationale und europäische Gerichte in den Schranken des vorgegebenen Rechts, geprägt. Auch die geplante Erweiterung der Union könne eine grundsätzliche Neubestimmung der Position zu diesen Fragen erforderlich machen. Wie die Gemeinschaft mit 28 oder gar 30 auch rechtskulturell sehr heterogenen Mitgliedstaaten justiziell noch funktionieren solle, sei bisher nur sehr schwer vorstellbar. Es sei durchaus denkbar, dass für eine Konsolidierungsphase von vielleicht 20 Jahren eine weitere Fortentwicklung der Rechtsprechung in die genannte Richtung zugunsten einer Sicherung des gemeinschaftlichen Besitzstandes in den neuen und den weniger integrationsfreudigen Mitgliedstaaten unterbleiben werde. Damit beantworte sich auch die Ausgangsfrage nach der Notwendigkeit der Umformulierung der Schutznormtheorie des deutschen Verwaltungsprozessrechts oder – noch weitergehender – der Schaffung eines neuen Verwaltungsprozessrechts auf europäischer Ebene. Dies entscheide sich letztlich danach, wie sehr man sich von den bisherigen Erfahrungen leiten lassen wolle und ob man aus dem Gesichtspunkt der Gewaltenteilung ein verstärktes gesetzgeberisches Handeln für erforderlich erachte. Wichtig für die richterliche Rechtsfortbildung sei, dass sich in den Gemeinschaftsverträgen keine allgemeine Kompetenz für das Verwaltungsrecht finde. Spezifische Kompetenzbestimmungen mit verwaltungsrechtlichem Charakter enthielten die Gemeinschaftsverträge jedoch etwa in den Bereichen Landwirtschaft und Umwelt. Hingegen trügen die allgemeinen Harmonisierungskompetenzen für den Binnenmarkt eine Harmonisierung des allgemeinen Verwaltungsrechts nicht. Damit stelle sich die Frage, ob nicht insoweit auch für die Gerichtsbarkeit eine Kompetenzschranke für die Rechtsfortbildung bestehe, die zunächst von den Mitgliedstaaten beseitigt werden müsste, wenn und soweit sie eine solche Entwicklung wünschten.

*Sommermann* räumte hierzu ein, dass sich seine Ausgangsfrage vor allem dann stelle, wenn die nationalen Rechtsordnungen die wirkungsvolle Durchsetzung der durch das Gemeinschaftsrecht verliehenen Rechte nicht mehr gewährleisteten. Ein solcher Fall der Rechtsverweigerung sei jedenfalls im deutschen Recht bisher nicht eingetreten.

Prof. Dr. *Manfred Zuleeg* führte aus, dass er einen deutlich abweichenden Ansatz vertrete. Für ihn seien die dargestellten Probleme einfach durch die gemeinschaftsrechtskonforme Auslegung des Tatbestandsmerkmales „Recht" des § 42 Abs. 2 VwGO zu lösen. Hierzu seien die vom Gerichtshof in seiner Rechtsprechung zur unmittelbaren Wirkung von Richtlinien entwickelten Kriterien heranzuziehen. Ein solches Recht sei demnach vorhanden, wenn eine Norm nach ihrem objektiven Gehalt zugunsten einer Person geschaffen worden sei und ferner hinreichend bestimmt und unbedingt sei, unabhängig davon, ob dem Einzelnen ausdrücklich ein subjektives Recht zugewiesen worden sei. Die Klagebefugnis hänge somit nur davon ab, dass der Kläger sich auf ein solches Recht berufe und darlege, dass er durch die Rechtsnorm, die das Recht verleihe, auch konkret betroffen sei. Diese gemeinschaftsrechtliche Begriffsbestimmung des subjektiven Rechts verdränge für den Anwendungsbereich des Gemeinschaftsrecht die Schutznormtheorie. Somit existiere in Deutschland, wie *Kadelbach* in seiner Habilitationsschrift dargelegt habe, ein zweigeteilter Rechtsschutz: Bei gemeinschaftsbezogenen Sachverhalten bestehe eine für den Einzelnen sehr günstige Rechtsposition mit erleichterten Klagemöglichkeiten, hingegen existiere bei Sachverhalten, auf die ausschließlich das deutsche Recht Anwendung finde, nur ein wesentlich niedrigerer Rechtsschutzstandard. Denn die Schutznormtheorie sei im Kern eine Theorie zur Verhinderung subjektiver Rechte und damit von Klagerechten, indem sie die Durchsetzbarkeit von Begünstigungen, die durch das materielle Recht eingeräumt würden, vom dem weiteren Nachweis abhängig mache, dass die betreffende Norm zugleich mit dem Zweck geschaffen worden sei, gerade dem Einzelnen Rechte zu verleihen. Die Befürchtung, eine Ausweitung der Klagebefugnis würde zu einer Überforderung der Verwaltungsgerichte führen, halte er für überzogen. Vielmehr müsse man sich fragen, ob man auch in Zukunft noch an der Schutznormtheorie festhalten könne. Sie begegne gewichtigen Einwänden. Den Rechtsnormen des sekundären Gemeinschaftsrecht seien stets Begründungserwägungen vorangestellt, aus denen der Zweck der Bestimmungen entnommen werden könne. In deutschen Gesetzen seien hingegen keine Begründungen enthalten. Im Unterschied zum Gemeinschaftsrecht bereite die Ermittlung des Gesetzeszweckes deshalb erhebliche Schwierigkeiten. Ferner würden hierdurch auch die Möglichkeiten zur richterlichen Kontrolle erheblich eingeschränkt. Die Schaffung der Unionsbürgerschaft zeige, dass die Europäische Union eine Union der Bürger sei. Dieser Gedanke sei etwa im Gutachten des Europäischen Gerichtshofs zum Europäischen Wirtschaftsraum nochmals hervorgehoben worden. Die vom Gemeinschaftsrecht gewährten Rechte sollten dem Einzelnen deshalb auch tatsächlich zukommen. Hierzu müssten diese Rechte auch wirksam werden, sie dürften nicht ausgehöhlt oder behindert werden. Auch habe der Europäische Gerichtshof in Deutschland einen wichtigen Beitrag zur effektiven Durchsetzung der Rechte der Bürgerinnen und Bürger geleistet, etwa im Bereich der Gleichstellung von Frauen und Männern, wo er in zahlreichen Urteilen die Gleichberechtigung der Geschlechter gefördert habe.

*von Danwitz* erwiderte hierauf, er glaube, in der Sache lägen sie doch weit näher beieinander, als es *Zuleegs* einleitende Bemerkung vermuten lasse. Was den tatsächlichen Befund der gemeinschaftsrechtlichen Anforderungen angehe, bestehe Übereinstimmung. Die Unterschiede bestünden in der Bewertung, die er etwas zurückhaltend formuliert habe. *Zuleeg* würde die Frage ganz prononciert so beantworten, dass das nationale Recht zu folgen hätte, soweit im Gemeinschaftsrecht Rechte entstünden. Das sei der Ansatz, den auch er der neueren Praxis der Kommission und des Europäischen Gerichtshofs entnommen habe, der aber im klaren Gegensatz zu der diesbezüglichen Position der Generalanwälte des Gerichtshofs in den 70er und 80er Jahren stehe. In seinem Vortrag habe er dies bereits ausführlich dargestellt. Welche Auffassung nun richtig sei, sei eine Bewertungsfrage, die auch anhand der Zuständigkeitsordnung der Verträge zu beantworten sei. Im Ergebnis unterschiedlicher Meinung sei man letztlich darüber, ob die gewünschten Entwicklungen durch die europäische und nationale Gerichtsbarkeit vollzogen werden dürften oder ob hierzu gesetzgeberisches Handeln erforderlich sei. Im Fehlen einer allgemeinen verwaltungsrechtlichen Kompetenz der Gemeinschaft sehe er dabei eine Schranke für die dritte Gewalt der Gemeinschaft. Er sei der Ansicht, dass sich hierüber weder die nationalen noch die Gemeinschaftsgerichte hinwegsetzen könnten, indem sie im Einzelfall allgemeine Rechtsgrundsätze konkretisierend anwendeten. Das besondere Verdienst von *Zuleeg* sei es, dass er mit seinem Beitrag den Blick für dieses Problem geschärft habe. Soweit man mit *Zuleeg* zu einem zweigeteilten Rechtsschutz komme, so wäre ein solcher Zustand den rechtssuchenden Bürgern wohl kaum vermittelbar, vielmehr würden diese sicherlich auf eine entsprechende Ausweitung des nationalen Rechtsschutzes drängen, ganz im Sinne des von *Zuleeg* geäußerten rechtspolitischen Anliegens, die Schutznormtheorie aufzugeben. Diese werde jedoch vom Bundesverwaltungsgericht in jahrzehntelang gefestigter Rechtsprechung angewandt, so dass er doch größte Bedenken habe, dass das Bundesverwaltungsgericht bereit wäre – etwa durch Beschluss des großen Senats – kurzfristig von der Schutznormtheorie Abstand zu nehmen. Ein solcher Wandel könne und solle nur durch gesetzgeberisches Handeln bewirkt werden, wobei einheitliche Maßstäbe sowohl für gemeinschaftliche als auch für rein nationale Sachverhalte zugrunde gelegt werden sollten. Bisher habe man sich aber noch nicht der von *Sommermann* aufgeworfenen Frage gewidmet, ob sich aus einer Erweiterung der Zugangsmöglichkeiten zu den Verwaltungsgerichten nicht auch zwangsläufig ein Verlust an Prüfungsintensität und damit Kontrolldichte ergäbe. Es sei zuzugeben, dass die Verwaltungsgerichtsbarkeit die unvorhergesehene Flut von Asylverfahren schließlich doch gemeistert habe, so dass man davon ausgehen könnte, dass auch zusätzliche Verfahren infolge erweiterter Klagemöglichkeit voraussichtlich bewältigt würden. Allerdings setze man mit einem solchen Ansatz wieder bei der im 19. Jahrhundert schon gestellten Ausgangsfrage nach dem Funktionsunterschied zwischen der gestaltend handelnden Verwaltung und der Verwaltungsgerichtsbarkeit an. Dieser würde dann wieder verwischt und die Verwaltungsgerichtsbarkeit zur zweiten Instanz der verwaltungsbehördlichen Vollzugszuständigkeit umgestaltet. Damit würden sich die Anforderungen an den Verwaltungsrichter und an die Legitimation der Verwaltungsgerichtsbarkeit entscheidend verändern. Unter anderem wäre dies mit der für den Verwaltungsrichter eher abschreckenden Konsequenz verbunden, dass der Verwaltungsrichter zum rechtlichen Zweitbearbeiter jeder angegriffenen Verwaltungsentscheidung würde und letztendlich auch die volle Vollzugsverantwortung mit tragen müsste. Es läge nahe, dass eine Entwicklung einsetzen würde wie in Frankreich, nämlich dass die materielle Kontrolldichte zurückgefahren würde. Es gäbe durchaus viele gewichtige Stimmen, die eine solche Entwicklung begrüßen würden, die auch er nicht prinzipiell ablehnen wolle. Notwendig sei jedoch, dass man sich zuvor einer qualitativen Bewertung der damit verbundenen Konsequenzen stelle. Man müsse sich fragen, ob ein Rechtsschutz, in dem man zwar die Verletzung jeder Rechtsnorm rügen könne, aber der Prüfungsmaßstab der Verwaltungsgerichte bei der offensichtlichen Fehlerhaftigkeit des Verwaltungshandelns sein Ende finde, wirklich ein effektiverer als der gegenwärtige sei, der durch die Möglichkeit zur Rüge ausgewählter Rechtsnormen und deren vollinhaltliche Prüfung gekennzeichnet sei. Er bevorzuge die gegenwärtige Lösung, da sie seiner Ansicht nach mehr Rechtsfrieden schaffe. Der rechtskundig beratene Bürger erwarte vom Verwaltungsgericht nicht lediglich die Mitteilung, es habe alle Rügen geprüft, sondern er möchte im Einzelnen wissen, warum die von ihm angegriffene Entscheidung der Verwaltungsbehörde rechtmäßig sei. Nur so könne das Urteil des Verwaltungsgerichts seine Befriedungsfunktion entfalten.

In seiner Replik hierauf antwortete *Zuleeg,* dass der Einwand einer fehlenden Kompetenz der Gemeinschaft für das allgemeine Verwaltungsrecht und das Verwaltungsprozessrecht nicht durchgreife, da die erweiterte Klagebefugnis bei gemeinschaftsbezogenen Sachverhalten aus einer gemeinschaftsrechtskonformen Auslegung des Tatbestandsmerkmales „Recht" in § 42 Abs. 2 VwGO resultiere. Die Zweispurigkeit des Rechtsschutzes sei nicht Folge eines rechtspolitischen Anliegens, sondern sie ergebe sich allein aus dieser bestehenden Rechtslage. Wenn rechtspolitisch etwas zu tun bliebe, dann wäre dies eine Initiative Deutschlands, durch eine entsprechende Erweiterung der Klagebefugnis für den nicht vom Gemeinschaftsrecht erfassten Bereich die Zweispurigkeit des Verwaltungsrechtsschutzes zu beseitigen.

*Sommermann* fasste zusammen, dass somit aktuell kein Problem für das deutsche Recht bestehe, gemeinschaftsrechtskonform Verwaltungsrechtsschutz für den Unionsbürger zu gewährleisten, da § 42 Abs. 2 VwGO hierfür ausreiche. Weitergehend stelle sich noch die interessante Frage, ob nicht für das deutsche Recht die in der Rechtsprechung des EuGH dargelegten Ansätze des Gemeinschaftsrechts nutzbar gemacht werden könnten. Im deutschen Recht sei in den vergangenen Jahren eine Tendenz zum Abbau des Rechtsschutzes zu beobachten gewesen. So würden etwa die Fachgesetze den automatischen Suspensiveffekt von Rechtsbehelfen immer mehr aushebeln. Auch die 6. VwGO-Änderungsnovelle habe etwa mit der Zulassungsberufung die bisherigen Standards gesenkt. Möglicherweise habe man damit die Spielräume eröffnet, um die Zugangsmöglichkeiten zum Verwaltungsrechtsschutz zu erweitern. Vergleichbare Befürchtungen, dass ein weiter Zugang zum Verwaltungsrechtsschutz bei gleichzeitig hoher Kontrolldichte zu einer Überforderung der Gerichtsbarkeit führen könnte, würden etwa in verschiedenen romanischen Ländern in der Diskussion um die Reform ihrer Verwaltungsgerichtsbarkeit geäußert. Dort wolle man unter Beibehaltung des traditionell breiten Zugangs zur Verwaltungsgerichtsbarkeit nunmehr den Verwaltungsrechtsschutz subjektivieren und dabei diesen Rechtsordnungen bisher fremde Elemente einführen, wie beispielsweise die dort bisher unbekannten Instrumente der Verpflichtungsklage oder der einstweiligen Anordnung. Ob diese Befürchtungen tatsächlich zuträfen, könne man wohl erst aufgrund praktischer Erfahrungen beurteilen. Es böte sich an, diese Reformanliegen in einem organischen Verfahren ohne abrupten Systemwechsel anzugehen.

*von Danwitz* fügte ergänzend hinzu, dass es auch wichtig sei, im Rechtsvergleich die Rolle der Verwaltungsgerichtsbarkeit im jeweiligen System zu ermitteln. So sei etwa in Frankreich die Zahl der Verwaltungsrichter vergleichsweise wesentlich kleiner. Gleichzeitig sei aber auch die Erwartungshaltung der Bürger und das Aufgabenverständnis der Verwaltungsgerichtsbarkeit selbst anders als in Deutschland. Rechtsschutzelemente aus dem romanischen Rechtskreis dürften nicht vorbehaltlos auf das deutsche Recht übertragen werden. Vielmehr müssten dabei rechtsvergleichend die Funktionsunterschiede, das andere Rechtsverständnis und die abweichende Rechtspraxis berücksichtigt werden.

*Dr. Alexander Jannasch* merkte zu *von Danwitz* an, dass es sicher zu keiner Entscheidung des großen Senats des BVerwG über eine mögliche Aufgabe der Schutznormtheorie kommen werde. So habe das Bundesverwaltungsgericht die Schutznormtheorie in seiner neueren Rechtsprechung so weit formuliert, dass sie in der Sache nicht mehr sehr weit weg vom Ansatz des Europäischen Gerichtshofs liege. Soweit die Fachsenate des Bundesverwaltungsgerichts Fälle mit Bezug zum Sachbereich eines anderen Fachsenats zu entscheiden hätten, würden diese sich stets bemühen, divergierende Entscheidungen zu vermeiden. Hierzu erfolge in der Praxis eine Abstimmung zwischen den Senaten auf informellem Wege. Mangels Divergenz könne es demnach nicht zu einer Entscheidung des großen Senats über die Frage der Schutznormtheorie kommen. Die angeführten Entscheidungen der Verwaltungsgerichtshöfe Bayern und Baden-Württemberg zur Umweltverträglichkeitsprüfung stammten aus dem Jahre 1993, als die wesentlichen Fragen in diesem Zusammenhang neu und noch nicht durch den EuGH geklärt gewesen seien, so dass aus ihnen nur bedingt für eine Verallgemeinerung tragfähige Rückschlüsse gezogen werden könnten. Die deutsche Rechtsprechung habe am Anfang aus der These, es gebe kein Recht auf ein bestimmtes Verfahren, den Schluss gezogen, es gebe keinen Anspruch auf die Durchführung einer Umweltverträglichkeitsprüfung als solcher. Der Anspruch sei vielmehr darauf gerichtet, dass die Behörde alle Tatsachen angemessen gewürdigt habe, was heute selbstverständlich auch bedeute, dass eine Umweltverträglichkeitsstudie durchgeführt worden sei. In den damaligen Fällen sei jedoch nur eine zusammenfassende Beurteilung erforderlich gewesen, die im Rahmen der für den Planfeststellungsbeschluss erforderlichen Abwägung auch vorgenommen worden sei, selbst wenn sie möglicherweise nicht den Anforderungen des Umweltverträglichkeitsprüfungsgesetzes an die zusammenfassende Darstellung genügt habe. Die Klagen seien abgewiesen worden, da kein relevanter Einfluss der Verstöße gegen dieses Gesetz auf die nachfolgende Planungsentscheidung nachgewiesen worden sei. Letztendlich habe der EuGH in der Großkrotzenburgentscheidung – wenn auch mit einem etwas anderen Ansatz – der damaligen Sichtweise der Verwaltungsgerichtshöfe Recht gegeben, indem er darauf abgestellt habe, dass die Kommission keinen Nachweis geführt habe, dass das Regierungspräsidium Darmstadt weitere Tatsachenfeststellungen hätte treffen können, die zu einer anderen Entscheidung in der Sache geführt hätten.

*von Danwitz* antwortete hierauf, aus der Großkrotzenburgentscheidung des EuGH könnten vorliegend keine verallgemeinernden Schlussfolgerungen gezogen werden, da sie im Vorabentscheidungsverfahren ergangen sei und somit nicht zur Frage eines subjektiven Rechts habe Stellung nehmen können. Er glaube auch, dass die Rechtsprechung des Bundesverwaltungsgerichtes offen genug sei, um die notwendigen Anpassungen an das Gemeinschaftsrecht nachzuvollziehen. Dabei dürfe sich das Bundesverwaltungsgericht aber nicht den weitergehenden Konsequenzen verschließen und hinter dem Einzelfall verstecken, sondern müsse die übergreifenden Wertungszusammenhänge im Blick behalten. Einheit, Stimmigkeit und Verlässlichkeit der Rechtsordnung müssten gewahrt bleiben. Das negative Beispiel des Steuerrechts, das durch eine stark am Einzelfall orientierte, kasuistische Rechtsprechung gekennzeichnet sei, zeige wie wichtig dies sei. Er habe sich auf die genannten älteren Entscheidungen der Verwaltungsgerichtshöfe stützen müssen, da sich nach Erlass des Umweltverträglichkeitsprüfungsgesetzes die Rechtsfrage so nicht mehr gestellt hätte. Die Ausführungen von *Jannasch* hätten nochmals die Unterschiede im Rechtsdenken deutlich gemacht. Aus Sicht des EuGH sei es letztendlich nicht maßgeblich, ob das Begehren des Bürgers inhaltlich geprüft worden sei, dieser würde vielmehr prüfen, ob der Bürger die Möglichkeit hatte, das Gemeinschaftsrecht geltend zu machen. Soweit dies dem Bürger verweigert wurde, würde es sich um eine nicht mit Gemeinschaftsrecht vereinbare Rechtsanwendung handeln, selbst wenn Auswirkungen auf das Ergebnis nicht erkennbar seien. Diese Bedeutung der formalen Beachtung des Gemeinschaftsrechts sei der Rechtsprechung des Gerichtshofs zum mitgliedstaatlichen Vollzug zu entnehmen. Aus Sicht des Gerichtshofs sei dies durchaus nachvollziehbar, er teile aber die Perspektive von *Jannasch* und zweifle, ob eine solche Unterscheidung auch tatsächlich vernünftig sei. Diese unterschiedlichen Ausgangspositionen seien dank der Beiträge von *Jannasch* und *Zuleeg* deutlich herausgearbeitet worden.

*Sommermann* schloss die Diskussion mit dem Dank an den Referenten und die Diskussionsteilnehmer.

# Einführung in das materielle EG-Beihilfenrecht

Von Christian Koenig

## I. Einleitung

Nach Maßgabe des Art. 3 I lit. g EGV umfasst die Tätigkeit der Gemeinschaft die Schaffung eines Systems, das den Wettbewerb innerhalb des Binnenmarkts vor Verfälschungen bewahren soll. Mit den Art. 87 bis Art. 89 EGV wird die Wettbewerbsgleichheit zwischen den Unternehmen geschützt, die durch eine unkontrollierte Beihilfenpraxis der Mitgliedstaaten gestört würde[1]. Dennoch wird die Gewährung von Beihilfen als legitimes Mittel sowohl mitgliedstaatlicher als auch gemeinschaftlicher Wirtschaftspolitik angesehen. Allein in den wirtschaftlichen Aufbau der neuen Bundesländer flossen seit der Wiedervereinigung Jahr für Jahr Transferzahlungen in zweistelliger Milliardenhöhe[2]. Überdies fördert die Gemeinschaft selbst viele Produktionszweige, wie z.B. die Landwirtschaft, durch erhebliche Beihilfenzahlungen, wozu ergänzend intensive Regionalfördermaßnahmen treten[3]. Auch aus der volkswirtschaftlichen Perspektive werden Beihilfen nicht kategorisch als unzulässig angesehen, da sie teilweise geeignet sind, Fälle des Marktversagens zu kompensieren[4]. Ziel einer wirkungsvollen europäischen Beihilfenkontrolle ist daher nicht ein totales Beihilfenverbot, sondern eine maßvoll abwägende Überprüfung durch die Gemeinschaft im Wege der Überwachung mitgliedstaatlich geplanter Beihilfenprojekte nach Maßgabe der Art. 87 und 88 EGV. In Art. 87 I EGV werden Beihilfengewährungen durch die Mitgliedstaaten zunächst prinzipiell untersagt. Art. 87 EGV normiert in Absatz 2 allerdings eine Bereichsausnahme und in Absatz 3 eine Ausnahmeklausel in

---

[1] Zur Berücksichtigung des Wettbewerbs der Gebietskörperschaften der Europäischen Union im Rahmen des Beihilfenrechts vgl. *Christian Koenig/Jürgen Kühling*, Reform des EG-Beihilfenrechts aus der Perspektive des mitgliedstaatlichen Systemwettbewerbs, in: EuZW 1999, 517ff.

[2] *Thomas Oppermann*, Europarecht, 2. Auflage, München 1999, Rn. 1098.

[3] Zum Problem der mangelnden Kontrolle der gemeinschaftseigenen Beihilfen *Christian Koenig/Jürgen Kühling* (Fn. 1), 519f. u. 523.

[4] Vgl. exemplarisch die aufschlussreichen Ausführungen von *Gumpold*, Nationale bzw. gesamtwirtschaftliche Effekte von Beihilfen – insbesondere Exportbeihilfen, IEF Working Paper Nr. 10, 1995.

Form eines Ermessenstatbestandes[5]. Die EG-Beihilfenkontrolle unterstellt demnach die mitgliedstaatliche Beihilfengewährung einem präventiven Verbot mit Genehmigungsvorbehalt.

## II. Das Beihilfenverbot des Art. 87 I EGV

Nach Art. 87 I EGV „sind staatliche oder aus staatlichen Mitteln [2.] gewährte Beihilfen gleich welcher Art, die durch die Begünstigung [1.] bestimmter Unternehmen oder Produktionszweige [3.] den Wettbewerb verfälschen oder zu verfälschen drohen [4.], mit dem Gemeinsamen Markt unvereinbar, soweit sie den Handel zwischen Mitgliedstaaten beeinträchtigen [5.]".

### 1. Begünstigung

a) *Empfang einer Leistung (geldwerter Vorteil).* Der Begriff der Begünstigung ist das zentrale Tatbestandsmerkmal des Art. 87 I EGV. Der EuGH[6] hat bereits 1961 entschieden, dass dieses Merkmal weit auszulegen ist. Es muss zunächst an das Unternehmen eine *Leistung* erfolgen, die sehr weit als die Gewährung eines wie auch immer gearteten *geldwerten Vorteils* zu verstehen ist. Sie umfasst so eine ganze Reihe von Leistungen, die dem Unternehmen gewährt werden können, wobei nicht nur direkte Zuwendungen an das Unternehmen, wie verbilligte Darlehen oder die Übernahme von Bürgschaften, sondern auch der Verzicht auf Leistungen, die von dem begünstigten Unternehmen zu erbringen wären[7], erfasst sind. In jüngerer Zeit wurden die mitgliedstaatlichen Beihilfenkonstruktionen, die dem Kontrollstrahl der EG-Kommission unterfallen, immer subtiler und differenzierter. So fördert der Staat die Unternehmen z. B. durch Beteiligungsmodelle, die Übernahme von Einstandspflichten, umlagenfinanzierte Sonderzuweisungen oder durch die sachwidrige Ausnutzung gesetzlicher Ermessensspielräume zugunsten bestimmter Unternehmen. Eine weite Auslegung des Beihilfentatbestandes ist daher erforderlich, um so sicherzustellen, dass die Mitgliedstaaten nicht schon durch die Art der Ausgestaltung ihrer Fördermaßnahmen Art. 87 I EGV umgehen können. Demzufolge sind z. B. Befreiungen von Soziallasten, die Gewährung eines Vorzugsrediskontsatzes für

[5] EuGH, Slg. 1977, 595 (609f.) – Steinike und Weinlig; EuGH, Slg. 1990, I-307 (355) – Boussac.

[6] Sofern im folgenden vom EuGH die Rede ist, beziehen sich die Ausführungen grundsätzlich auch auf das dem EuGH beigeordnete Gericht erster Instanz (EuG).

[7] EuGH, Slg. 1961, 1 (42f.) – De Gezamenlijke Steenkolenmijnen; vgl. im übrigen den Überblick bei *Francis Rawlinson*, in: *Carl Otto Lenz*, EG-Vertrag, 2. Aufl., Köln 1999, Art, 87, Rn. 15ff.

Ausfuhren, Zahlungserleichterungen[8], Steuer- und Abgabenerleichterungen, Sondertarife[9] und Investitionszulagen als Beihilfen anzusehen. Unerheblich ist die Motivation der Gewährung, entscheidend ist allein die Wirkung der Leistung. So kann auch eine Maßnahme, die allgemeine konjunktur- oder steuerpolitische Ziele verfolgt, eine Beihilfe darstellen.

b) *Angemessene Gegenleistung.* Eine Begünstigung ist ausgeschlossen, wenn der Vorteilsgewährung eine angemessene Gegenleistung gegenübersteht. Dabei müssen Leistung und Gegenleistung keinesfalls im Rahmen eines rechtlich verpflichtenden Synallagmas erfolgen. Es genügt vielmehr ein wirtschaftlich verbundener, wechselseitiger Zusammenhang von Leistung und Gegenleistung in tatsächlicher Hinsicht. Besondere Schwierigkeiten können allerdings bei der Bestimmung des Leistungsverhältnisses in Dreieckskonstellationen auftreten, in denen die etwaige Begünstigung dem Verbraucher – und nicht dem Produzenten – unmittelbar zugute kommt[10]. Die Begünstigungswirkung einer Maßnahme ist vor dem Hintergrund normaler Marktbedingungen zu beurteilen[11]. Entsprechend einfach lassen sich regelmäßig die Fälle bewerten, in denen ein *etablierter Marktpreis* (z.B. Börsenkurs) für die angebotene Leistung vorliegt. Wird dieser gezahlt bzw. vereinnahmt, ist keine Begünstigungswirkung anzunehmen. Allerdings ist die Frage der Marktüblichkeit einer Gegenleistung nicht immer leicht zu beantworten. Daher versucht die Kommission, genaue Berechnungsgrundsätze zu entwickeln, um die Voraussehbarkeit ihrer Entscheidungen und die Gleichbehandlung sicherzustellen. Dies gilt insbesondere für die Bereiche der *Fremdkapitalzufuhr* (Darlehen, Kredite, Zinszuschüsse) und der *staatlichen Garantien.* So hat die Kommission verschiedene Mitteilungen zur Bestimmung der jeweiligen marktüblichen Gegenleistung bei der Gewährung von Darlehen veröffentlicht[12]. Dies gilt auch für die Fälle staatlicher Garantien (Haftungsverpflichtungen und Bürgschaften), deren beihilfenrechtliche Einordnung jüngst durch eine Mitteilung konkretisiert wurde[13].

---

[8] EuGH, EuZW 1999, 506 (508) – Déménagements-Manutention Transport (DMT).

[9] EuGH, Slg. 1994, I-877 (907f.) – Banco Exterior de España.

[10] Zu denken wäre an Fälle wie der von der spanischen Regierung 1994 beschlossenen Bezuschussung des Kfz-Neukaufs; zu diesem Problemkreis ausführlich *Christian Koenig/Claude Sander*, Die verbrauchervermittelte Unternehmensbegünstigung auf dem Prüfstand des EG-Beihilfenrechts, in: Europarecht, H. 5, 2000, S. 743ff.

[11] *Müller-Graff* spricht von „marktrelativer Günstigkeit", in: *Peter Christian Müller-Graff,* Die Erscheinungsformen der Leistungssubventionstatbestände aus wirtschaftsrechtlicher Sicht, in: ZHR 152 (1988), 403 (418).

[12] Zuletzt Mitteilung der Kommission über die Methode zur Festsetzung der Referenz- und Abzinsungssätze vom 9.9.1997; ABl. EG 1997 Nr. C 273, S. 3.

[13] Mitteilung der Kommission über die Anwendung der Art. 87 und 88 EG-Vertrag auf staatliche Beihilfen in Form von Haftungsverpflichtungen und Bürgschaften vom 24.11.1999, bislang nur im Internet verfügbar, und zwar auf der Seite der Ge-

In beiden Fällen stellt eine etwaige Verbilligung der Kapitalzufuhr bzw. Garantieleistung gegenüber marktüblichen Bedingungen das „Subventionsäquivalent" dar. Auf welche Weise die Anstaltslast und Gewährträgerhaftung für die Landesbanken in dieser Fallgruppe zu behandeln ist und ob die Landesbanken hinreichende kompensatorische Gegenleistungen zum Ausgleich der Vorteile aus den Einstandspflichten erbringen, ist umstritten[14].

Im übrigen greift die Kommission zunehmend auf formale Kriterien zur Beurteilung der Begünstigungswirkung zurück. So entfällt eine Begünstigungswirkung, wenn die *Höhe der Gegenleistung* in einem *objektiven Verfahren bestimmt* worden ist. Demgemäß geht die Kommission beispielsweise in der „Mitteilung betreffend Elemente staatlicher Beihilfe bei Verkäufen von Bauten oder Grundstücksgeschäften durch die öffentliche Hand"[15] davon aus, dass bei der Abgabe eines Grundstücks auf der Grundlage eines von einem unabhängigen Wertgutachter ermittelten Preises eine Beihilfe mangels Begünstigungswirkung ausscheidet.

Ebenso entfällt die Beihilfenvermutung, wenn derjenige, der die Gegenleistung erbringt, in einem hinreichend publizierten, allgemeinen und bedingungslosen *Bietverfahren* als Meistbietender ermittelt worden ist. Dies gilt etwa für den Fall des Grundstücksverkaufs durch die öffentliche Hand[16] und wurde zuletzt von der Kommission in der Phoenix-Entscheidung auf die Finanzierung der öffentlich-rechtlichen Spartenkanäle Kinderkanal und Phoenix übertragen. Nach diesem Ansatz der Kommission wäre eine Berechnung der Angemessenheit der Gegenleistung nur dann möglich gewesen, wenn sie „für die Verpflichtung, eine Dienstleistung von allgemeinem Interesse zu erbringen, zu Marktbedingungen festgesetzt [worden wäre]"[17]. Dazu hätte ein entsprechendes Bietverfahren erfolgen müssen.

Allerdings kann unter Umständen auch ein *detaillierter Kostennachweis* genügen, um die Vergütung für spezifische Leistungen als angemessen einzustufen, mit der Folge, dass der Beihilfentatbestand entfällt. So hat die Kommission in ihrer Entscheidung im Fall des portugiesischen Senders Radiotelevisão Portuguesa (RTP) einen solchen Nachweis akzeptiert. In der

---

neraldirektion Wettbewerb (vormals DG IV) unter: http://www.europa.eu.int/comm/dg04/lawaid/state_guarantees/notice_19991124_de.pdf.

[14] Dazu ausführlich *Christian Koenig*, Öffentlich-rechtliche Anstaltslast und Gewährträgerhaftung als staatliche Beihilfen gem. Art. 92 EGV?, in: EuZW 1995, 595 ff., und zuletzt *Alexander von Friesen*, Umgestaltung des öffentlich-rechtlichen Bankensektors angesichts des Europäischen Beihilfenrechts, in: EuZW 1999, 581 ff.

[15] ABl. EG 1997 Nr. C 209, S. 3.

[16] Vgl. ABl. EG 1997 Nr. C 209, S. 3.

[17] Pressemitteilung der Kommission IP/99/132 und die nicht veröffentlichte Entscheidung Staatliche Beihilfe Nr. NN 70/98 – Deutschland (Kinderkanal und Phoenix), vom 24.2.1999, Tz. 6.1.1.

Entscheidung ging es um den finanziellen Ausgleich für die Erbringung verschiedener Aktivitäten, die der öffentlichen Rundfunkanstalt im Gegensatz zu den Privaten obliegen. Diese Pflichten reichen von der Bereitstellung eines audiovisuellen Archivs bis zur Finanzierung eines öffentlichen Theaters[18]. Die Begründung der Kommission in den genannten Rundfunkentscheidungen lässt allerdings kaum erkennen, wann ein adäquat ausgestaltetes Bietverfahren erforderlich ist und wann ein detaillierter Kostennachweis genügt[19].

Als überaus vertrackt erweisen sich häufig diejenigen Fälle, in denen dem staatlichen Handeln ein *prognostisches Element* innewohnt, insbesondere im Bereich der *Eigenkapitalzufuhr* an Unternehmen[20]. Der EuGH und die Kommission orientieren sich hierbei am Verhalten eines marktwirtschaftlich handelnden privaten Unternehmers (sog. „market economy investor"). Würde die Kapitalzufuhr bei einer ex-ante-Betrachtung unter vergleichbaren Marktbedingungen auch von einem wettbewerbsorientierten privatwirtschaftlichen Unternehmen vorgenommen, entfällt die Begünstigungswirkung[21]. Umgekehrt formuliert liegt dann eine Begünstigung vor, wenn die Maßnahme unter solchen Umständen erfolgt, die für einen privaten Kapitalgeber unter Marktbedingungen nicht annehmbar wären[22]. Ob die Investition von einem privaten Kapitalgeber getätigt worden wäre, ist angesichts des prognostischen Elements, das jeder Investition eigen ist, aber nicht immer leicht zu beantworten.

Hier unterscheiden Kommission[23] und EuGH[24] zwischen einer kurzfristigen und einer langfristigen Anlagestrategie. Nur im Fall einer als *long term*

---

[18] Vgl. Pressemitteilung der Kommission IP/96/882 und die nicht veröffentlichte Entscheidung Auxilio estatal NN 141/95 – Financiamento dos canais públicos de televisão, vom 10.2.1998, insbesondere Tz. 5; vgl. ferner *Christian Koenig/Jürgen Kühling,* Mitgliedstaatliche Kulturförderung und gemeinschaftliche Beihilfenkontrolle durch die EG-Kommission, in: EuZW 2000, 197–203.

[19] *Dieter Frey*, Fernsehen und audiovisueller Pluralismus im Binnenmarkt der EG, Baden-Baden 1999, S. 130, stellt auf die Bilanzierbarkeit der zu bezahlenden Funktion ab, die bei der Bereitstellung eines Archivs, nicht aber in Bezug auf die Pluralismussicherung oder die Verfolgung erzieherischer (Kinderkanal) oder demokratischer (Phoenix) Ziele gegeben ist.

[20] Dazu ausführlich *Meinrad Dreher*, Die staatliche Eigenkapitalzufuhr an Gesellschaften als Beihilfe im Sinne des EG-Vertrags. Gedenkschrift für Brigitte Knobbe-Keuk, Köln 1997, S. 583ff., und *Christian Koenig*, Fremd- und Eigenkapitalzufuhr an Unternehmen durch die öffentliche Hand auf dem Prüfstand des EG-Beihilfenrechts, in: ZIP 2000, 53ff.

[21] Zuletzt zur Parallelbestimmung des EGKSV EuG, ZIP 1999, 153 (161ff.) – Neue Maxhütte Stahlwerke; dazu *Andreas Martin-Ehlers*, Der private Investor als Maßstab für das Vorliegen staatlicher Beihilfen, in: EWS 1999, 244.

[22] *Wolfgang Mederer*, in: Hans von der Groeben/Jochen Thiesing/Claus-Dieter Ehlermann, Komm. z. EUV/EGV, 5. Aufl. (1999), Art. 92, Rn. 9.

*investment* angelegten Beteiligungskonstruktion wird die Kapital einbringende öffentliche Hand einer privaten Unternehmensgruppe gleichgestellt. Dementsprechend können über kurzfristige Ziele hinaus gleichermaßen globale und sektorale strukturpolitische Intentionen berücksichtigt werden, so dass auch *längerfristige Rentabilitätsaussichten* bei der Berechnung der Angemessenheit der Gegenleistung einbezogen werden können[25]. Dazu müssen aber Art und Umfang der Beteiligung des öffentlichen Investors erkennen lassen, dass diese auf eine Langzeitstrategie angelegt ist. Auf dieser Stufe nimmt die Kommission dann eine weitere Differenzierung vor. In ihrer Mitteilung über öffentliche Unternehmen in der verarbeitenden Industrie führt sie aus, dass zwischen *Mehrheits- und Minderheitsbeteiligungen* unterschieden werden muss: „In dem ersten Fall [scil. Minderheitsbeteiligung] dürfte die Beteiligung eher spekulativer Natur und nur kurzfristig von Interesse sein, während im zweiten Fall [scil. Mehrheitsbeteiligung] von einem längerfristigen Interesse auszugehen ist“[26]. Diese Kommissionsmitteilung kann für die beihilfenrechtliche Bewertung von Beteiligungen der öffentlichen Hand in anderen Sektoren entsprechend herangezogen werden. Die Kapitalzufuhr des öffentlichen Investors ist damit nur in dem Maße als Beihilfe i. S. d. Art. 87 I EGV zu qualifizieren, als die öffentliche Hand selbst langfristig von jeder Rentabilitätsaussicht absieht.

In Zukunft wird allerdings zu klären sein, inwieweit tatsächlich eine Vergleichbarkeit der öffentlichen mit privaten Investitionsinteressen möglich ist. Die Berücksichtigung von weitgehenden Gesamtrentabilitätsüberlegungen, wonach auch gesamtwirtschaftliche Kosten des Staates beim Ausscheiden eines Unternehmens aus dem Markt (Arbeitslosenunterstützung etc.) bei der Berechnung der Angemessenheit der Gegenleistung einzukalkulieren wären, hat der EuGH zu Recht abgelehnt[27]. Dies ergibt sich schon aus dem Gedanken, dass derartige Kostenfaktoren für private Unternehmen gar nicht in Betracht kommen, so dass es bereits an der Vergleichsmöglichkeit fehlt. Im Fall „Neue Maxhütte Stahlwerke GmbH“ hat das EuG ergänzend festgestellt, dass die praktische Wirksamkeit des Beihilfenrechts in Frage gestellt würde, wenn jeglicher Hinweis auf das Image des betreffenden staatlichen Organs und dessen sonstige Beteiligungen die Zufuhr öffentli-

---

23 Vgl. Entscheidung der Kommission 95/422/EGKS (Neue Maxhütte Stahlwerke GmbH) vom 4.4.1995, ABl. EG 1995 Nr. L 253, S. 22 (25 f.).

24 Vgl. EuGH, Slg. 1991, I-1433 (1459 f.) – *ENI-Lanerossi*; EuGH, Slg. 1991, I-1603 (1625 f.) – Alfa Romeo; EuGH, Slg. 1990, I-959 (1012) – Tubemeuse.

25 Vgl. EuG, ZIP 1999, 153 (161 ff.) – Neue Maxhütte Stahlwerke.

26 ABl. EG 1993 Nr. C 307, S. 3 (10 f.).

27 Vgl. EuGH, EuZW 1994, 694 (696) – Spanien/Kommission; zustimmend *Ezra Constantin Zivier*, Grundzüge und aktuelle Probleme des EU-Beihilfenrechts unter Berücksichtigung der Bezüge zum deutschen Verwaltungsrecht, in: Jura 1997, 116 (117).

cher Finanzmittel rechtfertigen könnte[28]. Eine solche Beschränkung des „market economy investor"-Tests ist notwendig, denn gerade bei Großunternehmen greifen die Gesamtrentabilitätsüberlegungen immer weiter aus, so dass ein ausufernder Spielraum für Vergleiche mit staatlichen Fördermaßnahmen die Folge wäre: Man denke nur an das von der Deutschen Bank geplante städtebauliche Engagement in Frankfurt im Rahmen der in Aussicht gestellten Errichtung einer „Wohn-, Dienstleistungs- und Unterhaltungswelt", das maßgeblich dem Ziel dient, junge und talentierte Mitarbeiter an den Main zu locken[29]. Sollte die Überlegung, die Attraktivität einer Region zu erhöhen, in die Rentabilitätspläne der Deutschen Bank mit einfließen, könnten staatliche Behörden ganz ähnlich z. B. eine Beteiligung an einem an sich nicht hinreichend rentablen Freizeitpark mit dem Argument verfolgen, dass dieser zugleich die Anziehungskraft der Region erhöht und daher unter langfristigen Rentabilitätserwägungen eine sinnvolle Investition darstellt – auch in Bezug auf andere Beteiligungen der Gebietskörperschaft an weiteren regionalen Unternehmen. Ein solches Vorgehen würde den „market economy investor"-Test ad absurdum führen. Überdies ist zu bedenken, dass jede Beihilfe, die eine Gebietskörperschaft bewilligt, immer auch aus Eigeninteresse gewährt wird. Denn zumindest die Erhöhung der Standortattraktivität der eigenen Gebietskörperschaft stellt immer einen Erwägungsgrund bei der Mittelvergabe dar. Angesichts der erheblichen Bedenken gegenüber einem ungenauen Maßstab des „long term investors" und der Gefahr, so den Beihilfenbegriff mit wertenden Elementen aufzuweichen, ist ein ausufernder Rückgriff auf langfristige Rentabilitätserwägungen folglich abzulehnen[30]. Dies gilt erst recht für eine Übertragung derartiger Gedanken auf Fördermaßnahmen außerhalb der Fälle der Eigenkapitalzufuhr, wie z. B. auf die Darlehens- oder Garantiegewährung.

Im übrigen gehen Kommission und Rechtsprechung in jüngerer Zeit immer mehr dazu über, den „market economy investor"-Test auf andere Bereiche als die Eigenkapitalzufuhr auszudehnen, in denen sich ebenfalls ein Vergleich mit dem privaten Investor anbietet. So hat der EuGH zuletzt im DMT-Urteil als Prüfungsmaßstab für Zahlungserleichterungen vorgegeben, dass zu untersuchen ist, ob die von einem öffentlichen Gläubiger gewährten Zahlungserleichterungen (für Sozialabgaben) auch von einem privaten Investor eingeräumt worden wären, der die Eintreibung von Schul-

---

[28] Vgl. EuG, ZIP 1999, 153 (163) – Neue Maxhütte Stahlwerke.

[29] Vgl. Die Welt, 15.7.1999.

[30] Vgl. zu weiteren Problemen des „market economy investor"–Tests im Privatisierungsbereich *Christian Koenig/Jens-Daniel Braun/Eva Mareike Lekar*, Erfüllen die Einstandspflichten des Bundes für die betrieblichen Altersversorgungssysteme der privatisierten Bahn- und Postunternehmen den Beihilfetatbestand des Art. 92 EGV?, in: EuZW 1998, 5 (10f.).

den gegenüber einem Schuldner betreibt, der sich in finanziellen Schwierigkeiten befindet[31].

## 2. Staatlich oder aus staatlichen Mitteln gewährt

Durch das Merkmal „staatlich oder aus staatlichen Mitteln" werden nicht nur Beihilfen der Mitgliedstaaten selbst erfasst, sondern auch Beihilfen, die von – in die Mitgliedstaaten eingegliederten – juristischen Personen des öffentlichen Rechts, insbesondere den Ländern und den Kommunen (Städten, Gemeinden), gewährt werden[32]. Bundes-, Landes- und Kommunalbehörden sind demnach gleichermaßen gemeinschaftsrechtlich unmittelbar verpflichtet, im Rahmen ihrer Zuständigkeiten das Beihilfenrecht zu beachten. Die Mitgliedstaaten haben als gemeinschaftsrechtliche Handlungseinheiten aufgrund ihrer Verpflichtung zur Gemeinschaftstreue (Art. 10 EGV) dafür Sorge zu tragen, dass ihre gliedstaatlichen Gebietskörperschaften nicht gegen die formellen und materiellen Bestimmungen der Art. 87 und 88 EGV verstoßen.

Auch Beihilfen, die nicht direkt von staatlichen Stellen gezahlt werden, fallen in den Anwendungsbereich des Art. 87 I EGV. Dies wird durch die Unterscheidung zwischen „staatlich" und „aus staatlichen Mitteln" gewährten Beihilfen im Wortlaut des Art. 87 I EGV deutlich. Diese Unterscheidung dient nach ständiger Rechtsprechung des EuGH dazu, „in den Beihilfenbegriff die unmittelbar vom Staat gewährten Vorteile sowie diejenigen, die über eine vom Staat benannte oder errichtete öffentliche oder private Einrichtung gewährt werden, einzubeziehen"[33]. Eine Zurechnung erfolgt auch, wenn ein unter staatlicher Rechts- oder gar Fachaufsicht stehendes Finanzinstitut, dessen Handeln gesetzlich geregelt ist, eine Unterstützungsleistung gewährt[34]. Solange die jeweiligen Subsidien unmittelbar zu Lasten des mitgliedstaatlichen Haushalts verbucht werden können, ist das Merkmal „aus staatlichen Mitteln gewährt" erfüllt. Komplizierter zu beurteilen sind allerdings jene Fälle, in denen dies nicht oder zumindest nicht unmittelbar der Fall ist. Es kann aber nicht darauf ankommen, ob die Finanzierungsmodelle stets den „Umweg" über den Staatshaushalt gehen. Dies würde die Gefahr in sich bergen, dass die Mitgliedstaaten durch geschickt gestaltete Unterstützungsmodelle den Anwendungsbereich des Art. 87 I EGV umgehen können. So hat der EuGH z.B. in Fällen, in denen ein Mitgliedstaat

---

[31] Vgl. EuGH, EuZW 1999, 506 (508) – Déménagements-Manutention Transport (DMT).

[32] Vgl. EuGH, Slg. 1987, 4013 (4041) – Deutschland Kommission; EuGH, Slg. 1998, I-2629 (2641) – Viscido.

[33] Zuletzt EuGH, Slg. 1998, I-2629 (2641) – Viscido m. w. Nachw.

[34] Vgl. EuG, Slg. 1996, II-2109 (2130ff.) – Air France.

selbständige „Ausschüsse" (Fonds) errichtet hat, die auf Grundlage einer staatlichen Regelung parafiskalische Abgaben erheben durften, die wiederum der Unterstützung bestimmter Industriezweige dienten, das Vorliegen einer aus staatlichen Mitteln gewährten Beihilfe bejaht[35]. Der Gerichtshof fordert somit nicht, dass die Begünstigung direkt aus Mitteln des Staatshaushaltes stammt. In Fällen, in denen sich die Begünstigung nicht unmittelbar zu Lasten des Staates oder einer Gebietskörperschaft (Land, Kommune) auswirkt, ist damit zu prüfen, ob die Begünstigung durch eine außerstaatliche Stelle, die unmittelbar nur für diese selbst zu finanziellen Einbußen führt, dem Staat zugerechnet werden kann. Hier kommt es nicht darauf an, ob die Mittel dem Vermögen des Staates oder dem Vermögen Privater zugeordnet sind. Vielmehr ist der Grad der staatlichen Einflussmöglichkeit ausschlaggebend: Kann der Staat die Verwendung und die Vergabe der Mittel maßgeblich beeinflussen, so sind ihm diese Mittel auch zuzurechnen[36].

Notwendig ist jedoch, dass eine zusätzliche Belastung zumindest für die dafür errichteten oder benannten Einrichtungen entsteht. Bedingt die Begünstigung dagegen keine unmittelbar bezifferbare finanzielle Einbuße für den Staat oder eine ihm zurechenbare Körperschaft oder Einrichtung, obgleich bei dem begünstigten Unternehmen durchaus ein geldwerter Vorteil erzielt werden kann, wie dies etwa bei der selektiven Anwendung von Umweltstandards der Fall ist, so fehlt es an der Gewährung „aus staatlichen Mitteln", und es liegt nach Ansicht von Kommission[37], EuGH[38] und der überwiegenden Literatur[39] keine Beihilfe vor.

---

[35] Vgl. EuGH, Slg. 1987, 4393 (4418) – Frankreich/Kommission; grundsätzlich bejahend auch EuGH, Slg. 1992, I-1847 (1882 f.) – Compagnie commerciale de l'Ouest.

[36] Vgl. *Wolfgang Mederer* (Fn. 22), Art. 92, Rn. 15; *Wolfram Cremer*, in: Christian Calliess/Matthias Ruffert (Hrsg.), Kommentar zu EU-Vertrag und EG-Vertrag, Neuwied 1999, Art. 87, Rn. 11; ausführlich *Klaus Ritgen*, Stromeinspeisungsgesetz und europäisches Beihilfenaufsichtsrecht, in: RdE 1999, 176 (179 ff.).

[37] Vgl. Fall NN 118/97, vgl. den Hinweis im XXVII. Bericht der Kommission über die Wettbewerbspolitik (1998), Rdnr. 224.

[38] Vgl. EuGH, Slg. 1993, I-887 (934) – Sloman Neptun; EuGH, Slg. 1993, I-6185 (6220) – Kirsammer-Hack; *Wolfgang Mederer* (Fn. 22), Art. 92, Rn. 16 ff.; vgl. auch EuGH, Slg. 1998, I-7907, 7936 f. – Ecotrade.

[39] Vgl. *Ulrich Soltész*, Die Belastung des Staatshaushalts als Tatbestandsmerkmal einer Beihilfe i. S. d. Art. 92 Abs. 1 EGV, in: EuZW 1998, 747; a. A. *Marco M. Slotboom*, State Aid in Community Law: A Broad or Narrow Definition, in: ELR 20 (1995), 289 ff., und ferner *Christian Koenig/Jürgen Kühling*, Reform des EG-Beihilfenrechts (Fn. 1), S. 520 f., auf der Basis eines ökonomischen Ansatzes.

### 3. Bestimmte Unternehmen oder Produktionszweige

Art. 87 I EGV verlangt, dass sich die Begünstigung zugunsten bestimmter Unternehmen oder Produktionszweige auswirkt.

*a) Begriff des Unternehmens.* Unter einem Unternehmen i.S.d. Art. 87 I EGV ist parallel zu Art. 81 I EGV eine einheitliche, einem selbständigen Rechtssubjekt zugeordnete Zusammenfassung personeller, materieller und immaterieller Faktoren zu verstehen, die auf Dauer wirtschaftlich tätig wird[40]. Wie die Kommission festgestellt hat, ist eine Gewinnerzielungsabsicht nicht erforderlich, sofern eine Tätigkeit ausgeübt wird, für die es einen „Markt" gibt, in dem mehrere Teilnehmer zueinander in einem Wettbewerbsverhältnis stehen[41]. Denn Ziel des Beihilfenkontrollsystems ist es, einen unverfälschten Wettbewerb zu ermöglichen. Daher muss der Unternehmensbegriff alle Fälle erfassen, in denen entsprechende Anbieter marktgängiger Leistungen zueinander in Wettbewerb treten. Unerheblich ist ferner die Rechtsform des Unternehmens und ob es als privates oder öffentliches Unternehmen geführt wird[42]. Privathaushalte fallen jedoch aus dem Anwendungsbereich des Art. 87 I EGV heraus[43].

*b) Begriff des Produktionszweiges.* Das Tatbestandsmerkmal des Produktionszweiges i.S.d. Art. 87 I EGV ist weit zu verstehen[44]. Es beinhaltet praktisch alle Gewerbezweige und freien Berufe, soweit ihre Wirtschaftstätigkeiten auf Dauer angelegt sind. So sind z.B. die Textilindustrie oder die Filmindustrie als „Produktionszweige" i.S.d. Art. 87 I EGV einzustufen[45]. Sogar die Herstellung nur einer einzigen Ware kann einen eigenen Produktionszweig bilden, soweit sie sich von anderen Waren hinreichend unterscheidet[46].

*c) Bestimmtheit der Beihilfe.* Mit dem Gemeinsamen Markt unvereinbar sind nur Beihilfen, die auf die Begünstigung *bestimmter* Unternehmen oder

---

[40] Vgl. EuGH, Slg. 1994, I-42 (61) – SAT Fluggesellschaft; EuGH, Slg. 1993, I-637 (669) – Poucet und Pistre; EuGH, Slg. 1991, 1979 (2016) – Höfner und Elser.

[41] Vgl. Entscheidung der Kommission 98/353/EG vom 16.9.1997 (Gemeinnützige Abfallverwertung Aachen), ABl. EG 1998 Nr. L 159, S. 58 (62).

[42] Vgl. *Wolfram Cremer* (Fn. 36), Art. 87, Rn. 8; *Wolfgang Mederer* (Fn. 22), Art. 92, Rn. 21.

[43] Vgl. *Wolfram Cremer* (Fn. 36), Art. 87, Rn. 8; *Wolfgang Mederer* (Fn. 22), Art. 92, Rn. 22.

[44] Vgl. *Wolfgang Mederer* (Fn. 22), Art. 92, Rn. 25; *Gabriela v. Wallenberg*, in: Eberhard Grabitz/Meinhard Hilf, EUV/EGV, Losebl., München 1998, Art. 92, Rn. 22.

[45] Vgl. *Wolfgang Mederer* (Fn. 22), Art. 92, Rn. 25 m. w. Nachw. Im Hinblick auf die Filmindustrie vgl. Steunmaatregel Nr. N 486/97 – Nederland (Steun voor speelfilmproductie), Entscheidung vom 25.11.1998, insbesondere Tz. 2.2 der nicht veröffentlichten Entscheidung.

[46] Vgl. *Wolfgang Mederer* (Fn. 22), Art. 92, Rn. 25.

Produktionszweige gerichtet sind. Dieses Merkmal der Bestimmtheit bzw. Spezialität stellt die erforderliche Abgrenzung zu allgemeinen legislativen Maßnahmen eines Mitgliedstaates oder dessen Gebietskörperschaften sicher[47]. Es dient dazu, staatliche Fördermaßnahmen, die der gesamten Wirtschaft zugute kommen, aus dem gemeinschaftlichen Beihilfenbegriff herauszunehmen. Dazu gehören zum Beispiel der Ausbau der Infrastruktur, die Schaffung von Berufsausbildungszentren oder die Erschließung von Gewerbegebieten. Solche Maßnahmen bevorzugen in der Regel keine bestimmten Unternehmen oder Branchen. Während bei Einzelbeihilfen die spezielle Begünstigung offensichtlich ist, kann die Abgrenzung bei Beihilfenprogrammen und allgemeinen Regelungen schwierig sein. Eine Bestimmtheit ist hier anzunehmen, wenn die Regelung schon ihrer Konzeption nach oder in ihrer tatsächlichen Anwendung (etwa durch manipulierbare Ermessensspielräume) nicht alle Unternehmen oder Industriezweige erfasst, die sie prinzipiell innerhalb des Regulierungstatbestandes erfassen könnte. Dementsprechend geht die Kommission beispielsweise zu einer strengeren Kontrolle spezifischer Steuerregelungen der Mitgliedstaaten über. In einer Mitteilung „über die Anwendung der Vorschriften über staatliche Beihilfen auf Maßnahmen im Bereich der Unternehmensbesteuerung“[48] hat die Kommission dargelegt, dass als Steuervorteile z. B. die Ermäßigung des Steuersatzes, Steuerabzüge, beschleunigte Abschreibungen oder der Erlass von Steuerschulden aufzufassen sind. Die Spezialität ergibt sich daraus, dass der Vorteil aus einer Ermessensentscheidung der Steuerbehörden oder einer Ausnahme von den allgemeinen Steuervorschriften folgt, die nicht durch die Natur oder den inneren Aufbau des Systems gerechtfertigt ist. Danach sind Steuervorschriften, die ein bestimmtes Gebiet, einen bestimmten Wirtschaftsbereich oder eine bestimmte Unternehmensfunktion betreffen, als spezifisch anzusehen. Konsequenterweise hat die Kommission im Hinblick auf das irische Körperschaftssteuersystem darauf hingewiesen, dass sie eine Vorzugsbehandlung des verarbeitenden Gewerbes gegenüber Dienstleistungsunternehmen nicht mehr als allgemeine Maßnahme begreift, sondern als „Betriebsbeihilfe“ – verstanden als Beihilfe zur Finanzierung der laufenden Kosten eines Unternehmens – einstuft[49]. Der in diesem Bereich von der Kommission zugrundegelegte Ansatz ist auf andere Regelungsmaterien zu übertragen, z. B. auf Erleichterungen von Sozialversicherungsbeiträgen der Unternehmen[50], wobei allerdings noch erheblicher Konkretisierungsbedarf besteht.

---

[47] Vgl. *Thomas Oppermann,* Europarecht (Fn. 2), Rn. 1112.

[48] ABl. EG 1998 Nr. C 384, S. 3.

[49] Vgl. dazu die Vorschläge für zweckdienliche Maßnahmen in E 1/98 und E 2/98, ABl. EG 1998 Nr. C 395, S. 14 (15) bzw. S. 19 (20).

[50] Dazu zuletzt EuGH, EuZW 1999, 506 (508) – Déménagements-Manutention Transport (DMT).

### 4. Wettbewerbsverfälschung

Weiterhin muss die Beihilfe den Wettbewerb verfälschen oder zu verfälschen drohen (Art. 87 I EGV). Eine Wettbewerbsverfälschung ist gegeben, wenn die Beihilfe – tatsächlich oder potentiell – in ein bestehendes oder möglicherweise zur Entstehung kommendes Wettbewerbsverhältnis zwischen Unternehmen oder Produktionszweigen eingreift und damit den Ablauf des Wettbewerbs verändert[51]. Erforderlich ist, dass Unternehmen oder Produktionszweige einen wirtschaftlichen Vorteil erhalten, den sie unter marktkonformen Voraussetzungen nicht erhielten und dadurch die Marktbedingungen der Wettbewerber verändert werden. Es muss weder das Wettbewerbsverhältnis noch die Verfälschung tatsächlich vorliegen, in beiderlei Hinsicht ist jeweils die Möglichkeit ausreichend. Auch eine Beihilfe, die lediglich potentiell in ein möglicherweise zur Entstehung kommendes Wettbewerbsverhältnis eingreift, wird von Art. 87 I EGV erfasst. Die Miteinbeziehung von potentiell zur Entstehung kommenden Wettbewerbsverhältnissen ist deshalb von besonderer Relevanz, da in diesem Bereich durch eine Beihilfengewährung die Marktzutrittschancen einzelner Unternehmen beeinflusst werden können. Dies kann im Einzelfall schon die Entstehung eines Wettbewerbsverhältnisses behindern. Das Merkmal der Wettbewerbsverfälschung kann mithin nur eine geringe Hürde darstellen. Teilweise wird allerdings die zu weitgehende Auffassung vertreten, dass einer Beihilfengewährung grundsätzlich eine wettbewerbsverfälschende Wirkung zukomme, so dass es einer gesonderten Prüfung der Wettbewerbsverfälschung nicht bedürfe[52]. Es ist jedoch anerkannt, dass es in Ausnahmefällen an einer Verfälschung fehlen kann[53]. Im übrigen ist die genaue Prüfung dieser Umstände insbesondere für die Abwägung im Rahmen der Ermessensklausel (Art. 87 III EGV) von großer Bedeutung. Denn nur eine genauere Untersuchung des Ausmaßes der Wettbewerbsverfälschung ermöglicht eine hinreichend überzeugende Abwägung mit den widerstreitenden Interessen, die im Rahmen des Art. 87 III EGV geltend gemacht werden können, wie beispielsweise der Umweltschutz oder die Förderung wirtschaftlich schwacher Regionen.

Eine Wettbewerbsverfälschung setzt voraus, dass ein *relevanter Markt* vorhanden ist oder entstehen könnte, auf dem einzelne Wettbewerber durch die Beihilfe gegenüber anderen einen Vorteil erhalten. Die Definition des

---

[51] Vgl. EuGH, Slg. 1980, 2671 (2688f.) – Philip Morris.

[52] Vgl. Generalanwalt *Francesco Capotorti*, Schlussanträge vom 18.6.1980 zu EuGH, Slg. 1980, 2671 (2693, 2698ff.) – Philip Morris; vgl. w. N. bei *Cremer* (Fn. 36), Art. 87 EGV, Rn. 12.

[53] Vgl. *Wolfram Cremer* (Fn. 36), Art. 87 EGV, Rn. 12; *Thomas Oppermann* (Fn. 2), Rn. 1114.

Marktes dient der sachlichen und räumlichen Ermittlung der Wettbewerbskräfte, denen sich die beteiligten Unternehmen ausgesetzt sehen. In *räumlicher* Hinsicht ist dasjenige Gebiet umfasst, „in dem die beteiligten Unternehmen die relevanten Produkte oder Dienstleistungen anbieten, in dem die Wettbewerbsbedingungen hinreichend homogen sind und das sich von den benachbarten Gebieten durch spürbar unterschiedliche Wettbewerbsbedingungen unterscheidet"[54]. Es ist somit nicht erforderlich, dass sich die wettbewerbsverzerrende Wirkung auf einen erheblichen Teil des gesamten Gemeinsamen Marktes bezieht. In *sachlicher* Hinsicht umfasst der relevante Produktmarkt „sämtliche Erzeugnisse und/oder Dienstleistungen, die von den Verbrauchern hinsichtlich ihrer Eigenschaften, Preise und ihres vorgesehenen Verwendungszwecks als austauschbar und substituierbar angesehen werden"[55]. Der sachlich relevante Markt wird danach grundsätzlich aus Sicht der Nachfrager nach Maßgabe des sogenannten Bedarfsmarktkonzeptes beurteilt. Er wird dadurch bestimmt, dass ein für die Nachfrager relevantes Wettbewerbsverhältnis zwischen austauschbaren Produkten besteht. Diese austauschbaren Produkte müssen nicht identisch sein, es ist ausreichend, wenn sie substituierbar sind (wie z.B. Zucker und Süßstoff)[56]. Eine Wettbewerbsverfälschung liegt dann vor, wenn einzelne Unternehmen auf dem relevanten Markt begünstigt werden, andere tatsächliche oder potentielle Konkurrenten jedoch nicht, die Fördermaßnahme also selektiv ist[57].

In ihrer bisherigen Entscheidungspraxis hat die Kommission zwar teilweise sorgfältig die bestehenden Märkte analysiert und etwaige Beeinträchtigungsmomente herausgearbeitet. Es fehlt allerdings der konsequente Rückgriff auf das Bedarfsmarktkonzept zur Eingrenzung des relevanten Marktes. Nur ausnahmsweise verwendet die Kommission etwa den Substituierbarkeitstest und nimmt auf diese Weise eine genauere Bestimmung der beeinträchtigten Wettbewerbsverhältnisse vor[58]. Damit wird aber ein wesentli-

---

[54] Zu der Definition vgl. die Bekanntmachung der Kommission über die Definition des relevanten Marktes i.S. des Wettbewerbsrechts der Gemeinschaft, ABl. EG 1997 Nr. C 372, S. 5.

[55] Vgl. vorstehende Fußnote.

[56] In diesem Zusammenhang gelten zur Substituierbarkeit die gleichen Maßstäbe wie im Kartellrecht. Zu den Einzelheiten und zur Berücksichtigung der Angebotssubstituierbarkeit vgl. die Ausführungen der Bekanntmachung in der vorgenannten Fußnote, insbes. Ziff. 15ff.

[57] Zum Begriff der Selektivität vgl. *Christian Koenig/Jürgen Kühling*, Reform des EG-Beihilfenrechts (Fn. 1), S. 520f. Häufig wird der Begriff der Selektivität fälschlicherweise mit dem Begriff der Bestimmtheit gleichgesetzt, vgl. etwa das im übrigen hilfreiche Vademekum der Kommission zum Beihilfenrecht, das im Internet abrufbar ist, dort S. 2: http://www.europa.eu.int/comm/dg04/aid/vademecum/state_aid_vademecum_de.pdf.

[58] Vgl. für Nachweise im Bereich der Kulturförderung *Christian Koenig/Jürgen Kühling*: EuZW 2000 (Fn. 18).

ches Analysemittel vernachlässigt, das zur Objektivität der Entscheidung maßgeblich beitragen kann. Das Bedarfsmarktkonzept zur Eingrenzung des relevanten Marktes sollte daher in Zukunft regelmäßig zur Anwendung gelangen[59].

### 5. Beeinträchtigung des Handels zwischen Mitgliedstaaten

Der wirtschaftliche Vorteil muss zu einer Beeinträchtigung des Handels zwischen den Mitgliedstaaten führen. Eine solche Beeinträchtigung ist bereits dann gegeben, wenn der Vorteil eine mögliche Auswirkung auf den zwischenstaatlichen Handel hat[60]. Dieses grenzüberschreitende Element wird man angesichts der immer dichter werdenden Handels-, Dienstleistungs- und Kapitalströme nur ausnahmsweise verneinen können, etwa bei Beihilfen an lediglich auf einem lokalen Markt agierende Einzelhändler, Kleinhandwerker, Kleinstdienstleister und Freiberufler. Auch geringfügige Beihilfen, die unterhalb bestimmter, von der Kommission festgelegter Schwellenwerte liegen (sog. *De-minimis*-Beihilfen, z. Zt. 100 000 Euro, die einem Unternehmen in einem Zeitraum von drei Jahren ab der Gewährung der ersten *De-minimis*-Beihilfe insgesamt gewährt werden dürfen), sind in der Praxis von der gemeinschaftlichen Beihilfenkontrolle ausgenommen[61].

Nunmehr bildet Art. 2 der Verordnung Nr. 994/98/EG des Rates vom 7. Mai 1998 – Ermächtigungsverordnung – eine eindeutige Rechtsgrundlage, um im Wege einer Freistellungsverordnung der Kommission Ausnahmen von der Beihilfenkontrolle für geringwertige Beihilfen vorzusehen[62]. Eine entsprechende Verordnung ist gegenwärtig in Vorbereitung[63]. Angesichts der grundlegenden Bedeutung eines nicht künstlich beeinträchtigten Handels und zur Vermeidung von Umgehungsversuchen und Abgrenzungsproblemen ist nach allgemeiner Auffassung eine besondere Intensität der Handelsbeeinträchtigung nicht erforderlich[64]. Da eine Beihilfe die Finanzkraft eines Unternehmens verstärkt, spricht eine Vermutung für eine Handelsbeeinträchtigung[65].

---

59 Dazu schon *Christian Koenig/Jürgen Kühling*, Reform des EG-Beihilfenrechts (Fn. 1), S. 518 u. 522.

60 Vgl. EuGH, Slg. 1980, 2671 (2689) – Philip Morris.

61 Vgl. Mitteilung der Kommission über „de minimis"-Beihilfen vom 6. März 1996, ABl. EG 1996 Nr. C 68, S. 9.

62 Vgl. ABl. EG 1998 Nr. L 142, S. 1.

63 Der Entwurf einer „Verordnung der Kommission über die Anwendung der Artikel 87 und 88 EGV auf De-minimis-Beihilfen" ist abrufbar unter: http://www.europa.eu.int/comm/dg04/lawaid/de/comcodemide.pdf.

64 Vgl. *Peter Christian Müller-Graff*, Die Erscheinungsformen der Leistungssubventionstatbestände (Fn. 11), S. 434.

65 Vgl. Entscheidung der Kommission, ABl. EG 1989 Nr. L 106, S. 34.

## III. Ausnahmen vom Beihilfenverbot

### 1. Die Bereichsausnahmen des Art. 87 II EGV

Die Legal- bzw. Bereichsausnahmen des Art. 87 II EGV sind in der bisherigen Kommissionspraxis von nur geringer Bedeutung. Sie stellen einen eng umrissenen Bereich dar, in dem angesichts sozialer Umstände (Beihilfen sozialer Art an einzelne Verbraucher, lit. a), außergewöhnlicher Schadensereignisse (Beihilfen zur Beseitigung von Schäden, die durch Naturkatastrophen entstanden sind, lit. b) und der einstmals besonderen Situation des geteilten Deutschlands (lit. c – Teilungsklausel) eine Wettbewerbsverzerrung in Kauf genommen wird[66]. Diese Beihilfen sind zwar per se mit dem Gemeinsamen Markt vereinbar, doch ist auch hier das Beihilfenkontrollverfahren vor der Kommission nach Art. 88 III EGV zu durchlaufen. Andernfalls wären diese Beihilfen der Kontrolle der Kommission entzogen. Zwar kommt der Kommission eine Prüfungsbefugnis bei der Subsumtion der Tatbestandsvoraussetzungen unter die Legalausnahme zu. Sie besitzt allerdings keinen Ermessensspielraum – wie bei Art. 87 III EGV – dahingehend, dass sie beim Vorliegen der Tatbestandsvoraussetzungen des Art. 87 II EGV auf der Rechtsfolgenseite eine Beihilfengewährung anhand des Art. 87 EGV untersagen könnte, etwa weil die wettbewerbsverzerrenden Auswirkungen zu gravierend wären[67].

Das Sachsen-Urteil des EuG hat jetzt die Praxis einer beschränkten Anwendung der Teilungsklausel (lit. c) durch die Kommission bestätigt[68]. Nach Art. 87 II lit. c EGV sind „Beihilfen für die Wirtschaft bestimmter, durch die Teilung Deutschlands betroffener Gebiete der Bundesrepublik Deutschland, soweit sie zum Ausgleich der durch die Teilung verursachten wirtschaftlichen Nachteile erforderlich sind", mit dem Gemeinsamen Markt vereinbar. Die Frage der Auslegung dieser Norm war wiederholt Gegenstand von Meinungsverschiedenheiten zwischen Kommission und Deutschland[69] und wird auch im Schrifttum kontrovers behandelt[70]. Das EuG hatte

---

[66] Zu den Einzelheiten vgl. *Wolfgang Mederer* (Fn. 22), Rn. 50ff., auch mit entsprechenden Hinweisen zur weitgehenden Bedeutungslosigkeit des lit. c nach der Wiedervereinigung.

[67] Vgl. *Wolfgang Mederer* (Fn. 22), Rn. 51.

[68] Vgl. EuG, Urt. v. 15.12.1999, Verb. Rs. T-132/96 und T-143/96, ZIP 2000, 91.

[69] Vgl. dazu *Robert Uerpmann*, Der europarechtliche Rahmen für staatliche Subventionen in Ostdeutschland, in: DÖV 1998, 226 (227).

[70] Vgl. z.B. *Eberhard Kruse*, Ist die „Teilungsklausel" als Rechtsgrundlage für Beihilfen zum Ausgleich teilungsbedingter Nachteile obsolet?, in: EuZW 1998, 229ff.; *Matthias Pechstein/Andreas Damm*, EG-Beihilfeverbot und Flächenerwerbsprogramm des § 3 AusglLeistG, in: EWS 1996, 333 (338f.); *Anja Schümann*, Wirtschaftsförderung für die neuen Bundesländer im Lichte des EWGV, Bayreuth 1993,

sich mit der Legalausnahme aufgrund der Klage des Freistaats Sachsen sowie der Volkswagen AG gegen eine Entscheidung der Kommission zu befassen. In dieser Entscheidung hatte die Kommission einen Teil der Beihilfen, die der Freistaat Sachsen dem Volkswagen-Konzern für seine Werke in Mosel und Chemnitz gewährt hatte, nicht genehmigt[71]. Der Argumentation der Kläger zufolge beruhte die Kommissions-Entscheidung auf einer Fehlinterpretation des Art. 87 II lit. c EGV. Da der wirtschaftliche Rückstand der neuen Bundesländer Folge der Teilung sei, erlaube die Teilungsklausel sämtliche Beihilfen, die der Angleichung der Wirtschafts- und Sozialstrukturen in den neuen an die der alten Bundesländer dienten. Diese im Verfahren auch von der Bundesregierung vertretene extensive Interpretation des Art. 87 II lit. c EGV verwarf das EuG mit dem Hinweis auf dessen Ausnahmecharakter sowie auf den Zusammenhang und Zweck der Vorschrift. Da sich der Ausdruck „Teilung Deutschlands“ historisch auf die Errichtung der Trennungslinie zwischen der Ostzone und den Westzonen im Jahr 1948 beziehe, seien „durch die Teilung verursachte wirtschaftliche Nachteile“ nur diejenigen wirtschaftlichen Nachteile, die durch die Errichtung und Aufrechterhaltung der Grenze bedingt sind. Der wirtschaftliche Rückstand der neuen Bundesländer im Vergleich zu den alten Bundesländern beruhe dagegen nicht auf der Teilung als solcher, sondern insbesondere auf den Bedingungen der unterschiedlichen politisch-wirtschaftlichen Systeme. Diese Interpretation entspricht der bisherigen Kommissionspraxis[72].

Der Entscheidung des EuG ist zuzustimmen[73]. Auch in Bezug auf die neuen Bundesländer bedarf es eines engen Kausalitätsverhältnisses zwischen dem wirtschaftlichen Nachteil und der ehemaligen Grenzlinie. Hierzu zählen etwa die durch die Grenzziehung verursachten Unterbrechungen von Infrastrukturen, der vollständige Verlust des Absatzgebietes oder erhöhte

S. 259 ff.; *Michael Schütte/Jan-Peter Hix*, The application of the EC State aid rules to privatizations: The East German example, in: CMLRev. 32 (1995), 215 (228); *Erik Staebe/Olaf Wittern*, Examensklausur Öffentliches Recht – Sachsen probt den Aufstand, in: Jura 1998, 91 (95 f.); *Robert Uerpmann* (Fn. 69), S. 229 f.; *Peter Schütterle*, Die Rechtsgrundlage für Beihilfen zur Überwindung der wirtschaftlichen Folgen der Teilung Deutschlands, in: EuZW 1994, 715 (717).

71 Vgl. Entscheidung 96/666/EG vom 26.6.1996, ABl.EG 1996 Nr. L 308, S. 46.

72 Vgl. Entscheidung der Kommission C 3/91 vom 14.4.1992, ABl. EG 1992 Nr. C 263/15 – Daimler-Benz („Potsdamer Platz“), S. 22 f. sowie Entscheidung der Kommission N 719/93 vom 13.4.1994, ABl. EG 1994 Nr. C 178/24 – Tettau, S. 1 ff.

73 Ausführlich dazu *Christian Koenig/Jürgen Kühling*, Zur gemeinschaftsrechtlichen Klageberechtigung eines Bundeslandes und zur Auslegung der Teilungsklausel in EGV Art. 87 Abs. 2 Buchst. C, in: JZ 2000, 255–258; a. A. *Gerrit Schohe*, Zur sog. Teilungsklausel in EGVtr Art. 87 Abs. 2 Buchst c und zur Klagebefugnis im europäischen Beihilfenrecht, in: ZIP 2000, 104, 106 f.

Mobilitätshürden[74]. Das Abstellen auf ein enges Kausalitätsverhältnis wird ferner durch systematische Überlegungen gestützt. Denn auch die weiteren Legalausnahmen des Art. 87 II EGV beziehen sich auf eng begrenzte Ausnahmefälle und finden nur in Sondersituationen Anwendung. Im übrigen dient das Beihilfensystem dem Vertragsziel des Art. 3 I lit. g EGV, den Wettbewerb vor Verfälschungen zu schützen. Eine Generalausnahme vom Beihilfensystem für das Gebiet der ehemaligen DDR, in dem mehr Menschen leben als in den meisten übrigen Mitgliedstaaten der EG, vertrüge sich nicht mit Sinn und Zweck des Beihilfenregimes. Schließlich kann den wirtschaftlichen Problemen in den neuen Bundesländern durch die Anwendung der im folgenden zu erläuternden Ermessenstatbestände des Art. 87 III, insbesondere lit. a und c, hinreichend Rechnung getragen werden[75]. Dabei ist eine den unverfälschten Wettbewerb stärker gewährleistende Abwägung zwischen dem Wettbewerbsschutz einerseits und dem berechtigten Anliegen an einem Aufbau der ostdeutschen Wirtschafts- und Sozialstrukturen andererseits möglich.

### 2. Der Ermessenstatbestand des Art. 87 III EGV

Von großer Bedeutung ist die Bestimmung des Art. 87 III EGV. Danach können Beihilfen in bestimmten Fällen als mit dem Gemeinsamen Markt vereinbar angesehen werden (Art. 87 III EGV), d. h. sie können von der Kommission genehmigt werden. Art. 87 III EGV stellt mithin eine Ausnahmeklausel (keine Bereichsausnahme) in Form eines Ermessenstatbestandes dar. Die teils harten Auseinandersetzungen zwischen der Kommission und den Mitgliedstaaten bei der Auslegung dieser Bestimmung sind angesichts der recht offenen Formulierung der einzelnen Ausnahmetatbestände nicht verwunderlich. So sind sehr verschiedenartige Beihilfen als Ermessenstatbestände vorgesehen: Beihilfen zur Förderung wirtschaftlich wenig entwickelter Gebiete (Art. 87 III lit. a EGV), Beihilfen zur Förderung wichtiger Vorhaben von gemeinsamen europäischem Interesse oder zur Behebung einer beträchtlichen Störung im Wirtschaftsleben eines Mitgliedstaats (Art. 87 III lit. b EGV), Beihilfen zur Förderung der Entwicklung bestimmter Wirtschaftszweige oder -gebiete (Art. 87 III lit. c EGV) und Beihilfen zur Förderung der Kultur und der Erhaltung des kulturellen Erbes (Art. 87 III lit. d EGV). Bei der Genehmigung solcher Beihilfen besitzt die Kommission einen erheblichen Ermessensspielraum[76]. In der Folge einer verdichteten

---

74 Vgl. dazu *Wolfgang Mederer* (Fn. 22), Art. 92, Rdnrn. 60f., sowie die Entscheidungen der Kommission in Fn. 70.

75 Vgl. hierzu *Robert Uerpmann* (Fn. 69), S. 231ff.

76 Vgl. EuGH, Slg. 1980, 2671 (2690f.) – Philip Morris; EuGH, Slg. 1990, I-307 (363) – Boussac; EuGH, Slg. 1991, I-1433 (1479) – ENI Lanerossi.

Genehmigungspraxis zu Art. 87 III EGV hat sich die Kommission in ihrer Ermessensausübung allerdings regelmäßig durch sog. Leitlinien und Gemeinschaftsrahmen selbst gebunden. Leitlinien vermögen die Kommission selbst zu binden, soweit sie Regeln enthalten, die sich auf Ermessenstatbestände beziehen und mit dem Primärrecht vereinbar sind[77]. Eine Ermessensbindung tritt – ähnlich den deutschen Verwaltungsvorschriften[78] – angesichts des Gleichheitsgrundsatzes und des Grundsatzes des Vertrauensschutzes ein. Dies gilt gleichermaßen für die in Gemeinschaftsrahmen enthaltenen Leitlinien. Die Gemeinschaftsrahmen beinhalten zudem noch zweckdienliche Maßnahmen i.S.d. Art. 88 I EGV (jetzt i. V. m. Art. 18 der Verfahrensverordnung in Beihilfensachen[79]), die im Wege der mitgliedstaatlichen Zustimmung oder einer Durchsetzung nach Art. 88 II EGV Rechtsnormcharakter erlangen[80].

Die Leitlinien bzw. Gemeinschaftsrahmen lassen sich grob in drei Gruppen einteilen: Vorschriften zu *Regionalbeihilfen*, die von großer Bedeutung für die Gemeinschaft sind, *horizontale Vorschriften*, die sektorübergreifend thematisch gruppiert sind (Beihilfen an kleinere und mittlere Unternehmen, Forschungs- und Entwicklungsbeihilfen, Ausbildungsbeihilfen, Rettungs- und Umstrukturierungsbeihilfen etc.) und schließlich *sektorale Bestimmungen* (für die Kraftfahrzeugindustrie, den Luft- und Seeverkehr etc.). In diesen Vorschriften sind die einzelnen Genehmigungsvoraussetzungen für die jeweiligen Beihilfen näher bestimmt.

So verlangen die ab dem 1. 1. 2000 geltenden „Leitlinien für die Beurteilung von staatlichen Beihilfen zur Rettung und Umstrukturierung von Unternehmen in Schwierigkeiten“[81] für *Rettungsbeihilfen*

(1) dass es sich ausschließlich um Liquiditätsbeihilfen in Form von Kreditbürgschaften oder von Krediten zum Marktzinssatz handeln muss,

(2) die Beihilfen mit Krediten verbunden sind, deren Restlaufzeit nach Auszahlung des letzten Teilbetrages der Kreditsumme längstens zwölf Monate beträgt,

(3) die Beihilfe aus akuten sozialen Gründen gerechtfertigt ist und keine gravierenden Ausstrahlungseffekte („spillover“) in anderen Mitgliedstaaten hat,

---

[77] Vgl. EuG, Slg. 1998, II-717 (747) – Vlaams Gewest.

[78] Zu den deutschen Verwaltungsvorschriften statt vieler *Fritz Ossenbühl*, in: Hans-Uwe Erichsen, Allgemeines Verwaltungsrecht, 11. Aufl., Berlin 1998, Rn. 30ff., und insbesondere zur Frage der Rechtsnormqualität Rn. 41.

[79] Verordnung (EG) Nr. 659/99, ABl. EG 1999 Nr. L 83, S. 1.

[80] Zu den Einzelheiten vgl. *Wolfgang Mederer* (Fn. 22), Rn. 75 und Rn. 76.

[81] ABl. EG 1999, C 288, S. 2; vgl. auch die bis zum 31. 12. 1999 geltenden Leitlinien in ABl. EG 1994, C 368, S. 12; ABl. EG 1999, C 67, S. 11.

(4) der Mitgliedstaat sich verpflichtet, innerhalb von sechs Monaten nach Auszahlung der Rettungsbeihilfe einen Umstrukturierungs- bzw. Liquiditätsplan vorzulegen oder den Nachweis zu erbringen, dass das Darlehen zurückgezahlt bzw. die Bürgschaft beendet ist,

(5) die Höhe der Beihilfe auf den für die Weiterführung des Unternehmens notwendigen Betrag begrenzt ist.

Die Bestimmungen für Rettungsbeihilfen, die dem Unternehmen eine Atempause verschaffen sollen, werden ergänzt durch die Voraussetzungen für die Gewährung von *Umstrukturierungsbeihilfen*, die der Wiederherstellung der langfristigen Rentabilität eines Unternehmens dienen. Hier

(1) muss der Kommission grundsätzlich ein tragfähiges Umstrukturierungs- bzw. Sanierungsprogramm vorgelegt werden, das durchgeführt werden muss und dessen Ausführung überwacht wird (einschließlich der Pflicht zur Erstellung eines Jahresberichts),

(2) es müssen Maßnahmen erfolgen, die unzumutbare Wettbewerbsverfälschungen vermeiden (insbesondere Kapazitätsreduzierungen),

(3) die Beihilfe muss auf das für die Durchführung der Umstrukturierungsmaßnahmen notwendige Mindestmaß beschränkt sein und

(4) die Beihilfenempfänger müssen einen maßgeblichen Beitrag zur Sanierung leisten[82].

Da im Fall der „Philipp Holzmann AG“ die beteiligten Banken einen wesentlichen Anteil an der Finanzierung der Umstrukturierung leisten, wird die Genehmigungsfähigkeit der Umstrukturierungsbeihilfen aus Bundesmitteln vor allem von der Tragfähigkeit des Sanierungskonzepts abhängen.

Die übrigen Leitlinien und Gemeinschaftsrahmen enthalten ähnlich detaillierte Anforderungen wie die für die Rettungs- und Umstrukturierungsbeihilfen. Eine Darstellung der Einzelheiten der jeweiligen Anforderungen und der zumeist umfangreichen Kommissionspraxis zu den Ausnahmetatbeständen würde den Rahmen dieser Darstellung allerdings sprengen[83].

In Zukunft erhält die Kommission durch die Ermächtigungsverordnung Nr. 994/98/EG[84] die Möglichkeit, in der Verordnung selbst näher definierte

---

[82] Zu den Begriffsdefinitionen siehe Ziff. 2.1.; zu den Genehmigungsvoraussetzungen Ziff. 3.1. und 3.2.

[83] Insoweit ist insbesondere auf die Kommentierung von *Wolfgang Mederer* zu verweisen (Fn. 22); zur neuesten Kommissionspraxis bezogen auf den Ausnahmetatbestand des Art. 87 III lit. d EGV *Christian Koenig/Jürgen Kühling:* EuZW 2000 (Fn. 18). Einen guten Überblick mit den Nachweisen der einschlägigen Leitlinien gibt im übrigen das bereits zitierte Vademekum der Kommission zum Beihilfenrecht (Fn. 57), S. 10ff.

Beihilfenkategorien durch Gruppenfreistellungsverordnungen von der Anmeldungspflicht nach Art. 88 III EGV auszunehmen, denen als Verordnungen i. S. d. 249 II EGV automatisch Rechtsquellencharakter und Bindungswirkung zukommt. Hier wird das ex-ante-Notifizierungsverfahren des Art. 88 III EGV durch eine ex-post-Überwachung ersetzt. Die ex-post-Kontrolle soll – so der fünfte Erwägungsgrund der Ermächtigungsverordnung – sowohl durch die Kommission als auch auf mitgliedstaatlicher Ebene erfolgen, letzteres, da die Freistellungsverordnungen in den Mitgliedstaaten unmittelbar gelten und für die Gerichte sowie nationalen Verwaltungsbehörden unmittelbar anwendbar sind (Art. 249 II EGV). Die Kommission hat bereits zwei Entwürfe zu Gruppenfreistellungsverordnungen vorgelegt, die sich zum einen auf Beihilfen an kleine und mittlere Unternehmen[85] und zum anderen auf Ausbildungsbeihilfen[86] beziehen. Sie sollen noch im Jahr 2000 erlassen werden[87]. Damit verfolgt die Kommission konsequent den Weg, angesichts der Fülle von Beihilfenfällen die vorhandenen Ressourcen auf die großen, wichtigen und bedenklichen Fälle zu konzentrieren und die wenigen Kommissionsbeamten in der Generaldirektion Wettbewerb nicht mit der Kontrolle der zahlreichen Standardfälle zu belasten. Denn bezogen auf kleine und mittlere Unternehmen entschied die Kommission beispielsweise von 1990 bis Mai 1999 allein in 374 Fällen, von denen sie nur in neun Fällen das Hauptverfahren des Art. 88 II EGV eröffnete[88]. Freistellungsverordnungen sind daher gerade in Bereichen, in denen genügend Erfahrungen bereits vorliegen, sinnvoll. Dabei knüpft die Kommission an bestehende Leitlinien und Gemeinschaftsrahmen an, die ohnehin schon zum Orientierungsmaßstab der mitgliedstaatlichen Beihilfenpraxis geworden sind. Im übrigen entfällt auf diese Weise für die Mitgliedstaaten der Notifizierungsaufwand, der mit einer häufig bedenklichen Verfahrensverzögerung sensibler Investitionsprojekte verbunden ist.

---

84 ABl. EG 1998 Nr. L 142, S. 1.

85 Vgl. Entwurf einer Verordnung „über die Anwendung der Art. 87 u. 88 EGV auf staatliche Beihilfen an kleine und mittlere Unternehmen“, S. 1 der Begründung; das Dokument ist im Internet abrufbar unter: http://www.europa.eu.int/comm/dg04/lawaid/de/compme_de.pdf.

86 Der Entwurf einer „Verordnung der Kommission über die Anwendung der Art. 87 u. 88 EGV auf Ausbildungsbeihilfen“ ist abrufbar unter: http://www.europa.eu.int/comm/dg04/lawaid/de/comconstrainide.pdf.

87 Vgl. FAZ vom 30. November 1999, S. 29.

88 Vgl. die Begründung zu dem Entwurf der entsprechenden Freistellungsverordnung (Fn. 86), S. 2.

# Bericht über die Diskussion im Anschluss an das Referat von Christian Koenig

### Leitung: Siegfried Magiera

Von Gerd Eckstein

Zu Beginn der Diskussion verwies Prof. Dr. *Siegfried Magiera* darauf, dass die Fälle im Beihilfenrecht noch vor wenigen Jahren zumeist klar verständlich waren. So konnte beispielsweise im Fall Alcan der offenkundige Verstoß gegen die Gemeinschaftsregeln relativ problemlos festgestellt werden. Inzwischen sei das rechtliche Regelwerk stark ausdifferenziert und immer weiter verfeinert worden. Bezug nehmend auf den Vortrag gab *Magiera* zu bedenken, dass das von Prof. Dr. *Christian Koenig* präferierte Modell des marktwirtschaftlichen Investors nur so lange funktioniere, wie es einen Markt für das entsprechende Produkt oder die in Rede stehende Dienstleistung gebe. Der öffentliche Rundfunk oder die bereits angesprochenen öffentlichen Sportstätten stellten jedoch Bereiche dar, in denen der Staat nach wie vor über ein Monopol verfüge. Hier laute die grundsätzliche Frage, ob ein Markt- bzw. Konkurrenzverhältnis zu anderen Anbietern bestehe. Wie problematisch sich die Entscheidung über die Einstufung als Beihilfe darstellen kann, illustrierte *Magiera* an einem aktuellen Beispiel aus dem Bereich der Umweltauflagen: Einige Unternehmen werden im Unterschied zu ihren Wettbewerbern teilweise von Energiesteuern befreit. Dies führe zu einem wirtschaftlichen Vorteil und trage damit durchaus Beihilfecharakter. Allerdings sei das Bewusstsein für die Beihilferelevanz bestimmter staatlicher Maßnahmen noch nicht sehr ausgeprägt und im Übrigen auch nicht immer leicht zu vermitteln, wie das Beispiel WestLB zeige.

Ministerialrat *Michael Maisch*, der im baden-württembergischen Umweltministerium für die Förderung in dem Bereich Wasserwirtschaft verantwortlich zeichnet, verwies auf die bisherige Vorgehensweise, wonach die an die Kommunen überwiesenen Landesmittel nicht als Beihilfen im gemeinschaftsrechtlichen Sinne betrachtet worden seien. Immerhin gehe es dabei um eine finanzielle Größenordnung von 300 bis 400 Millionen DM jährlich. Nun stünden Privatisierungen in dem Bereich der Wasserversorgung und Abwasserentsorgung an. Damit verbinde sich die Frage, ob die öffentlichen Mittel weiter wie bisher – nunmehr an private Investoren – fließen dürften, ohne dass die EU-Kommission dieses Vorgehen als unzulässige Beihilfe qualifiziert und dagegen einschreitet. *Maisch* äußerte die Vermutung, dass sich private Unternehmen nur dann engagieren würden, wenn sie die bisher gezahlten Fördermittel weiterhin erhielten. Sinn und Zweck der in diesem Bereich gezahlten Fördermittel bestünden darin, den Wasserpreis auf einem bezahlbaren, landesweit relativ einheitlichen Niveau zu halten. Dies sei ein Bestandteil der staatlichen Daseinsvorsorge. Bei Wegfall der Zuschüsse würden die Gebühren für die genannten Leistungen für den Bürger schlichtweg zu teuer werden.

*Koenig* gab zu, dass es sich bei der so genannten Daseinsvorsorge tatsächlich um einen sensiblen Bereich handele. Es zeichne sich ab, dass insbesondere die deutschen Länder für diesen Sektor eine pauschale Freistellung von der Beihilfenaufsicht erwirken wollen. Dies werde nach seinem Dafürhalten nicht gelingen, weil alle Formen der wirtschaftlichen Betätigung, egal ob sie durch Eigenbetriebe der Kommunen oder durch private Unternehmen erfolgen, voll umfänglich der Gemeinschaftskontrolle unterliegen. An *Maisch* gewandt gab er den Hinweis, dass das Land gut beraten wäre, das Förderprogramm bei der Kommission „prophylaktisch zu notifizieren". Damit sei allerdings nicht das formelle Verfahren gemeint, sondern eine eher inoffizielle Absprache mit der Brüsseler Behörde, die dazu führen könnte, eventuell im Nachhinein entstehenden Ärger bereits im Vorfeld zu vermeiden.

*Magiera* pflichtete *Koenig* bei, dass nicht die Rechtsform entscheidend sei, in der ein öffentliches Unternehmen geführt werde, sondern allein die Art und Weise sowie die Finanzierung der wirtschaftlichen Betätigung. Er stellte in seiner kurzen Intervention die Frage: Was ist eigentlich der Marktpreis für Wasser, oder was ist der Marktpreis für die Leistungen des öffentlichen Personennahverkehrs? Die Diskussion über derartige Fragen sei im Moment noch völlig offen. Entscheidend sei dabei jedoch nicht, ob der Staat oder Private handeln. Öffentliche Leistungen haben potenziell immer auch Beihilfencharakter, weshalb man in diesen Fragen in Zukunft vorsichtiger und sensibler sein müsse.

Regierungsrätin *Maria-Elisabeth Berner*, Niedersächsisches Ministerium für Frauen, Arbeit und Soziales, wandte ein, dass sie die Ausführungen in der bisherigen Diskussion teilweise irritiert hätten, insbesondere im Zusammenhang mit der sozialen Funktion öffentlicher Leistungen für den Bürger, beispielsweise in dem angesprochenen Bereich der Wasserversorgung und Abwasserentsorgung oder in Bezug auf die öffentlichen Krankenhäuser. Es stelle sich bei den genannten lokalen Versorgungsstrukturen, die dem Bürger als Verbraucher dienen, die Frage nach der Begünstigung von Unternehmen. Außerdem könne sie durch die angesprochene öffentliche Förderung keine Wettbewerbsnachteile für Unternehmen anderer Mitgliedstaaten erkennen.

In seiner Erwiderung führte *Koenig* als Beispiel für mögliche Wettbewerbsverzerrungen durch öffentliche Förderung die Gesellschaft Electricité de France an, die mittlerweile Strom bis nach Norddeutschland liefere. Auch in der Wasserwirtschaft gebe es inzwischen grenzüberschreitende Bezüge. In der Frage der Wettbewerbsverfälschung zwischen den Mitgliedstaaten lege die Kommission die bereits angesprochene de minimis-Regelung an, das heißt alles was über dieser Grenze liege, habe die Potenzialität einer Handelsbeeinträchtigung. Er bekräftigte, dass auch die Leistungen der Daseinsvorsorge prinzipiell der Beihilfenkontrolle unterliegen.

*Dr. Gabor Spuller*, Regierungspräsidium Dessau, stellte die Frage nach dem Adressaten einer Beihilfe für den Fall, dass eine Kommune, die keinen spezialisierten Eigenbetrieb unterhalte, die im Rahmen des Finanzausgleichs zugewiesenen Mittel für Investitionen im Abwasserbereich als Bestandteil in den Haushalt aufnehme. Der Logik des Vortrags folgend müsste auch im Verkehrsmarkt der so genannte market economy investor test durchgeführt werden, beispielsweise bei der Bahnprivatisierung. Dass dieser Bereich noch große Defizite aufweise, sei allen Anwesenden bekannt. Dessen ungeachtet müsse auch im Nahverkehr in Zukunft mit der genannten Test-Methode gearbeitet werden. Problematisch stelle sich hierbei dar, dass gewisse Leistungen der Daseinsvorsorge nicht kostendeckend erbracht werden können und damit staatlichen Zuschussbedarf aufweisen. Sollten für derartige Bereiche nicht Ausnahmen in Sinne des französischen Verständnisses von „service public“ gemacht werden?

*Koenig* unterstrich, dass es sich bei den Begriffen Daseinsvorsorge und service public um ideologisierte Themen handele und kam in diesem Zusammenhang noch einmal auf das bereits angedeutete Beispiel der französischen Elektrizitätsgesellschaft zurück. Selbst der deutsche Bundeskanzler habe sich auf dem Gipfel von Lissabon im Rahmen einer Resolution zu Gunsten des „service public“ für die Interessen der Electricité de France mobilisieren lassen. Dabei handele es sich eindeutig um ein mittlerweile europaweit agierendes Unternehmen, das auch Dank staatlicher Zuschüsse über Ländergrenzen hinweg geschäftlich tätig sein könne. Um solchen Wettbewerbsverzerrungen künftig vorzubeugen, sollte auf den Begriff des service public, bei dem es sich in seiner Vagheit um einen „modernen Nebelwerfer“ handele, verzichtet werden und statt dessen die weitaus klarere Formulierung in Art. 16 EG-Vertrag genutzt werden: „Dienste von allgemeinem wirtschaftlichem Interesse“. Es sei Aufgabe der Mitgliedstaaten zu definieren, welche Bereiche von diesem Begriff umfasst werden sollen. Aber auch dann unterlägen sie weiterhin dem Beihilfenrecht der Gemeinschaft.

Ministerialrat *Friedemann Lambert*, Ministerium für Wirtschaft und Technologie des Landes Sachsen-Anhalt, kündigte keine Fragen, sondern zwei Bemerkungen an. Die erste bezog sich auf den Begriff „relevanter Markt", der in der praktischen Umsetzung des Beihilfenrechts durch die Kommission bisher eine eher untergeordnete Rolle spiele. In den neuen Bundesländern bekomme die diesbezügliche Diskussion, die sich noch am Anfang befinde, eine neue Dynamik, insbesondere durch die Anwendung des multisektoralen Beihilferahmens. Die zweite Anmerkung hatte die bereits angesprochenen Gruppenfreistellungsverordnungen zum Gegenstand. Durch diese neuen Möglichkeiten stelle sich die EU-Kommission nach außen als „gütig und kulant" dar. Die Kehrseite der Medaille seien jedoch umfangreiche Berichtspflichten der Länder, die jede Einzelmaßnahme gegenüber der Kommission detailliert darstellen müssten. Außerdem würde durch die fehlende Notifizierungspflicht für bestimmte Maßnahmen, die beispielsweise im Rahmen der de-minimis-Regelung durchgeführt werden, mangelnde Rechtssicherheit entstehen. In den Fällen, in denen sich die Vorstellungen der Mitgliedstaaten mit den Intentionen der Kommission nicht deckten, würde dies erst im Nachhinein offensichtlich.

Regierungsdirektor *Rolf Funck*, Ministerium für Finanzen und Energie des Landes Schleswig-Holstein, richtete an *Koenig* die Frage, ob es künftig unzulässig sei, die Verluste des öffentlichen Personennahverkehrs (ÖPNV) auszugleichen? Auch in diesem Zusammenhang stelle sich letztlich die Frage, wer gegenüber wem die Leistung erbringe, bzw. ob Leistung und Gegenleistung einander entsprächen. Müsse dann nicht auch immer durch Ausschreibung geprüft werden, ob die Leistung günstiger zu bekommen wäre? Welcher Betrag sei schließlich als Beihilfe anzusehen: Der gesamte Zuschuss oder lediglich die Differenz zwischen dem günstigsten Angebot und dem tatsächlich gezahlten Verlustausgleich?

*Koenig* konstatierte, dass die ÖPNV-Problematik nicht nur auf die Länder, sondern in vergleichbarem Maße auch auf die Kommunen zutreffen würde. Ein Mitgliedstaat könne den Bereich des Nahverkehrs durchaus als „Dienstleistung von allgemeinem wirtschaftlichem Interesse" qualifizieren, der dadurch staatliche Zuschüsse erhalten dürfe. In diesem Zusammenhang fand er allerdings den Begriff Verlustausgleich fatal, denn bei einer auf dem und für den Markt erbrachten Leistung dürfe es etwas Derartiges eigentlich gar nicht geben. Aus diesem Grund empfahl *Koenig* eine terminologische Klärung weg vom „Verlustausgleich", denn das klinge zu sehr nach der bereits im Referat thematisierten Anstaltslast und sei damit in hohem Maße „beihilfeverdächtig". Um einen Quasi-Markt zu installieren und um stärkere Anreize im Sinne eines Wettbewerbs zu setzen, seien in den genannten Bereichen Ausschreibungen notwendig.

Als Kommentar zu den Anmerkungen *Lamberts* stellte *Koenig* fest, dass die erweiterten Berichtspflichten das Gegengewicht zu den größeren Freiräumen der Länder im Rahmen der Gruppenfreistellungsverordnungen seien. Das sich mit diesem Vorgehen verbindende Ziel der Kommission bestünde darin, die Mitgliedstaaten und ihre Untergliederungen zu mehr Beihilfendisziplin zu erziehen. Es sei je nach Standpunkt des Betrachters Auslegungssache, ob die neuen Regelungen von Seiten der Kommission als gut- oder böswillig interpretiert werden. *Koenig* plädierte in diesem Zusammenhang für größeres Vertrauen zwischen der Kommission und den deutschen Ländern. Er unterstrich noch einmal, dass es sich bei dem Begriff der Daseinsvorsorge um ein wenig aussagekräftiges Kriterium handele, das dringend der Differenzierung bedürfe. Bei einer weiten Auslegung des Begriffs könnten beispielsweise selbst die Tankstellen zur Daseinsvorsorge gezählt werden.

*Berner* gab in einer kurzen Zwischenfrage zu verstehen, dass ihr die Abgrenzung des Begriffs „Wettbewerbsnachteile" noch immer nicht ganz klar geworden sei. Außerdem sei sie der Meinung, dass die Tankstellen zur Daseinsvorsorge gerechnet werden können, denn es ergäben sich bei näherer Betrachtung durchaus Regulierungsvorteile, beispielsweise durch das Ladenschlussgesetz. *Spuller* stellte noch einmal die Frage, wie der market economy investor test konkret auszusehen habe, insbesondere in solchen Fällen, in denen von Anfang an feststehe, dass die Leistungen nicht kostendeckend zu erbringen sein würden.

In seiner abschließenden Erwiderung erläuterte *Koenig* nochmals die Idee des angesprochenen Tests. Oberste Zielsetzung bei der Leistungserbringung müsse es sein, ein Rentabilitätsziel zu erreichen. Wenn sich jedoch selbst nach langer Zeit eine anhaltend defizitäre Entwicklung einstelle, müsse die entsprechende Maßnahme als soziale Aufgabe eingestuft werden, die dauerhafter Unterstützung bedürfe. Dazu seien die Mitgliedstaaten ausdrücklich befugt. Dann ergeben sich zwei Möglichkeiten: Entweder müsse die Gebietskörperschaft die Leistung aus ihrem ordentlichen Haushalt erbringen. Wenn die Leistung jedoch ausgelagert werde, müsse sie den beihilfenrechtlichen Anforderungen genügen. Das bedeute unter anderem, dass es keinen pauschalen Verlustausgleich geben dürfe. Im übrigen zeigte sich *Koenig* davon überzeugt, dass die Haushaltsdisziplin im Rahmen der Einhaltung der WWU-Konvergenzkriterien und die damit verbundene Abnahme der finanziellen Spielräume der öffentlichen Hände dazu führen werde, den Stellenwert der Beihilfenproblematik Schritt für Schritt zu relativieren.

# Die Verwaltung europäischer Strukturbeihilfen

## Europäische versus nationale Regionalförderpolitik

Von Adelheid Puttler

## I. Die Strukturfonds – bedeutender Posten im Gemeinschaftshaushalt und Machtfaktor der Gemeinschaft

Die Strukturfonds nehmen im Gemeinschaftshaushalt einen bedeutenden Stellenwert ein. Zur Verdeutlichung einige Zahlen: Für die vergangene Förderperiode, den Sechs-Jahres-Zeitraum zwischen 1994 und 1999, standen für die Strukturfonds 163 Milliarden Euro aus dem Haushalt der EG zur Verfügung[1], also rund 320 Milliarden DM. Damit waren für die Strukturfonds etwa ein Drittel der Haushaltsmittel der Europäischen Gemeinschaft vorgesehen. Für die derzeitige Förderperiode, den Sieben-Jahres-Zeitraum von 2000 bis 2006, beträgt der Gesamtbetrag der Zuwendungen an die Strukturfonds 195 Milliarden Euro[2], also etwa 382 Milliarden DM. Dazu kommen weitere 18 Milliarden Euro für den Kohäsionsfonds, aus dem die Mitgliedstaaten Spanien, Portugal, Irland und Griechenland begünstigt werden, und darüber hinaus Mittel für Hilfen, die osteuropäische Staaten bei der Vorbereitung ihres Beitritts unterstützen sollen. In die Strukturfonds fließen also im Vergleich zum Gesamthaushalt der Gemeinschaft beträchtliche Summen. Die Gemeinschaft verteilt diese Mittel wiederum als Beihilfen an die Mitgliedstaaten nach bestimmten Kriterien.

Dieser Beitrag untersucht die Kriterien und Mechanismen der Verwaltung und Verteilung der Mittel. Denn die Zuschüsse aus den Strukturfonds sind für die Mitgliedstaaten nicht nur ein willkommenes Geldgeschenk. Über Vergabebedingungen übt die Gemeinschaft politischen Einfluss auf die Mitgliedstaaten aus, der Probleme für deren nationale Förderpolitik mit sich bringen kann. Die Analyse konzentriert sich auf die europäische Regionalförderung. Bei der Regionalförderung, die einen wesentlichen Teil der

---

[1] 1999 in Euro umgerechnet; *Europäische Kommission*, Reform der Strukturfonds 2000–2006 – Eine vergleichende Analyse, Juni 1999.

[2] Europäischer Rat in Berlin, 24. und 25. März 1999, Schlussfolgerungen des Vorsitzes, Ziff. 31, Bulletin des Presse- und Informationsamts der Bundesregierung Nr. 30 vom 26. Mai 1999, S. 338, 324; Art. 7 VO (EG) Nr. 1260/1999, ABl. EG 1999 Nr. L 161/1 (Strukturfonds-VO).

Strukturfondsförderung ausmacht, kommt es zu besonderen Konflikten mit der nationalen Politik der Mitgliedstaaten.

## II. Die Förderkompetenz aus den Strukturfonds – eines der Mittel zur Verwirklichung von Kohäsion und Konvergenz

Die Gemeinschaft setzt die Strukturfondsmittel zur Unterstützung ihrer Kohäsionspolitik ein. Unter Kohäsionspolitik versteht man – wie es Art. 158 Abs. 1 EG ausdrückt – „die Politik zur Stärkung (des) wirtschaftlichen und sozialen Zusammenhalts, um eine harmonische Entwicklung der Gemeinschaft als Ganzes zu fördern". Wesentlicher Teil der Kohäsionspolitik ist das Bemühen um Konvergenz, nämlich die Verringerung der Entwicklungsunterschiede der verschiedenen Regionen in der Gemeinschaft (Art. 158 Abs. 2 EG). Die Vergabe von Strukturfondsmitteln ist nur eines unter mehreren Instrumenten zur Verwirklichung des wirtschaftlichen und sozialen Zusammenhalts und zum Abbau regionaler Disparitäten. Denn der EG-Vertrag sieht in Art. 159 Abs. 1 EG dazu drei Wege vor: *Erstens* werden die Mitgliedstaaten aufgefordert, ihre nationale Wirtschaftspolitik entsprechend zu führen und untereinander zu koordinieren (S. 1). Nach Art. 99 Abs. 1 EG hat eine solche Koordinierung im Rat stattzufinden. *Zweitens* muss die Gemeinschaft bei ihren übrigen Gemeinschaftspolitiken die Ziele von Kohäsion und Konvergenz berücksichtigen (S. 2). Und *drittens* schließlich räumt Art. 159 Abs. 1 S. 3 EG der Gemeinschaft eine eigene Förderkompetenz ein. Sie kann dazu im wesentlichen die Strukturfondsmittel einsetzen[3]. Diese Förderkompetenz der Gemeinschaft wurde recht spät, nämlich erst 1987 mit der Einheitlichen Europäischen Akte im EG-Vertrag verankert. Bei Gründung der EWG Ende der 50er Jahre existierten zwar auch schon Regionen mit unterschiedlichem Entwicklungsstand und unterschiedlicher Wirtschaftskraft. Damals glaubte man aber noch, es würde ausreichen, einen Gemeinsamen Markt zu schaffen. Das damit angestoßene Wirtschaftswachstum sollte zur weitgehenden Einebnung der regionalen Unterschiede beitragen[4].

---

[3] Dazu kommen noch Mittel der EIB und weitere Finanzierungsinstrumente, wie etwa der europäische Investitionsfonds und Mittel der Europäischen Atomgemeinschaft; Art. 158 Abs. 1 S. 3 EG; Art. 2 Abs. 6 VO (EG) Nr. 1260/1999, ABl. EG 1999 Nr. L 161/1 (Strukturfonds-VO).

[4] Zur weiteren Entwicklung der gemeinschaftlichen Regionalpolitik *Adelheid Puttler*, in: Christian Calliess/Matthias Ruffert (Hrsg.), Kommentar zu EU-Vertrag und EG-Vertrag, 1999, Art. 158 EGV Rn. 1 ff.

## III. Die Rechtsgrundlagen europäischer Strukturbeihilfen

Zu den Strukturfonds zählen vier Fonds: der Europäische Fonds für regionale Entwicklung (EFRE), der Europäische Sozialfonds (ESF), der Europäische Ausrichtungs- und Garantiefonds für die Landwirtschaft – Abteilung Ausrichtung (EAGFL) und das Finanzinstrument zur Ausrichtung der Fischerei (FIAF)[5]. Aufgaben, Organisation und Vergabebestimmungen der Strukturfonds sind nicht im EG-Vertrag selbst sondern in einer Reihe von Ratsverordnungen enthalten[6]. Die wichtigste sekundäre Rechtsquelle ist die neue Strukturfonds-Verordnung, die Verordnung (EG) Nr. 1260/1999[7]. Sie enthält allgemeine Bestimmungen über Aufgaben, Ziele und Organisation aller Strukturfonds. Daneben erließ der Rat noch Verordnungen zu den einzelnen Fonds, die vor allem festlegen, welche Art von Maßnahmen aus dem jeweiligen Fonds finanziert wird[8].

## IV. Die Vergabegrundsätze der Beihilfen aus den Strukturfonds und ihr Einfluss auf die nationale Förderpolitik

Die Gemeinschaft gewährt die Mittel aus den Strukturfonds den Mitgliedstaaten nicht zu deren freier Verfügung. Die Gemeinschaft entwickelte vielmehr im Laufe der vergangenen Jahrzehnte dezidierte Vorstellungen, auf welche Weise Regionalförderpolitik betrieben werden soll. Zur Durchsetzung ihrer Politik setzt sie die Strukturfondsmittel ein, die sie mit entsprechenden Vergabebedingungen verknüpft. Hierbei kommt es allerdings zu Konflikten mit nationalen Politikzielen.

### 1. Aufgaben und Zuständigkeiten der deutschen Regionalpolitik, insbesondere der regionalen Wirtschaftsförderung

Neben der Europäischen Gemeinschaft bemühen sich auch die Mitgliedstaaten um den Abbau regionaler Disparitäten. Die gemeinschaftliche Politik der Konvergenz hat in den Mitgliedstaaten ihr Gegenstück in den nationalen Regionalpolitiken. Ziele und Bezugsgrößen der Politiken sind jedoch nicht deckungsgleich. Während die Europäische Gemeinschaft Kohärenz in

---

[5] Art. 2 Abs. 1 VO (EG) Nr. 1260/1999, ABl. EG 1999 Nr. L 161/1 (Strukturfonds-VO), s. aber Art. 159 Abs. 1 S. 3 EG, der weiterhin nur EFRE, EAGFL und ESF als Strukturfonds bezeichnet.

[6] Auf der Grundlage von Art. 161, 162, 37 und 148 EG.

[7] ABl. EG 1999 Nr. L 161/1 (Strukturfonds-VO).

[8] VO (EG) Nr. 1783/1999, ABl. EG 1999 Nr. L 213/1 (EFRE-VO); VO (EG) Nr. 1784/1999, ABl. EG 1999 Nr. L 213/5 (ESF-VO); VO (EG) Nr. 1263/1999, ABl. EG 1999 Nr. L 161/54 (FIAF-VO); VO (EG) Nr. 1257/1999, ABl. EG 1999 Nr. L 160/80 (EAGFL-VO).

der Gemeinschaft anstrebt und daher die Entwicklung einzelner Regionen an der Entwicklung der Regionen in der ganzen Gemeinschaft misst, ist es Ziel nationaler Regionalpolitik, regionale Ungleichgewichte innerhalb des betreffenden Mitgliedstaats abzubauen. Der Mitgliedstaat vergleicht seine unterentwickelten Regionen daher mit den übrigen Regionen auf seinem Staatsgebiet. Aus dieser unterschiedlichen Sichtweise ergeben sich auch unterschiedliche Förderpolitiken und -prioritäten der Gemeinschaft einerseits und der Mitgliedstaaten andererseits.

Ein Mitgliedstaat kann mit verschiedenen Maßnahmen die Entwicklung seiner benachteiligten Regionen fördern, etwa durch Kultur- und Bildungspolitik, Sozialpolitik, Raumordungspolitik, Umwelt- und Wirtschaftspolitik. Der regionalen Wirtschaftspolitik, also der Stärkung der Wirtschaftskraft einer Region und damit dem Abbau sozialer Benachteiligungen in dieser Region, kommt allerdings besondere Bedeutung zu. Ein wesentliches Instrument ist dabei die regionale Wirtschaftsförderung. Immer dann aber, wenn der Mitgliedstaat fördernd tätig wird, also finanzielle Anreize für die Wirtschaft in einer Region setzt, kann er zum einen in Zielkonflikte mit der europäischen Politik der Strukturfondsförderung geraten. Zum anderen sind mitgliedstaatliche Finanzhilfen zur Regionalförderung Beihilfen im Sinne von Art. 87 Abs. 1 EG und daher der gemeinschaftlichen Beihilfenkontrolle unterworfen.

In Deutschland gehört die regionale Wirtschaftsförderung grundsätzlich zum Zuständigkeitsbereich der Länder (Art. 30 GG). Eine finanzielle Beteiligung des Bundes ist wegen des allgemeinen Verbots der Mischfinanzierung in Art. 104a Abs. 1 GG nur in den im Grundgesetz vorgesehenen Formen zulässig. Neben Bundesfinanzhilfen zur Mitfinanzierung regional bedeutsamer Investitionen nach Art. 104a Abs. 4 GG ist in der Regionalförderpraxis vor allem die Gemeinschaftsaufgabe „Verbesserung der regionalen Wirtschaftsstruktur" von Bedeutung (Art. 91a Abs. 1 Nr. 2 GG). In dieser Gemeinschaftsaufgabe wirkt der Bund an der Länderaufgabe Regionalförderung mit. Er entwickelt zusammen mit den Ländern gemeinsam Regionalförderplanungen und beteiligt sich an den finanziellen Aufwendungen.

### 2. Die wesentlichen Ziele und Vergabegrundsätze der gemeinschaftlichen Regionalförderung

In den Anfangsjahren der europäischen Regionalförderung wurden die Finanzmittel an die Mitgliedstaaten nach festen Prozentsätzen vergeben. Dieses Quotensystem hatte vorrangig eine Finanzausgleichswirkung, denn das Geld floss zum größeren Teil in die weniger wohlhabenden Länder. Wie die Mittel verteilt wurden, vor allem die Auswahl der Fördergebiete, lag dann im wesentlichen bei den Mitgliedstaaten. In der Folgezeit aber entwickelte die Gemeinschaft, angestoßen durch entsprechende Vorschläge der Kommission ein eigenes Regionalförderkonzept. Ratsverordnungen gaben dabei Ziele und Instrumente vor. Der Kommission als Vergabestelle und Verwaltungsbehörde der Strukturfondsmittel blieb es überlassen, die europäische Regionalpolitik in der Praxis auszuformen[9].

Seit der Aufnahme einer expliziten Regionalförderkompetenz der Gemeinschaft in den EG-Vertrag hat es drei Strukturfondsreformen gegeben: 1988, 1993 und – die jüngste – 1999. Die Reformen waren stets von dem Bemühen gelenkt, die Wirksamkeit der Gemeinschaftsinterventionen zu steigern. Dazu wurde zum einen die Finanzausstattung der Strukturfonds stetig erhöht. Zum anderen sollten verschiedene Mechanismen sicherstellen, dass mit einem Minimum an europäischen Fördermitteln die regionalpolitischen Vorstellungen der Gemeinschaft maximal in den Mitgliedstaaten zur Geltung kamen. Dazu sollten vor allem eine sachliche und räumliche Konzentration der Fördermittel beitragen sowie weitere Instrumente eine wirksame Bindung der Mitgliedstaaten an die Gemeinschaftspolitik gewährleisten.

### *a) Sachliche und räumliche Konzentration der Förderung*

Um der Kritik zu begegnen, die Förderung aus den Strukturfonds verzettele sich oder folge gar dem Gießkannenprinzip, will die jüngste Strukturfondsreform, die Förderung auf weniger Ziele – also sachlich – konzentrieren und die Förderung einem kleineren Teil der EG-Bevölkerung als bisher zugute kommen lassen, sie also auch räumlich konzentrieren.

#### aa) Sachliche Konzentration auf drei Ziele

Die Strukturfonds-Verordnung vom Juni 1999 sieht vor, dass sich die Förderung im Planungszeitraum 2000 bis 2006 sachlich auf drei Ziele konzentrieren soll. Damit wurden die bis 1999 geltenden sechs – später sieben – Ziele der Förderung aus den Strukturfonds zusammengefasst[10].

Art. 1 der Strukturfonds-Verordnung beschreibt die neuen Ziele näher. Ziel 1 konzentriert sich auf die Entwicklung der Regionen mit besonders

---

[9] Zur Entwicklung s. *Adelheid Puttler*, Die Haushaltsautonomie der Länder, 2001, 3. Kapitel, § 2 A. (im Erscheinen).

[10] Zu den ehemaligen Zielen 1, 2, 3, 4, 5a und 5b der Förderperiode 1994–1999 s. Art. 1 VO (EWG) Nr. 2081/93, ABl. EG 1993 Nr. L 193/5 (Rahmenverordnung); zum mit dem Beitritt Österreichs, Schweden und Finnlands eingefügten Ziel 6 s. Protokoll Nr. 6 im Anhang der Beitrittsakte in der Fassung von Art. 52 des Beschlusses des Rates der Europäischen Union (95/1/EG, Euratom, EGKS) vom 1.1.1995, ABl. EG 1995 Nr. L 1/1.

großem Entwicklungsrückstand. Darunter fallen im wesentlichen die ehemaligen Ziel-1- und Ziel-6-Gebiete. Nach Ziel 2 sollen industrielle, ländliche, städtische Gebiete und Fischereiregionen mit besonderen Umstellungsproblemen gefördert werden. Diese Regionen stehen in wirtschaftlicher und sozialer Hinsicht zwar besser da als die Ziel-1-Gebiete, haben aber dennoch Schwierigkeiten, sich an geänderte wirtschaftliche und soziale Bedingungen anzupassen. Das neue Ziel 2 fasst damit die alten Ziel-2- und Ziel-5b-Gebiete zusammen und ergänzt sie mit weiteren förderfähigen Regionen. Ziel 3 schließlich richtet sich auf die Entwicklung der Humanressourcen, genauer auf die Anpassung der Bildungs- und Beschäftigungssysteme. Während die Ziele 1 und 2 sich auf bestimmte geographisch abgegrenzte Teilgebiete beziehen, also regionalpolitisch geprägt sind, können nach Ziel 3 grundsätzlich Gebiete in der gesamten Gemeinschaft gefördert werden. Allerdings werden die Ziel-1-Gebiete, die auch unter dem Bildungs- und Beschäftigungsaspekt eine besondere Förderung erfahren, von Ziel 3 ausgenommen[11]. Das neue Ziel 3 greift somit die ehemaligen Ziele 3 und 4 auf.

Auch die bisher 13 Gemeinschaftsinitiativen wurden reduziert, und zwar auf die 4 Gemeinschaftsinitiativen Interreg, URBAN, Leader und EQUAL[12]. Bei Gemeinschaftsinitiativen handelt es sich um kleinere Förderprogramme, auf deren Ausgestaltung die Kommission besonders starken Einfluss hat und mit denen sie dadurch Politikanstöße geben kann. Für sie stehen etwas über 5% der Fondsmittel zur Verfügung[13].

#### bb) Räumliche Konzentration

Während bis 1999 Gebiete, in denen über die Hälfte der Gemeinschafts-Bevölkerung lebte, in den Genuss von europäischen Regionalfördermitteln kamen, soll im neuen Planungszeitraum der Anteil von Förderungen nach den regionalbedeutsamen Zielen 1 und 2 auf nur noch etwa 40% gesenkt werden[14]. Das ist allerdings immer noch ein stattlicher Bevölkerungsanteil. Um Mitgliedstaaten vor einem zu großen Verlust von Fördergebieten zu bewahren, spannt Art. 4 Abs. 2 Buchst. c) Strukturfonds-Verordnung ein Sicherheitsnetz auf: Ein Mitgliedstaat muss allenfalls eine Reduzierung seiner bisherigen Ziel-2- und Ziel-5b-Fördergebietseinwohner um ein Drit-

---

[11] Art. 5 Strukturfonds-VO.

[12] Art. 20, Art. 21 Strukturfonds-VO.

[13] Art. 7 Abs. 6 Strukturfonds-VO.

[14] In den Ziel-1-Gebieten leben etwa ca. 22% der EU-Bevölkerung (*Lothar Jung/Helge Hassold*, Die Neuordnung der deutschen und europäischen Regional-/Strukturförderung vor dem Hintergrund der Beihilfenkontrolle und der Agenda 2000, in: DÖV 2000, 190, 195). Die Ziel-2-Förderung darf maximal 18% der Gemeinschaftsbevölkerung zugute kommen, Art. 4 Abs. 2 Strukturfonds-VO.

tel hinnehmen. Außerdem sind Übergangsunterstützungen für bisherige Förderregionen vorgesehen, die nunmehr aus der neuen Ziel-1- und Ziel-2-Förderung herausfallen[15].

Die neue Strukturfonds-Verordnung konzentriert die Förderung auf das Ziel 1, also auf die Förderung der am geringsten entwickelten Gebiete. Hierfür sollen knapp 70% der Strukturfondsmittel aufgewendet werden. Jeweils etwa 12% der Fondsmittel entfallen auf Ziel 2 und Ziel 3[16].

### *b) Mechanismen zur Bindung der Mitgliedstaaten an die Gemeinschaftspolitik*

Die erste Strukturfondsreform von 1988 führte bereits für die Mittelvergabe eine Reihe von Mechanismen ein, die sicherstellen sollen, dass die Gelder der Gemeinschaft auch nach den regionalpolitischen Vorstellungen der Gemeinschaft in den Mitgliedstaaten verwendet werden. Dazu gehören die Festlegung der Förderkulisse, die Programmfinanzierung, ein Bewertungs- und Kontrollsystem sowie das Prinzip der Partnerschaft. Das Prinzip der Zusätzlichkeit und das Kofinanzierungserfordernis haben darüber hinaus den Effekt, dass die Mitgliedstaaten nicht nur die Gemeinschaftszuschüsse EG-konform verwenden, sondern auch noch ihre eigenen Finanzmittel in den Dienst der Gemeinschaftsziele stellen.

#### aa) Festlegung der Förderkulisse durch die Gemeinschaft

In den Anfangszeiten der Regionalförderung blieb es weitgehend den Mitgliedstaaten überlassen, welche ihrer Gebiete sie für förderwürdig und -bedürftig hielten und wo sie demgemäß die Finanzzuschüsse aus der Gemeinschaftskasse einsetzten. Im Gegensatz dazu wird seit den Strukturfondsreformen von 1988 die Förderkulisse von der Gemeinschaft bestimmt. Hatte bis 1999 der Rat sich die Festlegung der Ziel-1-Gebiete selbst vorbehalten[17] und die Bestimmung der übrigen Fördergebiete der Kommission überlassen[18], legt nunmehr die Kommission die gesamte Förderkulisse fest[19]. Dazu wird das Gemeinschaftsgebiet nach administrativ-institutionellen Maßstäben in drei Ebenen unterteilt. Diese Einteilung hatte das Statisti-

---

[15] Art. 6 Strukturfonds-VO.

[16] Nach Art. 7 Abs. 2 Strukturfonds-VO sind 69,7% der Strukturfondsmittel für Ziel 1, 11,5% für Ziel 2 und 12,3% für Ziel 3 vorgesehen.

[17] Art. 8 Abs. 1 bis 3 VO (EWG) Nr. 2081/93, ABl. EG 1993 Nr. L 193/5 (Rahmenverordnung).

[18] Art. 9 Abs. 3 und 6, Art. 11a Abs. 3 VO (EWG) Nr. 2081/93, ABl. EG 1993 Nr. L 193/5 (Rahmenverordnung).

[19] Art. 3 Abs. 2, Art. 4 Abs. 4 Strukturfonds-VO.

sche Amt der EU, Eurostat, für statistische Zwecke entwickelt, die sogenannte „Systematik der Gebietseinheiten für die Statistik“ (NUTS[20]). Die NUTS-Ebene I umfasst die Regionen der Gemeinschaft (in der Bundesrepublik Deutschland die Länder). Die NUTS-Ebene II betrifft die Grundverwaltungseinheiten, womit in Deutschland die Regierungsbezirke gemeint sind. Die Untergliederung dieser Grundverwaltungseinheiten bilden schließlich die NUTS-Ebene III; das sind in Deutschland die Kreise[21].

Art. 3 Strukturfonds-VO definiert die Ziel-1-Regionen im wesentlichen über das Pro-Kopf-Bruttoinlandsprodukt. Es muss sich um Regionen der NUTS-Ebene II handeln, deren Pro-Kopf-Bruttoinlandsprodukt geringer als 75% des Gemeinschaftsdurchschnitts ist. In Deutschland zählen zu den Ziel-1-Gebieten, wie auch schon im vergangenen Förderzeitraum, alle fünf neuen Länder. Ostberlin, das bis 1999 Fördermittel erhielt, bekommt nunmehr eine Übergangsunterstützung.

Ziel-2-Gebiete sind solche der NUTS-Ebene III, in Deutschland also der Kreisebene. Für Ziel 2 gibt Art. 4 Strukturfonds-Verordnung eine Reihe von Kriterien vor, die aber wesentlich weiter und ausfüllungsbedürftiger sind als die 75%-Marke für die Ziel-1-Gebiete. Die Kommission legt für jeden Mitgliedstaat zunächst eine Bevölkerungshöchstgrenze fest. Deutschland darf danach einen Bevölkerungsanteil in den Fördergebieten von 13% der Gesamtbevölkerung aufweisen (10,296 Mio. Einwohner)[22]. Im Rahmen dieser Höchstgrenze unterbreitet der Mitgliedstaat dann der Kommission Vorschläge über entsprechende Gebiete mit allen zur Beurteilung erforderlichen Angaben. Die Kommission soll zwar nationale Prioritäten berücksichtigen und „in enger Abstimmung mit dem jeweils betroffen Mitgliedstaat“ handeln. Die Letztentscheidung über die Förderkulisse liegt aber bei ihr[23].

---

[20] Nomenclature des unités territoriales statistiques.

[21] Europäische Kommission, Regionen – Statistisches Jahrbuch – 1996, 1997, S. X und S. 1ff.; s. auch *Joachim Recktenwald*, Grundlagen und Perspektiven der Regionalstatistik in Europa, in: Raumforschung und Raumordnung 1991, 379, 380f.; *Thomas Wiedmann*, Idee und Gestalt der Region in Europa, 1996, S. 24f.

[22] Entscheidung 1999/503/EG der Kommission, ABl. EG 1999 Nr. L 194/58.

[23] Art. 4 Abs. 4 UAbs. 1 Strukturfonds-VO nach Anhörung dreier Beratender Ausschüsse (Ausschuss für die Entwicklung und Umstellung der Regionen, Art. 48 Abs. 3 Buchst. a) Strukturfonds-VO; Ausschuss für Agrarstrukturen und Entwicklung des ländlichen Raumes, Art. 50 Abs. 3 Buchst. a) Strukturfonds-VO; Ausschuß für Fischerei und Aquakultur, Art. 51 Abs. 3 Buchst. a) Strukturfonds-VO).

### bb) Prinzip der Programmfinanzierung

Mitgliedstaaten können Mittel aus den Strukturfonds nicht zur Förderung einzelner Projekte erhalten, sondern müssen ein mehrstufiges Antragsverfahren durchlaufen, an dessen Ende sogenannte Operationelle Programme stehen, im Rahmen derer dann die Interventionen, also die finanziellen Beteiligungen der Gemeinschaft durchgeführt werden. Die gemeinschaftliche Regionalpolitik wird für mehrjährige Programmplanungszeiträume aufgestellt. Die ersten beiden Strukturfondsreformen sahen jeweils Programmplanungszeiträume von sechs Jahren vor. Der jetzige Programmplanungszeitraum ab 2000 soll hingegen sieben Jahre bis 2006 betragen.

Die Einzelheiten der Programmplanung sind außerordentlich kompliziert. Im Rahmen dieser kurzen Einführung können nur einige wesentliche Elemente herausgegriffen werden. Seit der ersten Strukturfondsreform von 1988 umfasst das Antragsverfahren grundsätzlich drei Stufen. Zunächst legt der Mitgliedstaat der Kommission für die einzelnen Ziele getrennt Pläne vor, die von ihr auf Übereinstimmung mit der europäischen Förderpolitik beurteilt werden. Die Pläne beziehen sich bei Ziel 1 und Ziel 2 in der Regel auf die Ebene NUTS II, es können jedoch auch globale Entwicklungspläne für mehrere Regionen vorgelegt werden. Bei Ziel 3 beziehen sich die Pläne auf die gesamtstaatliche Ebene. Nachdem es in der Vergangenheit Unklarheiten und umständliche Verhandlungen zwischen Kommission und Mitgliedstaaten über diese Pläne gab, legte die Kommission nunmehr umfangreiche Leitlinien[24] vor mit Vorgaben für die Anforderungen, die die Kommission an die Pläne stellt.

Anschließend erstellt die Kommission das sogenannte Gemeinschaftliche Förderkonzept (GFK) im Einvernehmen mit dem Mitgliedstaat und unter Hinzuziehung eines Beratenden Ausschusses sowie gegebenenfalls der Europäischen Investitionsbank. Die Kommission entscheidet förmlich über das GFK; ihre Entscheidung wird im Amtsblatt veröffentlicht[25]. Danach entscheidet die Kommission über die vom Mitgliedstaat eingereichten Vorschläge für Operationelle Programme und die Beteiligung der Fonds[26].

Die Strukturfonds-Verordnung sieht verschiedene Möglichkeiten zur Verkürzung dieses gerade geschilderten Planungs- und Antragsverfahrens vor. So können die Mitgliedstaaten gleichzeitig mit ihren Plänen schon die Vorschläge für die Operationellen Programme einreichen, um das Prüfverfahren

---

[24] Gestützt auf Art. 10 Abs. 3 Strukturfonds-VO und nach Konsultierung der Mitgliedstaaten: Mitteilung der Kommission über die Strukturfonds und ihre Koordinierung mit dem Kohäsionsfonds – Leitlinien für die Programme des Zeitraums 2000–2006, ABl. EG 1999 Nr. C 267/2.

[25] Art. 15 Abs. 7 Strukturfonds-VO.

[26] Art. 15 Abs. 4 UAbs. 2 Strukturfonds-VO.

zu beschleunigen[27]. Für die Ziele 2 und 3 ist ein verkürztes zweistufiges Antragsverfahren vorgesehen[28].

### cc) Bewertung, Begleitung und Finanzkontrolle

Um feststellen zu können, ob die Gemeinschaftsinterventionen auch den Zielen und Vorgaben der Verordnungen entsprechen, sieht die Strukturfonds-Verordnung ein System von drei Bewertungsstufen vor: Ex-ante-Bewertung, Halbzeitbewertung, Ex-post-Bewertung[29]. Die Ex-ante-Bewertung liegt beim Mitgliedstaat und seinen Behörden. Bei der Ausarbeitung der Vorschläge muss die Übereinstimmung der vorgeschlagenen Interventionen mit den europäischen Politikzielen und ihre Wirkungen evaluiert werden[30]. Mit der Halbzeitbewertung und ihrer Verknüpfung mit der Freigabe von Reservemitteln wurde in der Strukturfonds-Verordnung von 1999 eine neue Art von „Wohlverhaltensprämie" geschaffen. Die Halbzeitbewertung wird nach etwa drei Jahren zwar von einem unabhängigen Sachverständigen und im Zusammenwirken von Mitgliedstaat und Kommission vorgenommen[31]. Die Kommission prüft aber anschließend nochmals die Bewertung selbst[32]. Hat der Mitgliedstaat nach Auffassung der Kommission seine Verpflichtungen aus den Plänen und Programmen erfüllt, kann sie ihm aus den zuvor zurückbehaltenen 4% der zur Verfügung stehenden Mittel weitere Gelder zuweisen[33]. Am Ende des Programmplanungszeitraums steht schließlich die Ex-post-Bewertung, die unter Verantwortung der Kommission in Zusammenarbeit mit dem Mitgliedstaat vorgenommen wird und von einem unabhängigen Sachverständigen durchzuführen ist[34].

Die Gemeinschaftlichen Förderkonzepte und Operationellen Programme werden nicht nur bewertet, sondern in einem aufwendigen Verfahren stetig begleitet. Die für die Verwaltung zuständige mitgliedstaatliche Behörde und Begleitausschüsse aus Vertretern des Mitgliedstaats und einem nur beratend tätigen Vertreter der Kommission überwachen die Durchführung und erstatten regelmäßig der Kommission Bericht[35].

---

[27] Art. 15 Abs. 4 UAbs. 3 Strukturfonds-VO.

[28] Sowie für Ziel-1-Förderkonzepte, bei denen die Zuwendungen unter 1 Milliarde Euro liegen: Art. 15 Abs. 1 UAbs. 2, 3 Strukturfonds-VO.

[29] Art. 40 Abs. 1 Strukturfonds-VO.

[30] Art. 41 Strukturfonds-VO.

[31] Art. 42 Abs. 2 Strukturfonds-VO.

[32] Auf der Grundlage von zuvor einvernehmlich zwischen Kommission und Mitgliedstaat festgelegten Kriterien, Art. 42 Abs. 3 Strukturfonds-VO.

[33] Art. 44 Abs. 2, Art. 7 Abs. 5 Strukturfonds-VO.

[34] Art. 43 Abs. 2 Strukturfonds-VO.

[35] Art. 34 bis 37 Strukturfonds-VO.

Die eigentliche Finanzkontrolle liegt nach der jüngsten Strukturfonds-Verordnung in erster Linie bei den Mitgliedstaaten. Die Kommission vergewissert sich aber, ob die Mitgliedstaaten ein effektives Kontroll- und Verwaltungssystem eingerichtet haben, sie kann Kontrollen vor Ort vornehmen und bei Unregelmäßigkeiten Zahlungen aussetzen[36].

dd) Prinzip der Partnerschaft

Das Prinzip der Partnerschaft wurde bereits mit der Strukturfondsreform 1988 eingeführt[37]. Art. 8 Abs. 1 Strukturfonds-Verordnung versteht darunter eine enge Konzertierung zwischen der Kommission, dem betreffenden Mitgliedstaat sowie „den Behörden und Stellen, die der Mitgliedstaat im Rahmen seiner einzelstaatlichen Regelungen und seiner einschlägigen Praxis benennt". Darunter versteht die Verordnung insbesondere Behörden regionaler, lokaler und anderer Art, die Wirtschafts- und Sozialpartner und sonstige relevante Einrichtungen. Die Mitgliedstaaten haben die Beteiligung der Partner auf allen Stufen der Planung und Durchführung der Programme zu gewährleisten.

Mit der Partnerschaft will die Gemeinschaft möglichst alle beteiligten Akteure in die Verwirklichung der Gemeinschaftsinterventionen einbeziehen und so deren Effizienz und Erfolg sicherstellen. Für die „Partner" selbst ist damit aber kein Zuwachs an Rechten verbunden. Sie können die Partnerschaft nicht einfordern, erhalten sie auf europäischer Ebene doch keine weiteren Mitsprache- oder Beteiligungsrechte. Es liegt ganz bei der Kommission, wie ernst sie die Partnerschaft nimmt und in welchem Umfang sie untere mitgliedstaatliche Ebenen einbezieht. Letztlich bleibt gegenüber der Gemeinschaft allein der Mitgliedstaat berechtigt und verpflichtet.

Mit dem Institut „Partnerschaft" haben die Mitgliedstaaten allerdings die rechtlichen Voraussetzungen für unmittelbare Kontaktaufnahmen zwischen Kommission und den unteren Ebenen in den Mitgliedstaaten geschaffen. Denn zuvor waren für die Durchführung von Gemeinschaftsrecht allein die mitgliedstaatlichen Regierungen die offiziellen Ansprechpartner der Kommission. Durch das Instrument der Partnerschaft besitzt die Kommission nunmehr unmittelbare Einflussmöglichkeiten auf untere Ebenen des Mitgliedstaats. Diese kann sie nicht nur zur Information aller betroffenen

---

36 Art. 38, 39 Strukturfonds-VO. Zur Durchführung der Art. 38 und 39 legte die Kommission am 12.7.2000 zwei Verordnungsentwürfe zur korrekten Verwaltung und Kontrolle der Strukturfonds vor (verfügbar über die Internetseite der Generaldirektion Regionalpolitik der Kommission: http://inforegio.cec.eu.int/).

37 Art. 4 Abs. 1 VO (EWG) Nr. 2052/88, ABl. EG 1988 Nr. L 185/9; für den Folgezeitraum ab 1994 s. Art. 4 Abs. 1 VO (EWG) Nr. 2081/93, ABl. EG 1993 Nr. L 193/5 (Rahmenverordnung).

Behörden und Verbände über die gemeinschaftlichen Ziele und Programme nutzen, sondern auch als Politikinstrument gegenüber den Regierungen der Mitgliedstaaten einsetzen. Wirbt die Kommission auf den unteren Ebenen – also in Deutschland bei Ländern, Kommunen und Verbänden – für ihre Förderangebote, wird es sich kaum ein nationaler Verbands- oder Lokalpolitiker politisch leisten können, sich nicht um diese Fördermöglichkeiten zu bemühen trotz ihrer relativ geringen Höhe und ihrer einschränkenden Vergabebedingungen. Über das Interesse nationaler Politiker an europäischen Zuschüssen kann die Kommission gleichzeitig indirekt Druck auf den jeweiligen Mitgliedstaat ausüben, sich für die Förderung und Ausweitung der europäischen Kohäsionspolitik einzusetzen und damit zusätzliche nationale Finanzmittel für die weitere Aufstockung der gemeinschaftlichen Regionalförderung zu verwenden.

#### ee) Zusätzlichkeit und Kofinanzierung

Finanzzuschüsse eines Oberverbandes an den Unterverband haben den Vorteil, dass der Oberverband dadurch dessen Politik steuern kann, ohne dass der Unterverband es beanstandet. Geld ist schließlich immer willkommen. Der Einfluss wird durch die gerade geschilderten Vergabebedingungen ausgeübt, also die Festlegung der Förderkulisse, die Zielvorgaben, die Planungs- und Programmvorschriften. Steigern kann der Oberverband seinen Einfluss noch dadurch, dass er Vorhaben nicht voll finanziert, sondern nur Zuschüsse leistet. Der Unterverband muss dann kofinanzieren, wenn er die Zuschüsse in Anspruch nehmen will. Dadurch bindet er zusätzlich Finanzmittel aus seinem eigenen Haushalt nach den politischen Zielvorgaben des Geldgebers.

Daher kennen auch die europäischen Strukturhilfen grundsätzlich keine Vollfinanzierung, sondern beruhen auf einem Zuschuss-System. In der Strukturfonds-Verordnung sind bestimmte Höchstsätze vorgesehen. So betragen die Gemeinschaftszuschüsse für die am stärksten benachteiligten Gebiete, die Ziel-1-Gebiete, in der Regel nur die Hälfte der Gesamtkosten. Jedenfalls dürfen sie 75%, in Ausnahmefällen auch einige Prozentpunkte mehr, nicht übersteigen[38]. Bei Ziel-2- und Ziel-3-Förderungen liegen die Zuschüsse zwischen 25% und 50% der Gesamtaufwendungen[39]. Wesentlich niedrigere Sätze gelten für Infrastrukturinvestitionen, die zu Einnahmen für den Mitgliedstaat führen, und für Unternehmensinvestitionen[40].

Neben der Kofinanzierungspflicht sichert noch ein weiterer Mechanismus, dass die Mitgliedstaaten auch ausreichend eigene Finanzmittel in den

---

[38] Art. 29 Abs. 3 Buchst. a) Strukturfonds-VO.

[39] Art. 29 Abs. 3 Buchst. b) Strukturfonds-VO.

[40] Art. 29 Abs. 4 Strukturfonds-VO.

Dienst der europäischen Regionalpolitik stellen: das Prinzip der Zusätzlichkeit. Bei der Strukturfondsreform 1988, als dieser Grundsatz eingeführt wurde, mussten sich die Mitgliedstaaten verpflichten, nicht nur die Strukturfondsmittel aufzustocken, sondern auch ihre nationalen Förderaufwendungen in gleichem Maße zu erhöhen[41]. Die Mitgliedstaaten sind verpflichtet, das erhöhte Förderniveau auch in Zukunft beizubehalten. Nach Art. 11 Strukturfonds-Verordnung bestimmen nunmehr Kommission und Mitgliedstaat die Höhe der öffentlichen Ausgaben, die der Mitgliedstaat während des Programmplanungszeitraums aufrechterhält. Der Einfluss des Mitgliedstaats dürfte bei dieser Entscheidung nicht ausschlaggebend sein, bestimmt doch Art. 11 Abs. 2 UAbs. 3, dass diese Ausgaben bestimmt werden, *bevor* die Kommission entsprechende Gemeinschaftliche Förderkonzepte genehmigt. Nachdem Mitgliedstaaten allerdings für die Genehmigung auf das Wohlwollen der Kommission angewiesen sind, dürften sie hier entsprechenden Vorschlägen der Kommission nur wenig Widerstand entgegensetzen können[42]. Die Kommission kann zu drei Zeitpunkten – vor Genehmigung des GFK, drei Jahre danach und gegen Ende des Planungszeitraums – überprüfen, ob der Mitgliedstaat auch tatsächlich die „vereinbarte" Ausgabenhöhe aufrechterhält[43].

## V. Zusätzliche Lenkung durch Anpassung der europäischen Beihilfenkontrollpolitik an die europäische Regionalförderpolitik

Nicht nur die Strukturfonds-Verordnung macht den Mitgliedstaaten Vorgaben, mit welchen Geldbeträgen aus den nationalen Haushalten sie die Ziele der europäischen Regionalpolitik zu unterstützen haben. Mit der Agenda 2000 wurde eine Politik angestoßen, bei der die Gemeinschaft ihre europäische Regionalförderpolitik mit der europäischen Regionalbeihilfenkontrolle verknüpft. Die Mitgliedstaaten werden nunmehr auch durch das Instrument der Beihilfenkontrolle dazu angehalten, ihre eigenen Beihilfen nicht in Fördergebiete fließen zu lassen, die sie nach nationalen Kriterien bestimmt haben, sondern vorrangig in europäische Strukturfonds-Fördergebiete.

---

[41] Art. 9 VO (EWG) Nr. 4253/88, ABl. EG 1988 Nr. L 374/1; für den Folgezeitraum ab 1994 s. Art. 9 Abs. 2 VO (EWG) Nr. 2082/93, ABl. EG 1993 Nr. L 193/20 (Koordinierungsverordnung).

[42] Die Kommission macht in sog. Arbeitspapieren detaillierte Angaben zum ihrer Auffassung nach gebotenen Überprüfungsverfahren nach Art. 11 Strukturfonds-VO. Bislang wurde ein Arbeitspapier zur Überprüfung der Zusätzlichkeit im Rahmen von Ziel 1 veröffentlicht (Der neue Programmplanungszeitraum 2000–2006: methodische Arbeitspapiere, Arbeitspapier 5, http://inforegio.cec.eu.int). Ein weiteres Arbeitspapier zu den Zielen 2 und 3 ist in Vorbereitung.

[43] Art. 11 Abs. 3 Strukturfonds-VO.

Die Kommission bezeichnet diese Politik als Herbeiführung von Kohärenz zwischen Wettbewerbspolitik und europäischer Regionalpolitik. Demgemäß richtete die Kommission in ihren Leitlinien für staatliche Beihilfen mit regionaler Zielsetzung, die ab 2000 gelten, die Genehmigungsfähigkeit nationaler Regionalbeihilfen weitgehend auf die gemeinschaftlichen Förderkriterien der Regionalförderung aus den Strukturfonds aus[44]. Dabei sollen die in Art. 87 Abs. 3 Buchst. a) EG genannten Gebiete den europäischen Ziel-1-Gebieten entsprechen und die in Abs. 3 Buchst. c) genannten Gebiete den europäischen Ziel-2-Gebieten angenähert werden[45]. Dies mag im Interesse der europäischen Regionalpolitik liegen. Ob die Art. 87ff. EG der Kommission für diese Umorientierung eine ausreichende Kompetenzgrundlage bieten, ist allerdings zweifelhaft.

## VI. Die Strukturfondsförderung und ihre Folgen für die deutsche Gemeinschaftsaufgabe „Verbesserung der regionalen Wirtschaftsstruktur"

Zum Schluss soll noch ein Blick auf die Gemeinschaftsaufgabe „Verbesserung der regionalen Wirtschaftsstruktur" und die Wirkungen geworfen werden, die die europäische Regionalförderung und die damit verbundene Regionalbeihilfenkontrolle auf dieses nationale Mischfinanzierungsinstrument haben.

Ein großer Teil der EFRE-Mittel der europäischen Regionalförderung werden in Deutschland im Rahmen der Gemeinschaftsaufgabe „Verbesserung der regionalen Wirtschaftsstruktur" umgesetzt. Bei diesem Weg über die Gemeinschaftsaufgabe handelt es sich um einen verfassungspolitischen Kompromiss praeter constitutionem, um an der europarechtlich geforderten Kofinanzierung auch den Bund beteiligen zu können. Denn die Voraussetzungen des Art. 91a Abs. 1 GG sind eigentlich nicht erfüllt. Art. 91a ist auf die Verbesserung der Lebensverhältnisse in Deutschland gerichtet, jedoch nicht auf den wirtschaftlichen und sozialen Zusammenhalt auf EG-Ebene. Außerdem belässt die Durchführung der gemeinschaftlichen Regionalförderung Bund und Ländern nicht den von Art. 91a GG vorausgesetzten ausreichenden Planungsspielraum[46]. Damit aber die Gemeinschaftsaufgabe für die Durchführung eingesetzt werden konnte, musste sie außerdem inhaltlich angepasst werden, also Fördermöglichkeiten einschließen, die nach der

---

[44] ABl. EG 1998 Nr. C 74/9.

[45] Agenda 2000, KOM(97) 2000 endg., Erster Teil, II. 2., auch abgedruckt als BT-Drucksache 13/8391, S. 18, S. 20.

[46] Dazu näher *Adelheid Puttler*, Die Haushaltsautonomie der Länder, 2001, 3. Kapitel, § 4 A. u. B. (im Erscheinen).

ursprünglichen Konzeption der Gemeinschaftsaufgabe nicht vorgesehen waren, wie die Förderung nicht-investiver Maßnahmen[47].

Die Gemeinschaftsaufgabe ist erheblichen Einschränkungen durch die europäische Beihilfenkontrolle nach Art. 88 EG ausgesetzt. Als Beihilfensystem ist jeder Rahmenplan der Gemeinschaftsaufgabe der Beihilfenüberprüfung der Kommission unterworfen. Im Einklang mit ihren neuen Leitlinien entschied die Kommission am 14. März 2000, der Bundesrepublik Deutschland für ihre Regionalförderung im Rahmen der Gemeinschaftsaufgabe „Verbesserung der regionalen Wirtschaftsstruktur" ein lediglich reduziertes Fördergebiet zu genehmigen[48]. Nach der Kommissionsentscheidung darf das gesamte Regionalfördergebiet in Deutschland bis zum Jahr 2006 einen Bevölkerungsanteil von 34,9% nicht überschreiten. Der Bund-Länder-Planungsausschuss hatte für den Zeitraum von 2000 bis 2003 aber 40,7% der Bevölkerung für ganz Deutschland, darunter 23,4% der Bevölkerung für die Regionalförderung in den alten Ländern und Berlin, festgelegt[49] und im März 1999 bei der Kommission entsprechend angemeldet. Die Kommission hatte zunächst selbst diesen Fördergebietsumfang für die Bundesrepublik Deutschland errechnet, ihn dann aber nachträglich zugunsten anderer Mitgliedstaaten gekürzt. Die Kommission genehmigte mit Entscheidung vom 17. August 1999 die fünf neuen Länder ganz als Fördergebiet, eröffnete aber das Hauptprüfungsverfahren nach Art. 88 Abs. 2 EG für die angemeldeten Fördergebiete in den westdeutschen Ländern und Berlin[50]. Nach der Kommissionsentscheidung vom März 2000 blieb für die alten Länder nur mehr ein Fördergebiet von 17,73% der gesamtdeutschen Bevölkerung. Die Bundesregierung erhob daraufhin im Juni 2000 Klage gegen die Kommissionsentscheidung vor dem EuGH[51]. Man darf gespannt sein, ob der EuGH das mit der europäischen Regionalförderpolitik verbundene Regionalbeihilfenkontrollsystem der Kommission in Frage stellt.

---

[47] *Adelheid Puttler* (Fn. 46), 3. Kapitel, § 4 C.

[48] Presseerklärung der Kommission vom 14. März 2000, Dokument Nr. IP/00/252 (http://europa.eu.int/rapid/start); s. auch 29. Rahmenplan der Gemeinschaftsaufgabe „Verbesserung der regionalen Wirtschaftsstruktur", BT-Drucksache 14/3250, S. 16.

[49] Bundesanzeiger Nr. 76 vom 23.4.1999.

[50] ABl. EG 1999 Nr. C 340/8.

[51] Pressemitteilung des Bundesministeriums für Wirtschaft und Technologie vom 21.6.2000 (http://www.bmwi.de/presse/2000).

## VII. Resümee

Zusammenfassend kann festgestellt werden, dass die Förderung aus den europäischen Strukturfonds den Mitgliedstaaten nicht nur einen willkommenen Geldsegen bringt, sondern auch an strenge Vergabebedingungen geknüpft ist, die die Kommission interpretiert, ausgestaltet und überwacht. Kofinanzierungserfordernis und Zusätzlichkeit binden darüber hinaus weitere nationale Haushaltsmittel im Sinne der EG-Regionalpolitik. Die Kommission setzt zudem die Kontrolle der nationalen Regionalbeihilfen nach Art. 88 EG als Mittel zur Verfolgung ihrer europäischen Regionalpolitikziele ein. Kann die Kommission diese Politik weiterführen, besteht die Gefahr, dass in absehbarer Zeit nur noch eine europäische, jedoch keine nationale Regionalförderpolitik mehr existiert.

# Bericht über die Diskussion im Anschluss an das Referat von Adelheid Puttler

## Leitung: Siegfried Magiera

Von Gerd Eckstein

In seinen einleitenden Bemerkungen dankte Prof. Dr. *Siegfried Magiera* für den interessanten Vortrag, der einen Einblick in das komplexe Zusammenwirken der unterschiedlichen Ebenen bei der Verwaltung europäischer und nationaler Fördermittel gegeben habe. Er unterstrich die These von Prof. Dr. *Adelheid Puttler*, dass die Fördermaßnahmen der Gemeinschaft, die sich nach eigenen Prioritäten gestalteten, sowie die Kontrolltätigkeit der Kommission in dem Bereich staatlicher Beihilfen erhebliche Eingriffe in die wirtschaftlichen Betätigungsmöglichkeiten der Mitgliedstaaten bedeuten würden. Auch sei das Problem der Fördergebietsfestlegung durch unterschiedliche Sichtweisen geprägt: Aus der Sicht eines Mitgliedstaates würden sich unter Umständen andere Gebiete als förderungswürdig darstellen, als dies aus der Sicht der Kommission der Fall sei. Gemessen am Gemeinschaftsdurchschnitt gehören beispielsweise die westdeutschen Bundesländer allesamt zu den reicheren Regionen, wenngleich es auch hier beträchtliche Entwicklungsunterschiede und damit Förderbedarf gebe. Der aktuelle Streit zwischen der Bundesrepublik Deutschland und der Kommission über die diskretionäre Anpassung des Bevölkerungsplafonds für das Regionalfördergebiet nach Art. 87 Abs. 3 lit. c EG-Vertrag, die zu einer Reduzierung dieses Plafonds von 23,4% auf 17,6% der deutschen Gesamtbevölkerung geführt hatte, könne als Beleg für das Spannungsverhältnis zwischen nationalen und europäischen Zielsetzungen gelten. Der bisherige Zustand, nach dem mehr als die Hälfte der EU-Bevölkerung in Fördergebieten lebte, konnte in dieser Form nicht fortgeschrieben werden, sondern verlangte nach einer deutlichen Reduzierung im Rahmen der jüngsten Reformrunde, um eine Konzentration der Förderung auf die bedürftigsten Regionen zu garantieren. Mit diesem Vorgehen waren jedoch Auseinandersetzungen um die Aufteilung des verkleinerten Plafonds geradezu vorprogrammiert.

Prof. Dr. *Karl-Peter Sommermann* eröffnete die Diskussion mit einer Frage nach dem Zusammenhang von nationaler und europäischer Fördergebietsfestlegung. Wie aus dem Vortrag zu erfahren war, würden die nationalen Fördergebiete nach den Ausnahmebestimmungen des Art. 87 Abs. 3 EG-Vertrag festgelegt. Er frage sich, ob es im Rahmen der durch die Kommission angestrebten stärkeren Kohärenz der mitgliedstaatlichen und der gemeinschaftlichen Aktivitäten einen Automatismus gebe beispielsweise in der Form, dass nationale Fördergebiete zugleich in die europäische Gebietskulisse aufgenommen werden und/oder umgekehrt. Daran knüpfe sich die Folgefrage, ob im Falle der gebietlichen Übereinstimmung die nationalen und die EU-Beihilfen kumulativ berechnet werden, bzw. welches System dann den Vorrang habe.

In ihrer Erwiderung machte *Puttler* eingangs deutlich, dass die Mittel der Gemeinschaftsaufgabe zur Verbesserung der regionalen Wirtschaftsstruktur (GA) hauptsächlich zur Ko-Finanzierung der Strukturfondsförderung verwendet werden. Dabei unterliege der GA-Rahmenplan der beihilferechtlichen Genehmigung durch die Kommission. Über die Förderungswürdigkeit der neuen Länder bestehe Einigkeit zwischen der Bundesregierung und der Kommission. Deshalb sei die Einstufung Ostdeutschlands als Fördergebiet nach Art. 87 Abs. 3 lit. a EG-Vertrag kein Problem gewesen. Aktueller Streitpunkt seien die Gebiete, die nach den Ausnahmebestimmungen des Art. 87 Abs. 3 lit. c EGV gefördert werden dürfen. Das Problem bestehe insbesondere darin, dass die nationalen und die gemeinschaftlich festgelegten Förderkulissen in der vergangenen Förderperiode nicht deckungsgleich waren, sondern sich teilweise erhebliche Abweichungen ergaben. Die Kommission wolle diese Teilkongruenz überwinden mit dem Ziel, dass alle EU-Fördergebiete zukünftig auch nationale Fördergebiete sein sollen. Umgekehrt wolle sie jedoch keine nationale Förderung außerhalb der gemeinschaftlichen Gebietskulisse zulassen. Hieran knüpfte sich der Hauptkritikpunkt *Puttlers*: Nach ihrer Meinung statte Art. 159 EGV die Gemeinschaft zwar mit einer eigenen Förderkompetenz aus. Andererseits beziehe sich die Überprüfung nach Art. 87 EGV ausschließlich auf die eventuell wettbewerbsverzerrenden Wirkungen staatlicher Beihilfen. Eine Kompetenz zur Herstellung kongruenter Förderkulissen ließe sich daraus jedoch nicht ableiten.

Ministerialrat *Friedemann Lambert,* Ministerium für Wirtschaft und Technologie des Landes Sachsen-Anhalt, wies darauf hin, dass die Problematik der Fördergebietsfestlegung sich nicht auf die Ziel 2-Gebiete, die allesamt in den westdeutschen Bundesländern liegen, beschränken würde. Wenn nämlich die bevorstehende Erweiterung der EU um die Staaten Mittel- und Osteuropas Realität werde, verlieren auch die neuen Länder aller Wahrscheinlichkeit ihren Ziel 1-Förderstatus. Die damit verbundenen Probleme der Neuverteilung der Mittel werden nach seinem Dafürhalten wesentlich gravierender ausfallen, als sie jetzt schon sind. Die neuen Länder erhielten dann vielleicht Ziel 2-Status oder etwas Vergleichbares. In den alten Ländern werde nach der Erweiterung möglicherweise gar keine

Förderung mehr stattfinden können. *Lambert* stellte außerdem fest, dass das von der Kommission verfolgte Kohärenzgebot von nationaler und europäischer Förderung „absolut nicht zwingend“ sei. Aus diesem Grund sollten sich die Länder gegen derartige Bestrebungen zur Wehr setzen.

*Puttler* pflichtete *Lambert* bei, dass schon heute die Vorausschau in die Zeit nach den bevorstehenden Erweiterungen notwendig und wichtig sei. Bisher sei noch weitgehend ungeklärt, wie sich das System der Strukturfondsförderung unter den Bedingungen einer vergrößerten Union weiter entwickeln werde. Schon heute könne man davon ausgehen, dass die Beitrittskandidaten natürlich an den Fördermöglichkeiten werden teilhaben wollen. Für Deutschland stelle sich die Förderung als „Verlustgeschäft“ dar, denn trotz der umfangreichen EU-Gelder, die in die ostdeutschen Länder (zurück-)fließen, sei die Bundesrepublik nach wie vor der größte Nettozahler. Daran werde sich durch eine Erweiterung nichts ändern. Aus dieser Erkenntnis leitete *Puttler* die Forderung ab, das Fördersystem generell auf den Prüfstand zu stellen, um die Herausforderungen der Zukunft bewältigen zu können. Vorstellbar wäre aus ihrer Sicht ein System, in dem die reichen Mitgliedstaaten, zu denen die Bundesrepublik Deutschland nach wie vor zähle, keine Förderung mehr erhielten. Im Gegenzug dürften dann aber die Bestimmungen der Beihilfenkontrolle über nationale Regionalbeihilfen nicht mehr in der bisherigen restriktiven Form angewandt werden, um erweiterte Spielräume für die Mitgliedstaaten und Regionen zu schaffen.

Ministerialrat *Michael Maisch*, Ministerium für Umwelt und Verkehr Baden-Württemberg, stellte den mit den Strukturfonds verbundenen hohen bürokratischen Aufwand in den Mittelpunkt seiner Anmerkungen. Die Verantwortlichen in den Ländern müssten in sehr kurzer Zeit die Maßnahmen in den bereits festgelegten Gebieten beantragen. In der neuen Förderperiode sei gefordert, Projekte mit einer Laufzeit von sieben Jahren zu planen und zu begründen. Durch diesen weiten Planungshorizont könnten sich Prognoseprobleme über die zu erwartenden Wirkungen ergeben. Der bereits kritisierte hohe Verwaltungsaufwand werde verschärft durch Begründungszwänge, die beispielsweise die Forderung nach Einhaltung der Gleichberechtigung der Geschlechter oder die Berücksichtigung der Belange des Umweltschutzes beinhalten können. Oftmals laufe dieses Vorgehen auf formelhafte Begründungen hinaus, wobei Aufwand und Nutzen bei der teilweise geringen Dotierung der Programme in den alten Ländern häufig in keinem guten Verhältnis stünden.

Prof. Dr. *Manfred Zuleeg* stellte die grundsätzliche Frage, ob nicht mit der EU-Förderung eine „gigantische Verschwendung“ betrieben werde. Richtig sei nach seiner Meinung, dass in rückständigen Gebieten wie z. B. in Schottland oder auf Kreta Straßen gebaut würden. Andererseits müsse man sich schon die Frage stellen, wie volkswirtschaftlich sinnvoll EUgeförderte Ansiedlungsprogramme beispielsweise im bayerischen Grenzland seien. Wie könne eine nachhaltige Hilfe geleistet werden, die nicht Gefahr laufe, zum „Fass ohne Boden“ analog zur Gemeinsamen Agrarpolitik zu verkommen?

Die zentrale Frage ist auch nach Meinung von *Puttler* das Verhältnis von Kosten und Nutzen der europäischen Förderaktivitäten. Der Bericht aus der Praxis habe gezeigt, welch hoher Aufwand mit der Beantragung der Mittel und ihrer Verwaltung verbunden ist. Deshalb dränge sich tatsächlich die Frage auf: Warum wird nach diesem System gefördert? Ein Schlüssel zur Erklärung dieses Phänomens bestehe in der Politisierung der Förderpolitik. Für Frankreich wäre es beispielsweise völlig inakzeptabel, wenn die Insel Korsika ihren Status als Ziel 1-Fördergebiet abgeben müsste. Die Strukturpolitik werde nach Meinung *Puttler*s in dreierlei Richtung instrumentalisiert: als Finanzausgleichssubstitut, als Machtmittel und als psychologisches Moment. In die letztgenannte Rubrik fiele demnach das bereits erwähnte Beispiel Korsika. Durch die Fonds finde zudem ein finanzieller Ausgleich zwischen den wirtschaftlich stärkeren Mitgliedstaaten (Nettozahler) und den wirtschaftsschwächeren (Nettoempfänger) statt. Des weiteren sei die europäische Regionalpolitik schon immer ein Gegenstand der Auseinandersetzung zwischen der Kommission und den Mitgliedstaaten um Kompetenz und Einfluss gewesen. Ein Beispiel für Konflikte zwischen den Ebenen stelle die seit 1990 laufende Kontroverse zwischen dem Bund-Länder-Ausschuss der GA und der Kommission über die Förderinhalte in den neuen Bundesländern dar: Während der Planungsausschuss investive Maßnahmen im gewerblichen Bereich in den Mittelpunkt der Fördertätigkeit rücken wollte, bestand und besteht die Kommission auf einem viel breiter gefächerten Förderkatalog. Dieses Kompetenzgerangel werde sich nach *Puttler*s Meinung auch in Zukunft fortsetzen.

Um die Diskussion vor einer einseitigen Sichtweise zu bewahren, stellte *Magiera* die Frage in den Raum, warum Deutschland angesichts dieser Fakten überhaupt noch bereit sei, im bisherigen Umfang Geld in den EU-Haushalt einzuzahlen, aus dem man doch offensichtlich viel weniger zurück erhalte. Welche Gründe könnten für diese Haltung ausschlaggebend sein? In Bezug auf die Strukturfondsverordnungen wies *Magiera* darauf hin, dass die Vertreter der Mitgliedstaaten im Rat die Rechtstexte ausgearbeitet hätten und nicht die Kommission, die lediglich den Entwurf vorgelegt habe. Durch das 75 %-Kriterium des BSP-Gemeinschaftsdurchschnitts sei die Ziel 1-Gebietskulisse festgelegt. In dieser Hinsicht bleibe der Kommission keinerlei Ermessensspielraum. Bei der Auswahl der Ziel 2-Gebiete werde die Kommission auf der Grundlage der Vorschläge der Mitgliedstaaten aktiv, wobei sich ihr hierbei zweifellos ein mehr oder weniger großes Ermessen eröffne. Auch könne sie über die Bestimmungen des Art. 87

EGV im beihilferechtlichen Bereich steuern. Alles in allem müsse jedoch festgestellt werden, dass die Rolle der Kommission längst nicht so stark und dominant sei, wie das verschiedentlich dargestellt werde. Die Länder wären zudem nicht gut beraten, die Kommission zu einem „Feindbild" aufzubauen. Ein kooperativer Umgang zwischen den Mitgliedstaaten, ihren Regionen und der Brüsseler Behörde könne für alle Seiten von Nutzen sein.

In ihrer abschließenden Erwiderung pflichtete *Puttler* dem Rat *Magiera*s an die Länder bei. Die Suche nach kooperativen Problemlösungen verbiete es, auf Konfrontationskurs zur Kommission zu gehen. Unabhängig davon bekräftigte *Puttler* ihre Forderung nach strikter Trennung zwischen der europäischen Regionalförderung auf der einen und der Beihilfenkontrolle auf der anderen Seite. Nach dem Vertrag gebe es für eine Verknüpfung dieser beiden Politiken keine Kompetenzgrundlage.

# Datenaustausch und Datenschutz in der Europäischen Union

## Zur informationellen Vernetzung der Verwaltungen im Zeichen der europäischen Integration

Von Armin Hatje

## I. Problemaufriss und begriffliche Vorfragen

Der Bedeutungsverlust nationaler Grenzen im Zuge der europäischen Einigung wird auch in der wachsenden Kooperation der mitgliedstaatlichen und europäischen Exekutiven sichtbar. Die Kooperation steht im Dienste solcher Aufgaben, die aus tatsächlichen oder rechtlichen Gründen den Aktionsradius einer territorial gebundenen Verwaltung überschreiten[1]. So erfordern die Errichtung eines europäischen Binnenmarktes[2], die Währungsunion[3] oder die Schaffung eines europäischen Raumes der Freiheit und der Sicherheit[4] eine Zusammenarbeit der Verwaltungen in Europa, als deren Herzstück der Austausch von Informationen eine herausragende Rolle spielt[5]. Die rechtlichen Grundlagen des Informationsaustausches finden sich

[1] Zur Notwendigkeit der Kooperation innerhalb der EU siehe vor allem die Mitteilung „Zusammenarbeit der Verwaltungen", KOM (94) 29 endg. (EuZW 1994, 323f.; BRats Drs. 241/94); *Joachim Wuermeling,* Kooperatives Gemeinschaftsrecht, Kehl u.a. 1988, S. 2ff. (164ff., 213ff.); *M. Blanquet,* L'Article 5 du Traité C.E.E., Paris 1994, S. 23ff.; *Eberhard Schmidt-Aßmann,* Verwaltungskooperation und Verwaltungskooperationsrecht in der Europäischen Gemeinschaft, in: EuR 1996, 271; *Armin Hatje,* Die gemeinschaftsrechtliche Steuerung der Wirtschaftsverwaltung, Baden-Baden 1998, S. 128ff.

[2] Vgl. dazu etwa den Bericht der Kommission „Verwaltungszusammenarbeit bei der Anwendung des Gemeinschaftsrechts im Rahmen des Binnenmarktes", KOM (96) 20 endg.

[3] Vgl. Verordnung (EG) Nr. 1466/97 des Rates vom 7. Juli 1997 über den Ausbau der haushaltspolitischen Überwachung und der Überwachung und Koordinierung der Wirtschaftspolitiken, ABl. Nr. L 209/1 v. 2.8.1997.

[4] Vgl. Aktionsplan des Rates und der Kommission zur bestmöglichen Umsetzung der Bestimmungen des Amsterdamer Vertrages über den Aufbau eines Raumes der Freiheit, der Sicherheit und des Rechts – vom Rat (Justiz und Inneres) am 3. Dezember 1998 angenommen, ABl. Nr. C 19/1 v. 23.1.1999.

[5] *Eberhard Schmidt-Aßmann*: EuR 1996 (Fn. 1), 270; *Armin Hatje*, Gemeinschaftsrechtliche Steuerung (Fn. 1), S. 134f.; *ders.,* Rechtseinheit durch einheitliche Rechtsdurchsetzung, in: Beiheft EuR 1/98, 7 (15f.); *Hans-Heinrich Trute,* Der

im Gemeinschaftsrecht ebenso wie in völkerrechtlichen Übereinkommen, die innerhalb und außerhalb des Rechtsrahmens des EU-Vertrages geschlossen wurden. Die administrative Zusammenarbeit wird von einer technischen Entwicklung unterstützt, die es erlaubt, Informationen in nahezu beliebiger Menge zu jeder Zeit und an jedem Ort verfügbar zu machen[6]. Dabei werden in zunehmendem Maße personenbezogene Daten ausgetauscht. Neben vergleichsweise harmlosen Angaben, wie etwa Name, Alter und Geschlecht, werden zunehmend auch sensible Informationen über bestimmte Personen zum Gegenstand einer grenzüberschreitenden Kommunikation der Behörden. Dazu gehören Verdachtsmomente für Unregelmäßigkeiten[7], Hinweise auf Gewalttätigkeit von Verdächtigen[8], Verurteilungen[9] und sogar Daten über Personen, die nach Einschätzung der Behörden erst in Zukunft eine Straftat begehen werden[10].

Damit steht auch der Datenschutz vor neuen Herausforderungen. Die „Entgrenzung“ des Daten- und Informationsflusses erschwert es dem Einzelnen, sein Recht auf Schutz der informationellen Selbstbestimmung zu wahren[11]. Es wird immer schwieriger zu ermitteln, welche Stelle perso-

---

Schutz personenbezogener Informationen in der Informationsgesellschaft, in: JZ 1998, 822 (824); allgemein zur Bedeutung des Informationsaustausches für die öffentliche Verwaltung *Hans-Heinrich Trute,* Öffentlich-rechtliche Rahmenbedingungen einer Informationsordnung, in: VVDStRL 57 (1998), S. 216 (222f.); *Rainer Pitschas*, Allgemeines Verwaltungsrecht als Teil der öffentlichen Informationsordnung, in: Wolfgang Hoffmann-Riem/Eberhard Schmidt-Aßmann/Gunnar Folke Schuppert (Hrsg.), Reform des allgemeinen Verwaltungsrechts, Baden-Baden 1993, S. 222 (insb. 265ff.)

6 Siehe den systematischen Überblick bei *Friedrich K. Schoch,* Öffentlich-rechtliche Rahmenbedingungen einer Informationsordnung, in: VVDStRL 57 (1998), S. 160 (169ff. mit zahlreichen Nachweisen).

7 Siehe etwa Art. 4 der Verordnung (EWG) Nr. 595/91 des Rates vom 4. März 1991 betreffend Unregelmäßigkeiten und die Wiedereinziehung zu Unrecht gezahlter Beträge im Rahmen der Finanzierung der gemeinsamen Agrarpolitik sowie die Errichtung eines einschlägigen Informationssystems und zur Aufhebung der Verordnung (EWG) Nr.283/71, ABl. Nr. L 67/11 v. 14.3.1991.

8 Vgl. etwa Art. 25 der Verordnung (EG) Nr. 515/97 vom 13. März 1997 über die gegenseitige Amtshilfe zwischen Verwaltungsbehörden der Mitgliedstaaten und die Zusammenarbeit dieser Behörden mit der Kommission im Hinblick auf die ordnungsgemäße Anwendung der Zoll- und der Agrarregelung, ABl. Nr. L 82/1 v. 22.3.1997.

9 Vgl. etwa Art. 8 Abs. 1 Nr. 1 des Übereinkommens vom 26. Juli 1995 aufgrund von Art. K.3 des Vertrages über die Europäische Union über die Errichtung eines Europäischen Polizeiamtes (Europol-Übereinkommen), ABl. Nr. C 316/2 v. 27.11.1995.

10 Vgl. Art. 8 Abs. 1 Nr. 2 Europol-Übereinkommen (Fn. 9).

11 Dazu *Friedrich K. Schoch*, Öffentlich-rechtliche Rahmenbedingungen (Fn. 6), S. 171f.; *Rainer Pitschas,* Das Informationsverwaltungsrecht im Spiegel der Rechtsprechung, in: Die Verwaltung 2000, 111 (126) über die notwendigen Wandlungen

nenbezogene Daten an welchem Ort zu welchen Zwecken verarbeitet, wobei der Begriff der Verarbeitung den Prozess von der Erhebung über die Nutzung und Weitergabe bis hin zur Löschung der Daten bezeichnen soll[12]. Damit verbunden stellt sich aus der Perspektive des Einzelnen die Frage, welche Instrumentarien bereitgestellt werden, die einen Missbrauch der persönlichen Daten verhindern. Hierbei handelt es sich freilich nicht nur um ein Folgeproblem der interadministrativen Kooperation. Vielmehr haben wir es mit einem Teilaspekt des technischen, wirtschaftlichen und sozialen Wandels zu tun, der unter dem Stichwort „Informationsgesellschaft" seit geraumer Zeit in aller Munde ist[13]. Obwohl die Rechte des Einzelnen durch private Datenverarbeitung kaum weniger gefährdet sind als bei öffentlichen Nutzungen[14], existieren dennoch beim Informationsaustausch zwischen Verwaltungen spezifische Gefahren. Sie erwachsen vor allem daraus, dass die Daten zwangsweise erhoben und in durchsetzbare Entscheidungen verwandelt werden können. Diese Risiken werden von der EU durchaus erkannt.

Deshalb hat der europäische Gesetzgeber in den letzten Jahren eine Reihe von Regelungen erlassen, die sowohl den Datenschutz in den Mitgliedstaaten als auch in den europäischen Institutionen auf ein angemessenes Niveau bringen sollen[15]. Infolgedessen entwickelt sich als komplementäres Seitenstück zur europäischen Kooperationsordnung ein gemeinsames Datenschutzrecht, das wiederum ein unverzichtbares Element einer im Werden befindlichen europäischen Verwaltungsinformationsordnung darstellt. Vor diesem Hintergrund stellt sich dringlicher denn je die Frage, ob es dem Europarecht tatsächlich gelingt, einen angemessenen Ausgleich zwischen den öffentlichen Interessen an einem möglichst ungehinderten Aus-

---

der informationellen Selbstbestimmung zu einem Recht auf Selbststeuerung des Informationsflusses, der die eigene Person betrifft.

12 Entsprechend der Terminologie von Art. 2 lit. b) der Richtlinie 95/46/EG des Europäischen Parlaments und des Rates vom 24. Oktober 1995 zum Schutz natürlicher Personen bei der Verarbeitung personenbezogener Daten und zum freien Datenverkehr, ABl. Nr. L 281/31 v. 23.11.95.

13 Dazu *Hans-Heinrich Trute*: JZ 1998 (Fn. 5), 824; zum Begriff der Informationsgesellschaft instruktiv *Rainer Pitschas*, Allgemeines Verwaltungsrecht (Fn. 5), S. 233f.

14 Prägnant *Hans-Heinrich Trute*: JZ 1998 (Fn. 5), 823.

15 Vgl. Richtlinie 95/46/EG (Fn. 12); Richtlinie des Europäischen Parlaments und des Rates vom 1. Dezember 1997 über die Verarbeitung personenbezogener Daten und den Schutz der Privatsphäre im Bereich der Telekommunikation, ABl. Nr. L 24/1 v. 30.1.1998; diese Richtlinien finden gemäß Art. 286 Abs. 1 EGV auch auf die Organe und Einrichtungen der EG Anwendung; sie müssen gem. Art. 286 Abs. 2 EGV durch eine Verordnung konkretisiert werden, die vor allem einen Europäischen Beauftragten für den Datenschutz schaffen soll. Bei Abschluss des Manuskripts (April 2000) existierte nur ein Vorschlag der Kommission.

tausch von Informationen und dem Recht des Einzelnen auf Schutz seiner persönlichen Daten herzustellen.

In einem ersten Schritt sind daher die Funktionen des Informationsaustausches im europäischen Integrationsprozess aufzuhellen, welche die Interessen widerspiegeln, die auf eine verstärkte Kooperation drängen. In engem Zusammenhang damit stehen die Formen dieser Zusammenarbeit, die in einem zweiten Schritt herauszuarbeiten sind. Ihre Typologie macht vor allem die Risiken dieser Kooperation für den Schutz personenbezogener Daten sichtbar. Deshalb muss in einem dritten Schritt geprüft werden, welche Rechte der Einzelne geltend machen kann und ob sie angemessen geschützt werden. Mit diesem Befund wird es zum Schluss darum gehen, zumindest in groben Strichen die Perspektiven einer europäischen Verwaltungsinformationsordnung zu skizzieren.

## II. Funktionen des Informationsaustausches im europäischen Integrationsprozess

### 1. Verwaltungskooperation als Voraussetzung des Integrationsprozesses

Die Zusammenarbeit der Verwaltungen ist in der Kompetenzstruktur der Gründungsverträge und in ihrem Zielkanon angelegt. Kooperation erweist sich danach einerseits als Voraussetzung und andererseits als Folge des Integrationsprozesses[16]. Sie stellt eine Voraussetzung dar, weil bereits die Entstehung sekundärrechtlicher Normen in ein Geflecht wechselseitiger Einflußnahmen zwischen den Mitgliedstaaten und der EU eingebettet ist. Auch der Vollzug des europäischen Rechts erfordert eine teils enge Zusammenarbeit nationaler und gemeinschaftlicher Behörden[17]. Die zunehmende administrative Kooperation erweist sich aber auch als eine logische Konsequenz der Ziele des fortschreitenden Integrationsprozesses. Dieser ist, vom übergreifenden Ziel einer politischen Einheitsbildung einmal abgesehen, vor allem darauf ausgerichtet, den nationalen Grenzen die trennende Wirkung für Menschen und Wirtschaftsgüter zu nehmen[18]. Die Verwaltungen bleiben hingegen, zumindest prinzipiell, an das Hoheitsgebiet ihres jeweiligen Staates gebunden. Sie müssen grenzüberschreitend kooperieren, wenn sie, etwa im Interesse der Gefahrenabwehr oder der Strafverfolgung, mit der Mobilität von Menschen und Leistungen Schritt halten wollen.

---

[16] Siehe die Nachweise in Fn. 1.

[17] Eingehend *Armin Hatje*, Gemeinschaftsrechtliche Steuerung (Fn. 1), S. 128ff.

[18] Im EGV wird dieses Ziel prägnant als Element des Binnenmarktkonzepts hervorgehoben, wie Art. 14 Abs. 2 ausweist. Der EUV setzt der Europäischen Union in Art. 2, 4. Spstr. das Ziel eines Raumes der Freiheit und der Sicherheit.

Ein wesentliches Element der Kooperation ist, neben der personellen Verflechtung über die Organe und ihre Untergliederungen, der Austausch von Informationen. Unter *Information* läßt sich ein Sachverhalt verstehen, der an einen oder mehrere Empfänger gerichtet und geeignet ist, das Verhalten oder den Zustand der Adressaten zu beeinflussen[19]. Davon können *Daten* unterschieden werden, die als Einzelangaben über persönliche oder sachliche Verhältnisse die Grundlage einer Information bilden[20]. Allerdings gewinnen Daten häufig bereits aus dem Kontext ihrer Verarbeitung den Charakter einer darüber hinausgehenden Information, so dass im folgenden der Begriff der Information in den Mittelpunkt gestellt wird[21]. Der Austausch von Informationen zwischen den Verwaltungen hat vor allem ein Steuerungs- und Legitimationspotential.

### 2. Informationsaustausch als Steuerungsressource

Unter dem Begriff der Steuerung lässt sich allgemein das bewusste Einwirken auf Organisationen und ihre Entscheidungsabläufe zur Erreichung vorgegebener oder selbst gesteckter Ziele verstehen[22]. Der Informationsaustausch zwischen den Verwaltungen der EU unter Einschluss gemeinschaftlicher Institutionen verfolgt unter dem Aspekt der Steuerung vor allem zwei Ziele:

#### *a) Steuerung des außenwirksamen Handelns*

Der Informationsaustausch bezweckt einmal die Steuerung des außenwirksamen Handelns der Verwaltungen. An dieser Stelle verbindet sich die allgemeine Bedeutung von Informationen für das staatliche und das über-

---

19 *Steinmüller/Lutterbeck/Mallmann/Harbort/Kolb/Schneider,* Grundfragen des Datenschutzes – Gutachten im Auftrag des Bundesministeriums des Innern, BT-Drucks. VI/3826, Anlage 1, S. 43.

20 Zur Differenzierung *Friedrich K. Schoch*, Öffentlich-rechtliche Rahmenbedingungen (Fn. 6), S. 167.

21 Dieser Kontext, der aus der Übermittlung von Daten eine „Information" macht, ergibt sich im Verwaltungsbereich meist aus den Rechtsgrundlagen der Weitergabe. Denn die Weitergabe setzt eine Einschätzung der Relevanz der Daten am Maßstab der Kooperationsziele voraus, was dazu führt, dass etwa ein Name unweigerlich mit dem Verdacht einer Unregelmäßigkeit in Verbindung gebracht wird. Insofern verschwimmt die kategoriale Unterscheidung zwischen Informationen und „reinen" Daten im Rahmen der interadministrativen Kommunikation, ähnlich der Differenzierung zwischen Fakten und Meinungen.

22 Vgl. *Albert v. Mutius,* Die Steuerung des Verwaltungshandelns durch Haushaltsrecht und Haushaltskontrolle, in: VVDStRL 42 (1984), S. 147 (152); *Eberhard Schmidt-Aßmann,* Verwaltungsorganisationsrecht als Steuerungsressource – Einleitende Problemskizze –, in: ders./Wolfgang Hoffmann-Riem (Hrsg.), Verwaltungsorganisationsrecht als Steuerungsressource, Baden-Baden 1997, S. 9 (16ff.).

staatliche Handeln mit der speziellen Frage nach den Gründen eines europaweiten Austausches.

### aa) Information als Voraussetzung administrativer Entscheidungen

Informationen sind eine unverzichtbare Voraussetzung administrativer Entscheidungen. Bei ihrer Tätigkeit, insbesondere beim Vollzug gemeinschaftlicher Rechtsnormen, sind die Verwaltungen vielfach auf Informationen angewiesen, die sie aufgrund ihres territorial begrenzten Wirkungskreises nur mit Hilfe ausländischer Verwaltungen erlangen können[23]. Eine neue Dimension erreicht der innereuropäische Informationsaustausch durch die komplexen Genehmigungsverfahren für Arzneien[24] und gentechnisch veränderte Lebensmittel[25]. In ihrem Rahmen müssen nationale Behörden mit Sondereinrichtungen der EG und der Kommission eng zusammenarbeiten, bevor diese Produkte im Binnenmarkt zugelassen werden können. Außerdem erfordert die polizeiliche Arbeit in immer größeren Maße einen grenzüberschreitenden Austausch von Informationen. Dieser wurde vor allem in Gestalt von Europol[26] und dem Schengener- Informationssystem[27] institutionalisiert.

### bb) Information als Handlungsform

Informationen sind indes nicht nur eine Voraussetzung administrativen Handelns, sondern bekanntlich auch ein eigenständiges Instrument der Aufgabenerfüllung[28]. Die Gemeinschaft fördert namentlich im Umweltbereich

---

[23] Dies gilt etwa für die Frage, ob eine Ware im Herkunftsland rechtmäßig in Verkehr gebracht wurde, um im Bestimmungsland ihre Verkehrsfähigkeit beurteilen zu können. Zur Bedeutung der Informationsgewinnung und -verarbeitung in der Verwaltung siehe etwa Hermann Hill/Helmut Klages (Hrsg.), Die moderne Verwaltung – Gestaltung durch Information, Stuttgart u. a. 1999.

[24] Verordnung (EWG) Nr. 2309/93 des Rates vom 22. Juli 1993 zur Festlegung von Gemeinschaftsverfahren für die Genehmigung und Überwachung von Human- und Tierarzneimitteln und zur Schaffung einer Europäischen Agentur für die Beurteilung von Arzneimitteln, ABl. Nr. L 214/1 v. 24.8.1993; siehe dazu *Dorothee Fischer-Appelt,* Agenturen der Europäischen Gemeinschaft, Berlin 1999, S. 64 ff.

[25] Verordnung (EG) Nr. 258/97 des Europäischen Parlaments und des Rates vom 27. Januar 1997 über neuartige Lebensmittel und neuartige Lebensmittelzutaten, ABl. Nr. L 43/1 v. 14.2.1997.

[26] Art. 7 ff. Europol-Übereinkommen (Fn. 9).

[27] Art. 92 ff. des Übereinkommens vom 19. Juni 1990 zur Durchführung des Übereinkommens von Schengen vom 14. Juni 1985 zwischen den Regierungen der Staaten der Benelux-Wirtschaftsunion, der Bundesrepublik Deutschland und der Französischen Republik betreffend den schrittweisen Abbau der Kontrollen an den gemeinsamen Grenzen, BGBl. II 1993, S. 1013.

eine Verhaltenslenkung durch Information, indem sie nicht nur aktive Informationspflichten der Verwaltung schafft, sondern auch durch den Umweltinformationsanspruch einen individuellen Zugang zu ihren Datenbeständen sichert[29]. Die Steuerungsimpulse, die von Informationen für das gesellschaftliche oder individuelle Verhalten ausgehen sollen, werden heute vielfach crst durch einen grenzüberschreitenden Austausch von Daten und Bewertungen ermöglicht.

#### cc) Information als Kontrollinstrument

Der grenzüberschreitende Informationsaustausch ist schließlich ein Mittel der Erfolgskontrolle. Bezugspunkt dessen, was als Erfolg eingestuft werden kann, ist das Handlungsziel der Verwaltung. Dies gilt etwa für das sog. Mehrwertsteuer-Informationssystem (MIAS). Es soll gewährleisten, dass auch nach Wegfall der Grenzkontrollen aus steuerlichen Gründen die Bestimmungsländer einer Ware gleichwohl in der Lage sind, die Einfuhren aus anderen Mitgliedstaaten korrekt zu besteuern. Umgekehrt soll es gewährleisten, dass in den Ausfuhrländern nur solche Waren von der Mehrwertsteuer freigestellt werden, die auch tatsächlich in ein anderes Mitgliedsland geliefert wurden[30]. Es liegt auf der Hand, dass hierfür ein ständiger Informationsaustausch notwendig ist.

### *b) Steuerung der interadministrativen Kooperation*

Der Austausch von Informationen hat auch im Verhältnis der Verwaltungen zueinander ein steuernde Wirkung. Der Informationsaustausch dient zum einen auf einer mehr technischen Ebene der Koordination des Verwaltungshandelns in der EU[31], zum anderen fördert der Informationstransfer

---

[28] Dazu etwa *Christoph Gusy,* Verwaltung durch Information, in: NJW 2000, 977 ff.

[29] *Hans-Uwe Erichsen,* Das Recht auf freien Zugang zu Informationen über die Umwelt, in: NVwZ 1992, 409 (419); *Eberhard Schmidt-Aßmann,* Zur Reform des Allgemeinen Verwaltungsrechts – Reformbedarf und Reformansätze –, in: ders./ Wolfgang Hoffmann-Riem/Gunnar Folke Schuppert (Hrsg.), Reform des Allgemeinen Verwaltungsrechts, Baden-Baden 1993, S. 11 (25 f.).

[30] Verordnung (EWG) Nr. 218/92 des Rates vom 27. Januar 1992 über die Zusammenarbeit der Verwaltungsbehörden auf dem Gebiet der indirekten Besteuerung (MWSt.), Abl. Nr. L 24/1 v. 1.2.1992; dazu *Armin von Bogdandy/F. Arndt,* Die Zusammenarbeit der Finanzverwaltungen in der Europäischen Union, in: EWS 2000, 1 (3 ff.).

[31] Dazu gehören Bestrebungen der EG, die Transparenz der nationalen Verwaltungen durch Koordinationsstellen zu verbessern, die als Ansprechpartner für ausländische Behörden die Funktion eines Wegweisers durch die fremde administrative Topographie wahrnehmen. Diese Aufgabe übernimmt die Kommission zum Beispiel

die Herausbildung einer *informationellen Einheit* der Exekutiven, die ein Korrelat der Rechtseinheit auf der Vollzugsebene bildet. So vernetzt etwa ein Integriertes Verwaltungs- und Kontrollsystem (INVEKOS) die nationalen Agrarbehörden und die Kommission zu einem Informationsverbund, der die korrekte Anwendung der betrugsanfälligen Beihilferegelungen im Agrarbereich unterstützen soll[32].

### 3. Das Legitimationspotential des Informationsaustausches

Schließlich sollte das Legitimationspotential des innereuropäischen Austausches von Informationen nicht übersehen werden. Dies gilt für die Legitimation des Verwaltungshandelns sowohl in ihrer politisch-praktischen wie auch ihrer rechtsnormativen Dimension[33]. Im politisch-praktischen Sinne erhöht der Informationsaustausch die Akzeptanz der EU, weil er die für sie handelnden Behörden in die Lage versetzt, auf einer möglichst breiten Datenbasis ihre Entscheidungen zu treffen, vor allem aber den Verlust an – bisweilen nur emotionaler – Sicherheit durch den Wegfall der Landesgrenzen kompensiert. Überdies kann der Informationsaustausch, wie überhaupt die Zusammenarbeit der Verwaltungen, auch der Entwicklung gegenseitigen Vertrauens der Exekutiven dienlich sein, wenn die Kooperation funktioniert. Rechtsnormativ wird die institutionell-funktionelle Legitimation der Verwaltungen gestärkt, da der grenzüberschreitende Informationsaustausch mittlerweile eine wesentliche Voraussetzung administrativer Leistungsfähigkeit geworden ist[34].

---

beim raschen Austausch von Informationen über Gefahren bei der Verwendung von Konsumgütern und auf dem Gebiet der Normen und technischen Vorschriften.

[32] Verordnung (EWG) Nr. 3508/92 des Rates vom 27. November 1992 zur Einführung eines integrierten Verwaltungs- und Kontrollsystems für bestimmte gemeinschaftsrechtliche Beihilferegelungen, ABl. Nr. L 355/1 v. 5.12.1992, zuletzt geändert durch Verordnung (EG) Nr. 2466/96 vom 17. Dezember 1992, ABl. Nr. L 335/1 v. 24.12.1996; siehe dazu *Rudolf Mögele,* Das integrierte Verwaltungs- und Kontrollsystem für Beihilfen im Bereich der Landwirtschaft, in: EWS 1993, 305 (309 f.).

[33] Zu dieser Unterscheidung *Eberhard Schmidt-Aßmann,* Verwaltungslegitimation als Rechtsbegriff, in: AöR 116 (1991), 328 (331, 369); anderer Ansatz bei *Detlef Czybulka,* Die Legitimation der öffentlichen Verwaltung, Heidelberg 1989, insb. S. 67 ff.

[34] Zu diesem Aspekt einer rechtsnormativen Legitimation der Verwaltung *Eberhard Schmidt-Aßmann* (Fn. 33), S. 364 ff.

## III. Rechtsgrundlagen und Typologie des Informationsaustausches

Mit den Steuerungs- und Legitimationsleistungen des Informationsaustausches ist die weitere Frage verbunden, auf welcher Rechtsgrundlage und in welchen Formen sie erbracht werden. Hierfür ist es notwendig, zwischen dem Informationsaustausch auf gemeinschaftsrechtlicher Grundlage und dem Datentransfer außerhalb des gemeinschaftlichen Rahmens zu differenzieren. Einer gesonderten Betrachtung bedarf der Datenaustausch mit Drittländern.

### 1. Informationsaustausch auf gemeinschaftsrechtlicher Grundlage

#### *a) Rechtsgrundlagen*

Die primärrechtliche Verpflichtung der Mitgliedstaaten und der Gemeinschaft, bei der Verwirklichung der Vertragsziele zu kooperieren, ergibt sich aus dem Grundsatz der loyalen Zusammenarbeit, der in Art. 10 EGV (ex-Art. 5) seinen Ausdruck gefunden hat. Loyale Zusammenarbeit umfasst nach der Rechtsprechung des EuGH auch die gegenseitige Information[35]. Freilich ist diese allgemeine Verpflichtung nicht in der Lage, den Informationsbedürfnissen der an der Ausführung des Gemeinschaftsrechts beteiligten Behörden – gemeinschaftliche wie nationale – zu genügen. Deshalb hat der Gemeinschaftsgesetzgeber eine Reihe von Vorschriften erlassen, die den interadministrativen Datenaustausch regeln[36]. Sie beruhen auf Kompetenztiteln des EG-Vertrages, wie etwa Art. 95 und 308 EGV. Sachliche Schwerpunkte bildeten zunächst solche Politikbereiche, in denen die finanziellen Interessen der Gemeinschaft oder der Mitgliedstaaten gefährdet sind, also das Agrar-, Zoll- und Steuerrecht[37]. Zunehmend werden Sektoren erfasst, die aus anderen Gründen einer informationellen Kooperation bedürfen. Hervorzuheben sind der Verbraucher-[38] und der Umweltschutz[39] sowie die soziale[40] und innere Sicherheit[41]. Diese Kompetenzen sind durch den Ver-

---

[35] EuGH Rs. 42/82, Kommission/Frankreich, Slg. 1983, 1013 Rn. 36; Rs. C-251/89, Athanasopoulos/Bundesanstalt für Arbeit, Slg. 1991, I-2797 Rn. 56f.

[36] Siehe oben Fn. 15.

[37] Siehe oben Fn. 7, 8 und 30.

[38] Vgl. Richtlinie 89/397/EWG des Rates vom 14. Juni 1989 über die amtliche Lebensmittelüberwachung, ABl. Nr. L 186/23 v. 23.6.1989, geändert durch Richtlinie 93/99/EWG des Rates vom 29. Oktober 1993 über zusätzliche Maßnahmen im Bereich der amtlichen Lebensmittelüberwachung, ABl. Nr. L 290/14 v. 24.11.1993.

[39] Vgl. Entschließung des Rates und der im Rat vereinigten Vertreter der Regierungen der Mitgliedstaaten (93/ C 138/01) des Rates vom 1. Februar 1993 über ein Gemeinschaftsprogramm für Umweltpolitik und Maßnahmen im Hinblick auf eine dauerhafte und umweltgerechte Entwicklung, ABl. Nr. C 138/1 v. 17.5.1993.

trag von Amsterdam weiter ausgebaut worden. Insbesondere wurde die Zusammenarbeit auf dem Gebiet des Zollwesens in den EGV übernommen (Art. 135 EGV).

### *b) Typologie des Datenaustausches*

In diesen Bereichen haben sich unterschiedliche Formen des Informationsaustausches entwickelt, die nach den Beteiligten, dem Gegenstand und der Intensität der informationellen Kooperation systematisch erfasst werden können.

#### aa) Beteiligte der Informationsbeziehungen

Unter dem Aspekt der beteiligten Akteure des Informationsaustausches kann zwischen einer horizontalen, einer vertikalen und einer indirekten Kooperation unterschieden werden, je nachdem, ob es um die Zusammenarbeit der Mitgliedstaaten untereinander oder mit den Gemeinschaftsorganen geht. Häufig umfassen die einschlägigen Vorschriften sowohl horizontale wie auch vertikale Kooperationsformen. Beispiele sind die Zusammenarbeit auf dem Gebiet des Zoll- und Agrarrechts, wo es vor allem um die Verhinderung von Betrugsfällen zu Lasten des Gemeinschaftshaushalts geht[42], und das neue Europäische Amt zur Betrugsbekämpfung (OLAF)[43]. Bisweilen kooperieren die nationalen Behörden auch gleichsam im Dreieck über die Kommission und andere Gemeinschaftseinrichtungen, die als Informationsmittler tätig werden. Diese Form kann als indirekte Kooperation bezeichnet werden. Ein typisches Beispiel hierfür ist das *Frühwarnsystem* in der Lebensmittelüberwachung, das eine grenzüberschreitende Information der Behörden und der Verbraucher über verdächtige oder gefährliche Lebensmittel sicherstellen soll[44].

---

[40] Vgl. Verordnung (EWG) Nr. 1408/71 des Rates vom 14. Juni 1971 zur Anwendung der Systeme der sozialen Sicherheit auf Arbeitnehmer und deren Familien, die innerhalb der Gemeinschaft zu- und abwandern, ABl. Nr. L 149/2 v. 5.7.1971 und Verordnung (EWG) Nr. 574/72 des Rates vom 21. März 1972 über die Durchführung der Verordnung (EWG) Nr. 1408/71, ABl. Nr. L 74/1 v. 27.3.1972; beide zuletzt geändert durch Verordnung (EG) Nr. 1399/1999 des Rates vom 29.4.1999, ABl. Nr. L 164/1 v. 30.6.1999.

[41] Vgl. Europol-Übereinkommen (Fn. 9).

[42] Vgl. Verordnung (EG) Nr. 515/97 (Fn. 8).

[43] Beschluss der Kommission (1999/352/EG/EGKS/Euratom) vom 28. April 1999 des Europäischen Amtes für Betrugsbekämpfung (OLAF), ABl. Nr. L 136/20 v. 31.5.1999.

[44] Entscheidung des Rates 89/45/EWG vom 21. Dezember 1988 zur Errichtung eines gemeinschaftlichen Systems zum raschen Austausch von Informationen über

### bb) Gegenstände des Informationsaustausches

Ferner sind die Kooperationsformen durch die Art der ausgetauschten Informationen gekennzeichnet. Die Gegenstände des Austausches differieren, was selbstverständlich ist, je nach betroffenem Sachgebiet. Sie lassen sich grob in folgende Kategorien einordnen:

- Anonyme Daten, die sich keiner bestimmten Person zuordnen lassen, wie etwa statistische Angaben über umsatzsteuerpflichtige Warenbewegungen,
- und vor allem personenbezogene Daten im Sinne aller Informationen über eine bestimmte oder bestimmbare Person, die insbesondere ihre physische, psychische, wirtschaftliche oder soziale Existenz betreffen.

### cc) Intensität des Datenaustausches

Wichtigster Parameter der verschiedenen Kooperationsformen ist daneben die Intensität des Informationsaustausches. Sie variiert auf einer gleitenden Skala von der Amtshilfe auf Ersuchen bis hin zum ständigen Informationsaustausch.

(1) Die klassische Form der Amtshilfe, die auch in der Übermittlung von Informationen bestehen kann, ist die *Amtshilfe auf Ersuchen* im Einzelfall. Diese Form findet sich etwa in der VO Nr. 515/97 über die gegenseitige Amtshilfe auf dem Gebiet des Zoll- und Agrarrechts. Danach begründet ein entsprechender Antrag die prinzipielle Verpflichtung der ersuchten Behörde, die geforderte Information zu übermitteln. Dazu gehören auch Auskünfte über festgestellte oder geplante Verstöße bestimmter Personen gegen zoll- oder agrarrechtliche Vorschriften[45].

(2) Die Mitgliedstaaten können aber auch ohne ein entsprechendes Ersuchen verpflichtet sein, einem anderen Mitgliedstaat Amtshilfe durch die Übermittlung von Informationen zu leisten. Eine solche *ad hoc-Amtshilfe* ist etwa in der VO Nr. 595/91 vorgesehen, wonach die Behörden eines Mitgliedstaates von sich aus andere Mitgliedstaaten und die Kommission informieren müssen, wenn bei der Gewährung von Leistungen im Bereich der Gemeinsamen Agrarpolitik Unregelmäßigkeiten festgestellt oder vermutet werden, die „sehr schnelle Auswirkungen" außerhalb des eigenen Hoheitsgebietes haben könnten[46].

---

Gefahren bei der Verwendung von Konsumgütern (89/45/EWG), ABl. Nr. L 17/51 v. 21.1.1989; geändert durch Entscheidung (90/352/EWG) des Rates vom 29. Juni 1990, ABl. Nr. L 173/49 v. 6.7.1990.

[45] Art. 8 der Verordnung (EG) Nr. 515/97 (Fn. 8).

[46] Art. 4 der Verordnung (EWG) Nr. 595/91 (Fn. 7).

(3) Die intensivste Form der Kooperation ist der *ständige Informationsaustausch* der Verwaltungen. Beispiele sind das Mehrwertsteuer-Informationssystem und das Zollinformationssystem. Das Zollinformationssystem (ZIS) der Verordnung Nr. 515/97 über die gegenseitige Amtshilfe bei der Anwendung des gemeinschaftlichen Zoll- und Agrarrechts dient der Verhinderung und Ermittlung von Verstößen gegen die einschlägigen gemeinschaftsrechtlichen Vorschriften[47]. Es besteht aus einer zentralen Datenbank, auf die von nationalen Behörden und der Kommission zugegriffen werden kann. Inhalt sind u. a. Daten zu Waren, Unternehmen, Personen und Tendenzen bei Betrugspraktiken[48].

### 2. Informationsaustausch außerhalb des Gemeinschaftsrahmens

Die Mitgliedstaaten tauschen auch außerhalb des Gemeinschaftsrahmens Informationen aus. Diese Zusammenarbeit kann ihre Grundlage im EU-Vertrag haben oder Ausdruck der verbliebenen völkerrechtlichen Handlungsfähigkeit der Mitgliedstaaten sein. Auf dem EU-Vertrag beruhen etwa das Europol-Übereinkommen[49] oder das Übereinkommen über die gegenseitige Amtshilfe und Zusammenarbeit der Zollverwaltungen[50]. Letzteres ergänzt die Verordnung 515/97 sachlich um Kooperationsvorschriften, welche die Strafverfolgung bei Verstößen gegen gemeinschaftliches oder nationales Zollrecht erleichtern sollen. Außerhalb des vertraglichen Rahmens der EU liegen Doppelbesteuerungsabkommen[51] und bilaterale Vereinbarungen über Rechts- und Amtshilfe, die ebenfalls einen Informationsaustausch vorsehen[52].

### 3. Informationsaustausch mit Drittstaaten

Schließlich nimmt der Datenaustausch mit Drittländern stetig an Bedeutung zu. Dies gilt zwar in erster Linie für den privaten Bereich, wie das Internet eindrucksvoll zeigt, aber auch für die europäischen Verwaltungen. Letztere sind, etwa im Außenwirtschaftsrecht oder bei der Strafverfolgung,

---

[47] Art. 23 Abs. 2 der Verordnung (EG) Nr. 515/97 (Fn. 8).

[48] *Armin von Bogdandy/F. Arndt*: EWS 2000 (Fn. 30), S. 3.

[49] Vgl. oben Fn. 9.

[50] Übereinkommen vom 18. Dezember 1997 aufgrund von Art. K.3 des Vertrages über die Europäische Union über gegenseitige Amtshilfe und Zusammenarbeit der Zollverwaltungen, ABl. Nr. C 24/2 v. 23.1.1998.

[51] Übereinkommen vom 23. Juni 1990 über die Beseitigung der Doppelbesteuerung im Falle von Gewinnberechtigungen zwischen verbundenen Unternehmen 90/436/EWG, ABl. Nr. L 225/10 v. 20.8.1990.

[52] Vgl. z. B. Vertrag zwischen der Bundesrepublik Deutschland und der Republik Österreich vom 4. Oktober 1954 über Rechtsschutz und Rechtshilfe in Abgabensachen, BStBl. I 1955, S. 434.

auf Informationen aus Drittländern angewiesen, wie umgekehrt Behörden aus Drittländern Interesse an Daten aus der EU haben können[53].

## IV. Rechtliche Grenzen des Informationsaustausches

Die wachsende Mobilität der Informationen, vor allem aber der personenbezogenen Daten, stellt den Datenschutz vor neue Herausforderungen. Durch die Verschiedenheit der nationalen Rechtsordnungen drohen die Zweckbindung der Daten, die Verantwortlichkeit für ihren bestimmungsgemäßen Gebrauch und die Transparenz der Informationsbestände verloren zu gehen. Dadurch werden dem Einzelnen eine Kontrolle und Korrektur der ihn betreffenden Daten erheblich erschwert. Dass nationale Antworten allein keine Hilfe gegen die unkontrollierte Mobilität von Informationen sein können, dürfte außer Streit stehen[54]. Durch die internationalen und supranationalen Kooperationsformen, die einen Austausch von Informationen vorsehen, wird auch der Datenschutz zu einer prinzipiell überstaatlichen Aufgabe. Damit stellt sich erstens die Frage, welche rechtlichen Determinanten für den Datenschutz durch die EU maßgebend sind, zweitens wie der Datenschutz bisher konkret ausgestaltet wurde und drittens welche Defizite die europäische Datenschutzordnung aufweist.

### 1. Determinanten des Datenschutzes in der Europäischen Union

Die rechtlichen Determinanten des Datenschutzes durch die Europäische Union sind zum einen die Grundrechte des Betroffenen, zum anderen die Verteilung der Regelungskompetenzen zwischen der europäischen und der nationalen Ebene.

#### *a) Grundrechtliche Leitbilder des europäischen Datenschutzes*

##### aa) Grundrecht auf Datenschutz

Gemäß Art. 6 Abs. 2 EU-Vertrag achtet die Europäische Union die Grundrechte, wie sie in der EMRK gewährleistet sind und wie sie sich aus den Verfassungsüberlieferungen der Mitgliedstaaten als allgemeine Rechtsgrundsätze des Gemeinschaftsrechts ergeben und nun Ausdruck in der vom

---

[53] Vgl. zum Interesse von Drittstaaten an der Zusammenarbeit in Bereichen wie der Bekämpfung der organisierten Kriminalität, des Drogenhandels und der polizeilichen Zusammenarbeit: *Joerg Monar,* Die Entwicklung des „Raumes der Freiheit, der Sicherheit und des Rechts“: Perspektiven nach dem Vertrag von Amsterdam und dem Europäischen Rat von Tampere, in: Integration 2000, 18 (31).

[54] Siehe nur *Hans-Heinrich Trute*: JZ 1998 (Fn. 5), 830.

Europäischen Rat von Nizza proklamierten Grundrechtscharta gefunden haben[55]. Maßgebende Bestimmung der EMRK ist Art. 8 Abs. 1, wonach jedermann Anspruch auf Achtung seines Privat- und Familienlebens, seiner Wohnung und seines Briefverkehrs hat. Der Gerichtshof für Menschenrechte leitet daraus das Recht des Bürgers ab, über die Preisgabe persönlicher Lebenssachverhalte und ihre Nutzung selbst bestimmen zu können[56]. Dazu gehören auch Informationen über geschäftliche Aktivitäten[57]. In den Mitgliedstaaten der EU wird ebenfalls, wenngleich unter verschiedenen Bezeichnungen und mit Differenzierungen im Schutzbereich, die individuelle Privatsphäre vor der unbefugten Erhebung und Verarbeitung persönlicher Daten geschützt[58]. In der Bundesrepublik Deutschland ist dieser Schutz begrifflich und dogmatisch besonders ausgeprägt. Das Grundrecht auf informationelle Selbstbestimmung wurde vom Bundesverfassungsgericht aus der Menschenwürde und dem Persönlichkeitsrecht rechtsschöpferisch entwickelt[59]. Es verschafft dem Einzelnen eine eigentumsähnliche Herrschaftsmacht über seine persönlichen Daten[60].

Zwar kennt das Europäische Gemeinschaftsrecht keine derart ausgefeilte Garantie, jedoch ist auch in der Judikatur des EuGH im Prinzip anerkannt, dass der Einzelne vor einer unfreiwilligen Preisgabe und einem widerrechtlichen Gebrauch seiner persönlichen Daten grundrechtlich geschützt ist[61]. Anknüpfungspunkt ist auch insoweit das Recht auf Achtung der Privatsphäre, wie es sich aus der EMRK und den Verfassungsüberlieferungen der Mitgliedstaaten ergibt. Die anlässlich des Europäischen Rates von Nizza proklamierte Grundrechtscharta enthält in Art. 8 eine eigenständige Verbürgung eines Grundrechtes auf „Schutz personenbezogener Daten“[62].

---

55 Proklamierte Fassung der Charta zu finden in: ABl. Nr. C 364/1 vom 18.12.2000.

56 EuGHMR, Urt. v. 26.3.1987, Serie A Nr. 116, 22 – Leander; EuGHMR, Urt. v. 16.2.2000, Nr. 27798/95 – Amann/Schweiz (noch nicht in Slg); EKMR, Entscheidung v. 11.12.1985, DR 45, 121, 130 – Lundvall/Schweden; EKMR, Entscheidung v. 5.4.1995, DR 81, 136, 139 – Martin/Schweiz; EKMR, Entscheidung v. 28.2.1996, DR 84, 106, 110 – Schaller Volpi/Schweiz; EKMR, Bericht v. 28.10.1997, Nr. 28802/95 – Tsavachadis/Griechenland (nicht in Slg.).

57 EuGHMR, Urt. v. 16.2.2000 (Fn. 56).

58 *Ulrich Dammann/Spiros Simitis,* Kommentar zur EG-Datenschutzrichtlinie, Baden-Baden 1997, Einleitung Anm. 2; *J.-W. Jacob*, Nationaler Datenschutz – rechtskulturelle Aspekte, in: Siegried Lamnek/Marie-Theres Tinnefeld (Hrsg.), Globalisierung und informationelle Rechtskultur in Europa, Baden-Baden 1998, S. 87 (89f.).

59 BVerfGE 65, 1, 43.

60 *Hans-Heinrich Trute*: JZ 1998 (Fn. 5), 825.

61 Vgl. insbesondere EuGH Rs. C-404/92 P, X/Kommission, Slg. 1994, I-4737 Rn. 17 (verdeckter Aids-Test); Rs. C-369/98 vom 14.9.2000, Rz. 34 f., siehe ferner *Christian Oliver Dressel,* Die gemeinschaftsrechtliche Harmonisierung des Europäischen Datenschutzrechts, München 1995, S. 207ff.

Dieses Grundrecht darf sich freilich nicht in der abwehrrechtlichen Dimension des Schutzes der Privatsphäre erschöpfen. Grundrechte sollen in der konkreten Ausgestaltung stets auch Antworten auf besondere Gefährdungen ihres Schutzgutes sein. Die spezifischen Risiken zunehmender Mobilität personenbezogener Daten, auch über Grenzen hinweg, lassen sich grundrechtlich nur adäquat erfassen, wenn das Recht auf Achtung der Privatsphäre auch ergänzende Gewährleistungen umfasst, die eine wirksame Wahrnehmung seines Rechtes sicherstellen. Dazu gehört namentlich das Recht, über die Verwendung persönlicher Daten prinzipiell selbst bestimmen zu können, und ein Anspruch auf Auskunft hinsichtlich der eigenen Daten, die von fremden Nutzern verarbeitet werden[63].

Allerdings steht dieser spezielle Schutz der Privatsphäre, wie sich aus Art. 8 Abs. 2 EMRK und allgemeinen Grundsätzen des Gemeinschaftsrechts ergibt (vgl. auch Art. 8 Abs. 2 Grundrechtscharta), unter dem Vorbehalt überwiegender öffentlicher oder privater Interessen, die seine Einschränkung rechtfertigen können[64]. Ein Eingriff in dieses Grundrecht liegt nicht nur in der Erhebung persönlicher Daten, sondern auch in ihrer Weitergabe an andere Behörden, weil dadurch der Kreis der Kenntnisinhaber erweitert und – zumindest potentiell – eine andere Nutzung der Informationen ermöglicht wird[65]. Formell bedarf der Eingriff einer Rechtsgrundlage, welche die Verarbeitung der Informationen hinreichend präzise regelt und Vorkehrungen enthält, die es dem Einzelnen ermöglichen, seine Privatsphäre wirksam zu schützen. Materiell müssen der Eingriffszweck, in unserem Falle die Kooperationsinteressen der EU, und die Folgen für den Schutz der Privatsphäre in einem angemessenen Verhältnis stehen, also mit dem Grundsatz der Verhältnismäßigkeit vereinbar sein[66].

### bb) Gewährleistung effektiven Rechtsschutzes

Derartige Einschränkungen unterliegen aber nicht nur einem sachlichen Rechtfertigungszwang. Sie erfordern auch eine prozedurale und organisatorische Einbettung, die einen wirksamen Schutz des betroffenen Grundrechts

---

[62] Siehe Fn. 55.

[63] *Rainer Pitschas*: Die Verwaltung 2000 (Fn. 11), 112f.; *Hans-Heinrich Trute*, Informationsordnung (Fn. 5), S. 257ff.

[64] EuGH Rs. C-62/92, Kommission/Deutschland, Slg. 1992, I-2575 Rn. 23; Rs. 404/92 (Fn. 61) Rn. 18.

[65] Zur Weitergabe von Daten aus Krankenakten an Sozialversicherung: EuGHMR, Urteil v. 27.8.1997, Nr. 44, 1437, 1446f. – M.S./Schweden; im übrigen ist der Eingriffscharakter von Datenverarbeitung im Einzelfall umstritten.

[66] Vgl. dazu allgemein die Rechtsprechung des EuGH zu Eingriffen in Grundrechte: EuGH Rs. 265/89, Schräder/Hauptzollamt Gronau, Slg. 1989, 2237 Rn. 15; Rs. C-62/92 (Fn. 64) Rn. 23; Rs. C-404/92 P (Fn. 61) Rn. 18.

auf Datenschutz sicherstellt. Dazu gehört nach Art. 6 Abs. 1 EMRK insbesondere Rechtsschutz durch unabhängige Gerichte, ein Grundsatz, der auch vom EuGH in ständiger Rechtsprechung betont wird[67].

### *b) Kompetenzlage*

Diese grundrechtlichen Vorgaben bedürfen einer normativen Ausgestaltung, um das Ziel eines angemessenen Schutzes personenbezogener Daten erreichen zu können. Die Zuständigkeit für derartige Regelungen hängt zunächst davon ab, in welchem rechtlichen Rahmen gehandelt wird. Sofern die Gemeinschaft einen grenzüberschreitenden Informationsaustausch regelt, ist sie prinzipiell auch verpflichtet, die damit zusammenhängenden Fragen des Datenschutzes zu lösen. Die Zuständigkeit für die Regelung des Datenschutzes in den Organen und Einrichtungen der EG ergibt sich aus Art. 286 EGV, der durch den Vertrag von Amsterdam eingefügt wurde. Im übrigen, soweit es um die horizontale Zusammenarbeit zwischen den Mitgliedstaaten geht, ergibt sich die Zuständigkeit der Gemeinschaft zum einen als Annexkompetenz aus der jeweiligen Befugnisnorm für die Kooperationsregelung. Zum anderen kann sie sich, was freilich im Einzelfall nicht ganz unproblematisch ist, bei allgemeinen Regelungen auf die Querschnittskompetenzen der Art. 95 und Art. 308 EGV stützen[68]. Bei vertraglichen Kooperationsformen im Rahmen oder außerhalb des EU-Vertrages sind die Mitgliedstaaten zuständig, eine angemessene Form des Datenschutzes zu vereinbaren. Für die polizeiliche Zusammenarbeit in der dritten Säule enthält Art. 30 EUV einen ausdrücklichen Schutzauftrag. Im übrigen müssen die Mitgliedstaaten, neben ihrem nationalen Verfassungsrecht, die EMRK sowie die Konvention des Europarates vom 28. Januar 1981 zum Schutze der Personen bei der automatischen Verarbeitung personenbezogener Daten beachten[69]. Abgesehen davon, dass die Konvention nur die automatische Datenverarbeitung betrifft, enthält sie lediglich allgemeine Grundsätze, die den Mitgliedstaaten einen weiten Gestaltungsspielraum lassen.

## **2. Ausgestaltung im geltenden Recht**

Da die rechtliche Ausgestaltung auf unterschiedlichen Regelungsebenen erfolgt, ist es zweckmäßig, im folgenden zwischen der Konkretisierung des

---

[67] Siehe nur EuGH Rs. 294/83, Les Verts/Parlament, Slg. 1986, 1357 Rn. 23ff.

[68] Zu den Problemen siehe *Ulrich Dammann/Spiros Simitis*, Kommentar zur EG-Datenschutzrichtlinie (Fn. 58), Einleitung, Anm. 58ff.

[69] BGBl. II 1985 , S. 538; dazu *Thomas Zerdick*, European aspects of data protection: what rights for the citizen?, in: Legal Issues of European Integration 1995/2, 55 (60ff.).

Datenschutzes im Gemeinschaftsrahmen und außerhalb der gemeinschaftlichen Rechtsordnung zu differenzieren. Auch die spezifischen Probleme des Datenschutzes im Verkehr mit Drittstaaten werden in einem eigenen Abschnitt behandelt.

### *a) Datenschutz im Gemeinschaftsrahmen*

Der Datenschutz im Gemeinschaftsrahmen knüpft an den horizontalen und vertikalen Informationsbeziehungen zwischen den Mitgliedstaaten und den europäischen Institutionen an.

#### aa) Gesetzgebung

Das Europäische Parlament und der Rat haben 1995 die Richtlinie 95/46/EG erlassen, welche horizontal die nationalen Rechts- und Verwaltungsvorschriften zum Schutz natürlicher Personen bei der Verarbeitung personenbezogener Daten angleichen soll[70]. Sie stellt eine allgemeine Rahmenregelung dar, welche den Mitgliedstaaten beträchtliche Gestaltungsspielräume lässt. Dabei wird nicht zwischen privater und öffentlicher Datenverarbeitung differenziert[71]. Unerheblich ist auch, ob es sich um eine automatische oder nicht-automatische Verarbeitung handelt. Für den Bereich der Telekommunikationsdienstleistungen wurde eine spezielle Richtlinie erlassen, welche den spezifischen Risiken dieses Sektors entgegenwirken soll[72]. Diese Bestimmungen sind, obwohl ursprünglich nur für die Mitgliedstaaten vorgesehen, vertikal gemäß Art. 286 Abs. 1 EGV auch auf die Organe und Einrichtungen der Gemeinschaft anwendbar. Insoweit soll eine Verordnung die Vorgaben weiter konkretisieren und eine unabhängige Kontrollinstanz einführen[73]. Bisher liegt allerdings nur ein Vorschlag auf dem Tisch, der sich aber an der Konzeption der genannten Richtlinien orientiert[74].

---

[70] Siehe oben Fn. 12; die Bundesrepublik Deutschland ist bisher ihrer Verpflichtung nicht nachgekommen, die Richtlinie bis zum 24. Oktober 1998 vollständig in nationales Recht umzusetzen. Es liegt bislang lediglich ein Entwurf der Bundesregierung zur Novellierung des Bundesdatenschutzgesetzes vor (im Internet zu finden unter www.datenschutz-berlin.de/recht/de/frames/ggebung.htm). Deshalb wurde von der Kommission ein Vertragsverletzungsverfahren gegen die Bundesrepublik Deutschland eingeleitet.

[71] Die Richtlinie soll den Datenschutz vor allem im Interesse eines ungehinderten Austausches von Informationen im Binnenmarkt harmonisieren, aber auch dafür sorgen, dass die öffentliche Verarbeitung von Daten an gemeinsame Standards gebunden ist, vgl. 8. Begründungserwägung der DSRL.

[72] Siehe oben Fn. 15.

[73] Art. 8 Abs. 3 Grundrechtscharta sieht die Überwachung der Einhaltung des Art. 8 durch eine „unabhängige Stelle" vor.

### bb) Grundsätze des gemeinschaftlichen Datenschutzes

Es kann hier nicht darum gehen, die erwähnten Vorschriften in allen Einzelheiten zu referieren. Bedeutsam ist vielmehr, dass sie den Nukleus einer europäischen Datenschutzkonzeption bilden, deren systemprägende Elemente immer deutlicher zu Tage treten. Sie spiegeln die grundrechtlichen Anforderungen an die Verarbeitung personenbezogener Daten wider.

#### *(1) Strukturelle Merkmale*

Das Konzept des europäischen Datenschutzes ist strukturell von den Grundsätzen der Territorialität, der Subsidiarität und konkretisierenden Selbstregulierung geprägt. Die Verantwortung für den Datenschutz im Rahmen einer horizontalen Zusammenarbeit verbleibt bei den Mitgliedstaaten. Der Schutz richtet sich prinzipiell nach dem Recht des Staates, in dem die Verarbeitung der Daten stattfindet[75]. Grenzüberschreitende Datenverkehre unterliegen daher verschiedenen nationalen Schutzregimen. Das Schutzniveau wird zwar vom europäischen Recht vorgegeben, allerdings nur im Sinne eines Mindeststandards, der dem nationalen Gesetzgeber weite Gestaltungsspielräume eröffnet[76]. Insofern wird rechtlich dem Grundsatz der Subsidiarität entsprochen – politisch kommen darin unterschiedliche Auffassungen über Notwendigkeit und Grenzen des Datenschutzes zum Ausdruck. Schließlich werden die Rahmenregelungen des europäischen Rechts einer konkretisierenden Selbstregulierung durch die betroffenen Nutzer von Daten geöffnet, die für ihren jeweiligen Sachbereich besondere Verhaltensregelungen schaffen können[77]. Diese müssen sich freilich in den Rahmen der gemeinschaftlichen Vorgaben einfügen.

#### *(2) Materielle und organisatorische Prinzipien*

Als wesentliche Folge der Rechtsangleichung ist es öffentlichen und privaten Stellen untersagt, die Weitergabe von Daten aus Gründen des Datenschutzes zu verweigern[78]. Der Schutz personenbezogener Daten wird nun-

---

[74] Vorschlag für eine Verordnung des Europäischen Parlaments und des Rates zum Schutz natürlicher Personen bei der Verarbeitung personenbezogener Daten durch die Organe und Einrichtungen der Gemeinschaft und zum freien Datenverkehr (von der Kommission vorgelegt), KOM (1999) 337 endg.

[75] Art. 4 DSRL.

[76] Zur Auslegung der VO (EWG) Nr. 3508/92 des Rates vom 27.1.1992. Zur Einführung eines integrierten Verwaltungs- und Kontrollsystems für bestimmte gemeinschaftliche Beihilferegelungen (ABl. Nr. L 355/1) anschaulich: EuGH Rs. C-369/98 (Fn. 61) Rn. 23ff.

[77] Art. 27 DSRL.

mehr durch gemeinschaftsrechtliche Standards sichergestellt. Die Verarbeitung personenbezogener Daten muss danach erstens rechtlich zugelassen sein, zweitens gegen unbefugten Zugriff gesichert werden und drittens einer effektiven Kontrolle unterliegen.

- Die Verarbeitung personenbezogener Daten muss rechtlich zugelassen sein. Sie ist also grundsätzlich verboten, es sei denn, es liegt ein Erlaubnistatbestand vor[79]. Voraussetzung hierfür ist, dass der Betroffene eingewilligt hat oder die Verarbeitung durch eine Rechtsvorschrift gestattet wird, die überwiegenden öffentlichen Interessen dient[80]. Eine Verarbeitung ist ferner nur zulässig, wenn die Daten bestimmten qualitativen Anforderungen genügen. Sie dürfen nur nach Treu und Glauben, d.h. vor allem nicht missbräuchlich verarbeitet werden. Wesentlich ist daher ihre grundsätzliche Zweckbindung[81]. Sie müssen richtig sein und dürfen nicht länger als für den Zweck erforderlich gespeichert werden[82]. Ferner sind besonders *sensible Daten*, die etwa religiöse oder philosophische Überzeugungen, politische Meinungen oder das Sexualleben zum Gegenstand haben, von der Verarbeitung grundsätzlich ausgeschlossen[83]. Schließlich sind bestimmte *Nutzungen* des Verarbeitungssystems grundsätzlich untersagt. So dürfen Personen grundsätzlich keiner Einzelentscheidung unterworfen werden, die auf einer vollständig automatisierten Verarbeitung von Daten und auf einer Bewertung einzelner Aspekte der Person beruht, wie etwa der Zuverlässigkeit oder Kreditwürdigkeit[84].

- Weitere Anforderungen gewährleisten die *Sicherheit der Datenverarbeitung*. Sie hat vertraulich zu geschehen[85]. Es muss vor allem Sicherheit vor einem unrechtmäßigen Zugriff auf die Daten gewährleistet sein. Die Anforderungen an die Sicherheit der Verarbeitungssysteme können in den sektoriellen Kooperationsvorschriften weiter präzisiert werden, was immer häufiger – gerade bei EDV-Kooperationen – der Fall ist[86].

- Schließlich steht die *Gewährleistung effektiver Kontrolle* im Mittelpunkt der verschiedenen Datenschutzregelungen. Sie soll, entsprechend der auch im deutschen Recht bewährten Konzeption, durch ein abgestimmtes

---

[78] Art. 1 Abs. 2 DSRL.

[79] *Eugen Ehmann/Marcus Helfrich,* Kurzkommentar zur EG-Datenschutzrichtlinie, Köln 1999, Art. 7 Rn. 6.

[80] Art. 7 DSRL.

[81] EuGH Rs. C-369/98 (Fn. 61) Rn. 26, 31, 35.

[82] Art. 6 DSRL.

[83] Art. 8 DSRL.

[84] Art. 15 DSRL.

[85] Art. 16 DSRL.

[86] Art. 23ff. der Verordnung (EG) Nr. 515/97 (Fn. 8).

Zusammenspiel von objektiven Prinzipien, subjektiven Rechten und organisatorischen Vorkehrungen sichergestellt werden.

- Anknüpfungspunkt ist die *datenschutzrechtliche Verantwortung* des Verarbeiters der personenbezogenen Daten[87]. Er hat dafür einzustehen, dass die Daten rechtmäßig verarbeitet werden und ihre Sicherheit gegen unbefugten Zugriff gewährleistet ist.
- Ferner muss die *Transparenz der Datenverarbeitung* für den Betroffenen hergestellt werden[88]. So ist der Verantwortliche für die Verarbeitung der Daten grundsätzlich verpflichtet, einer Person, bei der Daten erhoben werden sollen, zuvor Informationen über die Zweckbestimmung der Daten und den Kreis der Empfänger zu übermitteln. Dazu gehört auch eine Übermittlung der Daten an andere Behörden. Freilich gilt dies nur, soweit die Information notwendig ist, um gegenüber der betroffenen Person eine Verarbeitung der Daten nach Treu und Glauben zu gewährleisten[89]. Außerdem muss die Verarbeitung der Daten dokumentiert und einer unabhängigen Kontrollstelle gemeldet werden[90]. Der Betroffene hat grundsätzlich das Recht, über die ihn betreffenden Daten Auskunft zu erlangen[91].
- Der Betroffene kann darüber hinaus von dem Verantwortlichen die *Korrektur* fehlerhafter oder die Löschung unrechtmäßiger Daten fordern[92]. Die Auskunfts- und Korrekturansprüche müssen gerichtlich einklagbar sein[93]. Für Schäden, die dem Betroffenen durch eine un-

---

[87] Art. 6 Abs. 2 DSRL.

[88] Dieser Transparenzgrundsatz ist nicht zu verwechseln mit dem allgemeinen Grundsatz der Transparenz im Gemeinschaftsrecht, wie ihn der EuGH vor allem in seiner jüngeren Judikatur zum öffentlichen Zugang zu den Dokumenten der Organe hervorgehoben hat (EuG, Rs. T-92/98, Interporc Im- und Export/Kommission, Urt. v. 7.12.1999, Rn.39; EuGH verb. Rs. C-174/98 P und C-189/98 P, Niederlande/van der Wal, Urt. v. 11.1.2000; vgl. auch EuGH Rs. C-149/96, Portugal/Rat, Urt. v. 23.11.1999, EuR 2000, S. 62ff. Rn. 55ff. [alle Urteile noch nicht in Slg.]). Während die Transparenz insoweit eine Ausprägung des Demokratieprinzips auf Gemeinschaftsebene darstellt, welches Teilhabe an der Kontrolle überstaatlicher Hoheitsmacht durch Information als strukturelle Garantie gebietet (s. auch Art. 1 Abs. 2 EUV), geht es bei der datenschutzrechtlichen Transparenz um den Schutz des Persönlichkeitsrechts und der Privatsphäre, also primär um individuelle Rechtspositionen. Beide Prinzipien stehen indes nicht zusammenhanglos nebeneinander. Vielmehr dient die datenschutzrechtliche Transparenz als präventives Instrument des Datenschutzes einer grundrechtsverträglichen Handhabung der Öffentlichkeit von Dokumenten der Organe.

[89] Art. 10 DSRL.

[90] Art. 17 Abs. 4, 18 DSRL.

[91] Art. 12 lit. a DSRL.

[92] Art. 12 lit. b DSRL.

[93] Art. 22 DSRL.

rechtmäßige Nutzung seiner persönlichen Daten entstehen, muss der Verantwortliche Ersatz leisten, d.h. der Mitgliedstaat oder die Gemeinschaft[94].

- Schließlich werden sowohl für die Mitgliedstaaten als auch für die EU unabhängige *Kontrollorgane* vorgeschrieben, welche die Einhaltung der gemeinschaftlichen Datenschutzbestimmungen überwachen sollen[95]. Diese Kontrollinstanzen, wir nennen sie Datenschutzbeauftragte, haben weitreichende Befugnisse gegenüber den Verantwortlichen für die Datenverarbeitung. Sie können insbesondere von Amts wegen oder auf Antrag des Betroffenen die Korrektur fehlerhafter oder die Löschung von unrechtmäßigen Daten anordnen[96].

#### cc) Ausnahmen

Die vorstehenden Grundsätze werden durch zum Teil weitreichende Ausnahmen eingeschränkt, die mit überwiegenden öffentlichen Interessen oder dem Schutz von Rechten Einzelner gerechtfertigt werden. Sie betreffen vor allem die qualitativen Anforderungen an die Verarbeitung der Daten sowie die Transparenz der Verarbeitung für den Betroffenen. So erlaubt die Datenschutzrichtlinie eine Lockerung der Zweck- und Zeitbindung der Daten, Einschränkungen der Informationspflichten des verantwortlichen Verarbeiters und des Auskunftsanspruchs des Betroffenen[97]. Diese Ausnahmen sind zulässig, wenn etwa die Sicherheit des Staates, die öffentliche Sicherheit oder der Schutz der betroffenen Personen oder die Rechte anderer Personen dies erfordern. Auch die Verarbeitung sensibler Daten ist nicht strikt untersagt[98]. Von Ausnahmen zugunsten von Einrichtungen abgesehen, die, wie etwa Krankenversicherungen oder Kirchen, gleichsam kraft Natur der Sache mit derartigen Daten umgehen müssen, wird den Mitgliedstaaten die allgemeine Befugnis zugestanden, aus wichtigen öffentlichen Interessen sensible Daten zu verarbeiten. Allerdings müssen angemessene Garantien zugunsten des Bürgers die Rechtmäßigkeit der Verarbeitung sichern.

---

[94] Art. 23 DSRL.

[95] Für die Mitgliedstaaten: Art. 28 DSRL; für die EU: Titel V des Vorschlags für eine Verordnung zum Schutz natürlicher Personen bei der Verarbeitung personenbezogener Daten durch die Organe und Einrichtungen der Gemeinschaft und zum freien Datenverkehr (Fn. 75) und Art. 286 Abs. 2 EGV.

[96] Für die Mitgliedstaaten: Art. 28 Abs. 3, 4 DSRL; für die EU: Art. 46 Abs. 1, 2 des Verordnungsvorschlages (Fn. 75).

[97] Art. 13 DSRL.

[98] Art. 8 Abs. 2-4 DSRL.

*b) Grundsätze des Datenschutzes außerhalb des Gemeinschaftsrahmens*

Die Datenschutzrichtlinie gilt nicht für den Datenaustausch auf der Grundlage von Übereinkommen, die von den Mitgliedstaaten außerhalb des gemeinschaftsrechtlichen Rahmens geschlossen wurden[99]. Außerhalb des Anwendungsbereiches liegt vor allem das Europol-Übereinkommen. Es enthält jedoch eigene Vorkehrungen zum Schutz der persönlichen Daten, die angesichts des Auftrages von Europol naturgemäß außerordentlich heikel sein können. Diese Vorkehrungen beziehen sich wiederum auf die Zulässigkeit der Datenverarbeitung, die Sicherheit gegen unbefugten Zugriff und den Rechtsschutz des Einzelnen. Zu letzterem gehören zwar Auskunfts- und Korrekturrechte (Art. 19, 20 Abs. 4 EuropolÜbk), indes fehlt auf Europol-Ebene eine gerichtliche Instanz zur Durchsetzung dieser Ansprüche. Sie liegt in der Hand einer unabhängigen „Gemeinsamen Kontrollinstanz", die sich aus Vertretern der nationalen Kontrollinstanzen zusammensetzt, die auf staatlicher Ebene einen Missbrauch von Europol-Daten verhindern sollen[100]. Diese Regelung ist im Hinblick auf die Garantie gerichtlichen Schutzes gem. Art. 6 EMRK nicht unproblematisch[101].

Soweit die Mitgliedstaaten die datenschutzrechtliche Verantwortlichkeit trifft, gewähren sie nach ihren innerstaatlichen Vorschriften gerichtlichen Rechtsschutz. Dazu gehört insbesondere die Verpflichtung zum Ersatz von Schäden, die durch rechtlich oder sachlich fehlerhafte Daten von Europol verursacht wurden[102]. Freilich hat der verpflichtete Mitgliedstaat einen Regressanspruch gegen den Urheber des Fehlers, also einen anderen Mitgliedstaat oder Europol[103]. Gemäß Art. 2 des Protokolls über die Zuständigkeit des EuGH für die Auslegung des Europol-Übereinkommens sind in der Bundesrepublik Deutschland die höchsten Gerichtshöfe des Bundes berechtigt, dem EuGH im Wege der Vorabentscheidung Fragen betreffend die Auslegung des Übereinkommens vorzulegen, was immerhin eine mittelbare gerichtliche Kontrolle von Europol bewirkt[104].

---

[99] Art. 3 Abs. 2, 1. Spstr. DSRL.

[100] Art. 24 Europol-Übereinkommen (Fn. 9).

[101] *Jochen A. Frowein/Nico Kirsch,* Der Rechtsschutz gegen Europol, in: JZ 1998, 589 (595 f.).

[102] Art. 38 Abs. 1 Europol-Übereinkommen (Fn. 9).

[103] Art. 38 Abs. 2 Europol-Übereinkommen (Fn. 9).

[104] Protokoll vom 24. Juli 1996 aufgrund von Art. K.3 des Vertrages über die Europäische Union betreffend die Auslegung des Übereinkommens über die Errichtung eines Europäischen Polizeiamts durch den Gerichtshof der Europäischen Gemeinschaften im Wege der Vorabentscheidung, ABl. Nr. C 299/2 v. 9.10.1996.

### *c) Datenschutz beim Informationsaustausch mit Drittländern*

Auch für den Informationsaustausch mit Drittstaaten entwickelt sich ein Datenschutzkonzept. Es zielt allerdings mehr auf die Gefahren der privaten Datenverarbeitung als auf den Transfer von Daten zwischen Behörden. Dennoch sind die gemeinschaftsrechtlichen Grundsätze auch auf diesen Bereich anwendbar. Danach ist eine Übermittlung personenbezogener Daten in dritte Länder nur zulässig, wenn der betreffende Staat ein „angemessenes Schutzniveau" gewährleistet. Ob ein solches Niveau erreicht ist, muss insbesondere anhand der Zweckbestimmung der Daten, der Dauer der geplanten Verarbeitung und der Rechtslage im Empfangsland beurteilt werden.

## 3. Defizite

Welche Defizite bestehen nun beim Datenschutz im Rahmen der Verwaltungskooperation in der EU? Maßstab der Beurteilung ist vor allem die Fähigkeit des geltenden Rechts, einen angemessenen Ausgleich zwischen dem Interesse an einem grenzüberschreitenden Informationsaustausch und dem Schutz des Einzelnen vor einer missbräuchlichen Verarbeitung seiner Daten zu gewährleisten. Die Versuche des Gemeinschaftsgesetzgebers, für den vertikalen und horizontalen Informationsaustausch europäische Standards zu setzen, weisen zwar in die richtige Richtung. Das Problem ist erkannt, das Instrumentarium erprobt und verspricht, jedenfalls seiner Konzeption nach, einen wirksamen Datenschutz. Indes verschaffen die Ausnahmeklauseln den Mitgliedstaaten rechtliche Gestaltungsspielräume, die zu beträchtlichen Divergenzen zwischen den konkreten Datenschutzregelungen führen können. Dieser Umstand hat vor allem deshalb einschneidende Konsequenzen, weil nunmehr – wie Art. 1 Abs. 2 der Datenschutzrichtlinie ausdrücklich hervorhebt – als Folge der Harmonisierung die Weitergabe von Daten aus Gründen des Datenschutzes nicht mehr verweigert werden darf. Bei den außergemeinschaftlichen Kooperationsformen begegnet vor allem die Konzeption des Europol-Übereinkommens rechtlichen Bedenken, weil Breite und Tiefe des Informationsaustausches nicht durch eine direkte, unabhängige gerichtliche Kontrolle dieser europäischen Institution aufgefangen werden[105]. Auch die Regelungen des Datenschutzes im Verkehr mit Drittstaaten sind einstweilen unzureichend[106]. Die Leistungsfähigkeit des europäischen Datenschutzrechts erreicht hier ein sichtbare Grenze.

---

[105] Aus der Vielzahl der kritischen Beiträge vgl. nur: *Jochen A. Frowein/N. Kirsch*: JZ 1998 (Fn. 101), 595f.; *José Martinez Soria,* Die polizeiliche Zusammenarbeit in Europa und der Rechtsschutz des Bürgers, in: VerwArch 89 (1998), 400 (432); *Thomas Zerdick*: Legal Issues of European Integration 1995/2 (Fn. 68), 81; *Satish Sule*, Europol und europäischer Datenschutz, Baden-Baden 1999, S. 82ff.

## V. Perspektiven einer Verwaltungsinformationsordnung in der EU

Welche Perspektiven hat der Datenschutz im Zeichen einer zunehmenden Kooperation der europäischen Verwaltungen? Notwendig ist eine europäische Verwaltungsinformationsordnung, die informationelle Kooperation und Datenschutz einander systematisch zuordnet.

### 1. Zur Notwendigkeit einer europäischen Verwaltungsinformationsordnung

Zwar ist die Einbindung der Exekutiven in die weitgespannten Netze der Informationsgesellschaft nicht zu übersehen, eine Konvergenz des Datenschutzes zwischen den Bereichen privater und öffentlicher Datenverarbeitung daher auch prinzipiell sachgerecht. Jedoch erfordern die spezifischen Notwendigkeiten und Risiken eines interadministrativen Daten- und Informationsaustausches im Rahmen der EU maßgeschneiderte Antworten, die einer gesonderten Regelung bedürfen. Diese Antworten können nur auf europäischer Ebene formuliert werden, im Informationsaustausch zwischen den Mitgliedstaaten und den Organen der EU. Wie aber sollte eine europäische Verwaltungsinformationsordnung letztlich aussehen? Erste Ansätze sind bereits erkennbar.

### 2. Abgestufte Vereinheitlichung des europäischen Verwaltungskooperationsrechts

In der Sache wird die grenzüberschreitende Verarbeitung von Informationen zweifellos zunehmen. So haben die Mitgliedstaaten am 29. Mai 2000 das Übereinkommen über die Rechtshilfe in Strafsachen unterzeichnet, das es nationalen Behörden prinzipiell ermöglichen soll, die Kommunikationsnetze anderer Mitgliedstaaten in bestimmten Fällen zu überwachen[107]. Materiell sollte es daher das Ziel der Europäischen Union sein, wenigstens einen gemeinsamen Mindeststandard für den Datenschutz anzustreben, der nicht durch allzu weitreichende Ausnahmen durchlöchert wird. Strukturell weist die bisherige Gesetzgebung den richtigen Weg. Datenschutz und administrativer Informationsaustausch sind danach zusammengehörige Teile einer im Werden befindlichen europäischen Verwaltungsinformationsordnung[108]. Allerdings sollte eine abgestufte Vereinheitlichung der Kooperations- und Datenschutzbestimmungen angestrebt werden. Auf ein allgemeines

---

[106] *N. Lavranos*, Datenschutz in Europa, in: DuD 1996, 400 (403); a. A. *Hans-Heinrich Trute*: JZ 1998 (Fn. 5), 830f.

[107] Titel III des Übereinkommens v. 29.5.2000 über die Rechtshilfe in Strafsachen zwischen den Mitgliedstaaten der Europäischen Union, in ABl. C 379/02.

Datenschutzrecht, das etwa aufgrund von Verweisungen über den Gemeinschaftsrahmen hinaus Geltung haben müsste, könnten sektorielle Kooperationsregelungen aufbauen, die auch spezifische Probleme des Datenschutzes behandeln. Dieses Modell hat sich nicht zuletzt in der Bundesrepublik Deutschland bewährt. Legislative Einheit auf der einen und Spezialisierung auf der anderen Seite versprechen einen optimalen Schutz des Einzelnen vor einer missbräuchlichen Verarbeitung seiner Daten. Beide Strukturelemente in ein angemessenes Verhältnis zu bringen, ist vorrangig eine Aufgabe des europäischen Gesetzgebers – und ein anderes schwieriges Thema.

[108] Diese wäre – und ist es bereits – ein integraler Bestandteil einer europäischen Informationsordnung, die allerdings ihr eigenes Gepräge durch die Kooperationsregelungen erhält, die Anlass, Zweck und Inhalt der informationellen Zusammenarbeit definieren und in diesem Rahmen bereichsspezifische Schutzvorkehrungen schaffen können.

# Bericht über die Diskussion im Anschluss an das Referat von Armin Hatje

## Leitung: Matthias Niedobitek

Von Hans-Peter Wabro

Der Diskussionsleiter Privatdozent Dr. *Matthias Niedobitek* bedankte sich beim Referenten, Herrn Prof. Dr. *Armin Hatje*, für dessen aufschlussreichen Vortrag, mit dem es diesem gelungen sei, die komplexe Problematik des Themas systematisch aufzuarbeiten und mit Beispielen für die Notwendigkeit der Verwaltungskooperation zu belegen. Ihn interessiere besonders, worin der Referent die Gründe für die späte Regelung des sekundären Datenschutzrechtes, insbesondere in Bezug auf die horizontale Kooperation und die Regelung für die Gemeinschaftsorgane durch den Amsterdamer Vertrag sehe. *Hatje* erklärte in seiner Antwort, er führte die Gründe auf die evolutive Entwicklung des sekundären Datenschutzrechts zurück. So sei bisher immer erst beim Auftreten eines Problems eine Regelung geschaffen und bis 1995 wegen des Fehlens einer kooperativen Regelung das Recht des Staates angewendet worden, in dem die jeweilige Kontrollbehörde ihren Sitz hatte.

*Hans Hermann Dieckvoß*, Vorsitzender Richter am Verwaltungsgericht a. D. und Vorsitzender des Kuratoriums der Universität Kaiserslautern, merkte an, dass er der Funktion des europäischen Datenschutzbeauftragten große Bedeutung zumesse. Wegen des Gefälles unter den Mitgliedsstaaten in Bezug auf das Bewusstsein des Datenschutzes, wollte er gerne wissen, ab wann es den Datenschutzbeauftragten geben werde und welche Rolle diesem im Verwaltungsgefüge zugedacht sei. Aus seiner Sicht habe der Referent zu Recht darauf hingewiesen, dass eine dem Urteil des Bundesverfassungsgerichts zum Recht auf informationelle Selbstbestimmung im Datenschutz entsprechende Entscheidung in den Mitgliedstaaten fehle. *Hatje* antwortete hierauf, dass die Konzeption des europäischen Datenschutzbeauftragten der des deutschen Datenschutzbeauftragten sehr ähnlich sei. Es handele sich um eine unabhängige Instanz, die im Einvernehmen von Kommission, Rat, Parlament und Rechnungshof ernannt werde sowie die Befugnis zu einer unmittelbaren Einwirkung auf die Datenverarbeitung besitze, sofern dies aus Sicht des Kontrollbeauftragten – der ebenfalls

Datenschutzbeauftragter heißen soll – gerechtfertigt sei. Diese nach dem Vorschlag der Kommission vom Juli 1999 unabhängige Instanz, die letztlich zur Verwaltung gehören werde, verglich er mit der des Bürgerbeauftragten. Mit der Verabschiedung des Verordnungsvorschlags rechne er für das laufende Jahr. Ergänzt werden solle diese Kontrollfunktion durch weitere Datenschutzbeauftragte in den jeweiligen Organen, so dass unter Oberhoheit des europäischen Datenschutzbeauftragten ein Netzwerk von Datenschutzbeauftragten entstehe. Der Referent führte weiter aus, dass das Gefälle in den Mitgliedstaaten zwar ein Problem darstelle, insbesondere weil das Datenschutzniveau in anderen Mitgliedsstaaten nach Artikel 1 Absatz 2 der Richtlinie nicht länger als Rechtfertigungsgrund zur Verweigerung von Informationen diene. Solange der Mitgliedsstaat sich an die Vorgaben der Richtlinie halte, könne ein Datenaustausch nicht mehr mit dem Argument verhindert werden, ein entsprechender Schutz sei nicht zu gewährleisten. Dennoch führe die Richtlinie zu einem Fortschritt, zumal sich etwa in Italien und Griechenland das Datenschutzrecht erst ab 1995 entwickelt hätte. *Hatje* fügte hinzu, dass es auch in einem Land wie Deutschland Probleme bei der Umsetzung von Datenschutzbestimmungen gebe, obwohl die nationalen Bestimmungen im wesentlichen den europäischen Anforderungen entsprechen.

Aus Sicht von Prof. Dr. *Karl-Peter Sommermann* stellte sich die Frage, ob Europol in die europäische Informationsordnung mit einbezogen werde. Dies hielt *Hatje* für wahrscheinlich. Er führte dazu näher aus, dass eine gerichtliche Instanz, beispielsweise der EuGH, voraussichtlich die Zuständigkeit erhalte, Entscheidungen der für Europol zuständigen Kontrollstelle zu überprüfen. Auf Dauer sei es sonst nicht zu begründen, weshalb gerade der heikelste Teil des europäischen Datenaustausches einem gerichtlichen Untersuchungsverfahren entzogen werde, während andere vergleichsweise belanglose Teile einer gerichtlichen Kontrolle unterliegen. Gerade diese Kohärenz dränge auf mittlere Sicht dazu.

Warum Deutschland Probleme bei der Umsetzung der Datenschutzrichtlinie habe, wollte Prof. Dr. *Siegfried Magiera* vom Referenten wissen, zumal die Richtlinie seit 1995 existiere und die Umsetzungsfrist 1998 bereits abgelaufen sei. *Hatje* bemerkte hierzu, dass die Richtlinie in Deutschland hauptsächlich Auswirkungen auf den Datenschutz im privaten Bereich hätte. Die private Nutzung von Daten nach der Richtlinie werde erschwert. Es bestehe also von verschiedenen Seiten ein Interesse, die durch das deutsche Datenschutzrecht gegebene Flexibilität bei der Nutzung der Daten zu erhalten. So sei es beispielsweise nach den Bestimmungen des Bundesdatenschutzgesetzes möglich, die Zweckbindung zu lockern. Nach der EU-Richtlinie werde dies nicht mehr ohne weiteres möglich sein. Eine weitere Ursache sah er in den Lähmungserscheinungen zum Ende der letzten Regierungskoalition, zumal einzelne Bundesländer die Richtlinie bereits umgesetzt hätten.

*Magiera* erweiterte seine Ausgangsfrage an den Referenten dahingehend, ob der im Europolabkommen vorgesehene Rechtsschutz trotz der verschiedenen Gestaltungsmöglichkeiten auch funktionieren werde. So sei Großbritannien beispielsweise verpflichtet, auch den nationalen Rechtsschutz durchführen zu lassen. Hierauf entgegnete *Hatje,* dass aus seiner Sicht dieser Rechtsschutz in Großbritannien über die nationalen Gerichte und insbesondere durch die Europakonvention von 1981 gestaltet werden müsse.

Diskussionsleiter *Niedobitek* dankte dem Referenten sowie den Teilnehmern und schloss die Diskussion.

# Beschränkung gerichtlicher Kontrolldichte durch das Gemeinschaftsrecht

Von Manfred Zuleeg

## I. Kontrolldichte als Problem des Ermessens

„Ausgerechnet Bananen, ...". So beginnt ein Schlager aus der Vorkriegszeit. Dieser Ausspruch passt auch auf die europäische Agrarpolitik. Die Marktorganisation für Bananen[1] gab in Deutschland Anlass zu einer juristischen Auseinandersetzung, in deren Mittelpunkt die Beschränkung der gerichtlichen Kontrolldichte stand[2]. Man wirft dem Gerichtshof der Europäischen Gemeinschaften[3] vor, die Kontrolle der europäischen Hoheitsgewalt am Maßstab der Grundrechte zu vernachlässigen. Die Beschränkung der Kontrolldichte auf die Grenzen des Ermessens des Rates hinterlasse auf der Grundrechtsbilanz des EuGH einen hässlichen Fleck[4]. Das Verwaltungsgericht Frankfurt am Main schließt daraus, dass der EuGH bei der Beurteilung der Marktordnung für Bananen Willkür zugelassen habe[5]. Über diesen Fall hinaus vermisst man im Gemeinschaftsrecht das „grundsätzliche(n) rechtsstaatliche(n) Erfordernis einer vollständigen gerichtlichen Überprüfung von Verwaltungsentscheidungen in rechtlicher und tatsächlicher Hinsicht"[6]. Solche Anschuldigungen an die Adresse des höchsten Gerichts der Europäischen Union (EU) wiegen schwer. Es lohnt sich daher, sich mit der

---

1 Verordnung (VO) (EWG) Nr. 404/93 v. 13.2.1993 über die gemeinsame Marktorganisation für Bananen, ABl. L 47, 1.

2 Grundlegend zum Begriff und zur Funktion der Kontrolldichte *Eberhard Schmidt-Aßmann,* Die Kontrolldichte der Verwaltungsgerichte: Verfassungsgerichtliche Vorgaben und Perspektiven, in: DVBl. 1997, 281–289.

3 Kurz Europäischer Gerichtshof (EuGH).

4 *Martin Nettesheim,* Grundrechtliche Prüfdichte durch den EuGH, in: EuZW 1995, 106–108. In diesem Sinne auch schon *Georg M. Berrisch,* Zum „Bananen"-Urteil des EuGH vom 5.10.1994 – Rs. C-280/93, Deutschland/Rat, EuR 1994, 461–469. Das Urteil ist abgedruckt in Slg. 1994, I-4973.

5 Beschl. v. 24.10.1996, in: EuZW 1997, 182, 188–190. *Claus Dieter Classen,* Die Bananenmarktordnung der EG – ein Fall für das Bundesverfassungsgericht?, in: JZ 1997, 454–456, hält die Überlegungen des Gerichts für überzogen.

6 *Thomas von Danwitz,* Verwaltungsrechtliches System und Europäische Integration, Tübingen 1996, S. 333.

gerichtlichen Kontrolldichte in der Europäischen Gemeinschaft (EG) näher zu befassen.

In der Tat hat der EuGH dem Rat auf dem Gebiet der Agrarpolitik ein weites Ermessen zugestanden, das der politischen Verantwortung entspreche, die ihm der Vertrag übertragen habe[7]. In der EG wie in Deutschland hat die Verwaltung in Gestalt des Ermessens nach Maßgabe der Gesetze eine Entscheidungsfreiheit[8]. Soweit das Ermessen reicht, greift die gerichtliche Kontrolle nicht ein[9]. Wer die grundsätzlich vollständige Kontrolle betont, muss doch zugeben, dass der Gesetzgeber der Exekutive in großem Umfang eine „Letztentscheidung" einräumt[10]. Dem Gesetzgeber steht ebenfalls eine Gestaltungsfreiheit zu, die Gerichte nicht antasten dürfen. Auch hier spricht man von Ermessen, andere Begriffe sind aber anzutreffen. Die Reichweite des Ermessens ist oft schwierig zu bestimmen. Die Gerichte sind dann genötigt, selbst die Grenzen herauszubilden.

Das Ermessen ist ein fester Bestandteil der europäischen Rechtsordnung. Insofern weicht Gemeinschaftsrecht nicht wesentlich von den Rechtsordnungen der Mitgliedstaaten ab. In der Gemeinschaft und in ihren Mitgliedstaaten üben Gerichte Kontrolle über die Verwaltung aus. Eine Anzahl von Mitgliedstaaten lässt auch zu, dass Gerichte den parlamentarischen Gesetzgeber überwachen[11]. Der Ermessensspielraum ist dann allerdings weit gespannt. Es gibt aber auch Mitgliedstaaten, die Gesetze parlamentarischer Herkunft überhaupt keiner gerichtlichen Nachprüfung unterwerfen[12]. Dort muss man sich über die Kontrolldichte keine Gedanken machen, der Gesetzgeber verfügt über ein unbegrenztes Ermessen. In der Gemeinschaft ist die gesamte Gesetzgebung der gerichtlichen Kontrolle unterworfen[13]. Misst man die gerichtliche Kontrolldichte auf europäischer Ebene allein an

---

7 EuGH, Slg. 1994, I-5068.

8 *Jürgen Schwarze,* Die gerichtliche Kontrolle der europäischen Wirtschaftsverwaltung, in: Jürgen Schwarze/Eberhard Schmidt-Aßmann (Hrsg.), Das Ausmaß der gerichtlichen Kontrolle im Wirtschaftsverwaltungs- und Umweltrecht, Baden-Baden 1992, S. 203, 204.

9 Siehe *Claus-Dieter Classen,* Die Europäisierung der Verwaltungsgerichtsbarkeit, Tübingen 1996, S. 119–126; *Jürgen Schwarze,* Europäisches Verwaltungsrecht, Bd. I, Baden-Baden 1988, S. 280f.

10 *Eberhard Schmidt-Aßmann,* Die gerichtliche Kontrolle administrativer Entscheidungen im deutschen Bau-, Wirtschafts- und Umweltverwaltungsrecht, in: Jürgen Schwarze/Eberhard Schmidt-Aßmann (Hrsg.), Das Ausmaß der gerichtlichen Kontrolle im Wirtschaftsverwaltungs- und Umweltrecht, Baden-Baden 1992, S. 9, 28–61. Ähnlich BVerfGE 61, 82 (110f.).

11 So insbesondere Deutschland, Italien, Österreich, Portugal und Spanien.

12 Vor allem die Niederlande, Schweden und das Vereinigte Königreich. Frankreich kennt nur eine Kontrolle vor Inkrafttreten eines Gesetzes.

13 EuGH (Urt. v. 23.4.1986), Rs. 294/83 (Les Verts/Europäisches Parlament), Slg. 1986, 1339, 1365f.

der Kontrolldichte in Deutschland, entsteht eine verkürzte Sichtweise. Mag hie und da im Verhältnis zum deutschen Recht die Kontrolle weniger streng sein, ist sie doch im Vergleich zu anderen Mitgliedstaaten noch beträchtlich. Dies ist bei der Bewertung der europäischen Rechtsordnung zu beachten[14].

Nur scheinbar ist das Ausmaß der Ermessensfreiheit in der EG grundlegend anders als in Deutschland. Es besteht ein Unterschied bei den Schranken des Ermessens der Verwaltung. Im deutschen Recht gibt es eine Anzahl von Ermessensfehlern, welche die Kontrollmöglichkeiten für Gerichte auffächern und umreißen[15]. Nach französischem Vorbild[16] begrenzt in der Rechtsordnung der EG in erster Linie der Grundsatz der Rechtmäßigkeit der Verwaltung das Ermessen. Der Rechtsfigur des Ermessensmissbrauchs ist nur ein bescheidener Anwendungsbereich zuerkannt[17]. Trotz der unterschiedlichen Konstruktion ähnelt sich die rechtliche Wirkung der Schranken in beiden Rechtsordnungen[18]. Was in Deutschland ein Ermessensfehler ist, tritt im europäischen Recht als Rechtsverstoß in Erscheinung. Der Begriff des Ermessens der Verwaltung ist im Kern ohnehin in beiden Rechtsordnungen gleich. Die Verwaltung darf einen Freiraum für Entscheidungen nach ihrem Gutdünken ausfüllen. Das deutsche Recht kennt zwar noch den Beurteilungsspielraum[19], er kann aber im Rahmen dieser Studie als Unterart des Ermessens betrachtet werden, zumal die Konturen verschwimmen[20].

Bei der Kontrolle der Gesetzgebung ist eine bemerkenswerte Übereinstimmung der Schranken des Ermessens zu beobachten. Das Ermessen des

---

[14] So auch *Classen*, Europäisierung (Fn. 9), S. 189–192, in einem Vergleich von Deutschland, Frankreich und der EG.

[15] *Ferdinand O. Kopp/Wolf-Rüdiger Schenke,* Verwaltungsgerichtsordnung, Komm., 11. Aufl. 1998, § 114, Rn. 3, 23 ff.; *Hartmut Maurer,* Allgemeines Verwaltungsrecht, 12. Aufl., München 1999, § 7 Rn. 19 ff.; *Fritz Ossenbühl,* Rechtsquellen und Rechtsbindungen der Verwaltung, in: Hans-Uwe Erichsen (Hrsg.), Allgemeines Verwaltungsrecht, 11. Aufl., Berlin 1998, § 10 Rn. 15 ff.

[16] Siehe *Classen,* Europäisierung (Fn. 9), S. 141–163.

[17] *Classen,* Europäisierung (Fn. 9), S. 163–171; *Wolfram Cremer,* in: Christian Calliess/Matthias Ruffert (Hrsg.), Kommentar zu EU-Vertrag und EG-Vertrag, 1999, Art. 230 EGV, Rn. 77; *Hans Krück,* in: Hans von der Groeben/Jochen Thiesing/Claus-Dieter Ehlermann (Hrsg.), Kommentar zum EU-/EG-Vertrag, 5. Aufl. 1997, Art. 173 EGV a.F., Rn. 90 f. Sonstige Ermessensfehler fallen unter den Auffangtatbestand der Vertragsverletzung im Sinne von Art. 230 EG (früher: Art. 173 EGV).

[18] Vgl. *Stefan Kadelbach,* Allgemeines Verwaltungsrecht unter europäischem Einfluss, Tübingen 1999, S. 443–457.

[19] Zur Abgrenzung vom Handlungsermessen BVerwGE 72, 38, 53.

[20] *Kopp/Schenke,* Verwaltungsgerichtsordnung (Fn. 15), Rn. 3: Beurteilungsermessen. Siehe auch EuGH (Urt. v. 20.10.1977), Rs. 29/77 (Roquette/Frankreich), Slg. 1977, 1835 (1842): Ermessen bei der „Beurteilung eines komplexen wirtschaftlichen Sachverhalts".

parlamentarischen Gesetzgebers ist in Deutschland hauptsächlich an Verfassungsgrundsätze und Grundrechte gebunden[21]. Verfassungsgrundsätze und Grundrechte begrenzen auch auf europäischer Ebene die Rechtsetzung[22]. Der EuGH gewährt dem Gesetzgeber der EG ein weites Gestaltungsermessen, besonders betont bei wirtschaftlichen Regelungen[23]. Die Kommission als Gesetzgeberin ist eingeschlossen[24]. Rechtliche und tatsächliche Hindernisse für die Ausübung des Ermessens müssen evident sein[25]. Der EuGH liegt dabei auf derselben Linie wie das Bundesverfassungsgericht (BVerfG): Der Gesetzgeber hat eine weite Gestaltungsfreiheit. Dieser Freiheit dient ein Beurteilungsspielraum, welche Ziele zu verfolgen, welche Grundlagen zu wählen und wie die Gefahren einzuschätzen sind. Der Spielraum ist nur dann überschritten, wenn die Erwägungen offensichtlich fehlsam sind[26]. Je nach dem Sachgebiet kann die gerichtliche Kontrolldichte stark oder schwach sein[27]. Die Maßstäbe des Gemeinschaftsrechts und des mitgliedstaatlichen Rechts können auseinanderfallen, ohne dass daraus ein Bedenken erwächst. Mögen die deutschen Gerichte im materiellen Recht manchmal strenger sein als die europäischen Gerichte, achten diese mehr auf die Einhaltung der Erfordernisse des Verfahrens[28].

Die Kontrolldichte ist also unterschiedlich je nachdem, ob Einzelentscheidungen getroffen oder Rechtsnormen erlassen werden. Der Grund dafür ist in der Funktion des Ermessens bei bestimmten Rechtsakten zu suchen. Das Ermessen der Verwaltung bei Einzelentscheidungen hat sowohl im Gemeinschaftsrecht als auch im deutschen Recht die Funktion, der Gerechtigkeit im Einzelfall zu dienen, die Entscheidungen wechselnden Lagen anzupassen und der Verwaltung einen politischen Spielraum zu belassen. Die Entscheidungsfreiheit der Verwaltung wird dabei einge-

---

21 *Hartmut* Maurer, Staatsrecht, München 1999, §§ 6–9.

22 *Cremer,* in: Calliess/Ruffert (Hrsg.), Kommentar zu EU-Vertrag und EG-Vertrag (Fn. 17), Art. 230 EGV Rn. 78; *Krück,* in: von der Groeben u.a. (Hrsg.), Kommentar zum EU-/EG-Vertrag (Fn. 17), Art. 173 EGV a.F., Rn. 88f.

23 EuGH (Urt. v. 21.2.1990), Rs. C-267/88 (Wuidart/Genossenschaft Laiterie coopérative eupenoise), Slg. 1990, I-435 (481). Kritisch dazu *Ulrich Everling,* Die Kontrolle des Gemeinschaftsgesetzgebers durch die Europäischen Gerichte, in: Freundesgabe Jürgen Gündisch, Köln 1999, S. 89–111. Zustimmend hingegen *Michael Brenner,* Der Gestaltungsauftrag der Verwaltung in der Europäischen Union, Tübingen 1996, S. 370–373.

24 EuGH (Urt. v. 14.5.1975), Rs. 74/74 (CNTA/Kommission), Slg. 1975, 533 (547); (Urt. v. 25.5.1978), Rs. 136/77 (Racke/Hauptzollamt Mainz), Slg. 1978, 1245 (1256).

25 EuGH (Urt. v. 13.11.1990), Rs. C-331/88 (Fedesa), Slg. 1990, I-4023 (4063).

26 BVerfGE 77, 84 (106).

27 *Brenner,* Gestaltungsauftrag (Fn. 23), S. 384–394; *Juliane Kokott,* Europäisierung des Verwaltungsprozessrechts, in: DV 31 (1998), 335, 334.

28 *Kokott,* ebd., 364–368.

schränkt durch die Gleichheit vor dem Gesetz und die Notwendigkeit massenhafter Entscheidungen[29]. Das Ermessen des Gesetzgebers bezweckt in der EG und in Deutschland, komplexen Sachlagen und Zielvorgaben Rechnung zu tragen und weit stärker als bei Einzelentscheidungen politische Gestaltung zu ermöglichen[30]. An das Urteil zur Marktorganisation für Bananen sind also die Maßstäbe für die Rechtsetzung anzulegen[31]. Die gerichtliche Kontrolldichte muss dann nicht streng sein.

## II. Die Rolle der Gerichte

Stets ist die Kontrolldichte beschränkt, wenn es darum geht, politische Regelungen und Entscheidungen nicht den Richtern zu überlassen, in der Gemeinschaft wie auch in den Mitgliedstaaten. Der rechtsprechenden Gewalt fehlt die Legitimation zur politischen Gestaltung[32]. Die Richter gelangen zwar auf Grund einer demokratischen Legitimationskette in ihr Amt. Von da ab genießen sie aber richterliche Unabhängigkeit. Als Kompensation greift die Bindung an das Gesetz ein. Deshalb darf sich die gerichtliche Kontrolldichte nicht zur Entscheidungsfreiheit entwickeln. Die Politik müssen die Richter den dafür eingesetzten Institutionen und Personen überlassen[33].

Die Rechtsfortbildung fällt nicht unter den Vorbehalt der Politik. In der Rechtsordnung der Gemeinschaft klaffen Lücken, die der EuGH im Wege der Rechtsfortbildung schließt[34]. Er kann sich dabei auf Art. 220 EG stützen, der zwischen Vertrag und Recht unterscheidet. Letzteres umfasst die Rechtsfortbildung. Das BVerfG hat die Rechtsfortbildung des EuGH wiederholt anerkannt[35]. In der Praxis haben die vertragschließenden Parteien

---

[29] In diesem Sinne *Ossenbühl* in: Erichsen (Hrsg.), Allgemeines Verwaltungsrecht (Fn. 15), § 10 Rn. 2. *Brenner,* Gestaltungsauftrag (Fn. 23), S. 373–384, kritisiert das Bestreben der deutschen Gerichte, die Gestaltungsfreiheit der Verwaltung stark einzuengen.

[30] *Bernhard Wegener,* in: *Calliess/Ruffert* (Hrsg.), Kommentar zu EU-Vertrag und EG-Vertrag, 1999., Art. 220 EGV, Rn. 15.

[31] *Albrecht Weber,* Die Bananenmarktordnung unter Aufsicht des BVerfG?, in: EuZW 1997, 165–169, billigt im Grunde die Gestaltungsfreiheit des Gesetzgebers der Gemeinschaft, fordert aber eine Vertiefung der Begründung.

[32] *Brenner,* Gestaltungsauftrag (Fn. 23), S. 367–373.

[33] *Eberhard Schmidt-Aßmann,* in: Josef Isensee/Paul Kirchhof (Hrsg.), HStR I, 2. Aufl. 1995, § 24, Rn. 66; BVerfGE 87, 273 (279f.).

[34] *Klaus-Dieter Borchardt,* Richterrecht durch den Gerichtshof der Europäischen Gemeinschaften, in: Gedächtnisschrift Eberhard Grabitz, München 1995, S. 53–68; *ders.,* Der Gerichtshof der EG als Ersatzgesetzgeber?, in: Eberhard Eichenhofer/Zuleeg (Hrsg.), Die Rechtsprechung des Europäischen Gerichtshofs zum Arbeits- und Sozialrecht im Streit, Köln 1995, S. 53–68; *Jörg Ukrow,* Richterliche Rechtsfortbildung durch den EuGH, Baden-Baden 1995.

die Rechtsfortbildung des EuGH hingenommen oder gar in das Gemeinschaftsrecht eingefügt[36]. Die Verträge von Maastricht und Amsterdam haben in Art. 3 Abs. 1 EU die Wahrung und Weiterentwicklung des gemeinschaftlichen Besitzstands gebilligt. Davon ist vor allem die Rechtsfortbildung erfasst. Sie muss sich aber an die dafür geschaffenen Methoden halten[37]. Der EuGH setzt keine anderen Maßstäbe[38]. Anhaltspunkte in den Rechtsordnungen der Mitgliedstaaten oder der EG oder allgemeine Rechtsgrundsätze müssen der Rechtsfortbildung zu Grunde liegen. Mit Hilfe der Rechtsfortbildung vermag der EuGH die Kontrolldichte gegenüber der rechtsetzenden und vollziehenden Gewalt der Gemeinschaft und der Mitgliedstaaten zu verstärken.

Die mitgliedstaatlichen Gerichte sind ihrer Funktion nach europäische Gerichte[39]. Sie müssen das Europäische Gemeinschaftsrecht auslegen und anwenden. Sie wachen darüber, dass der mitgliedstaatliche Gesetzgeber und die mitgliedstaatliche Verwaltung das Gemeinschaftsrecht beachten[40]. Die Bestimmung der zuständigen Gerichte und die Ausgestaltung von gerichtlichen Verfahren, die den Schutz der dem Bürger aus dem Gemeinschaftsrecht erwachsenden Rechte gewährleisten sollen, sind mangels einer gemeinschaftlichen Regelung dieses Bereiches Sache der innerstaatlichen Rechtsordnung der Mitgliedstaaten. Diese Verfahren dürfen jedoch nicht ungünstiger gestaltet sein als bei entsprechenden Klagen, die das innerstaatliche Recht betreffen (Grundsatz der Gleichwertigkeit), und sie dürfen die Ausübung der durch die Gemeinschaftsrechtsordnung verliehenen Rechte nicht praktisch unmöglich machen oder übermäßig erschweren (Grundsatz der Effektivität)[41]. Die Kontrolldichte für diese Art der Überwachung richtet sich dabei grundsätzlich nach mitgliedstaatlichem Recht. Diese Grundre-

---

[35] BVerfGE 73, 339 (374–388); 75, 223 (240f.); 89, 155 (209), dort freilich mit der Mahnung, den Vertrag durch Richterspruch nicht zu ändern.

[36] Bekanntestes Bsp.: EuGH (Urt. v. 22.5.1990), Rs. C-70/88 (Parlament/Rat), Slg. 1990, I-2041 (2073).

[37] *Ulrich Everling,* Richterliche Rechtsfortbildung in der Europäischen Gemeinschaft, in: JZ 2000, 217–227.

[38] Ulrich *Everling,* Rechtsvereinheitlichung durch Richterrecht in der Europäischen Gemeinschaft, in: RabelsZ 1986, 193–232; *Jürgen Schwarze,* Die Befugnis zur Abstraktion im Europäischen Gemeinschaftsrecht, Baden-Baden 1976, S. 182–240; *ders.,* Europäisches Verwaltungsrecht (Fn. 9), S. 57–73; *Helmut Steinberger,* Der Verfassungsstaat als Glied einer europäischen Gemeinschaft, VVDStRL 50 (1990), S. 9, 24–48.

[39] Näheres bei *Manfred Zuleeg,* Die Rolle der rechtsprechenden Gewalt in der europäischen Integration, in: JZ 1994, 1 (2).

[40] Siehe *Martin Burgi,* Deutsche Verwaltungsgerichte als Gemeinschaftsrechtsgerichte, in: DVBl. 1995, 772–779.

[41] EuGH (Urt. v. 21.1.1999), Rs. C-120/97 (Upjohn/The Licensing Authority), Slg. 1999, I-223 (251).

gel entspricht dem Subsidiaritätsprinzip. Sie lehnt sich an die Regeln für das Verwaltungsverfahren mitgliedstaatlicher Behörden an. Die Schranken aus dem Gemeinschaftsrecht sind aber zu beachten[42]. Vermutlich liegt hier aber ein Stein des Anstoßes, weil der Eindruck entsteht, dass die Mitgliedstaaten stärker in ihrer Handlungsfreiheit eingeschränkt sind als die EG selbst. Dieser Schein trügt; denn die Schranken sind den Mitgliedstaaten lediglich bei der Ausführung der europäischen Gesetzgebungsaufträge und der Anwendung des Gemeinschaftsrechts durch die mitgliedstaatliche Verwaltung auferlegt. Obliegt die Ausführung und Anwendung des Gemeinschaftsrechts ausnahmsweise der EG, unterliegt diese denselben Schranken.

Der EuGH hat das Gebot der gemeinschaftskonformen Auslegung des mitgliedstaatlichen Rechts entwickelt[43]. Die Rechtsfortbildung ist einbezogen[44]. Lässt mitgliedstaatliches Recht eine Auslegung oder Rechtsfortbildung zu, die mit Gemeinschaftsrecht vereinbar ist, ist diese Deutung anderen Deutungen vorzuziehen. Die Dichte der Kontrolle durch mitgliedstaatliche Gerichte ist auf diese Weise ausgedehnt. Die Verbindung zum EuGH stellt das Verfahren der Vorabentscheidung nach Art. 234 EG her. Er kann damit auf die Durchsetzung des Gemeinschaftsrechts im Mitgliedstaat einwirken. Ob das mitgliedstaatliche Recht sich gemeinschaftskonform auslegen oder fortbilden lässt, ist nach diesem Recht zu beurteilen[45].

Darf der mitgliedstaatliche Gesetzgeber oder die mitgliedstaatliche Verwaltung nach seinem bzw. ihrem Recht Ermessen walten lassen, muss er oder sie dem europäischen Recht zur Durchsetzung verhelfen. Es muss im innerstaatlichen Bereich wirksam sein. Daher muss das Ermessen mitgliedstaatlicher Stellen zurücktreten, wenn sonst die Wirksamkeit des Gemeinschaftsrechts unterbliebe[46]. Die Ausschaltung des Ermessens in solchen

---

[42] *Martin Burgi,* Verwaltungsprozess und Europarecht, München 1996; *Gil Carlos Rodríguez Iglesias,* Zu den Grenzen der verfahrensrechtlichen Autonomie der Mitgliedstaaten bei der Anwendung des Gemeinschaftsrechts, in: EuGRZ 1997, 289–295. Zum einstweiligen Rechtsschutz *Alexander Jannasch,* Einwirkungen des Gemeinschaftsrechts auf den vorläufigen Rechtsschutz, in: NVwZ 1999, 495–501.

[43] Dazu zuletzt *Zuleeg,* Die gemeinschaftskonforme Auslegung und Fortbildung mitgliedstaatlichen Rechts, in: Reiner Schulze (Hrsg.), Auslegung europäischen Privatrechts und angeglichenen Rechts, Baden-Baden 1999, S. 163–177. Siehe auch *Kadelbach,* Allgemeines Verwaltungsrecht (Fn. 18), S. 95–108; *Gil Carlos Rodríguez Iglesias/Kurt Riechenberg,* Zur richtlinienkonformen Auslegung des nationalen Rechts, in: FS Ulrich Everling, Bd. II, Baden-Baden 1995, S. 1213–1230.

[44] *Zuleeg,* Gleicher Zugang von Männern und Frauen zu beruflicher Tätigkeit, in: Recht der Arbeit 1984, 325 (330).

[45] Ausführlich dazu *Kadelbach* Allg. Verwaltungsrecht (Fn. 18), S. 95–108.

[46] *Ulrich Fastenrath,* Die veränderte Stellung der Verwaltung und ihr Verhältnis zum Bürger unter dem Einfluss des Europäischen Gemeinschaftsrechts, in: DV 31 (1998), 277–306, am Beispiel der Beihilfenaufsicht mit der Grenze des Vertrauensschutzes.

Situationen verdichtet die Kontrolle. Wenn nötig, sind Sanktionen zu verhängen, um Gemeinschaftsrecht wirksam zu machen. Die angewandten Instrumente müssen zur Durchsetzung geeignet und ebenso effektiv wie innerstaatliche Instrumente in vergleichbaren Situationen sein[47]. Wiederum ist zu betonen, dass diese Pflichten die Mitgliedstaaten lediglich bei der Ausführung und Anwendung des Gemeinschaftsrechts treffen.

Aus all dem wird ersichtlich, dass die Kontrolldichte sowohl vor den beiden europäischen Gerichten als auch vor den mitgliedstaatlichen Gerichten Bedeutung erlangen kann. Prüfen der EuGH und das Gericht Erster Instanz (EuG) Handlungen der europäischen Institutionen auf die Rechtswidrigkeit hin nach, bestimmt allein das europäische Recht die Reichweite der Kontrolle. Den mitgliedstaatlichen Gerichten ist es verwehrt, die Kontrolldichte im Gemeinschaftsrecht festzusetzen. Das BVerfG ist davon nicht ausgenommen[48].

## III. Gerichtliche Kontrolldichte und Rechtspositionen

Betrachtet man die gerichtliche Kontrolldichte aus der Sicht von Rechtspositionen, also im Lichte von Rechten und Pflichten, geraten Gesichtspunkte ins Blickfeld, die der Ansatz beim Ermessen möglicherweise verdeckt. In der Debatte über die Kontrolldichte stehen die Grundrechte oben an. Innerhalb der europäischen Rechtsordnung und im Anwendungsbereich des Gemeinschaftsrechts auf mitgliedstaatlicher Ebene gelten die europäischen Grundrechte[49]. Beeinträchtigen Rechtsakte der EG die Freiheit oder die Gleichheit der Einzelnen, kann die Kontrolldichte vermindert sein, um Ziele der EG zu verwirklichen, das Gemeinwohl zu fördern oder Rechte und Interessen anderer Personen zu berücksichtigen[50]. Die Grundrechte begünstigen nicht einseitig ihre Träger. Diese müssen vielmehr gerechtfertigte Schranken hinnehmen. Zur Abgrenzung des geschützten Bereichs lassen sich die Ermessensregeln heranziehen.

---

[47] *Kadelbach,* Allgemeines Verwaltungsrecht (Fn. 18), S. 115–119; EuGH (Urt. v. 10.4.1984), Rs. 14/83 (von Colson und Kamann/Land Nordrhein-Westfalen), Slg. 1984, 1891 (1908); (Urt. v. 21.9.1989), Rs. 68/88 (Kommission/Griechenland), Slg. 1989, 2965 (2984f.); (Urt. v. 10.7.1990), Rs. C-326/88 (Anklagemyndigheden/Hansen), Slg. 1990, I-2911 (2935); (Urt. v. 10.7.1990), Rs. C-217/88 (Kommission/Deutschland), Slg. 1990, I-2879 (2903–2906) – Weindestillation.

[48] *Zuleeg,* Die Einheit des Gemeinschaftsrechts steht auf dem Spiel, in: FS Günther Jaenicke, Heidelberg 1998, S. 899–914.

[49] EuGH (Urt. v. 13.7.1989), Rs. 5/88 (Wachauf/Bundesanstalt für Ernährung und Forstwirtschaft), Slg. 1989, 2609 (2639f.); (Urt. v. 18.6.1991), Rs. C-260 (ERT/DEP), Slg. 1991, I-2925 (2964).

[50] EuGH (Urt. v. 13.12.1979), Rs. 44/79 (Hauer/Land Rheinland-Pfalz), Slg. 1979, 3727 (3746f.).

Bei der Abwägung von Rechten und Interessen Einzelner mit Zielen der Gemeinschaft und Belangen des Gemeinwohls oder Rechten oder Interessen anderer Personen hat der Grundsatz der Verhältnismäßigkeit eine Schlüsselfunktion. Der EuGH hat diesen Grundsatz offensichtlich aus dem deutschen Recht übernommen und ihn so wie dort ausgestaltet. Belastungen sind nur rechtmäßig, wenn sie zur Erreichung der zulässigerweise mit der fraglichen Regelung verfolgten Ziele geeignet und erforderlich sind. Dabei ist, wenn mehrere geeignete Maßnahmen zur Auswahl stehen, die am wenigsten belastende zu wählen; ferner müssen die auferlegten Belastungen in angemessenem Verhältnis zu den angestrebten Zielen stehen[51]. Bei der Anwendung des Grundsatzes der Verhältnismäßigkeit ist den Gerichten eine eingeschränkte Kontrolle zuzugestehen[52].

Entfaltet das Gemeinschaftsrecht im innerstaatlichen Bereich der Mitgliedstaaten Rechtswirkung, müssen die mitgliedstaatlichen Gerichte den Anforderungen des Gemeinschaftsrechts Genüge tun. Die Einfuhr von Bananen nach Deutschland unterliegt der Gemeinsamen Marktorganisation für diese Früchte. Die deutschen Einfuhrhändler von Bananen aus Drittstaaten machten eine Verletzung des Eigentums und der freien Berufsausübung geltend, weil sie erhebliche Einbußen beim Übergang zu einer Einfuhrregelung mit eng begrenzten Zollkontingenten erlitten. Der EuGH betont, dass die Marktordnung für Bananen auch in Deutschland angewandt werden muss. Der Kommission gesteht er zwar ein weites Ermessen für Übergangsmaßnahmen zu. Der EuGH erlegt ihr aber die Pflicht auf, dafür zu sorgen, dass Grundrechte nicht beeinträchtigt werden[53]. Demzufolge ist es in Einzelfällen möglich, eine Härte abzumildern und damit den Grundrechten Genüge zu tun. Die Verordnung räumt allerdings nur der Kommission und nicht einer mitgliedstaatlichen Behörde die Befugnis dazu ein, so dass um Rechtsschutz beim EuG nachgesucht werden muss[54]. Die Vorgaben für die Kontrolldichte auf europäischer Ebene gelten im Prinzip auch im innerstaatlichen Bereich. Die mitgliedstaatlichen Gerichte haben insbesondere zu beachten, dass der EuGH Nachdruck auf die Wirksamkeit des Gemeinschaftsrechts in den Mitgliedstaaten legt[55]. Die Kontrolldichte wird dadurch intensiviert.

---

[51] EuGH (Urt. v. 11.7.1989), Rs. 265/87 (Schräder/Hauptzollamt Gronau), Slg. 1989, 2237 (2269).

[52] *Eckhard Pache,* Der Grundsatz der Verhältnismäßigkeit in der Rechtsprechung der Gerichte der Europäischen Gemeinschaften, in: NVwZ 1999, 1033–1040.

[53] EuGH (Urt. v. 26.11.1996), Rs. C-68/95 (Port/Bundesanstalt für Landwirtschaft und Ernährung), Slg. 1996, I-6065 (6099 f.).

[54] EuGH, ebd., 6106–6106. Zu den Einzelheiten übersichtlich *Dirk Besse,* Die Bananenmarktordnung im Lichte deutscher Grundrechte und das Kooperationsverhältnis zwischen BVerfG und EuGH, in: JuS 1996, 396–402.

Im Vorfeld der gerichtlichen Kontrolle stellt die Klagebefugnis des deutschen Verwaltungsprozessrechts ein Hindernis für den Rechtsschutz dar[56]. Nach § 42 Abs. 2 VwGO ist eine Anfechtungs- oder Verpflichtungsklage nur zulässig, wenn der Kläger geltend macht, durch einen Verwaltungsakt oder seine Ablehnung oder Unterlassung in seinen Rechten verletzt zu sein. Diese Rechte bestimmen sich nach der herrschenden Schutznormtheorie. Ein Rechtssatz muss vorliegen, der Verwaltungsträgern Verhaltenspflichten auferlegt. Diese Norm muss zumindest auch der Verwirklichung von Individualinteressen und nicht lediglich den Interessen der Allgemeinheit zu dienen bestimmt sein. Dem Einzelnen muss die Rechtsmacht eingeräumt sein, die geschützten Interessen durchzusetzen[57]. Diese Voraussetzungen wirken sich auf den Rechtsschutz restriktiv aus. Der Zweck einer Norm ist nirgendwo ausdrücklich festgelegt. Verneinen die Gerichte die Schutzwirkung der Norm für Einzelne, braucht man sich keine Gedanken über die Kontrolldichte zu machen. Die Überprüfung wird von vornherein abgeblockt. Dem Staat kann daran gelegen sein, dass keine oder eine geringe Kontrolle stattfindet wie etwa bei der Vergabe öffentlicher Aufträge. In Deutschland waren der Gesetzgeber und die Verwaltung bestrebt, den Rechtsschutz für die Bieter gering zu halten[58]. Zur Vermeidung der Nachprüfung trägt in Deutschland die Tendenz bei, die Grundrechte in § 42 Abs. 2 VwGO nur nachrangig einzusetzen[59]. Die Grundrechte müssten aber doch nach ihrem Stellenwert in erster Linie § 42 Abs. 2 VwGO ausfüllen[60]. Der gesamte Freiheitsraum der Einzelnen ließe sich mit Hilfe des Auffang-

---

[55] EuGH (Urt. v. 9.3.1978), Rs. 106/77 (Staatliche Finanzverwaltung/Simmenthal), Slg. 1978, 629 (643); (Urt. v. 19.6.1990), Rs. C-213/89 (Factortame), Slg. 1990, I-2433 (2473). Dazu *Martin Nettesheim,* Der Grundsatz der einheitlichen Wirksamkeit des Gemeinschaftsrechts, in: Gedächtnisschrift Eberhard Grabitz, München 1995, S. 447–468; *Ingolf Pernice,* Einheit und Kooperation: Das Gemeinschaftsrecht im Lichte der Rechtsprechung von EuGH und nationalen Gerichten, ebd., S. 523–550; *Zuleeg,* Deutsches und europäisches Verwaltungsrecht – Wechselseitige Einwirkungen, VVDStRL 53 (1994), S. 154 (184–190); und aus jüngerer Zeit *Siegfried Magiera,* Die Durchsetzung des Gemeinschaftsrechts im europäischen Integrationsprozess, in: DÖV 1998, 173-183.

[56] *Schmidt-Aßmann,* in: Schwarze/Schmidt-Aßmann (Hrsg.), Ausmaß der gerichtlichen Kontrolle (Fn. 10), S. 25–28, spricht von der „Kontrollzugänglichkeit".

[57] *Maurer,* Allgemeines Verwaltungsrecht (Fn. 15), § 8 Rn. 1–15a.

[58] Eingehend dazu *Jürgen Schwarze,* Die Vergabe öffentlicher Aufträge im Lichte des europäischen Wirtschaftsrechts, in: EuZW 2000, 133–144. Siehe auch *Georg Hermes,* Gleichheit durch Verfahren bei der staatlichen Auftragsvergabe, in: JZ 1997, 909–915.

[59] *Wolf-Rüdiger Schenke,* Verwaltungsprozessrecht, 7. Aufl., Heidelberg 2000, S. 145f., Rn. 498: Einfachgesetzliche Vorschriften, die eine Rechtsposition näher konkretisieren, gehen den Grundrechten „als leges speciales" (!) vor.

[60] So schon *Zuleeg,* Hat das subjektive Recht noch eine Daseinsberechtigung?, in: DVBl. 1976, 509–521.

grundrechts aus Art. 2 Abs. 1 GG abdecken. Die Betroffenheit durch eine rechtswidrige Handlung würde genügen.

Im Anwendungsbereich des Gemeinschaftsrechts kann freilich die Schutznormtheorie nicht zum Zuge kommen[61]. Die subjektiven Rechte leiten sich aus dem Gemeinschaftsrecht ab[62]. Die Rechte Einzelner in der europäischen Rechtsordnung sind in die Klagebefugnis nach deutschem Recht einzugliedern, ohne dass mitgliedstaatliches Recht sie verformen darf[63]. Die Folge ist ein strenger Schutz für die Einzelnen, weil das Gemeinschaftsrecht für ein subjektives Recht den Zweck des Schutzes Einzelner nicht voraussetzt. Der Inhaber muss nur in seinen rechtlich geschützten Interessen betroffen sein. Der Zugang zum Rechtsschutz ist dadurch erleichtert[64]. Bei der Prüfung der Rechtswidrigkeit einer Handlung ist der Zweck der Norm von Bedeutung. Das Gemeinschaftsrecht hat dabei den Vorzug aufzuweisen, dass nach Art. 253 EG die Rechtsakte mit Gründen versehen sein müssen. Dies geschieht in der Präambel eines Rechtsakts, aus der man den Normzweck entnehmen kann. Dieser Zweck ist nicht zu verwechseln mit dem Zweck des Schutzes Einzelner. Das Gemeinschaftsrecht weitet so gerichtlichen Rechtsschutz im Vergleich zum deutschen Recht aus. Die Schutzwirkung der subjektiven Rechte wird nicht dadurch vermindert oder gar ausgeschaltet, dass diese zugleich die Durchsetzung des Gemeinschaftsrechts fördern[65]. Im überschießenden Bereich ermöglicht allein das Gemeinschaftsrecht die gerichtliche Kontrolle. Ein Rechtsschutz mit großzügiger Klageberechtigung aus dem Gemeinschaftsrecht und der (angeblich) tiefgehenden Kontrolldichte des deutschen Rechts ruft bei manchen Bedenken hervor. Um den Rechtsschutz auf ein verträgliches Maß

---

61 Nach *Dimitris Triantafyllou,* Zur Europäisierung des subjektiven öffentlichen Rechts, in: DÖV 1997, 192, 195–200, hat hingegen die Schutznormtheorie Eingang ins Gemeinschaftsrecht gefunden. Dagegen mit guten Gründen *Matthias Ruffert,* Dogmatik und Praxis des subjektiv-öffentlichen Rechts unter dem Einfluss des Gemeinschaftsrechts, in: DVBl. 1998, 69–75; *Thomas von Danwitz* Zur Grundlegung einer Theorie der subjektiv-öffentlichen Gemeinschaftsrechte, in: DÖV 1996, 481–490, erblickt in der Schutznormtheorie eine Eigenart des deutschen Verwaltungsrechts, das er vor dem Zugriff des Gemeinschaftsrechts retten will; *Dirk Ehlers,* Die Europäisierung des Verwaltungsprozessrechts, Köln u.a. 1999, S. 56–59, nimmt an, dass sich die Schutznormtheorie auf das Gemeinschaftsrecht erstreckt, will aber dadurch keine Verkürzung des Rechtsschutzes herbeiführen (vgl. S. 63).

62 *Ehlers,* ebd., S. 57.

63 Siehe *Josef Ruthig,* Transformiertes Gemeinschaftsrecht und die Klagebefugnis des § 42 Abs. 2 VwGO, in: BayVBl. 1997, 289–298.

64 Vgl. *Kadelbach,* Allgemeines. Verwaltungsrecht (Fn. 18), S. 368–387, insbes. 384–387; *Juliane Kokott,* Europäisierung des Verwaltungsprozessrechts, in: DV 31 (1998), 335, 356–359: Erweiterung der Klagebefugnis durch Gemeinschaftsrecht, aber keine Popularklage.

65 *Ehlers,* Die Europäisierung des Verwaltungsprozessrechts (Fn. 61), S. 49.

zurück zu drängen, müsse die Kontrolldichte nicht durch Rechtsangleichung vermindert werden. Vielmehr sei eine gestufte Abwägung der Ausweg[66]. Auf diese Weise verschiebt man nur die Verringerung des Rechtsschutzes von einer Rechtsfigur zu einer anderen. Es besteht aber gar kein Anlass, den Umfang des Rechtsschutzes bei einer Kombination von europäischem und deutschem Recht zu verringern[67].

## IV. Sekundärer Rechtsschutz

Der sekundäre Rechtsschutz durch Entschädigung oder Schadensersatz bei rechtswidrigem Handeln von Hoheitsträgern erweitert die gerichtliche Kontrolle der EG und der Mitgliedstaaten[68]. Deren Untergliederungen sind eingeschlossen. Die Haftung der EG ist im Gründungsvertrag niedergelegt. Art. 288 Abs. 2 ist eine außergewöhnliche Vorschrift. Sie bestimmt, dass die Gemeinschaft im Bereich der außervertraglichen Haftung den durch ihre Organe oder Bediensteten in Ausübung ihrer Amtstätigkeit verursachten Schaden ersetzt. Weitere Voraussetzungen und die Ausgestaltung des Schadensersatzes überlässt die Vorschrift der rechtsprechenden Gewalt. Die europäischen Gerichte sind auf allgemeine Rechtsgrundsätze verwiesen, die den Rechtsordnungen der Mitgliedstaaten gemeinsam sind. Nach der Rechtsprechung des EuGH ist die Haftung an rechtswidriges Handeln geknüpft. Die Haftung erstreckt sich auf normative Rechtsakte. Die Kontrolle ist also weit ausgedehnt. Bei normativen Rechtsakten ist allerdings die Kontrolldichte zurückgenommen. Der EuGH verlangt nämlich eine hinlänglich qualifizierte Verletzung einer höherrangigen Schutznorm[69].

Die durch Rechtsfortbildung entstandene Staatshaftung, nach dem ersten Fall unter dem Namen *Francovich* bekannt, eröffnet die Kontrolle des mitgliedstaatlichen Verhaltens[70]. Das Urteil *Francovich* ist auf den Grundsatz der Wirksamkeit des Gemeinschaftsrechts gestützt, ferner auf den Schutz subjektiver Rechte, deren Begründung ein Mitgliedstaat pflichtwidrig unter-

---

[66] *Friedrich Schoch,* Die europäische Perspektive des Verwaltungsverfahrens- und Verwaltungsprozessrechts, in: Eberhard Schmidt-Aßmann/Wolfgang Hoffmann-Riem, Strukturen des Europäischen Verwaltungsrechts, 1999, S. 279, 311 f. Anders *Classen* Die Europäisierung des Verwaltungsrechts, in: Karl F. Kreuzer/Dieter H. Scheuing/Ulrich Sieber (Hrsg.), Die Europäisierung der mitgliedstaatlichen Rechtsordnungen in der Europäischen Union, Baden-Baden 1997, S. 107, 129.

[67] Vgl. auch *Classen,* Europäisierung (Fn. 9), S. 175–194.

[68] Vgl. EuGH (Urt. v. 14.5.1975), Rs. 74/74 (CNTA/Kommission), Slg. 1975, 533 (545 f.).

[69] Siehe *Armin von Bogdandy,* in: Eberhard Grabitz/Meinhard Hilf, Kommentar EUV/EGV, Stand 1997, Art. 215 EGV, Rn. 1–121; *Ruffert* in: Calliess/Ruffert (Hrsg.), Kommentar zu EU-Vertrag und EG-Vertrag, Art. 288 EG, Rn. 2–26 jeweils mit. weit. Nachw.

lassen hat, und auf den Grundsatz der Gemeinschaftstreue. Die Staatshaftung beruht grundsätzlich auf Gemeinschaftsrecht. Zu den wesentlichen Voraussetzungen gehört eine Rechtsnorm des Gemeinschaftsrechts, welche die Verleihung eines Rechts an Einzelne zum Ziel hat[71]. Das Recht muss auf der Grundlage der Rechtsnorm bestimmt werden können. Zwischen dem Verstoß gegen die dem Staat auferlegte Verpflichtung und dem den Geschädigten entstandenen Schaden muss ein Kausalzusammenhang bestehen. Wie bei der außervertraglichen Haftung der Gemeinschaft greift die Staatshaftung nur bei rechtswidrigem Verhalten ein[72]. Zwar herrschte zunächst Unsicherheit, ob die Haftung der Gemeinschaft geringer ist als die der Mitgliedstaaten, die weitere Rechtsprechung führte aber zu einer Übereinstimmung[73]. Die Einschränkung der qualifizierten Verletzung einer Schutznorm gilt auch für die Staatshaftung[74].

## V. Konfrontation oder Konvergenz der europäischen und der deutschen Rechtsordnung?

Im deutschen Schrifttum wird die gerichtliche Kontrolldichte mit der Aufteilung der Kompetenzen zwischen der EG und ihren Mitgliedstaaten verbunden. Die Notwendigkeit einer Angleichung verwaltungsrechtlicher Regelungen müsse von den Rechtsetzungsorganen dargelegt werden. Der EuGH müsse die Prüfung strikt handhaben, ob die gegenseitige Anerkennung der mitgliedstaatlichen Modelle nicht ausreiche. Das Subsidiaritätsprinzip gebe der gegenseitigen Anerkennung staatlichen Verwaltungsrechts den Vorzug vor einer europäischen Rechtsangleichung[75]. Dahinter steckt

---

[70] EuGH (Urt. v. 19.11.1991), C-6 und 9/90 (Francovich und Bonifaci/Italien), Slg. 1991, I-5357 (5403). Zu dieser Rspr.: *Jutta Geiger,* Der gemeinschaftsrechtliche Grundsatz der Staatshaftung, Baden-Baden 1997.

[71] Hierzu *Thomas Eilmansberger,* Rechtsfolgen und subjektives Recht im Gemeinschaftsrecht. Zugleich ein Beitrag zur Dogmatik der Staatshaftungsdoktrin des EuGH, Baden-Baden 1997; *Georg Hermes,* Der Grundsatz der Staatshaftung für Gemeinschaftsrechtsverletzungen, in: DV 31 (1998), 335–370; *Kadelbach,* Allgemeines Verwaltungsrecht (Fn. 18), S. 174; *Norbert Reich,* Der Schutz subjektiver Gemeinschaftsrechte durch Staatshaftung, in: EuZW 1996, 709–716.

[72] Näheres bei *von Bogdandy* in: Grabitz/Hilf, Kommentar EUV/EGV, Stand 1997, Art. 215 EGV, Rn. 122–170; *Ruffert* in: Calliess/Ruffert (Hrsg.), Kommentar hzum EU-/EG-Vertrag, Art. 288 EG, Rn. 28–59 jeweils mit weit. Nachw.

[73] *Karl-Peter Sommermann,* Europäisches Verwaltungsrecht oder Europäisierung des Verwaltungsrechts?, in: DVBl. 1996, 889, 895f.

[74] EuGH (Urt. v. 5.3.1996), Rs. C-46 und 48/93 (Brasserie du pêcheur/Deutschland und Factortame), Slg. 1996, I-1029 (1147 – 1151). Dazu *Kadelbach,* Allgemeines Verwaltungsrecht (Fn. 18), S. 174f.; *Rudolf Streinz,* Anmerkungen zu dem EuGH-Urteil in der Rechtssache Brasserie du Pêcheur und Factortame, in: EuZW 1996, 201 (203).

das Bestreben, das System des deutschen Verwaltungsrechts gegen Einflüsse der EG abzuschirmen. Aus dieser Sicht stehen die europäische und die deutsche Verwaltungsrechtsordnung in einem Verhältnis der Konfrontation[76]. Die gerichtliche Kontrolle durch den EuGH hat dann in erster Linie die Aufgabe, ein nationales System zu wahren.

Dieser Standpunkt ist abzulehnen. Ein nationales System besitzt keinen Eigenwert[77]. Auf den Inhalt kommt es an, wenn die Auswirkung einer Normengruppe zu bewerten ist. Ob eine Rechtsangleichung stattfindet, ist zunächst an Hand der Ermächtigungsgrundlage zu beurteilen. Der Gesetzgeber der EG hat ein Ermessen, wie seine Rechtsakte gestaltet sind. Dabei sind verschiedene Ziele und Interessen abzuwägen. Die Konzentration des Subsidiaritätsprinzips auf den Bestand mitgliedstaatlichen Verwaltungsrechts wird dem Erfordernis nicht gerecht, alle Faktoren der Rechtsetzung auf Gemeinschaftsebene zu berücksichtigen. Bei der Rechtsangleichung ist vor allem zu bedenken, dass sich das Europäische Gemeinschaftsrecht nicht von Mitgliedstaat zu Mitgliedstaat unterschiedlich auswirken darf. Geboten ist die Einheit des Gemeinschaftsrechts[78]. Für die Einzelnen in den Mitgliedstaaten muss die Gleichheit vor dem Gesetz herrschen, das Gemeinschaftsrecht muss überall in seinem Geltungsbereich wirksam sein. Dies bedeutet keineswegs, dass stets eine gegenseitige Anerkennung der Modelle den Vorrang vor der Rechtsangleichung haben muss. Der europäische Gesetzgeber kann aber sogar noch weiter gehen und den mitgliedstaatlichen Stellen einheitliche Regelungen vorschreiben. Die Befugnis der EG, einen Allgemeinen Teil des Verwaltungsrechts für den gesamten Verwaltungsvollzug des Gemeinschaftsrechts zu schaffen, unterliegt allerdings Zweifeln[79]. Die Zeit für eine allgemeine Kodifikation ist wohl auch noch nicht reif, der Weg zu einem Europäischen Verwaltungsrecht ist aber bereits beschritten[80].

Im europäischen und im deutschen Verwaltungsrecht ist eine Konvergenz zu beobachten[81]. Das gilt auch für die gerichtliche Kontrolldichte. Deren

---

[75] *von Danwitz,* Verwaltungsrechtliches System und Europäische Integration (Fn. 6), S. 423f., 508–516.

[76] Besonders deutlich bei *Friedrich Schoch,* Die Europäisierung des Allgemeinen Verwaltungsrechts, in: JZ 1995, 109–123.

[77] So schon *Zuleeg*, in: VVDStRL 53 (1994), S. 154 (176f.; Leitsatz 31 S. 199; in der Diskussion heftig abgelehnt von *Klaus Vogel* (S. 241), *Christian Starck* (S. 245, 246), *Rüdiger Breuer* (247, 250f.).

[78] *Armin Hatje,* Europäische Rechtseinheit durch einheitliche Rechtsdurchsetzung, in: Jürgen Schwarze/Peter-Christian Müller-Graff (Hrsg.), Europäische Rechtseinheit durch einheitliche Rechtsdurchsetzung, EuR Beiheft 1/1998, S. 7–27.

[79] Siehe *Wolfgang Kahl,* Hat die EG die Kompetenz zur Regelung des Allgemeinen Verwaltungsrechts?, in: NVwZ 1996, 865–869; *Christoph Vedder,* (Teil)Kodifikation des Verwaltungsverfahrensrechts der EG?, in: EuR 1995, 75-98.

[80] So *Karl-Peter Sommermann:* DVBl. 1996 (Fn. 73), 889, 897.

Beschränkung fügt sich in das System des Ermessens der Gesetzgeber und der Verwaltung ein, das in der Rechtsordnung der EG und Deutschlands weitgehend übereinstimmt. Das Gemeinschaftsrecht geht allerdings in mancher Hinsicht über die Anforderungen des deutschen Rechts an die gerichtliche Kontrolldichte hinaus. Auf absehbare Zeit ist keine Verschmelzung des Allgemeinen Verwaltungsrechts in der EG und in den Mitgliedstaaten zu erwarten[82]. Doktrin und Praxis in Deutschland sollten aber nicht davor zurückschrecken, punktuell Errungenschaften des Gemeinschaftsrechts zu übernehmen und so eine teilweise Vereinheitlichung herzustellen[83]. Zu denken ist etwa an den hohen Schutz der subjektiven Rechte[84].

Auf jeden Fall ist der Eindruck verfehlt, dass die europäische Rechtsordnung unter grundlegenden Defiziten rechtsstaatlicher Art leide. Die Vertreter des deutschen Verfassungs- und Verwaltungsrechts sollten nicht länger in der Überlagerung des deutschen Rechts durch europäisches Recht ein Unheil erblicken. Sie sollten vielmehr aus der Wagenburg herausgehen und unvoreingenommen die europäische Rechtsordnung akzeptieren, wie es die europäische und die deutsche Verfassung verlangen. Die Abkehr vom Widerstand müsste doch gerade deutschen Wissenschaftlern und Praktikern leicht fallen, weil die europäische Rechtsordnung das Erfordernis der Rechtsstaatlichkeit aus dem deutschen Recht übernommen hat. Überdies sind zahlreiche Ausprägungen der Rechtsstaatlichkeit an deutschen Vorbildern ausgerichtet. Das Kollisionsrecht für das Verhältnis des europäischen Rechts zum Recht der Mitgliedstaaten muss weiter entwickelt werden, nicht nur im Sinne einer Verschärfung der Durchsetzung des Gemeinschaftsrechts, sondern auch zur Vermeidung von Konflikten[85].

---

81 *Jürgen Schwarze* Konvergenz im Verwaltungsrecht der EU-Mitgliedstaaten, in: DVBl. 1996, 881–889; *ders.*, Die Europäisierung des nationalen Verwaltungsrechts, in: ders. (Hrsg.), Das Verwaltungsrecht unter europäischem Einfluss. Zur Konvergenz der mitgliedstaatlichen Verwaltungsrechtsordnungen in der Europäischen Union, Baden-Baden 1996, S. 789–846. Nach *Claus Dieter Classen,* Strukturunterschiede zwischen deutschem und europäischem Verwaltungsrecht, in: NJW 1995, 2457–2464, klaffen die Strukturmerkmale, insbesondere auch die gerichtliche Kontrolldichte, in beiden Rechtsordnungen auseinander. Er empfiehlt, das deutsche Verwaltungsrecht den Vorteilen des Gemeinschaftsrechts anzunähern.

82 *Stefan Kadelbach,* Der Einfluss des Europäischen Gemeinschaftsrechts auf das allgemeine Verwaltungsrecht, in: Thomas von Danwitz (Hrsg.), Auf dem Weg zu einer Europäischen Staatlichkeit, Stuttgart u.a. 1993, S. 131–147, insbes. S. 145f.

83 *Brenner,* Gestaltungsauftrag der Verwaltung (Fn. 23), S. 394–414; *Classen,* Europäisierung (Fn. 9), S. 194.

84 Siehe *Zuleeg*, in: VVDStRL 53 (1994), S. 154, 190–192.

85 Ausführlich *Zuleeg,* ebd., S. 154–201.

# Bericht über die Diskussion im Anschluss an das Referat von Manfred Zuleeg

## Leitung: Siegfried Magiera

Von Thomas Freund

*Regierungsdirektor Rolf Funck* vom Ministerium für Finanzen und Energie des Landes Schleswig-Holstein fragte, weshalb der Milchbauer Vertrauensschutz genieße, nicht aber der Bananenimporteur, der doch möglicherweise sogar die WHO-Regelungen hinter sich habe. Prof. Dr. *Manfred Zuleeg* wies dazu darauf hin, dass für die Milchbauern eine Verordnung maßgeblich gewesen sei, nach der für das Unterlassen der Produktion von Milch für fünf Jahre eine Prämie ausgesetzt worden sei. Dabei sei der Verordnungsgeber davon ausgegangen, dass nach Ablauf der fünf Jahre kein Regelungsbedarf mehr bestehe, weil die Produktion endgültig aufgegeben worden sei. Dies sei aber so nicht eingetreten. Die für die Erhebung der darauf folgenden Mitverantwortungsabgabe verantwortlichen Molkereien hätten für die weiterproduzierenden Milchbauern ein System eingeführt, nach dem bis zu einem bestimmten Limit die Produktion von Milch nach wie vor stark unterstützt werde. Die dafür maßgebliche Quote werde auf der Grundlage der zu einem bestimmten Stichtag produzierten Menge errechnet. Wer zu diesem Stichtag nicht mehr produziert habe, sei bei der Zuteilung der Quote auch nicht mehr berücksichtigt worden. Der Europäische Gerichtshof habe das als Verstoß gegen den Grundsatz des Vertrauensschutzes angesehen, weil die öffentliche Hand praktisch zu einem Verhalten eingeladen habe, für das man später geradezu „bestraft“ worden sei. Bei den Bananen sei das völlig anders gewesen: Ausgangspunkt sei die strikte Abschottung einiger Staaten nach außen gewesen, während andere und in erster Linie Deutschland eine freie Einfuhr von Bananen erlaubten. Das dem EWG-Vertrag hierzu eigens beigefügte Protokoll habe den Übergang zu einem gemeinsamen Markt zugelassen. Dieser Übergang sei dann durch die Bananen-Verordnung so gestaltet worden, dass die Quoten verteilt würden auf diejenigen, die in den abgeschirmten Staaten, und diejenigen, die in Deutschland, Dänemark und den Niederlanden vertreiben wollen. Der Import von Bananen aus Drittstaaten (sog. „Dollar-Bananen“) sei bis zu einer bestimmten Quote mit einem niedrigen Einfuhrzoll möglich. Ein diese Quote übersteigender Import sei möglich gewesen, allerdings nur gegen Entrichtung eines prohibitiven Zollsatzes, der nicht auf dem Markt zu realisieren gewesen sei. Diese beiden Einschränkungen – die Quote, verbunden mit der Absperrung des Marktes und die Aufteilung auf alle Mitgliedstaaten – sei von niemandem als eine Situation betrachtet worden, die Vertrauensschutz verlange. Die ganze Diskussion kreise um die Frage der Verletzung von Art. 12 und 14 GG. Der Europäische Gerichtshof habe ebenfalls diese beiden Grundrechte zugrunde gelegt. Eigentumsschutz habe er abgelehnt unter Hinweis darauf, dass kein Recht auf Erwerb bestehe, und für die Berufsfreiheit nach europäischem Recht habe er die politische Gestaltungsfreiheit mit einer Evidenzkontrolle geschützt. Die Entscheidung des Bundesverfassungsgerichts zur Bananen-Verordnung stehe nach wie vor aus.

Prof. Dr. *Siegfried Magiera* dankte *Zuleeg* und merkte hierzu an, dass sicher alle gespannt darauf warteten, ob diese Entscheidung genauso ausgehe wie das Alcan-Verfahren vor dem Bundesverfassungsgericht. Er wies darauf hin, dass seit 1954 jeder Bananenimporteur gewusst habe, dass das Protokoll geändert werden könne. Auch nach 40 Jahren Laufzeit habe man jederzeit damit rechnen müssen, dass es eines Tages geändert würde.

Prof. Dr. *Armin Hatje* bezeichnete die Debatte um Systemgerechtigkeit des europäischen Verwaltungsrechts und Aufgabe des Eigenwerts nationaler Verwaltungsrechtssysteme als eine „professorale Debatte". Nach seiner Beobachtung habe weder die Verwaltung noch die Gerichtsbarkeit ernsthafte Probleme mit den europäischen Einflüssen. Dies ergebe sich auch aus den von *Magiera* angeführten Entscheidungen des Bundesverfassungsgerichts. Damit habe das Bundesverfassungsgericht zum Ausdruck gebracht, dass *das* System des deutschen Verwaltungsrechts in dieser Form nicht existiere. Wir hätten zwar Systemelemente, aber verschiedene Segmente des Systems. So bestünde das Verwaltungsverfahrensrecht nicht nur aus den Verwaltungsverfahrensgesetzen des Bundes und der Länder, sondern auch aus der Abgabenordnung, dem Sozialgesetzbuch mit sehr unterschiedlichen Regelungen, gerade was Vertrauensschutz betreffe. Die Vielgleisigkeit des nationalen Verwaltungsrechts werde überhaupt nicht erfasst in Rufen, die gipfelten in dem Ausspruch eines anderen Kollegen, es müsse „endlich Schluss sein mit den besatzungsrechtlichen Interventionen in allein vollzugseffiziente Strukturen des nationalen Verwaltungsrechts".

*Zuleeg* merkte dazu an, dass er nicht ganz mit der These einverstanden sei, dass diese Debatte nur eine Angelegenheit der deutschen Professoren sei. Im Ausgangspunkt stimme er zwar völlig mit *Hatje* überein, aber die Bedenken der Professoren würden doch in der Praxis immer wieder aufgegriffen.

*Magiera* schloss die Diskussion mit dem Dank an den Referenten.

# Verwaltung in der Europäischen Union – Resümee und Perspektiven

Von Karl-Peter Sommermann

Nach einer an Informationen und Erkenntnissen reichen Veranstaltung ein kurzes Resümee zu ziehen, fällt nicht leicht. Ich will mich auf einige Punkte beschränken, welche zugleich Verbindungslinien zwischen den verschiedenen Beiträgen verdeutlichen sollen. An den Anfang möchte ich ein Zitat von *Lorenz von Stein* stellen, welches immer noch visionär die Reichweite unseres Themas verdeutlicht. In seinem „Handbuch der Verwaltungslehre – mit Vergleichung der Literatur und Gesetzgebung von Frankreich, England, Deutschland und Oesterreich", welches vor 130 Jahren, kurz vor Gründung des Deutschen Reiches, erschienen ist, schreibt er:

„... das Gesammtleben Europa's wird in seinen Verträgen *die gesetzgebende Gewalt für das Verwaltungsrecht Europa's* empfangen, die großartigste Rechtsbildung der Weltgeschichte, in der die ewigen Kräfte des Lebens der Menschheit durch die höchsten Formen ihrer Persönlichkeit das Recht erzeugen, es zum geltenden erheben und vollziehen lassen."

Gegenüber dieser emphatischen, aus heutiger Sicht in ihrer Vorausschau dennoch beeindruckenden Vision hatte unsere Tagung freilich einen sehr viel bescheideneren Ansatz: Ziel war es, anhand ausgewählter Themen zu untersuchen, wie sich der weitere Weg der europäischen Integration für den Staat, namentlich die öffentliche Verwaltung, praktisch darstellt. Und wir haben gesehen, dass der Weg, der *von Lorenz von Stein* so lichtvoll beschrieben wurde, durchaus steinig und konfliktträchtig ist.

Ein erstes Ergebnis der Tagung war, dass wir offenbar noch nicht an einem einschneidenden Epochenabschluss und -neubeginn der europäischen Integration stehen. Wir haben in dem Einführungsreferat von Herrn *Schnapauff* gehört und in der Diskussion vertieft, dass eine Verfassung zum jetzigen Zeitpunkt verfrüht wäre, wobei wir freilich einen engen, staatszentrierten Verfassungsbegriff zu Grunde gelegt haben. Bekanntlich wird längst vom Verfassungsrecht der Gemeinschaft in einem weiteren Sinne gesprochen. Gemeint wird dann zumeist das Primärrecht, d.h. die Gründungsverträge und ihre spätere Weiterentwicklung sowie jedenfalls ein Kernbestand allgemeiner Rechtsgrundsätze. Deutlich wurde jedoch, dass die Zeit für einen „großen Wurf" noch nicht reif ist. Im Gegenteil betonten die Redner überwiegend die Notwendigkeit eines organischen Wachstums der Gemeinschaft/Union. Auch Herr *Hatje* hat das Thema heute aufgegriffen und sich für ein behutsames Vorgehen ausgesprochen. Es herrschte somit weitgehend Konsens, dass derzeit die Lösung der Sachprobleme im Vordergrund stehen sollte und der Sprung in einen europäischen Bundesstaat allein auf der Basis eines konstruierten Konzeptes, das zunächst in Deklarationen, später in einem Verfassungstext Gestalt annehmen soll, nicht ohne weiteres gelingen kann.

Ein Weiteres wurde deutlich: Wir befinden uns, wenn auch nicht an einer Epochenwende, so doch in einer durchaus wichtigen neuen Phase der Entwicklung des Gemeinschaftsrechts. Die erste Phase des Gemeinschaftsrechts war darauf gerichtet, die Marktfreiheiten zu verwirklichen und bestimmte Politikbereiche zu vergemeinschaften. Es stand die Schaffung gemeinsamer inhaltlicher Maßstäbe im Vordergrund. Wenngleich dieser Prozess noch keineswegs abgeschlossen ist – man denke nur an die Weiterentwicklung der materiellen Standards im Umwelt- und im Sozialrecht –, so ergreift die Integration nunmehr zunehmend die Tiefenstrukturen der nationalen Rechts- und Verwaltungssysteme: Das Gemeinschaftsrecht bleibt nicht bei der Vorgabe gemeinsamer inhaltlicher Standards stehen, sondern leitet in wachsendem Maße rechtsstrukturelle Veränderungen ein. Dieser Prozess fordert von den Mitgliedstaaten enorme Anpassungsleistungen. Diese zweite Phase der Entwicklung des Gemeinschaftsrechts wird getragen von der Erkenntnis, dass die inhaltlichen Standards allein für den Integrationserfolg nicht entscheidend sind, sondern dass es auch darauf ankommt, wie sie verfahrensmäßig umgesetzt und geschützt werden. Große institutionelle und prozedurale Divergenzen in den Mitgliedstaaten können aus wirtschaftlicher Sicht dazu führen, dass das Funktionieren des gemeinsamen Marktes suboptimal bleibt, unter dem Gesichtspunkt eines Europa der Bürger, dass das Ideal gleicher Grundrechtsentwicklungschancen aller Bürger in weiter Ferne bleibt.

Für den Prozess einer rechtstrukturellen Annäherung bot die Tagung eine Reihe von Beispielen. Hierher gehört zunächst das von Herrn *Schnapauff* beschriebene Projekt einer europäischen Verwaltungsverfahrensordnung, ein Vorhaben, dessen Tragweite mit Blick auf das Machbare freilich sogleich dadurch eingeschränkt wurde, dass es vorerst nur in Form einer unverbindlichen Erklärung, als Leitbild oder Orientierungsrahmen für die nationale Gesetzgebung, verwirklicht werden soll. Immerhin deutet sich hier und in anderen vergleichbaren Initiativen eine Tendenz an, auf Gemeinschaftsebene übergreifende Projekte in Angriff zu nehmen, den Kodifizierungsgedanken aufzugreifen, der früher Reservat nationalstaatlicher Rechtsbildung war. Das zeigt zugleich, dass die großen Kodifizierungsprojekte, die ja der Aufklärungszeit des 18. Jahrhunderts entstammen, eine gemeineuropäische

Idee verkörpern, nämlich die rationale Gestaltung von und durch Recht. In Deutschland wird ein großer kodifikatorischer Anlauf nochmals mit dem Entwurf eines Umweltgesetzbuches versucht. Dabei sind Zweifel nicht von der Hand zu weisen, ob in heutiger Zeit Derartiges noch gelingen kann, was auch Thema von Herrn *Jannasch* war. Er hat gefragt, ob nicht die Zeit der nationalen Kodifikationen vorbei sei und nunmehr die supranationale Ebene entsprechende bereichsübergreifende Regelungen übernehmen wird. Ich möchte hinzufügen: Wie schafft man es, in eine große nationale Kodifikation das sich ständig fortentwickelnde Gemeinschaftsrecht so einfließen zu lassen, dass nicht die Kodifikation selbst in Frage gestellt wird. Ein Gelingen ist nur mit Hilfe der Einfügung weiter Öffnungsklauseln denkbar. Durch diese könnte sich die Kodifikation allerdings letztlich als leere Hülse erweisen, die mit den unterschiedlichsten materiellen Maßstäben gefüllt werden kann und letztlich keine systematische und inhaltliche Eigenständigkeit mehr aufweist.

Strukturelle Anpassungsprozesse werden indes keineswegs nur durch europäische Rechtsakte, etwa Rechtsangleichungsrichtlinien, oder gar Kodifikationen bewirkt. Sie können sich, wie diese Tagung erneut gezeigt hat, nicht selten schlicht aus der effektiven Anwendung von Gemeinschaftsrecht ergeben. Zu beobachten ist dies nicht zuletzt im Bereich des Rechtsschutzes. Wir haben in diesem Sinne über die Frage diskutiert, wie das Verwaltungsprozessrecht der Mitgliedstaaten auf den vom Gemeinschaftsrecht ausgehenden Anpassungsdruck reagiert. Um eine größtmögliche Wirksamkeit des Gemeinschaftsrechts sicherzustellen, muss das nationale Recht neu interpretiert werden, teilweise müssen sogar die Prozessordnungen neu gestaltet werden. Ich denke, hier ist Deutschland gar nicht einmal besonders schwer betroffen. Herr *Zuleeg* hat darauf hingewiesen, dass wir unser bestehendes Prozessrecht bisher in voller Harmonie mit dem Gemeinschaftsrecht anwenden können. Bei der Klagebefugnis in § 42 Abs. 2 Verwaltungsgerichtsordnung etwa müssen wir, wenn dort von „Rechten" die Rede ist, nicht auf den interpretatorischen Grenzen der Schutznormtheorie bestehen, sondern wir können den Anforderungen des Gemeinschaftsrechts – etwa hinsichtlich der Einklagbarkeit von Rechtspositionen, die sich aus nicht rechtzeitig umgesetzten Richtlinien herleiten – dadurch Rechnung tragen, dass wir den Begriff des „Rechts" europarechtskonform auslegen. Andere Rechtsordnungen sind sehr viel intensiver betroffen. Sie müssen sich z.B. um neue Formen des einstweiligen Rechtsschutzes kümmern. Das Beispiel England steht allen vor Augen, welches nach dem Factortame-Urteil des Europäischen Gerichtshofs aus dem Jahr 1990 einen geradezu revolutionären Schritt zu vollziehen hatte, als es den Gerichten das Recht zugestehen musste, einstweilige Anordnungen gegenüber der Krone zu treffen. Ein solche Befugnis der Gerichte war im Hinblick auf die englische Verfassungstradition bis dahin unvorstellbar.

Anpassungsschwierigkeiten schilderten für die französische Rechtsordnung Herr *Woehrling* und für die italienische Rechtsordnung Frau *Galetta*. Herr *Woehrling* machte deutlich, dass das französische Recht zwar im Bereich der Klagebefugnis eine erhebliche Flexibilität aufweist, im Bereich des einstweiligen Rechtsschutzes indes noch Nachholbedarf hat. Frau *Galetta* wies darauf hin, dass sich Italien insoweit in einer Umbruchsituation befindet und man bei der anstehenden Prozessrechtsreform die Möglichkeit nutzen könnte, den Anforderungen des Gemeinschaftsrechts in kohärenter Form Rechnung zu tragen. Den konzeptionellen Grundfragen, welche auch in Deutschland zu Anpassungsschwierigkeiten führen können, ist Herr *von Danwitz* nachgegangen. Wenngleich in der Diskussion unterschiedliche dogmatische Einordnungen vorgenommen wurden, so war man sich im praktischen Ergebnis, der Integrationsfähigkeit der nationalen Rechtsordnungen, doch im wesentlichen einig.

Die Anpassungsprozesse ergreifen immer neue Rechtsgebiete. Heute haben wir exemplarisch den Datenschutz behandelt. Herr *Hatje* hat von einer informationellen Vernetzung sowie von der Entgrenzung des Daten- und Informationsflusses gesprochen und die Frage gestellt, wie das Recht darauf reagieren kann. Ich denke, seine Forderung, dass wir eine europäische Informationsordnung brauchen, leuchtet allen ein. Problematisch ist nur die Umsetzung. Wie gelingt es, die verschiedenen Standards der Staaten zusammenzuführen? Hier wird es zudem nicht nur um inhaltliche Standards, sondern auch um Verfahrensanforderungen, letztlich um gemeinsame Strukturen des Rechts im Bereich des Persönlichkeitsschutzes gehen.

Von strukturellen Veränderungen sind jedoch nicht nur die Rechtsordnungen der Mitgliedstaaten betroffen, sondern auch das Gemeinschaftsrecht selbst. Dieses befindet sich in einem Prozess der institutionell-prozeduralen Vertiefung, die im Einzelfall – wie etwa bei der Reduzierung der häufig nicht funktionsadäquaten Vielfalt der Entscheidungsverfahren – mit einer Rechtsvereinfachung, im allgemeinen aber einer weiteren Ausdifferenzierung des Rechts einhergeht. Besondere Garantien und Verfahren bezüglich des Dokumentenzugangs und damit zur Erhöhung der Transparenz des Gemeinschaftshandelns wird eine Verordnung über den Zugang zu Dokumenten der Kommission bringen; Herr *Woelker* hat dies im Einzelnen dargelegt. Die Entwicklung auf Gemeinschaftsebene deutet zugleich eine Tendenz hinsichtlich künftiger gemeinsamer Standards in allen Mitgliedstaaten an. Mit dem zur Zeit noch dominierenden Prinzip der beschränkten Aktenöffentlichkeit steht namentlich Deutschland vor großen Veränderungen.

Vertiefung und Ausdifferenzierung charakterisieren auch die Beihilfeverfahren. Dies gilt zum einen für die von Herrn *Koenig* erörterte Gemeinschaftsaufsicht über nationale Beihilfen, in deren Rahmen die Kommission mittlerweile auch die verdeckten Erscheinungsformen immer lückenloser identifiziert und kontrolliert, zum anderen für das von Frau *Puttler* behandelte gemeinschaftliche Verfahren zur Gewährung von Beihilfen aus den Strukturfonds der Gemeinschaft. Die Auswüchse im Bereich der Strukturbeihilfen, welche dazu führen, dass nicht eine Minderheit, sondern indirekt mehr als die Hälfte der Unionsbürger in den Genuß von Beihilfeleistungen kommen, waren kritisch zu würdigen. Im Blickfeld müssen dabei nicht nur die Beihilfeleistungen in Milliardenhöhe stehen, sondern auch der Verwaltungsaufwand und die Transaktionskosten. Offensichtlich sucht man auch auf Gemeinschaftsebene in vielen Politikbereichen noch nach den angemessenen, langfristig tragfähigen Strukturen. Der Reformbedarf ist groß, so dass die von Frau *Puttler* in schriftlicher Form vorliegenden Reformvorschläge gewiss die gebührende Aufmerksamkeit erfahren werden.

Ich bin damit am Ende meines kurzen Resümees. Nicht unerwähnt bleiben soll, dass Herr *Zuleeg* bei unserem gestrigen Beisammensein im Kloster Heilsbruck auf ein Desiderat hingewiesen hat, mit dem sich die Hochschule gern befassen wird: Gehört neben die hier in der Aula angebrachte Bundesflagge sowie die Wappen des Bundes und der Länder, Träger unserer Hochschule, nicht eine Europaflagge? Die Antwort der Hochschule werden Sie möglicherweise bei Ihrem nächsten Besuch einer Tagung in Speyer vorfinden.

Zum Schluss möchte ich zugleich im Namen von Herrn Kollegen *Magiera* einige Worte des Dankes sagen. Zunächst ist allen Referenten zu danken, dass sie diese Tagung so bereichert und wichtige Grundlagen zum weiteren Nachdenken gelegt haben. Dass eine Reihe von Fragen offen blieben, liegt in der Natur der Sache und wird, wie wir hoffen, zur Teilnahme an weiteren Speyerer Tagungen reizen. Zu danken haben wir Herrn Kollegen *Niedobitek,* der gestern und heute einen Teil der Diskussionsleitung übernommen hat. Ferner danken wir allen Teilnehmern, die sich an der Diskussion beteiligt oder durch „aktives Zuhören" die Referenten angespornt haben. Des weiteren ist den Mitarbeitern und Helfern hier im Hause zu danken, neben dem Tagungssekretariat nicht zuletzt Herrn *Röther,* der für die Technik verantwortlich war. Unser besonderer Dank gebührt Herrn Assessor *Holzwart*, der eine erhebliche Last der Logistik getragen und das Forum mit hoher inhaltlicher Kompetenz begleitet hat.

Wir wünschen allen einen guten Heimweg und würden uns freuen, Sie bald in Speyer wiederzusehen.

## Verzeichnis der Autoren und Diskussionsleiter

Univ.-Prof. Dr. *Thomas von Danwitz,* Universität Bochum

Dott. *Diana-Urania Galetta,* LL.M., Universität Mailand

Univ.-Prof. Dr. *Armin Hatje,* Universität Bielefeld

Dr. *Alexander Jannasch,* Richter am Bundesverwaltungsgericht, Berlin

Univ.-Prof. Dr. *Christian Koenig,* LL.M., Universität Bonn

Univ.-Prof. Dr. *Siegfried Magiera,* Deutsche Hochschule für Verwaltungswissenschaften Speyer

Privatdozent Dr. *Matthias Niedobitek,* Forschungsinstitut für öffentliche Verwaltung bei der Deutschen Hochschule für Verwaltungswissenschaften Speyer

Univ.-Prof. Dr. *Adelheid Puttler,* LL.M., Universität Bielefeld

Dr. *Klaus-Dieter Schnapauff,* Ministerialdirektor, Bundesministerium des Innern, Berlin

Univ.-Prof. Dr. *Karl-Peter Sommermann,* Deutsche Hochschule für Verwaltungswissenschaften Speyer

*Jean-Marie Woehrling,* Verwaltungsgerichtspräsident, Generalsekretär der Rheinschifffahrtskommission, Straßburg

Dr. *Ulrich Wölker,* Europäische Kommission, Juristischer Dienst, Brüssel

Univ.-Prof. Dr. *Manfred Zuleeg,* Universität Frankfurt a. M.

# Schriften zum Europäischen Recht

**Herausgegeben von Siegfried Magiera und Detlef Merten**

46 **Das Recht der Gemeinsamen Agrarpolitik der EG** dargestellt am Beispiel des Gemeinsamen Milchmarktes mit Bezügen zum Durchführungsrecht in der Bundesrepublik Deutschland. Von G. Thiele. 342 S. 1997 ⟨3-428-08786-0⟩ DM 124,– / sFr 107,–

47 **Produkterbung in der Europäischen Union zwischen gemeinschaftlichen Kompetenzschranken und europäischem Grundrechtsschutz.** Zum Rechtsschutz gegen das vorgeschlagene Verbot direkter und indirekter Tabakwerbung in Europa. Von T. von Danwitz. 125 S. 1998 ⟨3-428-09480-8⟩ DM 64,– / sFr 57,–

48 **Europäische Integration als Verfassungsproblem in Frankreich.** Verfassungsrechtliche Infiltrationshindernisse und Übertragungsschranken in der Europajudikatur französischer Gerichte. Von J. Hecker. 300 S. 1998 ⟨3-428-09251-1⟩ DM 104,– / sFr 90,–

49 **Der Vollzug europarechtlicher Vorschriften auf dem Gebiet des Umweltschutzes.** Rechtliche Vorgaben und Verwaltungspraxis anhand einer empirischen Umfrage bei Behörden und Umweltschutzverbänden in Deutschland. Von C. Engelsberger. Tab., Abb.; 361 S. 1998 ⟨3-428-09153-1⟩ DM 116,– / sFr 100,–

50 **Die Kompetenzverteilung beim Verwaltungsvollzug des Europäischen Gemeinschaftsrechts in Deutschland.** Von J. Suerbaum. 304 S. 1998 ⟨3-428-09157-4⟩ DM 136,– / sFr 117,–

51 **Probleme des spanischen Föderalismus.** Von B. Pfeifer. 149 S. 1998 ⟨3-428-09357-7⟩ DM 84,– / sFr 74,–

52 **Die Kompetenz der Europäischen Gemeinschaft für den rechtlichen Rahmen der Informationsgesellschaft.** Von M. Rosenthal. 190 S. 1998 ⟨3-428-09433-6⟩ DM 96,– / sFr 85.–

53 **Gemeinschaftlicher und nationaler Grundrechtsschutz bei der Realisierung transeuropäischer Verkehrsnetze.** Von T. Jürgensen. 338 S. 1998 ⟨3-428-09329-1⟩ DM 112,– / sFr 97,–

54 **Der integrierte Staat.** Verfassungs- und europarechtliche Betrachtungen aus italienischer und deutscher Perspektive. Hrsg. von M. Nettesheim und P. Schiera. 209 S. 1999 ⟨3-428-09584-7⟩ DM 104,– / sFr 90,–

55 **Das Kommunalwahlrecht für Ausländer nach der Neuordnung des Art. 28 Abs. 1 S. 3 GG.** Von K. Barley. 192 S. 1999 ⟨3-428-09410-7⟩ DM 104,– / sFr 90,–

56 **Die Struktur der Grundfreiheiten des Europäischen Gemeinschaftsrechts.** Von T. Kingreen. 231 S. 1999 ⟨3-428-09716-5⟩ DM 116,– / sFr 100,–

57 **Die Staatshaftung der Bundesrepublik Deutschland und der Französischen Republik für Verstöße gegen das Europäische Gemeinschaftsrecht (EGV).** Von C. Wolf. 314 S. 1999 ⟨3-428-09664-9⟩ DM 116,– / sFr 100,–

58 **Privat- und Familienleben zwischen Menschenrecht und Migration.** Eine Untersuchung zu Bedeutung, Rechtsprechung und Möglichkeiten von Art. 8 EMRK im Ausländerrecht. Von M. Caroni. XXXIII, 520 S. 1999 ⟨3-428-09708-4⟩ DM 144,– / sFr 124,–

59 **Kompetenzen und Grundrechte.** Beschränkungen der Tabakwerbung aus der Sicht des Europarechts. Von B. Simma, J. H. H. Weiler und M. C. Zöckler. 183 S. 1999 ⟨3-428-09278-3⟩ DM 104,– / sFr 90,–